"十三五"普通高等教育规划教材

# 电气控制及可编程控制器

李 晓 主编

高丽珍 李郁峰 刘长明
李 静 石喜玲 赵俊梅 编写

中国电力出版社
CHINA ELECTRIC POWER PRESS

## 内 容 提 要

本书从传统的继电—接触器控制技术入手，对常用的低压电器、电气控制基本环节和典型线路进行了分析，重点介绍了施耐德 M218、M258、LMC058 系列可编程控制器的硬件架构、软件系统以及 SoMachine 编程软件的使用，并对近年来工业控制中变频器、人机界面及现场总线技术进行了介绍。本书在编写过程中力求理论联系实际，注重对学生工程实践能力的训练和培养，充分体现实用性和先进性。结合作者多年的工程实践和教学经验，由浅入深，使学生对电气控制及如何使用 PLC 进行工业控制、硬件组态和软件编程有较全面的认识。

本书可作为高等院校本科电气类、自动化类、机械类等专业的电气控制及可编程控制器的教材，也可作为高职高专教育、成人教育的电气控制与 PLC 等相关课程的教材，还可以供工控及机电行业的工程技术人员作参考书或培训教材。

**图书在版编目（CIP）数据**

电气控制及可编程控制器 / 李晓主编 . —北京：中国电力出版社，2018.7
"十三五"普通高等教育规划教材
ISBN 978-7-5198-1719-0

Ⅰ．①电… Ⅱ．①李… Ⅲ．①电气控制－高等学校－教材②可编程序控制器－高等学校－教材 Ⅳ．① TM921.5② TM571.61

中国版本图书馆 CIP 数据核字（2018）第 103921 号

出版发行：中国电力出版社
地　　　址：北京市东城区北京站西街 19 号（邮政编码 100005）
网　　　址：http://www.cepp.sgcc.com.cn
责任编辑：王惠娟
责任校对：黄　蓓　李　楠
装帧设计：郝晓燕　左　铭
责任印制：吴　迪

印　　　刷：北京雁林吉兆印刷有限公司
版　　　次：2018 年 7 月第一版
印　　　次：2018 年 7 月北京第一次印刷
开　　　本：787 毫米 ×1092 毫米　16 开本
印　　　张：21.75
字　　　数：532 千字
定　　　价：55.00 元

# 前　言

可编程控制器（PLC）是以微处理器为核心的通用工业自动控制装置，它具有控制功能强、可靠性高、使用灵活方便、易于扩展和通用性强等一系列特点，不仅可以取代继电器控制系统，还可以进行复杂的生产过程控制和应用于工厂自动化网络。因此，学习和掌握 PLC 应用技术已成为工程技术人员的迫切需求。

本书从教学需求和工程实际的角度出发，以目前工业自动化控制系统中应用较多的施耐德 M218、M238、M258、LMC058 系列可编程控制器作为硬件基础，系统条理地使学生理解如何使用 PLC 进行工业控制、硬件组态和软件编程，基于各种 PLC 本质上的同一性，使学生在应用其他系列或厂家的 PLC 时，就可以明显缩短学习周期。

本书第 1、2 章作为可编程控制器的基础部分，介绍了常用低压电器、电气逻辑控制基础知识和常见电气控制电路。第 3 章作为可编程控制器部分的开头，对 PLC 的发展历史及内部结构、工作原理进行了详细叙述，使读者对 PLC 有一个基础和全面的认识。第 4 章着眼于 SoMachine 平台所支持的 M218、M258 系列 PLC，介绍了各自的基本结构、主要特点、相关特性、拓展模块、主要性能参数以及由其组成的基本系统架构。同时也对 LMC058 运动控制器进行了简要介绍。在掌握了前两章的 PLC 基础知识后。第 5 章对 SoMachine 平台编程环境、编程方法、编程技巧进行了详细阐述，让学生对 PLC 的编程指令、地址分配、变量设定以及 6 种不同编程语言都有深刻的认识。第 6 章对 SoMachine 编程软件的使用进行了详细的说明，为学生的自学提供基础和参考。第 7 章对触摸屏及其开发软件 Vijeo-Designer 和变频器进行了简要介绍，让学生了解其在工程实际中的应用，同时也可清晰地构建一个全自动化的施耐德 PLC 控制系统。在已有控制系统的基础上。第 8 章引入现场总线控制技术，并对 2 种典型总线技术和工业以太网进行了系统的介绍。经过前八章的学习之后。第 9 章用 6 个工程应用典型实例，由浅入深地将本书所学用实际应用的方式带给学生，让他们一步步地掌握和精通 PLC 组建工控系统的项目开发、硬件设计、程序编制和网络通信。

本书由李晓副教授主编，第 1 章由李静、石喜玲老师编写，第 2 章由李郁峰、赵俊梅老师编写，第 3 章由高丽珍老师编写，第 4 章由刘长明老师编写，第 5~9 章由李晓老师编写。本书在编写过程中得到了施耐德电气（中国）有限公司工业事业部、北京金日创科技股份有限公司的大力支持，北京金日创科技股份有限公司高级工程师李喜刚审阅了本书，并提出了宝贵意见，在此表示衷心感谢。师艺杰、王培银、董必文等硕士研究生为本书做了大量文字校正工作，张惠为本书做了大量图片绘制工作。书中部分内容参考了相关的文献资料，在此编者对以上同志及参考文献的作者一并表示衷心的感谢。

施耐德电气作为全球能效管理和自动化领域的专家，致力于为客户提供安全、可靠、高效、可持续的能源与过程管理，在数据中心和网络、楼宇、工业、能源及基础设施等领域提供全球领先的产品和解决方案，在工业控制行业中亦享有很高的知名度，本书涉及的 PLC、运动控制器、变频器、人机界面等设备的使用手册和编程软件可以在施耐德电气（中国）有限公司中国官方网站的"获取支持"板块里的"下载中心"找到，方便研究学习。

由于编者水平有限，书中难免存在疏漏和不妥之处，敬请各位专家、读者多提宝贵意见、以利不断完善。

**作 者**

2017 年 12 月

# 目　录

# 第1章 常用低压电器

低压电器是一种能根据外界的信号和要求，手动或自动地接通、断开电路，以实现对电路或非电对象的切换、控制、保护、检测、变换和调节的元件或设备。控制电器按其工作电压的高低，以交流 1000V、直流 1500V 为界，可划分为高压控制电器和低压控制电器两大类。总的来说，低压电器可以分为配电电器和控制电器两大类，是成套电气设备的基本组成元件。在工业、农业、交通、国防以及人们的日常生活中，大多数采用低压供电，因此电器元件的质量将直接影响到低压供电系统的可靠性。

## 1.1 常用低压电器的分类

### 1.1.1 低压电器的分类

低压电器的用途广泛，功能多样，种类繁多，结构各异，分类方法也很多，只有在系统地了解这些分类方法的基础上才能对低压电器有更全面的认识。下面是几种常用的低压电器分类。

1. 按电气线路中所处地位和作用的不同分类

（1）配电电器。是指在正常或事故状态下接通和断开用电设备或供电电网所用的电器，主要用于低压配电系统中。常用的配电电器有刀开关、转换开关、空气自动开关、断路器和熔断器等。

（2）控制电器。主要用于电气传动系统中，是指控制电动机完成生产机械要求的启动、调速、制动等状态所用的电器，如接触器、控制继电器、按钮、主令控制器和终端开关等。

这两类电器功能不同，结构上也有差异。控制电器因需要频繁操作，要求动作可靠、操作频率高、寿命长并具有一定的负载能力；配电电器一般不经常操作，对其要求是灭弧能力强、分断能力好、热稳定性能好和限流准确等。所以使用时必须正确选择，不允许随便代用或混用。

2. 按接触点类型分类

（1）有触点电器。利用触点的接通和分断来切换电路，如接触器、刀开关和按钮等。

（2）无触点电器。无可分离的触点。主要利用电子元件的开关效应，即导通和截止来实现电路的通、断控制，如接近开关、霍尔开关、电子式时间继电器和固态继电器等。

3. 按操作方式分类

（1）自动电器。依靠自身参数的变化或外来信号的作用，自动完成接通或分断等动作，如接触器和继电器等。

（2）手动电器。用手动操作来进行切换的电器，如刀开关、转换开关和按钮等。

4. 按工作原理分类

（1）电磁式电器。根据电磁感应原理动作的电器，如接触器、继电器和电磁铁等。

（2）非电量控制电器。依靠外力或非电量信号（如速度、压力和温度等）的变化而动作的电器，如转换开关、行程开关、速度继电器、压力继电器和温度继电器等。

### 5. 按低压电器型号分类

为了便于了解文字符号和各种低压电器的特点，采用我国 JB/T 2930—2007《低压电器产品型号编制方法》的分类方法，将低压电器可分为 10 个大类。

常用低压电器的主要种类和用途如表 1-1 所示。

表 1-1　　　　　　　　　　　　常见的低压电器的主要种类及用途

| 序号 | 类别 | 主要品种 | 用途 |
|---|---|---|---|
| 1 | 断路器 | 装置式断路器<br>框架式断路器<br>漏电保护式断路器<br>智能式断路器<br>直流快速断路器 | 主要用于电路的过负荷保护、短路、欠电压、漏电压保护，也可用于不频繁接通和断开的电路 |
| 2 | 刀开关 | 胶壳刀开关<br>铁壳开关<br>熔断器式刀开关 | 主要用于电路的隔离，有时也能分断负荷 |
| 3 | 转换开关 | 组合开关<br>换向开关 | 主要用于电源切换，也可用于负荷通断或电路的切换 |
| 4 | 主令电器 | 按钮<br>限位开关<br>微动开关<br>接近开关<br>万能转换开关 | 主要用于发布命令或程序控制 |
| 5 | 接触器 | 交流接触器<br>直流接触器 | 主要用于远距离频繁控制负荷，切断带负荷电路 |
| 6 | 启动器 | 磁力启动器<br>星三角启动器<br>自耦降压启动器 | 主要用于电动机的启动 |
| 7 | 控制器 | 凸轮控制器<br>主令控制器 | 主要用于控制回路的切换 |
| 8 | 继电器 | 电流继电器<br>电压继电器<br>时间继电器<br>中间继电器<br>速度继电器<br>热继电器 | 主要用于控制电路中，将被控量转换成控制电路所需电量或开关信号 |
| 9 | 熔断器 | 有填料熔断器<br>无填料熔断器<br>半封闭插入式熔断器<br>快速熔断器<br>自复熔断器 | 主要用于电路短路保护，也用于电路的过载保护 |
| 10 | 电磁铁 | 制动电磁铁<br>起重电磁铁<br>牵引电磁铁 | 主要用于起重、牵引、制动等地方 |

### 1.1.2　常用低压电器的作用、主要种类及用途

低压电器能够依据操作信号或外界现场信号的要求，自动或手动地改变电路的状态、参数，实现对电路或被控对象的控制、保护、测量、指示和调节。低压电器的作用有：

（1）控制作用。如电梯的上下移动、快慢速自动切换与自动停层等。

（2）保护作用。能根据设备的特点，对设备、环境及人身实行自动保护，如电机的过热保护、电网的短路保护和漏电保护等。

（3）测量作用。利用仪表及与之相适应的电器，对设备、电网或其他非电参数进行测量，如电流、电压、功率、转速、温度和湿度等。

（4）调节作用。低压电器可对一些电量和非电量进行调整，以满足用户的要求，如柴油机油门的调节、房间温湿度的调节和照度的自动调节等。

（5）指示作用。利用低压电器的控制、保护等功能，检测出设备运行状况与电气电路工作情况，如绝缘监测和保护掉牌指示等。

（6）转换作用。在用电设备之间转换或对低压电器、控制电路分时投入运行，以实现功能切换，如励磁装置手动与自动的转换，供电的市电与自备电的切换等。

随着微电子技术的发展，低压电器将会沿着体积小、质量轻、安全可靠、使用方便的方向发展，主要途径是利用微电子技术提高传统电器的性能；在产品种类方面，大力发展电子化的新型控制电器，如接近开关、光电开关、电子式时间继电器、固态继电器与接触器、漏电继电器、电子式电机保护器和半导体启动器等，以适应控制系统迅速电子化的需要。

备注：

1) 刀开关 H。例 HS 为双投式刀开关，HZ 为组合开关。

2) 熔断器 R。例 RC 为瓷插式熔断器，RM 为密封式熔断器。

3) 断路器 D。例 DW 为万能式断路器，DZ 为塑壳式断路器。

4) 控制器 K。例 KT 为凸轮控制器，KG 为鼓型控制器。

5) 接触器 C。例 CJ 为交流接触器，CZ 为直流接触器。

6) 启动器 Q。例 QJ 为自耦变压器降压启动器 QX 为星三角启动器。

7) 控制继电器 J。例 JR 为热继电器，JS 为时间继电器。

8) 主令电器 L。例 LA 为按钮，LX 为行程开关。

9) 电阻器 Z。例 ZG 为管型电阻器，ZT 为铸铁电阻器。

10) 变阻器 B。例 BP 为频敏变阻器，BT 为启动调速变阻器。

11) 调整器 T。例 TD 为单相调压器，TS 为三相调压器。

12) 电磁铁 M。例 MY 为液压电磁铁，MZ 为制动电磁铁。

13) 其他 A。例 AD 为信号灯，AL 为电铃。

## 1.2　开　　　关

开关是最普通、使用最早的电器。其作用是分合电路、开断电流。

常用的有刀开关、负荷开关、转换开关（组合开关）、自动空气开关（空气断路器）等。开关有载运行操作、无载运行操作和选择性运行操作之分；又有正面操作、侧面操作和背面操作之分；还有不带灭弧装置和带灭弧装置之分。刀口接触有面接触和线接触 2 种，线接触

形式，刀片容易插入，接触电阻小，制造方便。

### 1.2.1　刀开关

刀开关又称闸刀开关，是手动电器中结构最简单的一种，主要用作电源隔离开关，也可用来非频繁地接通和分断容量较小的低压配电线路。它由操作手柄、触刀、静夹座和绝缘底板等组成。推动手柄使触刀插入静夹座中，电路就会被接通。为了保证刀开关合闸时触刀与静夹座有良好的接触，触刀与静夹座之间应有一定的接触压力。

刀开关的种类很多，按刀的极数可分为单极、双极和三极；按刀的转换方向可分为单掷和双掷；按操作方式可分为直接手柄操作式和远距离连杆操纵式；按灭弧情况可分为有灭弧罩和无灭弧罩。

常用刀开关的主要类型有大电流刀开关、胶壳刀开关、铁壳刀开关、熔断器式刀开关等。常用的产品有 HD11～HD14 和 HS11～HS13 系列刀开关。

#### 1. 胶壳刀开关

胶壳刀开关又称开启式负荷开关，它由刀开关和熔断器组合而成，装在瓷底板上，如图 1-1 所示。这种开关的结构简单，价格低廉，常用作照明电路的电源开关，也可用来控制 5.5kW 以下异步电动机的启动和停止。但这种开关没有专门的灭弧装置，不宜用于频繁地分、合电路。

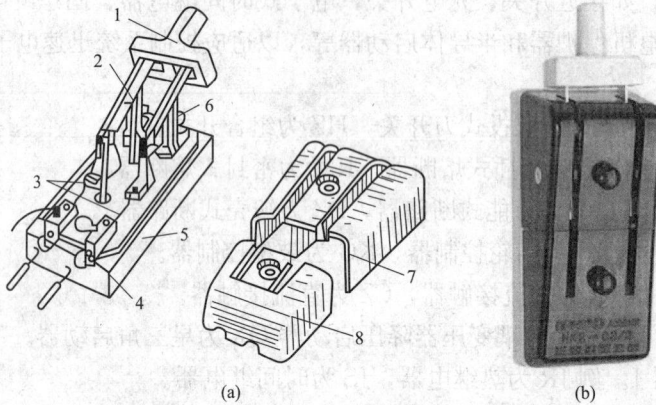

(a)　　　　　　　　　　(b)

图 1-1　胶壳刀开关

(a) 结构；(b) 实物图

1—瓷质手柄；2—静夹座；3—熔丝；4—出线座；5—瓷底；6—进线座；7—上胶盖；8—下胶盖

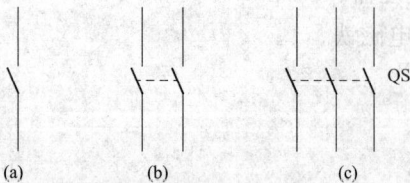

图 1-2　刀开关的图形、文字符号

(a) 单极；(b) 双极；(c) 三极

胶壳刀开关型号（HK1. □）的含义为"HK"表示胶壳刀开关，"1"表示设计序号，"□"为额定电流。刀开关的图形、文字符号如图 1-2 所示。

负荷开关的选择原则是对于普通负载，可以根据额定电流来选择负荷开关；而对于电动机，开关的额定电流可选为电动机额定电流的 3 倍左右。

注意事项：

(1) 接线时电源进线应接在静触点一边的进线端（进线座应在上方），用电设备应接在动触点一边的出线端。这样拉闸后刀片与电源隔离，闸刀和熔丝均不带电，可防止意外事故发生。

（2）在合闸状态下，刀开关的手柄应该向上，不能倒装或平装，以防止闸刀松动落下时误合闸。

（3）拉闸与合闸操作时要迅速，一次拉合到位。

2. 铁壳开关

铁壳开关又称封闭式负荷开关，图 1-3 所示为常用的 HH 系列铁壳开关的结构与外形。

它由触刀、熔断器、灭弧装置（图 1-3 所示中未标出）、操作机构和钢板（或铸铁）做成的外壳构成。三把闸刀固定在一根绝缘方轴上，由手柄操纵。

铁壳开关的操动机构具有以下两个特点：一是设有连锁装置，保证在合闸状态下开关盖不能开启，而开启时不能合闸，以确保操作安全；二是采用储能分合闸方式，在手柄转轴与底座之间装有速动弹簧，能使开关快速接通或断开，与手柄操作速度无关，这样有利于迅速灭弧。

铁壳开关型号（HH4-□/□）的含义为"HH"表示封闭式负荷开关，"4"为设计序号，两个"□"分别为额定电流和极数。

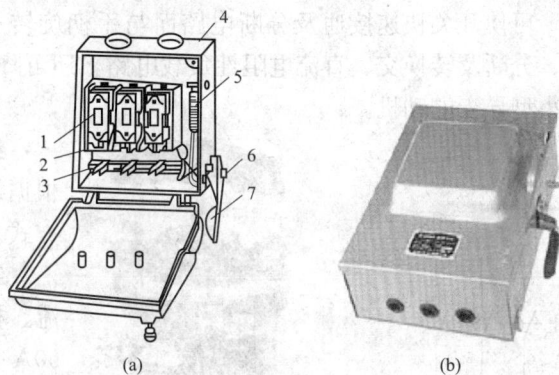

图 1-3　铁壳开关

（a）结构；（b）实物图

1—熔断器；2—静夹座；3—U 形开关触刀；

4—外壳；5—弹簧；6—转轴；7—操动机构

铁壳开关使用注意事项：

（1）对于电阻和照明电路，铁壳开关可以根据额定电流选择；对于电动机，开关额定电流可选电动机额定电流的 1.5 倍。

（2）操作时人要站在铁壳开关的手柄侧，不要面对开关，以免意外故障使开关爆炸，铁壳飞出伤人。

（3）开关外壳接地，防止意外漏电造成触电事故。

3. 刀开关的选择

刀开关选择时应考虑以下两个方面：

（1）刀开关结构形式的选择应根据刀开关的作用和装置的安装形式来选择，如是否带灭弧装置，若分断负载电流时，应选择带灭弧装置的刀开关。根据装置的安装形式来选择，是否是正面、背面或侧面操作形式，是直接操作还是杠杆传动，是板前接线还是板后接线的结构形式。

（2）刀开关额定电流的选择一般应等于或大于所分断电路中各个负载额定电流的总和。对于电动机负载，应考虑其启动电流，所以应选用额定电流大一级的刀开关。若再考虑电路出现的短路电流，还应选用额定电流更大一级的刀开关。

QA 系列、QF 系列、QSA（HH15）系列隔离开关用在低压配电中，HY122 带有明显断口的数模化隔离开关，广泛用于楼层配电、计量箱、终端组电器中。

HR3 熔断器式刀开关具有刀开关和熔断器的双重功能，采用这种组合开关电器可以简化配电装置结构，经济实用，越来越广泛地用在低压配电屏上。

HK1、HK2 系列开启式负荷开关（胶壳刀开关），用作电源开关和小容量电动机非频繁启动的操作开关。

HH3、HH4 系列封闭式负荷开关（铁壳开关），操作机构具有速断弹簧与机械联锁，用于非频繁启动、28kW 以下的三相异步电动机。

### 1.2.2　组合开关

组合开关实质上也是一种刀开关，不过它的刀片是转动式的，操作比较轻巧，它的动触点（刀片）和静触点装在封闭的绝缘件内，采用叠装式结构，其层数由动触点数量决定，动触点装在操作手柄的转轴上，随转轴旋转而改变各对触点的通断状态。由于采用了扭簧储能，可使开关快速接通及分断电路而与手柄旋转速度无关，因此它不仅可用做不频繁地接通、分断及转换交、直流电阻性负载电路，还可降低容量且使用时可直接启动和分断运转中的小型异步电动机。

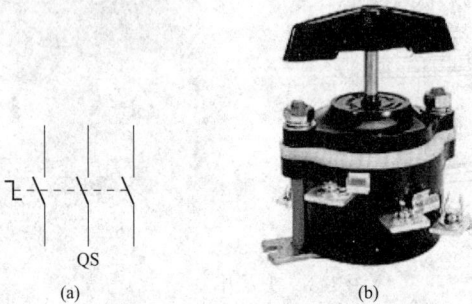

图 1-4　HZ10 系列组合开关
（a）图形符号及文字符号；（b）实物图

组合开关有单极、双极、三极和多极结构，根据动触片和静触片的不同组合，有许多接线方式。

组合开关的主要参数有额定电压、额定电流、极数等。其中额定电流有 10A、25A 和 60A 等几级。全国统一设计的常用产品有 HZ5、HZ10 系列和新型组合开关 HZ15 等系列。

HZ10 系列组合开关的结构和图形符号如图 1-4 所示。它有 3 对静触片，每个触片的一端固定在绝缘垫板上，另一端伸出盒外并连在接线上，3 个动触片套在装有手柄的绝缘轴上。

### 1.2.3　倒顺开关

倒顺开关属于组合开关类型，是一种手动开关。它不但能接通和分断电源，而且还能改变电源输入的相序，用来直接实现对小容量电动机的正、反转控制，故又称可逆转换开关。HZ3、123 型倒顺开关的结构和实物图如图 1-5 所示。

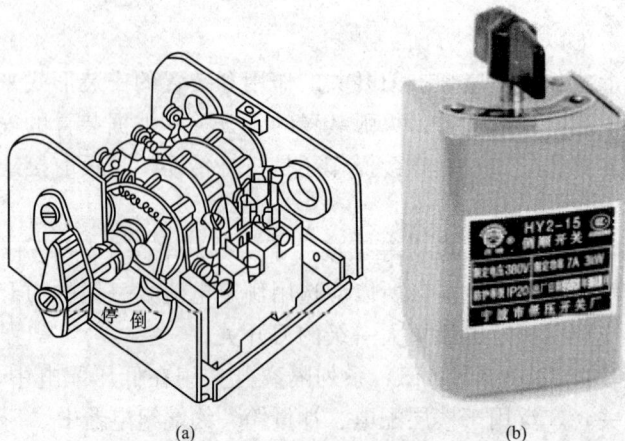

图 1-5　HZ3.123 型倒顺开关
（a）结构图；（b）实物图

倒顺开关的手柄有 3 个位置："顺""停""倒"。当手柄处于"停"位置时，开关的动触点都不与静触点接触；当手柄扳至"顺"位置时，带动转轴将一组动触点与静触点接触，电路接通；当手柄扳至"倒"位置时，带动转轴将另一组动触点与静触点接触，改变电源的相序。

使用时应注意，欲使电动机改变转向时，应先将手柄按在"停"位置，待电动机停转后，再将手柄转向另一方。切不可不停顿地将手柄由一方直接转向另一方，因为电源突然反接时，电动机定子绕组不但不能分断电源，而且还会产生很大的电流，易使定子绕组过热而损坏。由于倒顺开关可以改变电源相序，所以也可用来对电动机实行反接制动。

## 1.3　熔　断　器

熔断器是一种简单而有效的保护电器，在电路中主要起短路保护作用。

熔断器主要由熔体和安装熔体的绝缘管（绝缘座）组成。使用时，熔体串接于被保护的电路中，当电路发生短路故障时，熔体被瞬时熔断而分断电路，起到保护作用。

### 1.3.1　常用的熔断器

1. 插入式熔断器

如图 1-6 所示，它常用于 380V 及以下电压等级的线路末端，作为配电支线或电气设备的短路保护用。

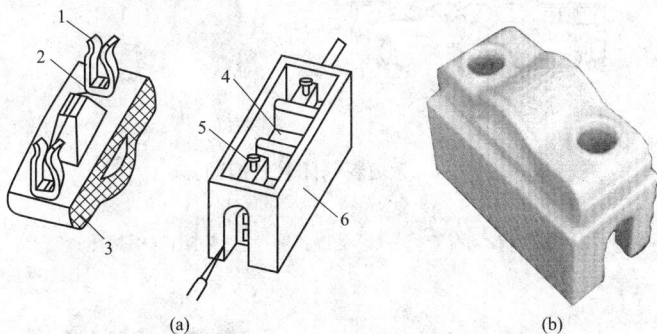

图 1-6　插入式熔断器

(a) 结构图；(b) 实物图

1—动触点；2—熔体；3—瓷盖；4—空腔；5—静触点；6—瓷体

2. 螺旋式熔断器

如图 1-7 所示。熔体上的上端盖有一熔断指示器，一旦熔体熔断，指示器马上弹出，可透过瓷帽上的玻璃孔观察到，它常用于机床电气控制设备中。螺旋式熔断器分断电流较大，可用于电压等级 500V 及其以下、电流等级 200A 以下的电路中作短路保护。

3. 封闭式熔断器

封闭式熔断器分为有填料熔断器和无填料熔断器 2 种，如图 1-8 和图 1-9 所示。有填料熔断器一般用方形瓷管，内装石英砂及熔体，分断能力强，用于电压等级 500V 以下、电流等级 1kA 以下的电路中。无填料密闭式熔断器将熔体装入密闭式圆筒中，分断能力稍小，用于 500V 以下，600A 以下电力网或配电设备中。

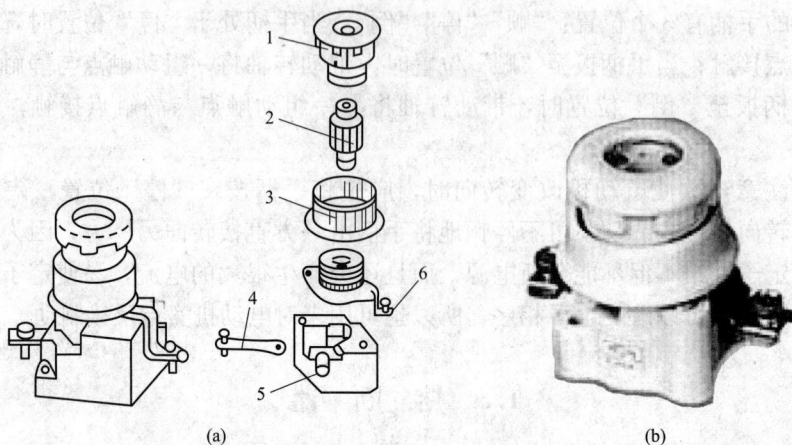

图 1-7　螺旋式熔断器

（a）结构图；（b）实物图

1—瓷帽；2—熔断管；3—瓷套；4—下接线座；5—瓷座；6—上接线座

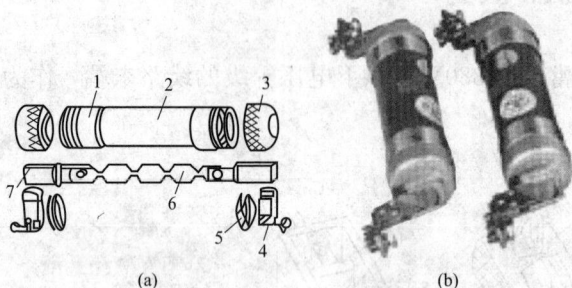

图 1-8　无填料密闭管式熔断器

（a）结构图；（b）实物图

1—铜圈；2—熔断管；3—管帽；4—插座；5—特殊垫圈；6—熔体；7—熔片

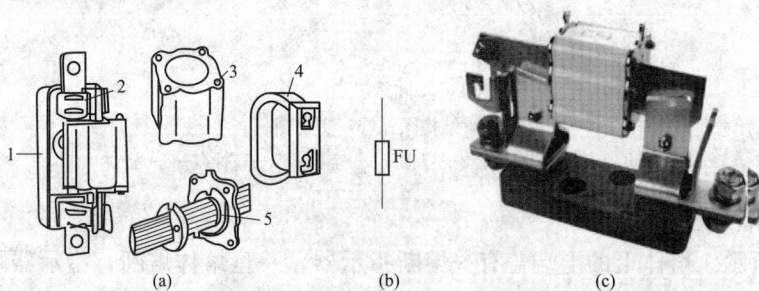

图 1-9　有填料封闭管式熔断器

（a）结构图；（b）图形符号；（c）实物图

1—瓷底座；2—弹簧片；3—管体；4—绝缘手柄；5—熔体

**4．快速熔断器**

主要用于半导体整流元件或整流装置的短路保护。由于半导体元件的过载能力很低，只能在极短时间内承受较大的过载电流，因此要求短路保护具有快速熔断的能力。快速熔断器的结构和有填料封闭式熔断器基本相同，但熔体材料和形状不同，它是以银片冲制的有 V 形深槽的变截面熔体。

5. 自复熔断器

采用金属钠作熔体，在常温下具有高电导率。当电路发生短路故障时，短路电流产生高温使钠迅速汽化，汽态钠呈现高阻态，从而限制了短路电流。当短路电流消失后，温度下降，金属钠恢复原来的良好导电性能。自复熔断器只能限制短路电流，不能真正分断电路。其优点是不必更换熔体，能重复使用。

### 1.3.2　熔断器的选择

1. 熔断器的安秒特性

熔断器的动作是靠熔体的熔断来实现的，当电流较大时，熔体熔断所需的时间就较短。而电流较小时，熔体熔断所需用的时间就较长，甚至不会熔断。因此对熔体来说，其动作电流和动作时间特性即熔断器的安秒特性，为反时限特性，如图 1-10 所示。

每一熔体都有一最小熔化电流，相应于不同的温度，最小熔化电流也不同。虽然该电流受外界环境的影响，但在实际应用中可以不加考虑。一般定义熔体的最小熔断电流与熔体的额定电流之比为最小熔化系数，常用熔体的熔化系数大于 1.25，也就是说额定电流为 10A 的熔体在电流 12.5A 以下时不会熔断。熔断电流与熔断时间之间的关系如表 1-2 所示。

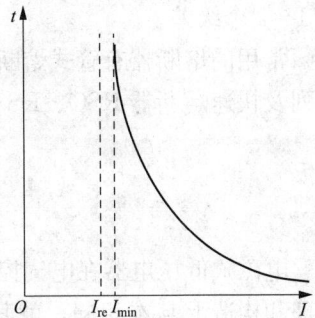

图 1-10　熔断器的安秒特性

**表 1-2　　熔断电流与熔断时间之间的关系**

| 熔断电流 | $1.25 \sim 1.3 I_N$ | $1.6 I_N$ | $2 I_N$ | $2.5 I_N$ | $3 I_N$ | $4 I_N$ |
| --- | --- | --- | --- | --- | --- | --- |
| 熔断时间 | $\infty$ | 1h | 40s | 8s | 4.5s | 2.5s |

从这里可以看出，熔断器只能起到短路保护作用，不能起过载保护作用。如确需在过载保护中使用，必须降低其使用的额定电流，如 8A 的熔体用于 10A 的电路中，作短路保护兼作过载保护用，但此时的过载保护特性并不理想。

2. 熔断器的选择

主要依据负载的保护特性和短路电流的大小选择熔断器的类型。对于容量小的电动机和照明支线，常采用熔断器作为过载及短路保护，因而希望熔体的熔化系数适当小些。通常选用铅锡合金熔体的 RQA 系列熔断器。对于较大容量的电动机和照明干线，则应着重考虑短路保护和分断能力。通常选用具有较高分断能力的 RM10 和 RL1 系列的熔断器；当短路电流很大时，宜采用具有限流作用的 RT0 和 RT12 系列的熔断器。

熔体的额定电流可按以下方法选择：

（1）保护无启动过程的平稳负载如照明线路、电阻和电炉等时，熔体额定电流略大于或等于负荷电路中的额定电流。

（2）保护单台长期工作的电机，熔体电流可按最大启动电流选取，也可按式（1-1）选取：

$$I_{RN} \geqslant (1.5 \sim 2.5) I_N \tag{1-1}$$

式中　$I_{RN}$——熔体额定电流；

　　　$I_N$——电动机额定电流。

如果电动机频繁启动，式中系数可适当加大至 3～3.5，具体应根据实际情况而定。

（3）保护多台长期工作的电机（供电干线），熔体电流按式（1-2）选取：

$$I_{RN} \geqslant (1.5 \sim 2.5)I_{Nmax} + \Sigma I_N \tag{1-2}$$

式中　$I_{Nmax}$——容量最大单台电机的额定电流；

　　　$\Sigma I_N$——其余电动机额定电流之和。

3. 熔断器级间的配合

为防止发生越级熔断、扩大事故范围，上、下级（即供电干、支线）线路的熔断器间应有良好配合。选用时，应使上级（供电干线）熔断器的熔体额定电流比下级（供电支线）的大 1～2 个级差。

常用的熔断器有管式熔断器 R1 系列、螺旋式熔断器 RL1 系列、填料封闭式熔断器 RT0 系列及快速熔断器 RSO、RS3 系列等。

# 1.4　电磁式低压电器的基本结构和原理

电磁式低压电器在电气控制系统中使用量最大、种类繁多。各类电磁式低压电器在工作原理和构造上基本相同，就其结构而言，主要由两个主要部分组成，即执行部分（触点系统）和检测部分（电磁机构），其次还有灭弧系统和其他缓冲机构等。

触点部分存在接触电阻和电弧现象，对电器的安全运行影响较大。因此，触点结构及灭弧装置等是构成电磁式低压电器的基本组成，也是研究电器元件结构和工作原理的基础。

## 1.4.1　触点

1. 概述

电气触点是指两个导体或几个导体之间相互接触的部分，是电磁式低压电器的执行机构，电器就是通过触点的动作来接通或断开被控制电路的，如母线或导线的接触连接处以及开关电器中的动、静触点。电气触点性能好坏直接决定了开关电器的质量，所以要求触点导电导热性能要好，具体要求如下：

（1）结构稳定，安全可靠。

（2）接触电阻小而且稳定，即有良好的导电性能和接触性能。

（3）通过规定电流时，发热稳定而且不超过允许值。

（4）通过短路电流时，具有足够的动稳定性和热稳定性。

（5）开断规定的短路电流时，触点不被灼伤，不发生熔焊。

2. 触点的接触电阻

当动、静触点闭合时，不可能是完全紧密地接触，从微观上看只是一些凸起点之间的有效接触，因此工作电流只流过这些相接处的凸起点，使有效导电面积减少，该区域的电阻远大于金属导体的电阻。这种由于动静触点闭合时形成的电阻称为接触电阻。触点的表面加工状况、表面氧化程度、触点间的压力及接触情况等都会影响接触电阻值。下面分析影响接触电阻的因素。

（1）触点间的压力。触点接触面积的大小受施加压力的影响。即使精细加工的触点表面，从微观上看也是凹凸不平的，在不加外力情况下，将两个触点对接放置时，触点间可能仅有一点接触，施加外力时，点接触可能被压平形成接触面；如果施加更大的外力，则接触面还会增大，可能还会形成新的接触面，总的接触面增大了，接触电阻就小了。故压力是影响接触电阻的重要因素。

在开关电器中，一般在触点上附加刚性弹簧，目的是增大并保持触点间的接触压力，使触点接触可靠，减小接触电阻并保持稳定。

（2）触点材料及预防氧化的措施。触点一般由铜、银、镍及其合金等材料制成，触点的作用是接通或分断电路，因此要求触点具有良好的接触性能。对于电流容量较小的电器（如接触器、继电器等）常采用银质材料作触点，这是因为银的氧化膜电阻率与纯银相似，可以避免触点表面氧化膜电阻率增加而造成接触不良；对于大中容量的低压电器，在结构设计上采用滚动接触结构的触点，可将氧化膜去掉。

3. 触点的动稳定和热稳定

当触点短时间内通过大电流时，如短路电流、电动机的启动电流等，所产生的热效应和电动力具有冲击特性，对触点能否正常工作造成很大威胁。可能带来诸如触点熔焊和短时过热、触点接触压力下降、关合时触点弹跳等不良后果。因此，开关电器必须采取有效措施，保证在通过短路电流时有足够的动稳定和热稳定。

4. 按接触面的形式分类

（1）点接触。点触点是指两个触点间的接触面为点状的触点，如球面和平面接触、2 个球面接触等都是点接触。这种接触形式的优点是压强较大、接触点较固定、接触电阻稳定、触点结构简单、自净作用较强；缺点是接触面积小、不宜通过较大电流、热稳定性差。因此，这种触点通常只用在工作电流和短路电流较小的情况下，如继电器和开关电器的辅助触点等。图 1-11（a）所示为点接触示意图。

（2）面接触。面触点是指两个平面或两个曲面的接触触点，触点容量较大。在受到较大压力时，接触点数和实际接触面积仍比较小。所以，为保证触点的动稳定，减小接触电阻，就必须对触点施加更大的压力。图 1-11（b）所示为面接触示意图。

（3）线接触。线触点是指两个触点的接触面为线状的触点，如柱面与平面接触，或 2 个圆柱面间的接触点都属于线接触，图 1-11（c）所示为线接触示意图。线触点的压力强度较大，在同样压力下，线触点比面接触触点的实际接触点要多。线触点在接通或断开时，触点间的运动形式是一个触点沿另一个触点的表面滑动。由于触点的压强很大，滑动时很容易把触点表面的金属氧化层破坏掉（这种效应也被称为自洁作用），从而可减小接触电阻，铜制线触点的接触电阻是平面触点的 1/2～1/3。线触点的接触面积比较稳定，广泛应用于高、低压开关电器中。

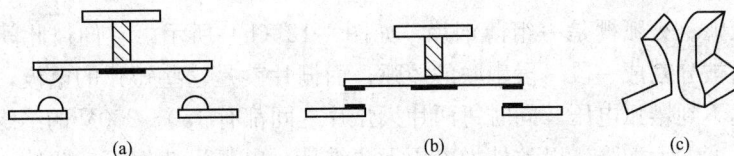

图 1-11　触点的结构形式

(a) 点接触式触点；(b) 面接触式触点；(c) 线接触式触点

### 1.4.2　灭弧原理、灭弧方法及灭弧装置

#### 1. 电弧的产生与灭弧原理

电弧是电力系统及电能利用过程中常见的物理现象，它实际上是一种能量集中、温度很高、亮度很大的气体放电现象，即气体介质在某些因素作用下，发生强烈游离，产生很多带电质点，由绝缘变为导通的过程。电弧能成为导电通道，是由于电弧的弧柱内存在大量的带电粒子，这些带电粒子的定向运动形成电弧。电弧的存在即使触点金属表面氧化，降低电气寿命，又延长电路的断开时间，所以必须迅速熄灭电弧。

根据电弧产生的机制，迅速使触点间隙增加，拉长电弧长度，降低电场强度，同时增大散热面积，降低电弧温度，使自由电子和空穴复合（即电离的逆过程）运动加强，可以使电弧快速熄灭。使电弧与冷却介质接触，带走电弧热量，也可使复合运动得以加强，从而使电弧熄灭。

#### 2. 常用的灭弧方法

灭弧的基本方法：

（1）拉长电弧，降低电场强度。依靠电动力灭弧原理如图1-12（a）所示，当触点打开时，在断口中产生电弧，同时也产生磁场。根据左手定则，电弧电流要受到一个指向外侧的电动力 F 的作用，将电弧拉长，使其迅速离开触点而熄灭。这种灭弧方法多用于小容量交流接触器中。

（2）用电磁力使电弧在冷却介质中运动，降低弧柱周围的温度。

（3）将电弧挤入绝缘壁组成的窄缝中以冷却电弧。

（4）将电弧分割成数段串联的短弧，每段短弧可看做一对电极，而每对电极间都有150～250V 的绝缘强度，触点间的绝缘强度大大加强，使得触点间的电压不足以达到电弧的燃烧电压。

#### 3. 常用的灭弧装置

常用的灭弧装置有灭弧罩、灭弧栅、磁吹灭弧、多纵缝灭弧装置等。

（1）灭弧罩。灭弧罩是让电弧与固体介质相接触，其作用是能分割电弧为多段，使各段弧长难以满足稳定条件，实现灭弧。另外，由于电弧与灭弧罩接触使电弧冷却，有助于灭弧。灭弧罩对交直流均有灭弧作用。其结构型式是多种多样的，但其基本构成单元为"缝"，是灭弧罩壁与壁之间构成的间隙。根据缝的数量可分为单缝和多缝；根据缝的宽度与电弧直径之比可分为窄缝与宽缝，如果缝的宽度小于电弧直径的称窄缝，反之，大于电弧直径的称宽缝。由于灭弧罩要受电弧高温的作用，所以对灭弧罩的材料也有一定的要求，如：受电弧高温作用不会因热变形、绝缘性能不能下降，机械强度好且易加工制造等。灭弧罩材料过去广泛采用石棉水泥和陶土材料。现在逐渐改为采用耐弧陶瓷和耐弧塑料，它们在耐弧性能与机械强度方面都有所提高。

（2）栅片灭弧。灭弧栅是一组薄钢片，如图1-12（b）所示，它们彼此间相互绝缘。当电弧进入栅片时被分割成一段一段串联的短弧，而栅片就是这些短弧的电极，这样就使每段短弧上的电压达不到燃弧电压。同时每两片灭弧片之间都有150～250V 的绝缘强度，使整个灭弧栅的绝缘强度大大加强，以致外加电压无法维持，电弧迅速熄灭。此外，栅片还能吸收电弧热量，使电弧迅速冷却。基于上述原因，电弧进入栅片后就会很快熄灭。由于栅片灭弧装置的灭弧效果在电流为交流时要比直流时强得多，因此在交流电器中常采用栅片灭弧。

（3）磁吹灭弧。在触点电路中串入吹弧线圈，经导磁夹片连接在触点两侧形成磁路，其工作原理见图 1-12（c）所示，一旦主电路有电流流过，将产生一个与触点电弧走向垂直的磁场。电弧内具有一定运动速度的带电粒子在这个磁场的作用下，将按照左手定则受到一个侧向力。如果接线极性正确，可使电弧被吹离触点向外移动，经熄弧角被逼入灭弧罩内经冷却使之熄灭。这种装置主要用于直流灭弧。

（4）多纵缝灭弧。此外还可利用灭弧罩的窄缝来实现的。该装置取消了磁吹线圈，在触点间隙上方装有多纵向缝隙的灭弧罩。在静主触点上方还装有铁板弧角，由于铁板弧角的磁导系数较高，电弧会向铁板弧角移动以增大系统电感。当电弧向上移动时，会被拉长，并引入灭弧罩的纵缝中，电弧经切割和热量散失后被熄灭。该装置对直流有灭弧作用。

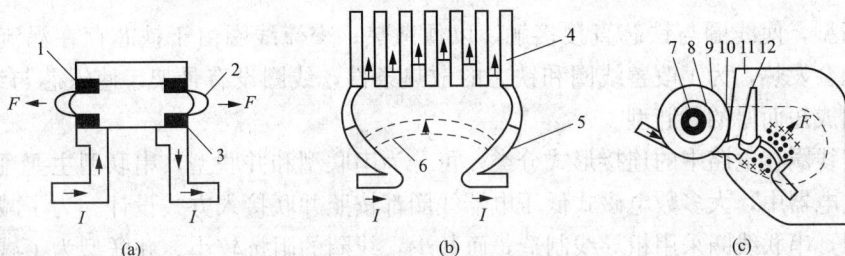

图 1-12　常用灭弧方法原理

（a）电动力灭弧；（b）栅片灭弧；（c）磁吹式灭弧

1—动触点；2—电弧；3—静触点；4—灭弧栅片；5—触点；6—电弧；7—铁芯；8—绝缘管；

9—吹弧线圈；10—导磁夹片；11—灭弧罩；12—熄弧角

### 1.4.3　电磁机构

除了执行部分触点系统以外，检测部分电磁机构是电磁式继电器和接触器等电器的主要组成部件之一，也是构成电磁式低压电器的基本结构，其电磁吸力和反力特性是决定电器性能的主要因素之一，对电器的安全运行影响较大。因此，电磁吸力和反力同样是研究电器元件结构和工作原理的基础。

电磁机构由电磁线圈、铁芯（亦称静铁芯或磁轭）和衔铁（亦称动铁芯）三部分组成。其作用是通过电磁感应原理将电磁能转换成机械能，带动触点动作，完成接通或断开电路。

1. 电磁机构的结构形式及分类

（1）按衔铁的运动方式分类。根据衔铁相对铁芯的运动方式，电磁机构可分为直动式和拍合式两种。

（2）按常用的结构形式分类。常用的结构形式有下列三种，如图 1-13 所示。

图 1-13（a）和图 1-13（b）所示为拍合式电磁机构，拍合式电磁机构又包括衔铁沿棱角转动和衔铁沿轴转动两种。衔铁沿棱角转动的拍合式电磁机构广泛应用于直流电器中。衔铁沿轴转动的拍合式电磁机构的铁芯形状有 E 形和 U 形 2 种，多用于触点容量大的交流电器中；衔铁做直线运动的双 E 形直动式铁芯，如图 1-13（c）所示，多用于交流接触器、继电器以及其他交流电磁机构的电磁系统。

（3）按通入电流种类不同分类。可分为直流和交流线圈，两种都是利用电磁铁的原理而制成，吸引线圈的作用是将电能转换为磁场能。通常，直流电磁铁的铁芯是用整块钢材或工程纯铁制成，而交流电磁铁的铁芯则是用硅钢片叠铆而成。且直流线圈一般做成无骨架、高

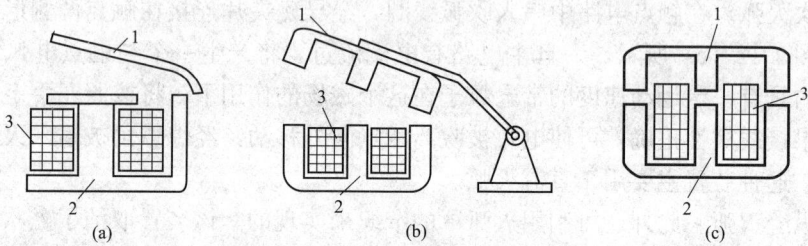

图 1-13　常用磁路结构

(a) 衔铁沿棱角转动的拍合式铁芯；(b) 衔铁沿轴转动的拍合式铁芯；(c) 衔铁直线运动的 E 形直动式铁芯

1—衔铁；2—铁芯；3—吸引线圈

而薄的瘦高型，使线圈与铁芯直接接触，以便散热；交流线圈由于铁芯存在涡流和磁滞损耗，铁芯也会发热，为了改善线圈和铁芯的散热条件，线圈设有骨架，使铁芯与线圈隔离，并将线圈制成短而厚的矮胖型。

(4) 按线圈在电路中的连接形式分类。可分为串联型和并联型，串联型主要用于电流检测类电磁式电器中，大多数电磁式低压电器线圈都按照并联接入方式设计。为了减少对电路的分压作用，串联线圈采用粗导线制造，匝数少，线圈的阻抗较小。并联型为了减少电路的分流作用，需要较大的阻抗，一般线圈的导线细，而匝数多。

2. 电磁吸力与反力特性

(1) 电磁吸力。电磁线圈通电以后，铁芯吸引衔铁带动触点改变原来状态进而接通或断开电路的力称为电磁吸力。

电磁式低压电器在吸合或释放过程中，气隙是变化的，电磁吸力也随气隙的变化而变化，这种特性称为吸力特性。电磁吸力是反映电磁式电器工作可靠性的一个非常的重要参数。

直流电磁机构的电磁吸力随气隙的减小而增加，所以吸力特性曲线比较陡峭；交流电磁机构的电磁吸力随气隙的减小略有增加，所以吸力特性曲线比较平坦。

(2) 电磁反力。电磁吸力由电磁机构产生，当电磁线圈断电时使触点恢复常态的力称为反力，电磁式电器中反力由复位弹簧和触点产生。为了使电磁机构能够正常工作，其吸力特性和反力特性配合必须得当。在衔铁吸合过程中，其吸力特性必须始终处于反力特性的上方，即吸力要大于反力；反之，衔铁释放时，吸力特性必须始终处于反力特性的下方，即反力要大于吸力。

3. 交流电磁机构上短路环的作用

交流电磁机构电磁吸力是一个周期函数，该周期函数由直流分量和 $2\omega$ 频率的正弦分量组成。虽然交流电磁机构中的磁感应强度是正负交替变化的，但电磁吸力总为正，它是在最大值 $2F_{av}$ 和最小值为零的范围内脉动变化。因此在每一个周期内，必然有某一段时刻吸力小于反力，衔铁又被释放。这样在 $f=50\mathrm{Hz}$ 时，在电源电压变化一个周期中电磁铁将吸合两次，释放两次，电磁机构就出现了频率为 $2f$ 的持续抖动和撞击，发出噪声，因而不能正常工作，并容易损坏铁芯。为此必须采取有效措施，以消除振动与噪声。

为了避免衔铁振动，解决的具体办法是在铁芯端面开一小槽，在槽内嵌入铜质短路环，如图 1-14 所示，短路环将铁芯端面 S 分隔成两部分，即环外部分 $S_1$ 与环内部分 $S_2$，短路环

仅包围了磁路磁通 $\Phi_2$，当交变磁通穿过短路
环所包围的截面积在环中产生涡流时，根据
电磁感应定律，此涡流产生的磁通 $\Phi_2$ 在相
位上落后于短路环外铁芯截面 $S_1$ 中的磁通
$\Phi_1$，由 $\Phi_1$、$\Phi_2$ 产生的电磁吸力为 $F_1$、$F_2$，
作用在衔铁上的合成电磁吸力是 $F_1+F_2$，只
要此电磁吸合力始终大于其反力，衔铁就不
会产生振动和噪声。

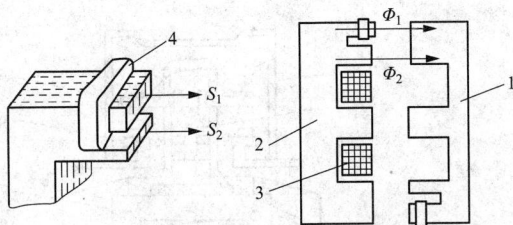

图 1-14　交流电磁铁的短路环
1—衔铁；2—铁芯；3—线圈；4—短路环

## 1.5　接　触　器

接触器是一种用来自动接通或断开大电流电路的电器。它可以频繁地接通或分断交直流
电路，可实现远距离控制，并具有低电压释放保护功能。

接触器主要控制对象是电动机，也可用于电热设备、电焊机、电容器组等其他负载。接
触器具有控制容量大、过载能力强、寿命长、设备简单经济等特点，是电气自动控制线路中
使用最广泛的电器元件。

按照所控制电路的种类，接触器可分为交流接触器和直流接触器两大类，目前在控制电
路中多采用交流接触器。

### 1.5.1　交流接触器

交流接触器的主触点流过交流电流，主要用于远距离接通与分断额定电压至 1140V、额
定电流至 630A 的交流电路，但对它吸引线圈的电压并没有硬性规定，通常是施加交流电压，
也有为了增加接触器的开闭次数和可靠性采用直流吸引线圈的。

1. 交流接触器结构与图形符号

如图 1-15 所示为交流接触器的外形结构与符号。交流接触器由电磁机构、触点系统、灭
弧装置和其他部分组成，文字符号为 KM。

（1）电磁机构。电磁机构由电磁线圈（吸力线圈）、动铁芯（衔铁）和静铁芯组成，其
作用是将电磁能转换成机械能，产生电磁吸力带动触点动作。交流接触器的电磁线圈是由绝
缘铜导线绕制在铁芯上，铁芯由硅钢片叠压而成，以减少铁芯中的涡流损耗，为避免铁芯过
热，在铁芯上装有一个短路铜环（减振环），其材料为铜、康铜或镍铬合金等，作用是减少
交流接触器吸合时产生的振动和噪声。

（2）触点系统。包括主触点和辅助触点。主触点用于通断主电路，通常为三对动合触
点。辅助触点用于控制电路，起电气联锁作用，故又称联锁（自保或互锁）触点，一般动
合、动断各两对。

（3）灭弧装置。交流接触器在分断大电流电路时，往往会在动、静触点之间产生很强的
电弧。电弧是触点间气体在强电场作用下产生的放电现象。电弧一方面会烧损触点，另一方
面会使电路的切断时间延长，甚至引起其他事故。因此，灭弧是接触器的主要任务之一。对
于小容量的接触器，电弧的熄灭方法常采用双断口触点灭弧、电动力灭弧、相间弧板隔弧及
陶土灭弧罩灭弧。对于大容量的接触器，采用纵缝灭弧罩及栅片灭弧。

（4）其他部件包括反作用弹簧、缓冲弹簧、触点压力弹簧、传动机构及外壳等。

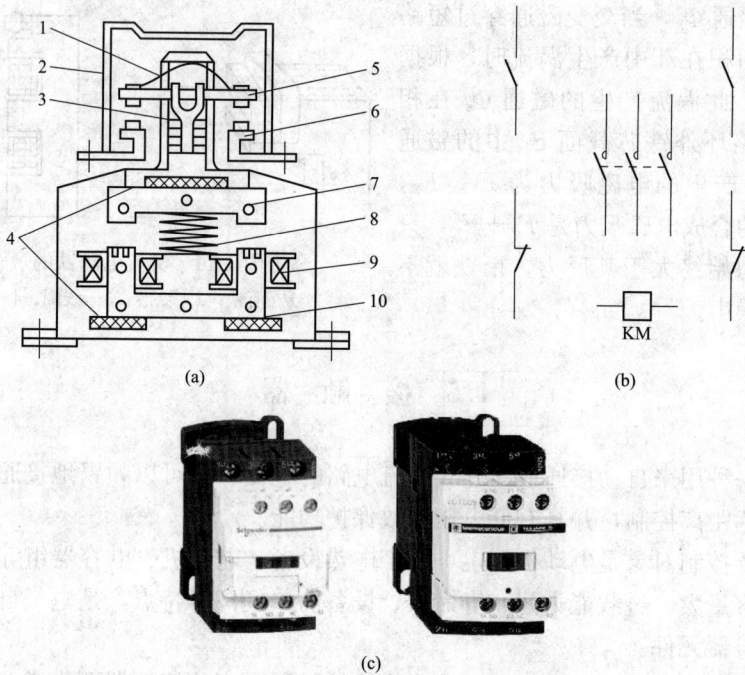

图 1-15　交流接触器

（a）结构图；（b）图形符号；（c）实物图

1—触点压力簧片；2—灭弧罩；3—触点弹簧；4—垫毡；5—动触片；6—静触点；

7—衔铁；8—缓冲弹簧；9—电磁线圈；10—铁芯

### 2. 交流接触器的工作原理

交流接触器的工作原理为线圈通电后，在铁芯中产生磁通及电磁吸力。此电磁吸力克服弹簧反力使得衔铁吸合，带动触点机构动作，动断触点打开，动合触点闭合，互锁或接通线路。线圈失电或线圈两端电压显著降低时，电磁吸力小于弹簧反力，使得衔铁释放，触点机构复位，断开线路或解除互锁。

### 3. 交流接触器的分类与型号

交流接触器的种类很多，其分类方法也不尽相同。按照一般的分类方法，大致有以下几种：

（1）按主触点极数。可分为单极、双极、三极、四极和五极接触器。单极接触器主要用于单相负荷，如照明负荷、焊机等，在电动机能耗制动中也可采用；双极接触器用于绕线式异步电机的转子回路中，启动时用于短接启动绕组；三极接触器用于三相负荷，例如在电动机的控制及其他场合，使用最为广泛；四极接触器主要用于三相四线制的照明线路，也可用来控制双回路电动机负载；五极交流接触器用来组成自耦补偿启动器或控制双笼型电动机，以变换绕组接法。

（2）按灭弧介质。可分为空气式接触器、真空式接触器等。依靠空气绝缘的接触器用于一般负载，而采用真空绝缘的接触器常用在煤矿、石油、化工企业及电压在 660V 和 1140V 等一些特殊的场合。

（3）按有无触点。可分为有触点接触器和无触点接触器。常见的接触器多为有触点接触器，而无触点接触器属于电子技术应用的产物，一般采用晶闸管作为回路的通断元件。由于可控硅导通时所需的触发电压很小，而且回路通断时无火花产生，因而可用于高操作频率的设备和易燃、易爆、无噪声的场合。

目前国内常用交流接触器主要有 CJ10、CJ12、CJX1、CJ20、CJX2、CJT1、3TB、B 系列等及其派生系列产品。其中，CJ10、CJ12 是早期全国统一设计的系列产品；CJ20、CJX 系列是全国统一设计的比较新型的接触器，已逐步取代 CJ10 等系列产品，上述系列产品一般具有三对动合主触点，动合、动断辅助触点各两对。主要适用于交流 50Hz、电压 660V 以下（其中部分等级可用于 1140V）、电流 630A 以下的电力线路中。

交流接触器的型号说明如图 1-16 所示。

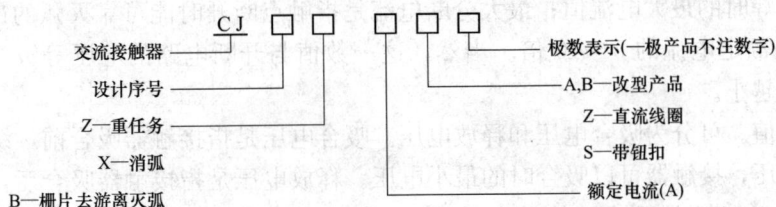

交流接触器 —— CJ □ □ □　□ □ □ ← 极数表示(一极产品不注数字)
设计序号 ——　　　　　　　　　　　 A,B—改型产品
Z—重任务 ——　　　　　　　　　 Z—直流线圈
X—消弧 ——　　　　　　　　　 S—带钮扣
B—栅片去游离灭弧 ——　　　　　 额定电流(A)

图 1-16　交流接触器的型号说明

例如：CJ10Z-40/3 为交流接触器，设计序号 10，重任务型，额定电流 40A 主触点为 3 极。CJ12T-250/3 为改型后的交流接触器，设计序号 12，额定电流 250A，3 个主触点。

除以上常用系列外，我国近年来还引进了一些生产线，生产了一些满足 IEC 标准的交流接触器，下面作以简单介绍。

CJ12B-S 系列锁扣接触器用于交流 50Hz，电压 380V 及以下、电流 600A 及以下的配电电路中，供远距离接通和分断电路用，并适用于不频繁地启动和停止交流电动机。具有正常工作时吸引线圈不通电、无噪声等特点。其锁扣机构位于电磁系统的下方，锁扣机构靠吸引线圈通电，吸引线圈断电后靠锁扣机构保持在锁住位置。由于线圈不通电，不仅无电力损耗，而且消除了磁噪声。

另外，由德国引进的西门子公司的 3TB 系列、BBC 公司的 B 系列交流接触器等，它们主要供远距离接通和分断电路，并适用于频繁地启动及控制交流电动机。3TB 系列产品具有结构紧凑、安装方便、可靠性高、机械寿命和电气寿命长等特点。额定电压为 220～660V，额定电流为 9～630A。

比较先进的还有法国施耐德公司的 TeSys 接触器 Model K、Model D、Model F、Model B 系列；法国 TE 公司的 LC1-D 和 LC2-D 系列等。这些引进产品大多采用积木式结构，可以根据需要加装辅助触点、空气延时触点、热继电器及机械联锁附件，安装方式有用螺钉安装和快速卡装在标准导轨上两种。外形美观，体积、质量也都大大减小，技术性能显著提高。法国施耐德公司的 TeSys 接触器如图 1-17 所示。

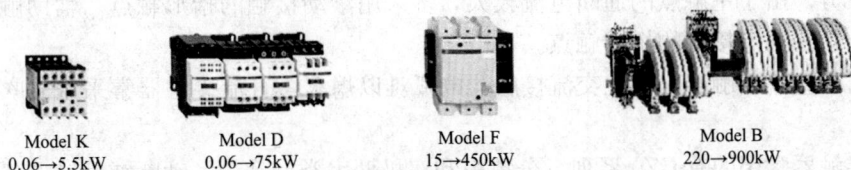

Model K　　　Model D　　　Model F　　　Model B
0.06→5.5kW　0.06→75kW　15→450kW　220→900kW

图 1-17　法国施耐德公司的 TeSys 接触器

4. 交流接触器的基本参数

（1）额定电压。指主触点额定工作电压，应等于负载的额定电压。一只接触器常规定几个额定电压，同时列出相应的额定电流或控制功率。通常，最大工作电压即为额定电压。常用的额定电压值为 220、380、660V 等。

（2）额定电流。接触器触点在额定工作条件下的电流值。380V 三相电动机控制电路中，额定工作电流可近似等于控制功率的两倍。常用额定电流等级为 5、10、20、40、60、100、150、250、400、600A。

（3）通断能力。可分为最大接通电流和最大分断电流。最大接通电流是指触点闭合时不会造成触点熔焊时的最大电流值；最大分断电流是指触点断开时能可靠灭弧的最大电流。一般通断能力是额定电流的 5～10 倍。当然，这一数值与开断电路的电压等级有关，电压越高，通断能力越小。

（4）动作值。可分为吸合电压和释放电压。吸合电压是指接触器吸合前，缓慢增加吸合线圈两端的电压，接触器可以吸合时的最小电压。释放电压是指接触器吸合后，缓慢降低吸合线圈的电压，接触器释放时的最大电压。一般规定，吸合电压不低于线圈额定电压的 85%，释放电压不高于线圈额定电压的 70%。

（5）吸引线圈。额定电压接触器正常工作时，吸引线圈上所加的电压值。一般该电压数值以及线圈的匝数、线径等数据均标于线包上，而不是标于接触器外壳铭牌上，使用时应加以注意。

（6）操作频率。接触器在吸合瞬间，吸引线圈需消耗比额定电流大 5～7 倍的电流，如果操作频率过高，则会使线圈严重发热，直接影响接触器的正常使用。为此，规定了接触器的允许操作频率，一般为每小时允许操作次数的最大值。

（7）寿命。包括电气寿命和机械寿命。目前接触器的机械寿命已达一千万次以上，电气寿命约是机械寿命的 5%～20%。

### 1.5.2 直流接触器

直流接触器线圈通入的是直流电，使主触点接通或者切断直流主电路。主要用于远距离接通和分断额定电压至 440V、额定电流至 600A 的直流电路或频繁地操作和控制直流电动机。其结构和工作原理基本上与交流接触器相同。在结构上也是由电磁机构、触点系统和灭弧装置等部分组成。它与交流接触器的区别主要表现在：

（1）电磁系统。直流接触器电磁系统由铁芯、线圈和衔铁等组成。但线圈中通的是直流电，铁芯中不会产生涡流，所以铁芯可用整块铸铁或铸钢制成，也不需要装短路环。铁芯不发热，没有损耗。线圈匝数较多，电阻大，电流流过时发热，为了使线圈良好散热，通常将线圈制成长而薄的圆筒状。

（2）触点系统。直流接触器触点系统多制成单极的，只有小电流才制成双极的，触点也有主、辅之分。由于主触点的通断电流较大，多采用滚动接触的指形触点。辅助触点的通断电流较小，常采用点接触的桥式触点。

（3）由于直流接触器电弧比交流接触器电弧难以熄灭，直流接触器常采用磁吹式灭弧装置灭弧。

直流接触器常用的有 CZ0 系列，分单极和双极两大类，动合、动断辅助触点各不超过两对。常用的直流接触器还有 CZ18、CZ21、CZ22、CZ10 和 CZ2 等系列。

直流接触器型号说明如图 1-18 所示。

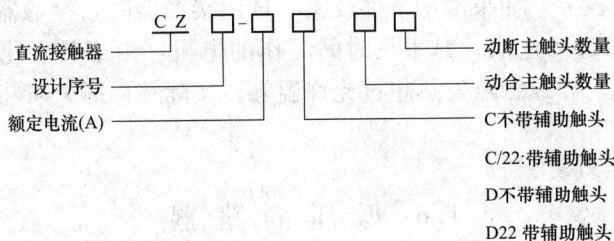

图 1-18　直流接触器型号说明

### 1.5.3　接触器的选用

交流接触器的选用，应根据负荷的类型和工作参数合理选用。具体分为以下步骤：

1. 选择接触器的类型

交流接触器按负荷种类一般分为一类、二类、三类和四类，分别记为 $AC_1$、$AC_2$、$AC_3$ 和 $AC_4$。一类交流接触器对应的控制对象是无感或微感负荷，如白炽灯、电阻炉等；二类交流接触器用于绕线式异步电动机的启动和停止；三类交流接触器的典型用途是笼型异步电动机的运转和运转中分断；四类交流接触器用于笼型异步电动机的启动、反接制动、反转。

2. 选择接触器的额定参数

根据被控对象和工作参数如电压、电流、功率、频率及工作制等确定接触器的额定参数。

（1）接触器的线圈电压，一般应低一些为好，这样对接触器的绝缘要求可以降低，使用时也较安全。但为了方便和减少设备，常按实际电网电压选取。

（2）电动机的操作频率不高，如压缩机、水泵、风机、空调、冲床等，接触器额定电流大于负荷额定电流即可，接触器类型可选用 CJ10、CJ20 等。

（3）对重任务型电机，如机床主电机、升降设备、绞盘、破碎机等，其平均操作频率超过 100 次/min，运行于启动、点动、正反向制动、反接制动等状态，可选用 CJ10Z、CJ12 型的接触器。为了保证电气寿命，可使接触器降容使用。选用时，接触器额定电流大于电机额定电流。

（4）对特重任务电机，如印刷机、镗床等，操作频率很高，可达 600～12000 次/h，经常运行于启动、反接制动、反向等状态，接触器大致可按电寿命及启动电流选用，接触器型号选 CJ10Z、CJ12 等。

（5）交流回路中的电容器投入电网或从电网中切除时，接触器选择应考虑电容器的合闸冲击电流。一般地，接触器的额定电流可按电容器的额定电流的 1.5 倍选取，型号选 CJ10、CJ20 等。

（6）用接触器对变压器进行控制时，应考虑浪涌电流的大小。例如交流电弧焊机、电阻焊机等，一般可按变压器额定电流的 2 倍选取接触器，型号选 CJ10、CJ20 等。

（7）对于电热设备，如电阻炉、电热器等，负荷的冷态电阻较小，因此启动电流相应要大一些。选用接触器时可不用考虑启动电流，直接按负荷额定电流选取，型号可选用 CJ10、CJ20 等。

（8）由于气体放电灯启动电流大、启动时间长，对于照明设备的控制，可按额定电流 1.1～1.4 倍选取交流接触器，型号可选 CJ10、CJ20 等。

（9）接触器额定电流是指接触器在长期工作下的最大允许电流，持续时间不超过 8h，且安装于敞开的控制板上，如果冷却条件较差，选用接触器时，接触器的额定电流按负荷额定电流的 110%～120% 选取。对于长时间工作的电机，由于其氧化膜没有机会得到清除，使接触电阻增大，导致触点发热超过允许温升。实际选用时，可将接触器的额定电流减小 30% 使用。

## 1.6　低压断路器

低压断路器也称为自动空气开关，它在现代的电气控制中可用来接通和分断负载电路，也可用来控制不频繁启动的电动机。它功能相当于闸刀开关、过电流继电器、失压继电器、热继电器及漏电保护器等电器部分或全部的功能总和，适用于交流 50Hz 或 60Hz，电压至 500V（直流电压 440V 以下）的电路，是低压配电网中一种重要的保护电器。

低压断路器具有多种保护功能（过载、短路、欠电压保护等）、动作值可调、分断能力高、操作方便、安全等优点，所以目前被广泛应用。

1. 低压断路器的结构和工作原理

低压断路器由触点、灭弧系统、操动机构、保护装置（各种脱扣器）等组成。脱扣器包括过电流脱扣器、失压（欠电压）脱扣器、热脱扣器、分励脱扣器和自由脱扣器。

图 1-19 所示为低压断路器工作原理图及图形符号。其文字符号为 QF。

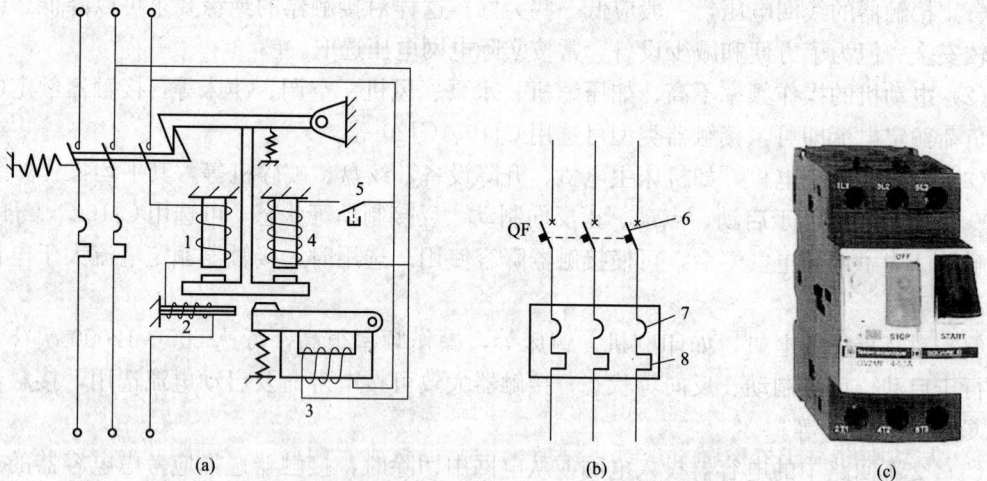

图 1-19　低压断路器的工作原理示意图及图形符号

（a）结构图；（b）图形符号；（c）实物图

1—过电流脱扣器；2—热脱扣器；3—失压脱扣器；4—分励脱扣器；5—远控按钮；
6—失压保护；7—过流保护；8—过载保护

低压断路器基本工作原理如下：

（1）断路器开关是靠操作机构手动或电动合闸的，触点闭合后，自由脱扣机构将触点锁在合闸位置上。当电路发生上述故障时，通过各自的脱扣器使自由脱扣机构动作，自动跳闸以实现保护作用。

（2）过电流脱扣器用于线路的短路和过电流保护，当线路的电流大于整定的电流值时，过电流脱扣器所产生的电磁力使挂钩脱扣，动触点在弹簧的拉力下迅速断开，实现短路器的跳闸功能。

（3）欠电压（失压）脱扣器用于失压保护，失压脱扣器的线圈直接接在电源上，和电源并联，处于吸合状态，断路器可以正常合闸；当停电或电压很低时，失压脱扣器的吸力变小，当小于弹簧的反力时，弹簧使动铁芯向上使挂钩脱扣，实现断路器的跳闸功能。

当电路过载时，热脱扣器的热元件发热使双金属片向上弯曲，推动自由脱扣机构动作。

（4）分励脱扣器则作为远距离控制分断电路之用，在正常工作时，其线圈是断电的，在需要距离控制时，按下启动按钮，使线圈通电，衔铁带动自由脱扣机构动作，使主触点断开。

2. 低压断路器典型产品及型号意义

低压断路器主要以结构形式分类，可分为装置式和开启式两种。装置式又称为塑料壳式，开启式又称为框架式或万能式。

（1）装置式断路器。装置式断路器有绝缘塑料外壳，内装触点系统、灭弧室及脱扣器等，可手动或电动（对大容量断路器而言）合闸。有较高的分断能力和动稳定性，有较完善的选择性保护功能，广泛用于配电线路。

目前常用的有 DZ15、DZ20、DZX19 和 C45N（目前已升级为 C65N）等系列产品。其中 C45N（C65N）断路器具有体积小，分断能力高、限流性能好、操作轻便，型号规格齐全、可以方便地在单极结构基础上组合成二极、三极、四极断路器的优点，广泛使用在 60A 及以下的民用照明主干线及支路中（多用于住宅用户的进线开关及商场照明支路开关）。

以 DZ20 系列低压断路器为例说明型号意义，如图 1-20 所示。

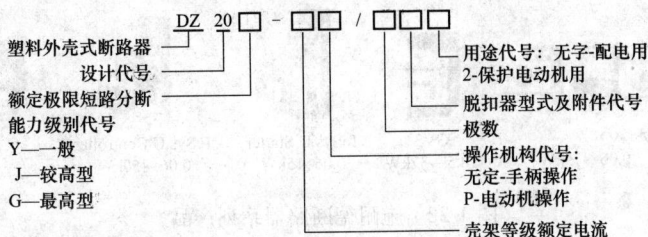

图 1-20　DZ20 系列低压断路器型号意义说明

（2）开启式断路器。框架式断路器一般容量较大，具有较高的短路分断能力和较高的动稳定性。适用于交流 50Hz，额定电流 380V 的配电网络中作为配电干线的主保护。

开启式断路器主要由触点系统、操动机构、过电流脱扣器、分励脱扣器及欠压脱扣器、附件及框架等部分组成，全部组件进行绝缘后装于框架结构底座中。

目前我国常用的有 DW15、ME、AE、AH 等系列的开启式低压断路器。DW15 系列断路器是我国自行研制生产的，全系列具有 1000、1500、2500 和 4000A 等几个型号。

ME、AE、AH 等系列断路器是利用引进技术生产的。它们的规格型号较为齐全（ME 开关电流等级从 630～5000A 共 13 个等级），额定分断能力较 DW15 更强，常用于低压配电干线的主保护。下面以 DW15 断路器为例说明型号意义，如图 1-21 所示。

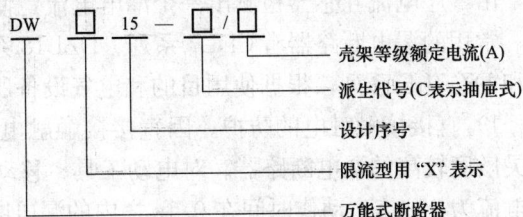

图 1-21　DW15 低压断路器型号意义说明

（3）智能化断路器。目前国内生产的智能化断路器有框架式和塑料外壳式两种。框架式智能化断路器主要用于智能化自动配电系统中的主断路器，塑料外壳式智能化断路器主要用在配电网络中分配电能和作为线路及电源设备的控制与保护，亦可用作三相笼型异步电动机的控制。智能化断路器的特征是采用了以微处理器或单片机为核心的智能控制器（智能脱扣器），它不仅具备普通断路器的各种保护功能，同时还具备实时显示电路中的各种电气参数（电流、电压、功率、功率因数等），对电路进行在线监视、自行调节、测量、试验、自诊断、可通信等功能，能够对各种保护功能的动作参数进行显示、设定和修改，保护电路动作时的故障参数能够存储在非易失存储器中以便查询。

另外，近年来引进生产的低压断路器有德国西门子公司的 3VE 系列、C45N 系列等产品，法国施耐德公司生产的 OSM 系列产品：如 C32N 系列小型断路器，与 C65 系列附件通用拼装灵活；NSC 系列塑壳断路器，多用于机器设备的保护；TeSys 系列的 Model GV：GV2 和 GV3，TeSys U Starter、Controller、Vario 等系列产品。其产品外观如图 1-22 所示。

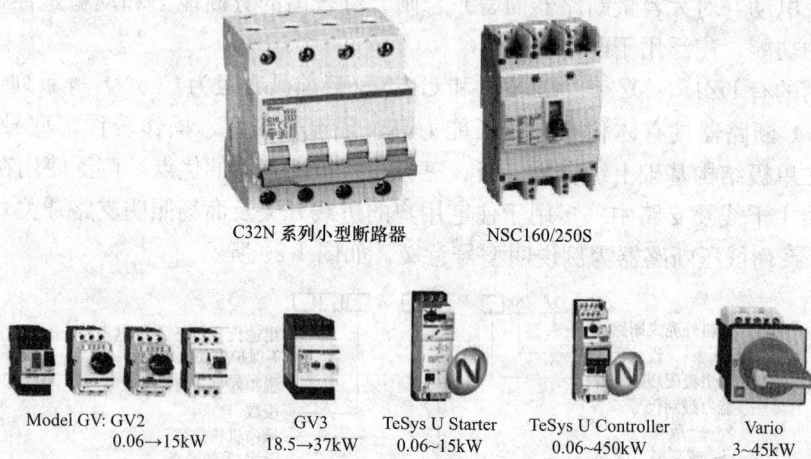

C32N 系列小型断路器        NSC160/250S

Model GV: GV2        GV3        TeSys U Starter        TeSys U Controller        Vario
0.06→15kW        18.5→37kW        0.06~15kW        0.06~450kW        3~45kW

图 1-22    施耐德断路器系列产品

（4）漏电断路器（residual current circuit-breaker）。电路中漏电电流超过预定值时能自动动作的开关。常用的漏电断路器分为电压型和电流型两类，而电流型又分为电磁型和电子型两种。漏电断路器用于防止人身触电，应根据直接接触和间接接触两种触电防护的不同要求来选择。

电压型漏电断路器用于变压器中性点不接地的低压电网。其特点是当人身触电时，零线对地出现一个比较高的电压，引起继电器动作，电源开关跳闸。

电流型漏电断路器主要用于变压器中性点接地的低压配电系统。其特点是当人身触电时，由零序电流互感器检测出一个漏电电流，使继电器动作，电源开关断开。

常用的漏电断路器有 CDL7 系列、DZL18 系列、DZ20L 系列、DZL25 系列、DZ15LE 系列和 DZ47LE 系列，根据使用目的和电气设备所在的场所来选择。

1）直接接触触电的防护。因直接接触触电的危害比较大，引起的后果严重，所以要选用灵敏度较高的漏电断路器。对电动工具、移动式电气设备和临时线路，应在回路中安装动作电流为 30mA，动作时间在 0.1s 之内的漏电断路器。对家用电器较多的居民住宅，最好安装在进户电能表后。

2）间接接触触电防护。不同场所的间接接触触电，能对人身造成不同程度的伤害，所以，不同场所应安装不同的漏电断路器。对容易触电的危害性较大的场所，要求用灵敏度比较高的漏电断路器。在潮湿场所比在干燥场所触电的危险性要大得多，一般应安装动作电流为 15～30mA，动作时间在 0.1s 之内的漏电断路器。对于水中的电器设备，应安装动作电流为 6～10mA 的漏电断路器。对于操作人员必须站在金属物体上或金属容器内的电气设备，只要电压高于 24V，就应安装动作电流为 15mA 以下的漏电断路器。对额定电流在 100A 以上的大型电气设备或带有多台用电设备的供电回路，可安装动作电流为 50～100mA 的漏电断路器。

根据电路和设备的正常泄漏电流来选择：

a. 单机配用的漏电断路器，动作电流应大于设备正常运行时泄漏电流的 4 倍。

b. 用于分支线路的漏电断路器，动作电流应大于线路正常运行时泄漏电流的 2.5 倍，同时也要大于线路中泄漏电流最大的电气设备的泄漏电流的 4 倍。

c. 主干线或全网总保护的漏电断路器，其动作电流应大于电网正常运行时泄漏电流的 2.5 倍。

如果不容易测量线路或电气设备的泄漏电流，可按照下面的经验公式进行估算：

照明回路或居民生活用电回路：漏电断路器的动作电流 $I_{DZ} > I_{SJ}/2000$；

动力与照明混合回路：漏电断路器的动作电流 $I_{DZ} > I_{SJ}/1000$。

公式中，$I_{DZ}$ 为漏电断路器动作电流，$I_{SJ}$ 为电路中的最大电流。

注意：

a. 单相 220V 电源供电的电气设备应选用单极二线式或二极二线式漏电断路器。

b. 三相三线制 380V 电源供电的电气设备，应选用三极四线式或四极四线式漏电断路器。漏电断路器实物如图 1-23 所示。

3. 低压断路器的选用原则

（1）根据线路对保护的要求确定断路器的类型和保护形式。如一般选用塑壳式，短路电流较大时选用限流型，额定

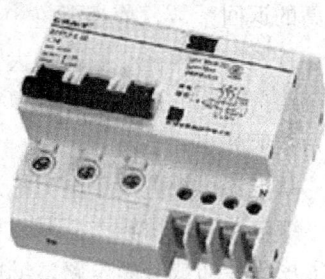

图 1-23　漏电断路器实物图

电流较大或有选择性保护时选用框架式，控制和保护含有半导体器件的直流电路时应选用直流快速断路器等。

（2）断路器的额定电压 $U_N$ 应等于或大于被保护线路、设备的额定电压。

（3）断路器欠压脱扣器额定电压应等于被保护线路的额定电压。

（4）断路器的额定电流及过流脱扣器的额定电流应大于或等于被保护线路的最大负载电流。

（5）断路器的极限分断能力应大于线路的最大短路电流的有效值。

（6）配电线路中的上、下级断路器的保护特性应协调配合，下级的保护特性应位于上级保护特性的下方且不相交。

（7）断路器的长延时脱扣电流应小于导线允许的持续电流。

## 1.7　控 制 继 电 器

继电器是一种自动动作的电器。当给继电器输入电压、电流、频率等电量或温度、压

力、转速等非电量并达到规定值时，使输出量发生阶跃性的变化，实现接通或断开所控制或保护的电路，其执行机构则是触点的动作或电参数的变化。继电器的主要特性是输入—输出特性，又称继电特性，继电特性曲线如图 1-24 所示。

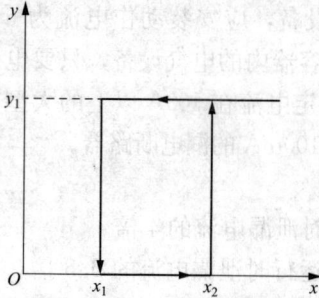

图 1-24 所示中，$x$ 表示继电器的输入量，$y$ 表示继电器的输出量。当输入量 $x$ 由 0 增至 $x_2$ 以前，继电器输出量 $y$ 为 0。当输入量增加到 $x_2$ 时，继电器吸合，输出量为 $y_1$。若输入量再增大，输出量 $y$ 保持不变。此后逐渐减小 $x$，直到减到 $x_1$，继电器释放，输出量由 $y_1$ 变为 0。若 $x$ 再减小，则输出一直为 0。

特性曲线中，$x_1$ 称为继电器的释放值，$x_2$ 称为继电器的吸合值。欲使继电器吸合动作，输入量就必须大于等于吸合值；欲使继电器释放动作，输入量必须小于等于释放值。

图 1-24　继电器特性

定义继电器的返回系数为：

$$K_f = \frac{x_1}{x_2}$$

不同场合下要求不同的返回系数值。例如一般继电器要求较低的返回系数，值在 0.1～0.4 之间，这样当继电器吸合后，输入量波动较大时不致引起误动作；欠电压继电器则要求较高的返回系数，值通常在 0.6 以上。返回系数值是可以调节的，通过调节弹簧的松紧程度：拧紧时 $x_1$ 与 $x_2$ 同时增大，返回系数值也同时增大；放松时，返回系数值减小。如调整铁芯与衔铁间非磁性垫片的厚度：增厚时 $x_1$ 与 $x_2$ 同时增大，返回系数值增大；减薄时，返回系数值减小。

继电器广泛应用于电力拖动系统、电力保护系统以及各类遥控和通信系统中。

继电器一般由输入感测机构和输出执行机构两部分组成，前者用于反映输入量的高低，后者用于接通或分断电路。继电器的种类很多，下面仅对几种常用继电器的结构、动作原理和用途作简单介绍。

### 1.7.1　电磁式电压、电流、中间继电器

1. 电压继电器

电压继电器的输入量是电压信号，其根据输入电压大小而动作。常用于电气控制系统的电压保护和控制。电压继电器按吸合电压大小分为欠电压继电器、过电压继电器和零电压继电器三种。

（1）欠电压继电器。欠电压继电器也称低压继电器。当线圈电压处于额定值时，继电器的衔铁可靠吸合。

当线圈电压低于额定值时，衔铁释放，触点系统复位，接通或断开相应的控制电路。欠电压继电器吸合电压动作范围为 $(6\% \sim 86\%)U_N$，释放电压调整范围为 $(1\% \sim 35\%)U_N$，欠电压继电器的图形符号和文字符号如图 1-25 所示。

（2）过电压继电器。当线圈电压高于被保护电路的额定值并达到过电流继电器的吸合整定值时，衔铁带动触点系统动作，接通或断开相应的控制电路。当线圈电压处于额定工作电压时，触点系统不动作。过电压继电器动作范围为 $(105\% \sim 120\%)U_N$、过电压继电器的图形符号和文字符号如图 1-25 所示。

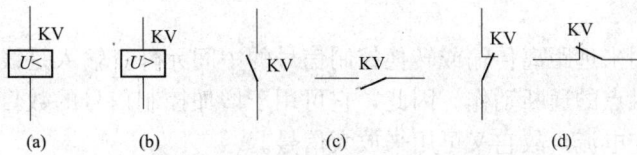

图 1-25 欠、过电压继电器的图形符号和文字符号

(a) 欠电压线圈；(b) 过电压线圈；(c) 动合触点；(d) 动断触点

（3）零电压继电器。零电压继电器在额定电压下吸合，当线圈电压达到额定电压的 5%～25% 时释放。零电压继电器常用于电路的零电压保护（失压保护）。

2. 电流继电器

根据线圈中电流的大小而动作的继电器称为电流继电器。这种继电器的线圈导线粗，匝数少，能通过大电流，且串联在主电路中。电流继电器按线圈中的电流种类，分为交流电流继电器和直流电流继电器；按动作电流的大小，可分为过电流继电器和欠电流继电器。当线圈中的电流大于整定值而动作的继电器称为过电流继电器，低于整定值而动作的称为欠电流继电器。

（1）过电流继电器。过电流继电器线圈中流过正常负载电流时，不产生吸合动作。当线圈电流高于被保护电路的额定值并达到过电流继电器的吸合整定值时，衔铁带动触点动作，接通或断开相应的控制电路。通常，交流过电流继电器的吸合电流调整范围为被保护电路的额定工作电流的 1.1～1.4 倍，直流过电流继电器的吸合电流调整范围为额定工作电流的 0.7～3.5 倍。

过电流继电器用于过电流保护或控制，如起重机电路中的过电流保护。过电流继电器在正常工作时流过正常工作电流小于继电器所整定的动作电流，继电器不动作，当电流超过动作电流整定值时才动作。过电流继电器动作时其动合触点闭合，动断触点断开。过电流继电器整定范围为（110%～400%）额定电流，其中交流过电流继电器为（110%～400%）$I_N$，直流过电流继电器为（70%～300%）$I_N$。

过电流继电器的图形符号和文字符号如图 1-26（a）所示。

（2）欠电流继电器。当线圈处于额定工作电流状态时，欠电流继电器的衔铁处于吸合状态；当线圈电流处于被保护电路额定电流并降至欠电流继电器的释放整定值时，衔铁释放，触点系统复位，接通或断开相应的控制电路。

欠电流继电器用于欠电流保护或控制，如直流电动机励磁绕组的弱磁保护、电磁吸盘中的欠电流保护、绕线式异步电动机启动时电阻的切换控制等。欠电流继电器的动作电流整定范围为线圈额定电流的 30%～65%。需要注意的是，当欠电流继电器在电路正常工作且电流正常时，欠电流继电器处于吸合动作状态，动合触点处于闭合状态，动断触点处于断开状态；当电路出现不正常的动作电流为释放电流而不是吸合电流。

欠电流继电器的图形符号和文字符号如图 1-26（b）所示。

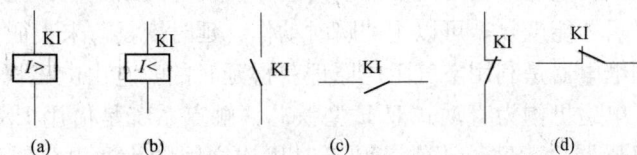

图 1-26 过、欠电流继电器的图形符号和文字符号

(a) 过电流线圈；(b) 欠电流线圈；(c) 动合触点；(d) 动断触点

3. 中间继电器

中间继电器是用来远距离传输或转换控制信号的中间元件。输入是线圈的通电或断电信号，输出的是多对触点的通断动作。因此，它可用于增加控制信号的数目。因为触点的额定电流大于线圈的额定电流，故它又可用来放大信号。

中间继电器基本结构如图 1-27 所示，其电磁系统采用螺管式电磁机构，励磁线圈通电时，动铁芯被吸向锥形挡铁，并带动横梁，使两侧的动触点支架向上运动，使触点进行转换。励磁线圈断电后，在反力弹簧作用下，动铁芯和动触点支架均回复原位。

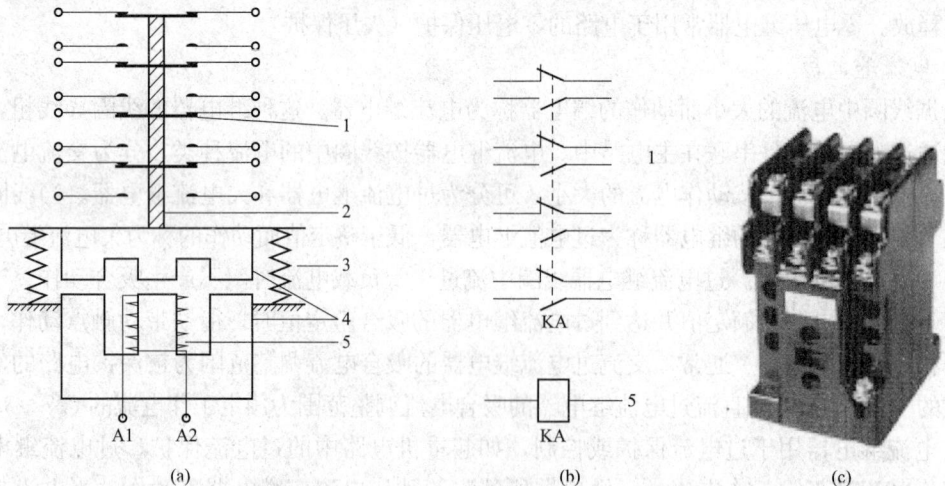

图 1-27　中间继电器
(a) 结构图；(b) 图形及文字符号；(c) 实物图
1—触点；2—绝缘连杆；3—反力弹簧；4—铁芯；5—线圈

### 1.7.2　时间继电器

在自动控制系统中，有时需要继电器得到信号后不立即动作，而是要延长一段时间后再动作并输出控制信号，以达到按时间顺序进行控制的目的，时间继电器即可以实现这种功能。

时间继电器是一种利用电磁或机械动作原理实现触点延时通或断的自动控制器，即从得到输入信号（线圈通电或断电）开始，经一设定延时时间后才输出信号（触点闭合或断开）。时间继电器的延时方式有 2 种。通电延时和断电延时。时间继电器的触点也有两种，即延时触点和瞬动触点。延时触点可分为通电延时触点和断电延时触点，瞬动触点的动作原理与一般继电器相同。

通电延时：当线圈得电后，延时触点需经过一段时间的延时后才能动作；当线圈断电时，其动作的延时触点瞬时复位，可以用"延时动作、瞬时复位"来表征。

断电延时：当线圈得电后，其延时触点瞬时动作；当线圈断电时，其动作的延时触点需要经过一段时间延时后才能恢复，可以用"瞬时动作、延时恢复"来表征。

空气阻尼式时间继电器是利用空气阻尼原理获得延时的，它由电磁机构、延时机构和触点系统 3 部分组成。电磁机构为直动式双 E 型铁芯，触点系统是借用 LX5 型微动开关，延时机构采用气囊式阻尼器。衔铁位于铁芯和延时机构之间的为通电延时型，如图 1-28 (a) 所示。而铁芯位于衔铁和延时结构之间的为断电延时型，如图 1-28 (b) 所示。电磁机构可以是直流的也可以是交流的。

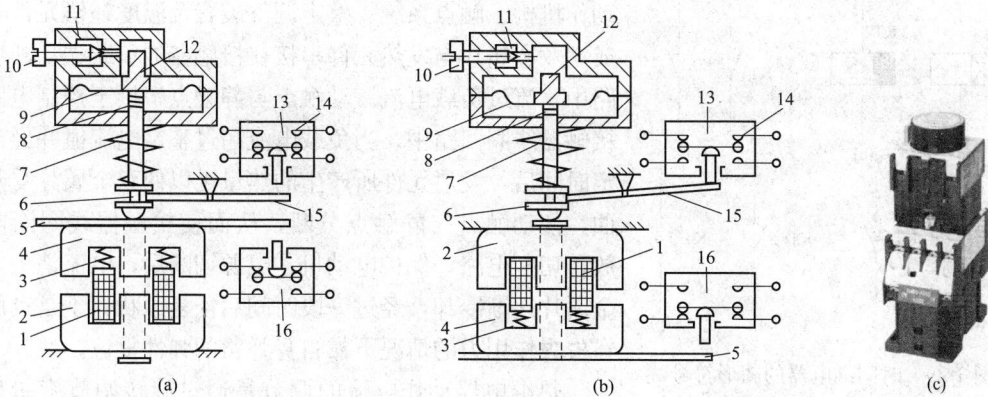

图 1-28　JS-A 系列时间继电器
(a) 通电延时型；(b) 断电延时型；(c) 实物图
1—线圈；2—静铁芯；3、7—弹簧；4—衔铁；5—推板；6—顶杆；8—弹簧；9—橡皮膜；
10—螺杆；11—进气孔；12—活塞；13、16—微动开关；14—延时触点；15—杠杆

下面以通电延时型时间继电器为例介绍其工作原理。

当通电延时型时间继电器电磁线圈 1 通电后，将衔铁吸下，于是顶杆 6 与衔铁间出现一个空隙，当与顶杆相连的活塞在弹簧 7 作用下由上向下移动时，在橡皮膜上面形成空气稀薄的空间，空气由进气管逐渐进入气室，活塞因受到空气的阻力，不能迅速下降，在降到一定位置时，杠杆 15 使触点 14 动作（动合触点闭合，动断触点断开）。线圈断电时，弹簧使衔铁和活塞等复位，空气经橡皮膜与顶杆 6 之间推开的气隙迅速排出，触点瞬时复位。

将通电延时继电器中的电磁机构翻转 180° 安装，即为断电延时型继电器，其原理和结构与通电延时型继电器相同。

空气阻尼式时间继电器具有结构简单、延时范围较宽、价格低廉、寿命长、工作可靠等优点。其缺点是延时误差大，无调节刻度指示，一般试用于延时精度要求不高的场合。空气阻尼式延时继电器的延时时间有 0.4～180s 和 0.4～60s 两种，操作频率为 600 次/h，触点容量为 5A，延时误差为 ±15%。

时间继电器在选用时应根据控制要求选择其延时方式，根据延时范围和精度选择继电器的类型。时间继电器的图形符号如图 1-29 所示。

### 1.7.3　热继电器

1. 热继电器

热继电器是利用电流的热效应原理工作的保护电器，具有与电动机容许过载特性相近的反时限动作特性。

三相异步电动机在实际运行中常会遇到因电气或机械等引起的过电流现象。如果过电流不严重，持续时间较短，绕组不超过允许温度，则这种电流是允许的；如果过电流情况严重，持续时间较长，则会加快电动机绝缘老化，甚至烧毁电动机。因此，在电动机回路中应设置电动机保护装置。常用的电动机保护装置种类很多，使用最多、最普遍的是双金属片式热继电器。目前，双金属片式热继电器均为三相式，有带断相保护和不带断相保护两种。

2. 热继电器的工作原理

热继电器的结构原理图和图形符号如图 1-30 所示。热继电器主要由双金属片、发热元件、

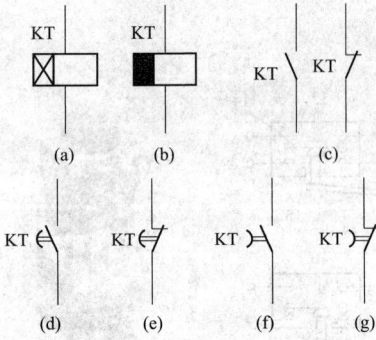

图 1-29 时间继电器的图形符号

(a) 通电延时线圈；(b) 断电延时线圈；
(c) 瞬动触点；(d) 通电延时断开动合触点；
(e) 通电延时闭合断触点；(f) 断电延时
断开动合触点；(g) 断电延时闭合动断触点

动作机构、触点系统、整定调整装置及温度补偿元件等组成。双金属片与发热元件串接在接触器的负载端，即主电路中，流过负载电流。动触点与静触点串接于控制电路的接触器线圈回路中。当负载电流超过整定电流值并经过一定时间后，发热元件所产生的热量足以使双金属片受热弯曲，使动触点与静触点分断，从而使接触器线圈断电释放，切断电路，保护电动机。电源切断后，电流消失，双金属片逐渐冷却，经过一段时间后恢复原状，于是动触点在失去作用力的情况下靠自身弹簧的弹性复位。

热继电器动作电流的调节是通过旋转调节旋钮来实现的。调节旋钮为一个偏心轮，旋转调节旋钮可以改变传动杆和动触点之间的传动距离，距离越长动作电流越大，反之动作电流就越小。

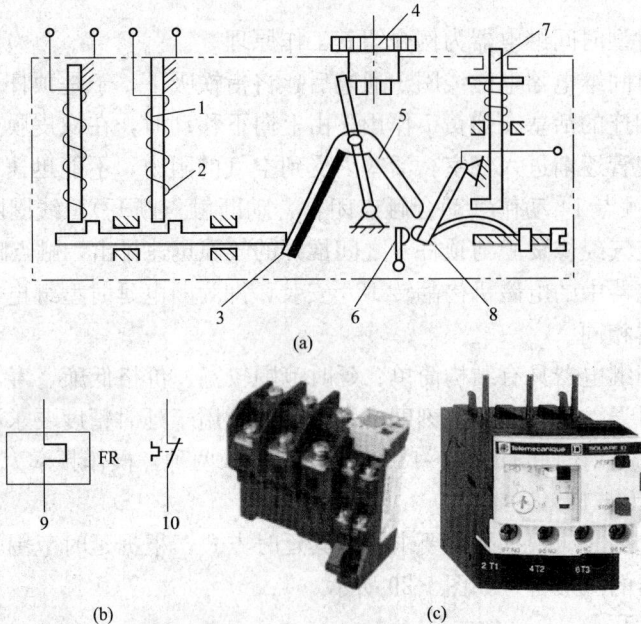

图 1-30 双金属片式热继电器

(a) 结构图；(b) 图形及文字符号；(c) 实物图

1—双金属片；2—发热元件；3—温度补偿片；4—凸轮；5—推杆；6—静触点；
7—复位按钮；8—动触点；9—发热元件；10—动断触点

热继电器复位方式有自动复位和手动复位两种方式，将复位螺丝旋入，使静触点向动触点靠近，这样动触点在闭合时处于不稳定状态，在双金属片冷却后动触点也返回，为自动复位方式。如果将复位螺丝旋出，触点不能自动复位，为手动复位方式。在手动复位方式下，需在双金属片恢复状时按下复位按钮才能使触点复位。

3. 热继电器的主要技术参数

(1) 额定电压。热继电器的额定电压是热继电器触点长期正常工作所能承受的最大电压。

（2）额定电流。热继电器的额定电流是热继电器允许装入热元件的最大额定电流。每种额定电流的热继电器可装入不同整定电流的热元件。为了便于用户选择，某些型号中的不同整定电流的热元件是用不同编号表示的。

（3）热元件额定电流。热继电器热元件额定电流是热继电器热元件允许长期通过的最大电流。

（4）整定电流。热继电器整定电流是长期通过热元件而热继电器不动作的最大电流。手动调节整点电流的范围，称为刻度电流调节范围，可用来使热继电器更好地实现过载保护。

4. 热继电器的选择原则

热继电器主要用于电动机的过载保护，使用中应考虑电动机的工作环境，启动情况和负载性质等因素，具体应按以下几个方面来选择：

（1）热继电器结构型式的选择。星形接法的电动机可选用两相或三相结构热继电器，三角形接法的电动机应选用带断相保护装置的三相结构热继电器。

（2）热继电器的动作电流整定值一般为电动机额定电流的 $1.05\sim1.1$ 倍。

（3）对于重复短时工作的电动机（如起重电动机），由于电动机不断重复升温，热继电器双金属片的升温跟不上电动机绕组的温升，电动机将得不到可靠的过载保护。因此，不宜选用双金属片热继电器，而应选用过电流继电器或能反映绕组实际温度的温度继电器来进行保护。

### 1.7.4  速度继电器

速度继电器又称为反接制动继电器，是将电动机的转速信号经电磁感应原理来控制触点动作的电器。其结构主要由定子、转子和触点系统三部分组成，定子是一个笼型空心圆杯，由硅钢片组成，并嵌有笼型导条，转子为圆柱形永久磁铁。触点系统具有正向运转时动作触点和反向运转时动作触点各一组，每组触点各有一对动断触点和动合触点，如图 1-31 所示。

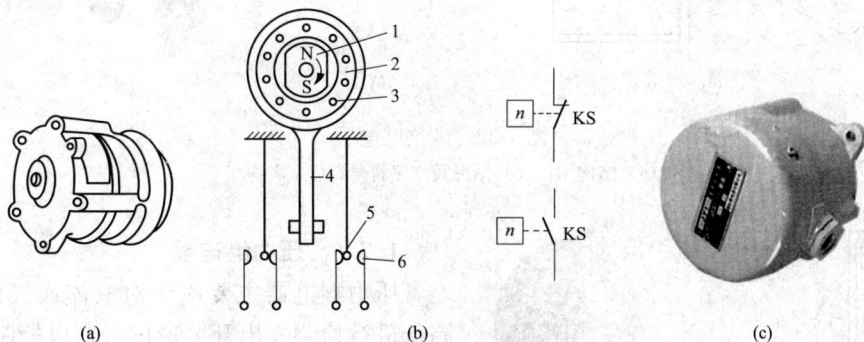

图 1-31  速度继电器

（a）结构图；（b）图形及文字符号；（c）实物图

1—转子；2—外环；3—笼型绕组；4—摆杆；5—动断触点；6—动合触点

速度继电器工作原理为速度继电器转子的轴与被控电动机的轴相连接，当电动机转动时，转子（圆柱形永磁铁）随之转动产生一个旋转磁场，定子中的笼型绕组切割磁力线而产生感应电流和磁场，2 个磁场相互作用，使定子受力而跟随转动，当达到一定转速时，装在定子轴上的摆锤推动簧片触点运动，使动断触点断开，动合触点闭合。当电动机转速低于某一数值时（如小于 100r/min），定子产生的转矩减小，触点在簧片作用下复位。

常用速度继电器有 JY1 型和 JFZ0 型 2 种。其中，JY1 型动作范围为 700～3600r/min，JFZ0-1 型动作范围为 300～1000r/min，JFZ0-2 型适用于 1000～3000r/min。

一般速度继电器都具有 2 对转换触点，一对用于正转时动作，一对用于反转时动作。触点额定电压为 380V，额定电流为 2A。通常速度继电器动作转速为 130r/min，复位转速在 100r/min 以下。

速度继电器的选用原则主要是根据电动机的额定转速以及具体控制要求来选择。速度继电器可用来检测船舶、火车的内燃机引擎，以及气体、水力和风力涡轮机，还可以用于造纸业、铝箔的生产和纺织业生产上。在船用柴油机以及很多柴油发电机组的应用中，速度继电器作为一个二次安全回路，当紧急情况产生时迅速关闭引擎。

### 1.7.5 液位继电器

液位继电器主要用于对液位的高低进行检测发出开关量信号，以控制电磁阀、液泵等设备对液位的高低进行控制。例如 JYF-02 型液位继电器，图形符号、实物图如图 1-32 所示。工作原理为浮筒置于液体内，浮筒的另一端为一根磁钢，靠近磁钢的液体外壁也装一根磁钢，并和动触点相连，当水位上升时，受浮力上浮而绕固定支点上浮，带动磁钢条向下，当内磁钢 N 极低于外磁钢 N 极时，由于液体壁内外两根磁钢同性相斥，壁外的磁钢受排斥力迅速上翘，带动出点迅速动作。同理，当液位下降，内磁钢 N 极高于外磁钢 N 极时，外磁钢受排斥力迅速下翘，带动触点迅速动作。液位高低的控制是由液位继电器安装的位置决定的。

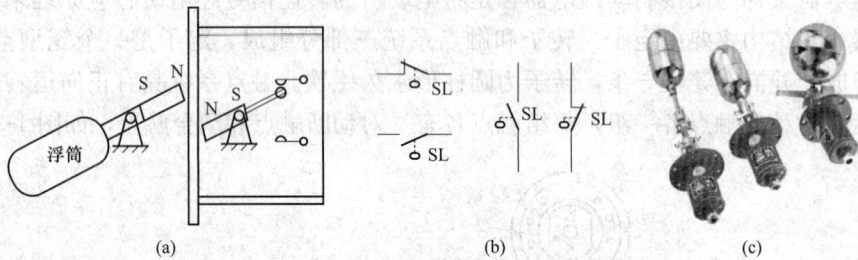

图 1-32　液位继电器
(a) 结构图；(b) 图形及文字符号；(c) 实物图

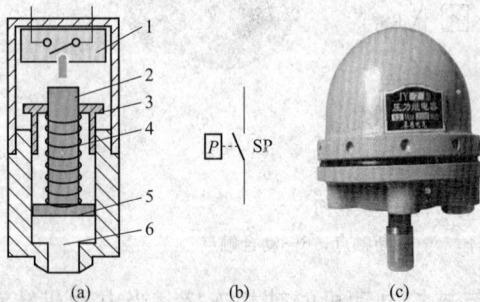

图 1-33　JY2 型压力继电器
(a) 结构图；(b) 图形及文字符号；(c) 实物图
1—开关；2—滑杆；3—调压螺母；4—调压弹簧；
5—橡皮膜；6—压力入口

### 1.7.6 压力继电器

压力继电器主要用于对液体或气体压力的高低进行检测发出开关量信号，以控制电磁阀、液泵等设备对压力的高低进行控制。压力继电器的图形符号、实物图如图 1-33 所示，主要由压力传感装置和微动开关等组成，液体或气体压力经压力入口推动橡皮膜和滑杆，克服弹簧反力向上运动，当压力达到给定压力时，触动微动开关，发出控制信号，旋转调压螺母可以改变给定压力。

# 1.8 主 令 电 器

### 1.8.1 按钮

控制按钮是一种结构简单、使用广泛的手动主令电器，它可以与接触器或继电器配合，对电动机实现远距离的自动控制，用于实现控制线路的电气联锁。

如图 1-34 所示，控制按钮由按钮帽、复位弹簧、桥式触点和外壳等组成，通常做成复合式，即具有动断触点和动合触点。按下按钮时，先断开动断触点，后接通动合触点；按钮释放后，在复位弹簧的作用下，按钮触点自动复位的先后顺序相反。通常，在无特殊说明的情况下，有触点电器的触点动作顺序均为"先断后合"。

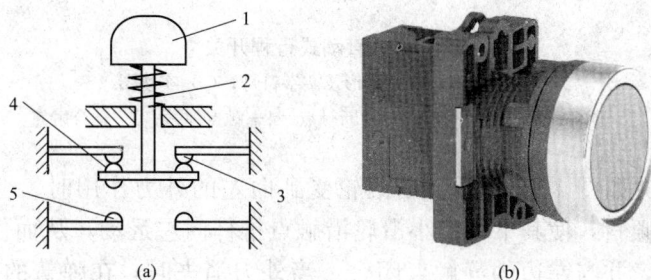

图 1-34 控制按钮

(a) 结构图；(b) 实物图

1—按钮帽；2—复位弹簧；3—动断触点；4—桥式动触点；5—动合触点

在电气控制线路中，动合按钮常用来启动电动机，也称启动按钮；动断按钮常用于控制电动机停车，也称停车按钮；复合按钮用于联锁控制电路中。

控制按钮的种类很多，在结构上有揿钮式、紧急式、钥匙式、旋钮式、带灯式和打碎玻璃按钮。常用的控制按钮有 LA2、LA18、LA19、LA20、LAY1 和 SFAN-1 型系列按钮。LA2 系列为仍在使用的老产品，新产品有 LA18、LA19、LA20 等系列。其中 LA18 系列采用积木式结构，触点数目可按需要拼装至 6 动合 6 动断，一般装成两动合两动断。LA19、LA20 系列有带指示灯和不带指示灯两种，前者按钮帽用透明塑料制成，兼作指示灯罩。SFAN-1 型为消防打碎玻璃按钮。

按钮选择的主要依据是使用场所、所需要的触点数量、种类及颜色。按钮开关的图形符号及文字符号如图 1-35 所示。

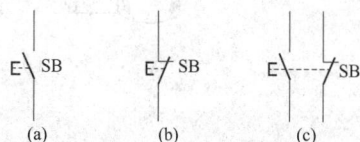

图 1-35 按钮开关的图形和文字符号

(a) 动合触点；(b) 动断触点；(c) 复合触点

### 1.8.2 行程开关

行程开关又称限位开关，它是一种根据生产机械运动部件的行程位置来发布控制命令、实现电路切换的控制电路，常用于控制电动机或其他生产设备的运行方向、行程大小及限位保护等。它的种类很多，按运动形式可分为直动式、微动式和转动式等；按触点的性质可分为有触点式与无触点式。

**1. 有接触点行程开关**

直动式行程开关的结构原理如图 1-36 所示,其动作原理与按钮相同。

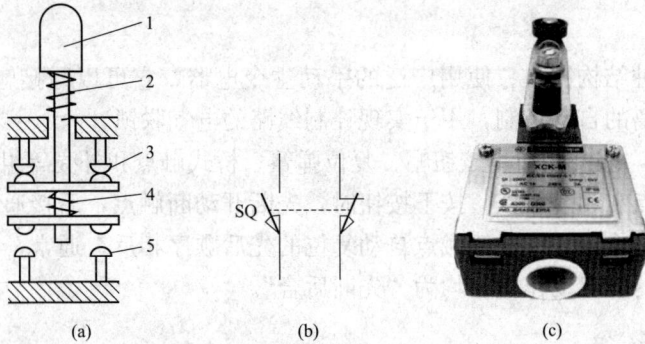

图 1-36　直动式行程开关

(a) 结构图;(b) 图形及文字符号;(c) 实物图

1—顶杆;2—复位弹簧;3—动断触点;4—触点弹簧;5—动合触点

　　滚动式行程开关如图 1-37 所示。当滚轮受到向左的外力作用时,上转臂向左下方转动,带动套架向右倾斜,使其下方的小滑轮沿触点推杆向左运动,从而使动触点迅速地与右边的静触点分开,并与左边的静触点闭合。当外力消失时,在弹簧的作用下自动复位。这样做减少了电弧对触点的损伤,并保证了动作的可靠性。这类行程开关适合于低速运动的机械。

　　滚动式行程开关又分为单滚轮自动复位和双滚轮非自动复位式,由于双滚轮式行程开关具有两个稳态位置,在某些情况下可使控制电路简化。

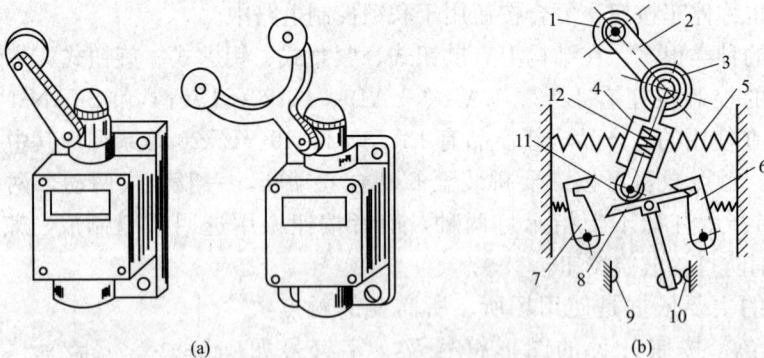

图 1-37　滚动式行程开关

(a) 外观图;(b) 结构原理图

1—滚轮;2—上转臂;3—盘形弹簧;4—套架;5、12—弹簧;6、7—压板;8—触点推杆;9、10—触点系统;11—小滑轮

　　在生产机械的行程较小或作用力较小时,还可采用具有弯型片状弹簧结构且行程短、操作力小、瞬时动作的微动式行程开关,其结构原理如图 1-38 所示。

**2. 无接触点行程开关**

随着半导体元件的发展,产生了一种非接触式的行程开关,这就是接近开关。在生产机械接近它到一定距离范围内时，它能发出控制信号，实现对生产机械的控制。

　　接近开关又称为无触点行程开关，它是通过其感应头与被测物体间介质能量的变化来取得信号的。接近开关除可应用于一般的行程位置控制和限位保护外，还可用于高速计数、测速、液面检测、检测金属物体是否存在以及其尺寸大小的检测等。接近开关用于行程控制时，其定位精度、操作频率、使用寿命及对恶劣环境的适应能力要比普通机械式行程开关高。

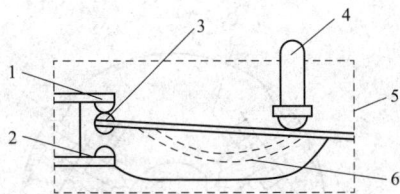

图 1-38　弯型片状弹簧结构
1—动断触点；2—动合触点；3—动触点；
4—推杆；5—壳体；6—弓簧片

　　接近开关分为有源型和无源型 2 种，多数无触点行程开关为有源型，主要包括检测元件、放大电路和输出驱动电路 3 部分。如图 1-39 所示为三线式有源型接近开关结构框图。

　　接近开关的主要参数有型式、动作距离范围、动作频率，响应时间、重复精度、输出型式、工作电压及输出触点的容量等。接近开关的图形符号如图 1-40 所示。

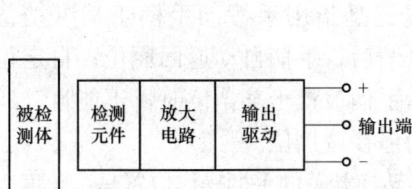

图 1-39　有源型接近开关

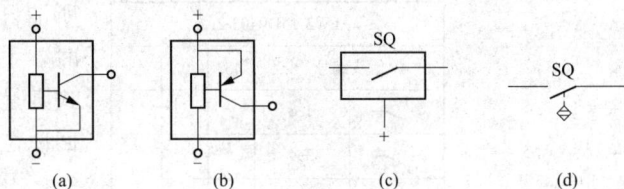

图 1-40　接近开关图形符号
（a）NPN 型；（b）PNP 型；（c）有源接近开关；（d）无源接近开关

　　（1）接近开关的选择应注意以下几点：

　　1）工作频率、可靠性及精度。

　　2）检测距离、安装尺寸。

　　3）触点形式、触点数量及输出形式。

　　4）电源类型、电压等级。

　　（2）有触点行程开关的选择应注意以下几点：

　　1）应用场合及控制对象选择。

　　2）安装环境选择防护形式，如开启式或保护式。

　　3）控制回路的电压和电流。

### 1.8.3　万能转换开关

　　万能转换开关是一种多挡式、控制多回路的主令电器。万能转换开关主要用于各种控制线路的转换、电压表、电流表的换相测量控制、配电装置线路的转换和遥控等。万能转换开关还可以用于直接控制小容量电动机的启动、调速和换向。

　　图 1-41 所示为万能转换开关单层的结构示意图。

　　常用产品有 LW5 和 LW6 系列。LW5 系列可控制 5.5kW 及以下的小容量电动机；LW6 系列只能控制 2.2kW 及以下的小容量电动机。用于可逆运行控制时，只有在电动机停车后才允许反向启动。LW5 系列万能转换开关按手柄的操作方式可分为自复式和自定位式两种。

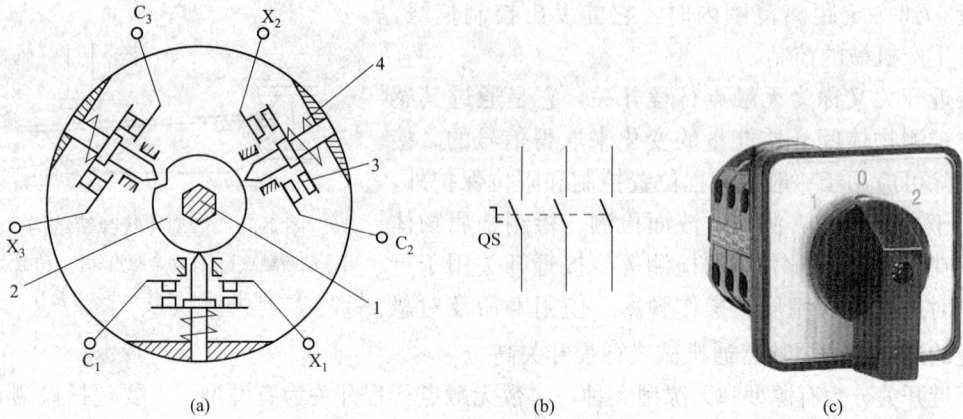

图 1-41　万能转换开关单层
(a) 结构图；(b) 图形及文字符号；(c) 实物图
1—转轴；2—凸轮；3—触点；4—触点弹簧

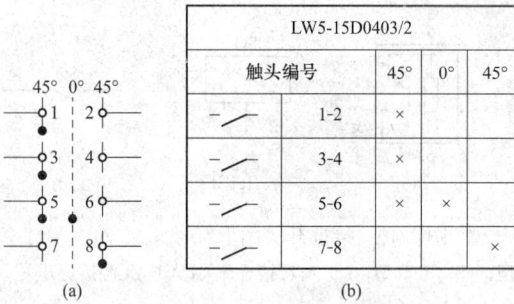

| LW5-15D0403/2 | | | |
| --- | --- | --- | --- |
| 触头编号 | 45° | 0° | 45° |
| 1-2 | × | | |
| 3-4 | × | | |
| 5-6 | × | × | |
| 7-8 | | | × |

图 1-42　万能转换开关的图形符号
(a) 图形符号；(b) 点闭合表

所谓自复式是指用手拨动手柄于某一挡位时，手松开后，手柄自动返回原位；自定位式则是指手柄被置于某挡位时，不能自动返回原位而停在该挡位。

万能转换开关的手柄操作位置是以角度表示的。不同型号的万能转换开关的手柄有不同的触点，电路图中的图形符号如图 1-42 所示。但由于其触点的分合状态与操作手柄的位置有关，所以，除在电路图中画出触点图形符号外，还应画出操作手柄与触点分合状态的关系。图 1-42 所示中当万能转换开关打向左 45°时，触点 1-2、3-4、5-6 闭合，触点 7-8 打开，打向 0°时；触点 5-6 闭合，打向 45°时；触点 7-8 闭合，其余打开。

### 1.8.4　凸轮控制器

凸轮控制器是一种大型的手动控制电器，也是多挡位、多触点，利用手动操作，转动凸轮去接通和分断允许通过大电流的触点转换开关。主要用于起重设备中，直接控制中、小型绕线转子异步电动机的启动、制动、调速和换向，也适用于有相同要求的其他电力拖动场合。凸轮控制器中有多组触点，并由多个凸轮分别控制，以实现对一个较复杂电路中的多个触点进行同时控制。由于凸轮控制器中的触点较多，且每个触点在每个位置的接通情况各不相同，所以不能用普通的动合、动断触点来表示。

凸轮控制器主要由触点、手柄、转轴、凸轮、灭弧罩及定位机构等组成，其结构原理如图 1-43 所示。当手柄转动时，在绝缘方轴上的凸轮随之转动，从而使触点组按规定顺序接通、分断电路，改变绕线转子异步电动机定子电路的接法和转子电路的电阻值，直接控制电动机的启动、调速、换向及制动。凸轮控制器与万能转换开关虽然都是用凸轮来控制触点的动作，但两者的用途则完全不同。由于凸轮控制器可直接控制电动机工作，所以其触点容量大并有灭弧装置。

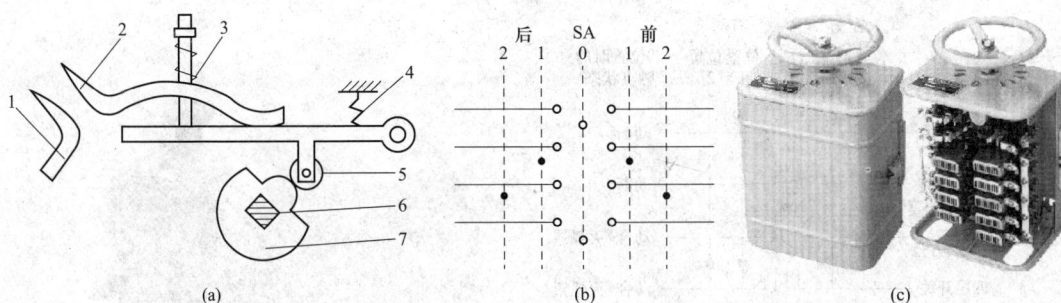

图 1-43　凸轮控制器结构原理图

（a）结构图；（b）图形及文字符号；（c）实物图

1—静触点；2—动触点；3—触点弹簧；4—复位弹簧；5—滚子；6—绝缘方轴；7—凸轮

凸轮控制器的优点为控制线路简单、开关元件少、维修方便等，缺点为体积较大、操作笨重并且不能实现远距离控制。目前使用的凸轮控制器有 KT10、KTJ14、KTJ15 及 KTJ16等系列，其额定电流有 25A、60A 及 32A、63A 等规格。

### 1.8.5　主令控制器

主令控制器是一种频繁对电路进行接通和切断的电器。通过它的操作，可以对控制电路发布命令，与其他电路联锁或切换。常配合磁力启动器对绕线式异步电动机的启动、制动、调速及换向实行远距离控制，广泛用于各类起重机械的拖动电动机的控制系统中。

主令控制器一般由外壳、触点、凸轮、转轴等组成，与万能转换开关相比，它的触点容量大些，操纵挡位也较多。主令控制器的动作过程与万能转换开关相类似，也是由一块可转动的凸轮带动触点动作。

常用的主令控制器有 LK5 和 LK6 系列，其中 LK5 系列有直接手动操作、带减速器的机械操作与电动机驱动等 3 种型式的产品。LK6 系列是由同步电动机和齿轮减速器组成定时元件，由此元件按规定的时间顺序，周期性地分合电路。控制电路中，主令控制器触点的图形符号及操作手柄在不同位置时的触点分合状态表示方法与万能转换开关相似。

从结构上讲，主令控制器分为两类，一类是凸轮可调式主令控制器；另一类是凸轮固定式主令控制器。如图 1-44 所示为凸轮式主令控制器。

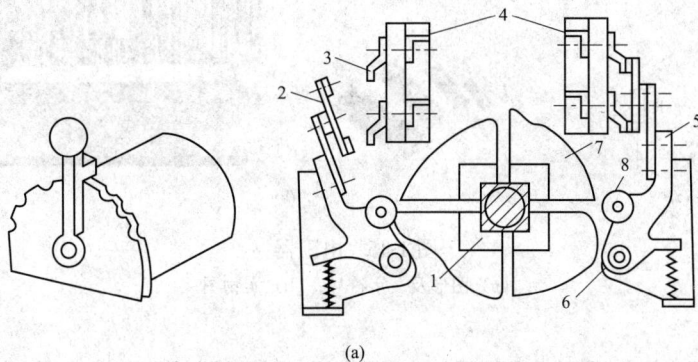

(a)

图 1-44　凸轮可调式主令控制器（一）

(a) 结构图

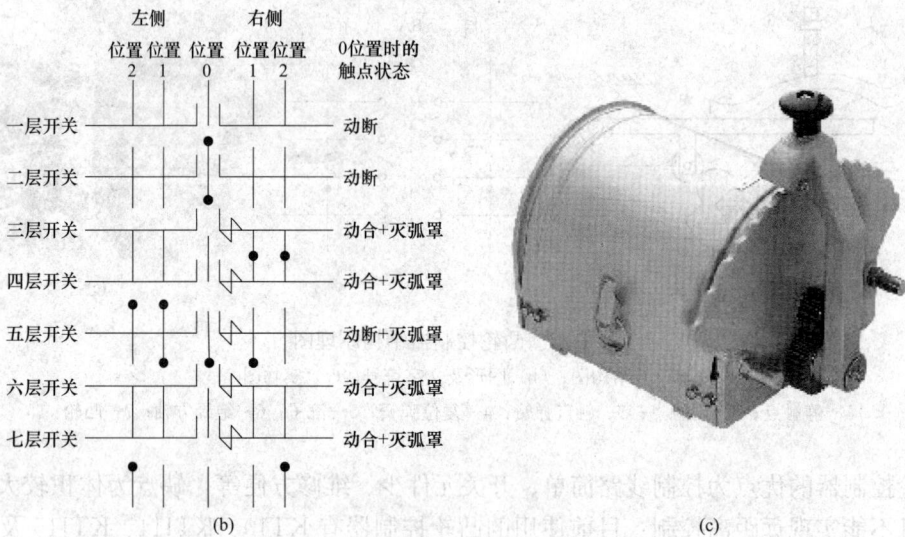

图 1-44　凸轮可调式主令控制器（二）

(b) 图形及文字符号；(c) 实物图

1—凸轮块；2—动触点；3—静触点；4—接线端子；5—支杆；6—转动轴；7—凸轮块；8—小轮

# 1.9　其他电器

1. 电阻

电阻可分为 2 大类，一类为电阻元件，用于弱电电子产品，一类为工业用电阻器件（简称电阻器），用于交直流电气线路的电流调节以及电动机的启动、制动和调速等。

常用的电阻器有 ZB 型板形和 ZG 型管形电阻器，用于低压电路中的电流调节。ZX 型电阻器，主要用于交直流电动机的启动、制动和调速等。

电阻器的主要技术参数有额定电压、发热功率、电阻值、允许电流、发热时间常数、电阻误差及外形尺寸等。电阻器的符号和实物图如图 1-45 所示。

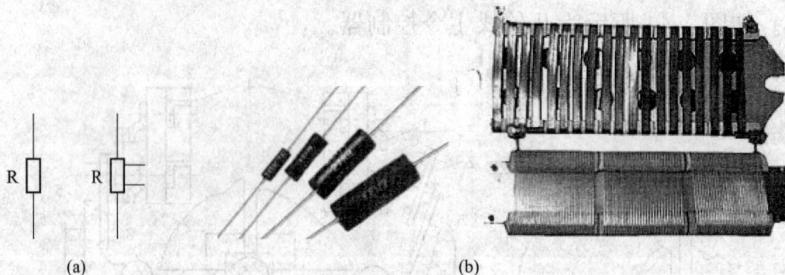

图 1-45　电阻器

(a) 图形及文字符号；(b) 实物图

2. 变阻器

变阻器的作用和电阻器的作用类似，不同点在于变阻器的电阻是连续可调的。而电阻器的每段电阻固定，在控制电路中可采用串并联或选择不同段电阻的方法来调节电阻值，电阻值是断续可调的。变阻器的符号和实物图如图 1-46 所示。

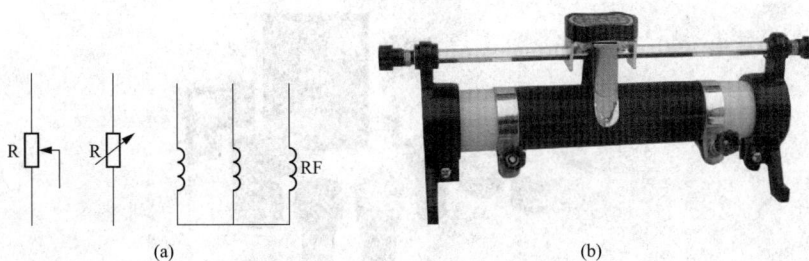

图 1-46　变阻器
(a) 图形及文字符号；(b) 实物图

### 3. 电磁铁

电磁铁是通电后能够产生磁性，像磁铁一样可以吸附铁类物体，在铁芯的外部缠绕与其功率相匹配的导电绕组，这种通有电流的线圈像磁铁一样具有磁性，它也叫作电磁铁（Electromagnet）。通常把它制成条形或蹄形状，以使铁芯更加容易磁化。另外，为了使电磁铁断电立即消磁，往往采用消磁较快的软铁或硅钢材料来制作。这样的电磁铁在通电时有磁性，断电后磁性就随之消失。电磁铁在我们的日常生活中有着极其广泛的应用。

电磁铁可分为直流电磁铁和交流电磁铁两大类型。如果按照用途来划分，主要可分为以下 5 种：

(1) 牵引电磁铁。主要用来牵引机械装置、开启或关闭各种阀门，以执行自动控制任务。

(2) 起重电磁铁。用作起重装置来吊运钢锭、钢材、铁砂等铁磁性材料。

(3) 制动电磁铁。主要用于对电动机进行制动以达到准确停车的目的，如图 1-47 所示。

(4) 自动电器的电磁系统。如电磁继电器和接触器的电磁系统、自动开关的电磁脱扣器及操作电磁铁等。

(5) 其他用途的电磁铁。如磨床的电磁吸盘以及电磁振动器等。

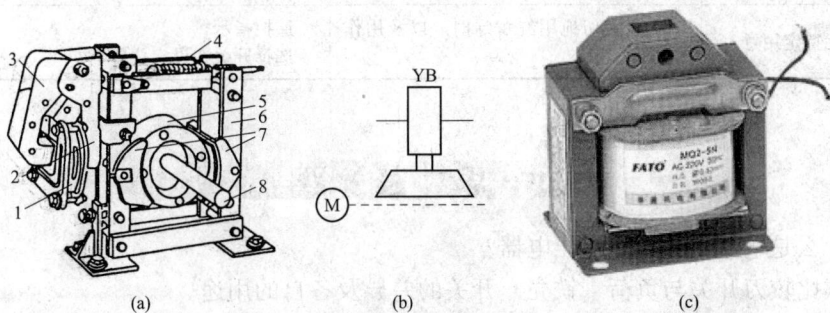

图 1-47　TJ2 型电磁制动器
(a) 结构图；(b) 图形及文字符号；(c) 实物图
1—线圈；2—铁芯；3—衔铁；4—弹簧；5—闸轮；6—杠杆；7—闸瓦；8—电机轴

### 4. 信号灯

信号灯也叫指示灯，主要用于各种电气设备及线路中作电源指示、显示设备的工作状态以及操作警示等。信号灯的图形符号如图 1-48 所示。各种颜色指示灯对比见表 1-3。

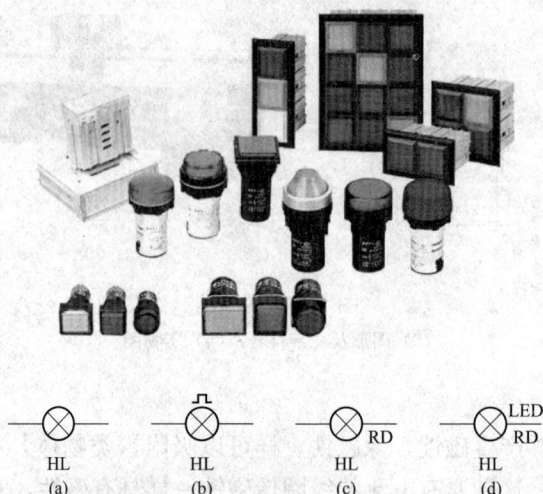

图 1-48　信号灯的图形符号

（a）平光灯；（b）闪光灯；（c）红灯；（d）红色发光二极管灯

表 1-3　　　　　　　　　　　　　　　　各种颜色指示灯对比

| 颜色 | 含义 | 说明 | 典型应用 |
|---|---|---|---|
| 红色 | 危险<br>告急 | 对可能出现的危险和需要立即处理 | 温度超过规定（或安全）限制，设备的重要部分已被保护电器切断 |
| 黄色 | 注意 | 情况有变化或即将发生变化 | 润滑系统失压<br>有触及带电或运动部件的危险 |
| 绿色 | 安全 | 正常或允许进行 | 温度（或压力）异常<br>当仅能承受允许的短时过载时 |
| 蓝色 | 按需要指定用意 | 除红、黄、绿三色外的任何指定用意 | 冷却通风正常<br>自动控制系统运行正常机器准备启动 |
| 白色 | 无特定用意 | 不能确切地用红黄绿时，以及用作执行时 | 遥控指示<br>选择开关在设定位置 |

思　考　题

1-1　什么是电器？什么是低压电器？

1-2　试比较刀开关与负荷（铁壳）开关的差异及各自的用途。

1-3　熔断器主要由哪几部分组成？各部分的作用是什么？

1-4　两台电动机不同时启动，一台电动机额定电流为 14.8A，另一台的额定电流为 6.47A，试选择用作短路保护熔断器的额定电流及熔体的额定电流。

1-5　什么是电弧？它有哪些危险？低压电器常用的灭弧方法有哪些？

1-6　交流接触器主要哪几部分组成？为什么交流接触器的铁芯加装短路环后，其振动和噪声会显著减少？

1-7　选择接触器时，主要考虑交流接触器的哪些主要额定参数？

1-8　低压断路器有哪些保护功能？分别由低压断路器的哪些部件完成？如果低压断路器不能合闸，可能的故障原因有哪些？

1-9　什么是继电器？一般来说，其结构主要由哪几部分组成？各部分的作用是什么？

1-10　中间继电器与交流接触器有什么差异？在什么条件下中间继电器也可以用来启动电动机？

1-11　空气阻尼时间继电器按其控制原理可分为哪两种类型？每种类型的时间继电器其触点有哪几类？画出它们的图形符号。

1-12　按工作原理，继电器可分为几类？

1-13　在电动机主电路中装有熔断器，为什么还要装热继电器？

1-14　热继电器主要有哪几部分电气符号？用途与熔断器是否相同？直流电机的保护电路能否使用热继电器？

1-15　常用的低压电器有哪些？它们在电路中起何种保护作用？

1-16　行程开关的触点动作方式有哪几种？各有什么特点？

1-17　什么是接近开关？它有什么特点？

1-18　速度继电器的主要工作原理和作用是什么？

1-19　电气原理图中 QS、FU、KM、KA、KT、KS、FR、SB、SQ 分别代表什么电气元件的文字符号？

# 第2章 电气控制基本环节和典型线路分析

电气控制线路即把各种有触点的接触器、继电器、按钮、行程开关等电器元件，用导线按一定的方式连接起来组成的控制线路。实现对电力拖动系统的启动、调速、反转和制动等运行性能的控制，实现对拖动系统的保护，满足生产工艺要求，实现生产过程自动化。

所有复杂的控制线路都是由一些最基本的环节构成的。这些基本的环节实质上是较为简单的控制线路。弄清楚了这些简单的控制线路，就很容易理解较为复杂的控制线路。例如为了使三相异步电动机按照生产的要求进行启动、制动、正反转和调速等，必须配备一定的控制线路对电动机进行控制才能达到目的。在生产实践中，控制线路一般都是由几个基本控制电路组成的，电动机基本控制线路有启动控制、调速控制和制动控制等。因此，掌握好电动机基本控制电路具有重要的意义。

## 2.1 电气图的基本知识及电气控制线路分析基础

### 2.1.1 电气图的基本知识

任何复杂的电气控制线路都是按照一定的控制原则，由基本的控制线路组成的。基本控制线路是学习电气控制的基础。特别是对生产机械整个电气控制线路工作原理的分析与设计有很大的帮助。

电气控制线路的表示方法有电气原理图、电气元件布置图和电气安装接线图。

1. 电气原理图

电气原理图是用来表示电路各电气元件中导电部件的连接关系和工作原理的电路图。电路图不反映元器件的实际位置、大小，只反映元器件之间的连接关系。电气原理图是根据工作原理而绘制的，具有结构简单、层次分明、便于研究和分析电路的工作原理等优点。在各种生产机械的电气控制中，无论在设计部门或生产现场都得到广泛的应用。

绘制电路图的原则如下：

(1) 电气原理图的组成。电气原理图可分为主电路和辅助电路。主电路是从电源到电动机或线路末端的电路，是强电流通过的电路，其内有刀开关、熔断器、接触器主触点、热继电器和电动机等。辅助电路包括控制电路、照明电路、信号电路及保护电路等，是小电流通过的电路。绘制电路图时，主电路用粗线条绘制在原理图的左侧或上方，辅助电路用细线条绘制在原理图的右侧或下方。

电气原理图中电器元件图形符号、文字符号及标号必须采用最新国家标准，本书依据国标 GB/T 4728.1—2005《电气简图用图形符号　第1部分：一般要求》。

(2) 电源线的画法。原理图中直流电源用水平线画出，正极在上，负极在下；三相交流电源线水平画在上方，相序从上到下依 L1、L2、L3、中性线（N线）和保护地线（PE线）画出。主电路要垂直电源线画出，控制电路和信号电路垂直在2条水平电源线之间。电气原理图中的电路可水平布置或者垂直布置。水平布置时，电源线垂直画，其他电路水平画，控制电路中的耗能元件画在电路的最右端。垂直布置时，电源线水平画，其他电路垂直画，控制电路中的耗能元件画在电路的最下端。

（3）元器件的画法。采用电器元件展开图的画法。元器件均不画元件外形，只画出带电部件，且同一电器上的带电部件可不画在一起，而是按电路中的连接关系画出，但必须用国家标准规定的图形符号画出，且要用同一文字符号标明。若有多个同类电器，可在文字符号后加上数字序号，如 KM1、KM2 等。

电器元件图形符号、文字符号及标号必须采用最新国家标准。电气原理图中所有电器元件的可动部分通常表示在电器非激励或不工作的状态和位置，其中常见的器件状态有：

a）继电器和接触器的线圈处在非激励状态。

b）断路器和隔离开关在断开位置。

c）零位操作的手动控制开关在零位状态，不带零位的手动控制开关在电气原理图中规定的位置。

d）机械操作开关和按钮在非工作状态或不受力状态。

e）保护类器件处在设备正常工作状态，特别情况在图样上说明。

（4）电气原理图中触点的画法。原理图中各元件触点状态均按没有外力或未通电时触点的原始状态画出。当触点的图形符号垂直放置时，以"左开右闭"原则绘制；当触点的图形符号水平放置时，以"上闭下开"的原则绘制。

（5）原理图的布局。同一功能的元件要集中在一起且按动作先后顺序排列。

（6）连接点、交叉点的绘制。对需要拆卸的外部引线端子，用"空心圆"表示；交叉连接的交叉点用小黑点表示。

（7）原理图中数据和型号的标注。原理图中数据和型号用小写字体标注在符号附近，导线用截面标注，必要时可标出导线的颜色。

（8）绘制要求。布局合理、层次分明、排列均匀、便于读图。

1）电气原理图图面的划分。每个分区内竖边用大写字母编号，横边用数字编号。编号的顺序应从左上角开始。

2）接触器、继电器触点位置的检索。在接触器、继电器电磁线圈的下方注有相应触点缩在原理图中位置的检索代号，其中左栏为动合触点所在区号，右栏为动断触点所在区号。

2. 电器元件布置图

电器元件布置图表明电气设备上所有电器和用电设备的实际位置，是电气控制设备制造、装配、调试和维护必不可少的技术文件，是用来表示元器件实际安装位置的图。在实际安装位置图中电器元件用实线框表示，而不必按其外形形状画出；在实际安装位置图中往往还留有 10% 以上的备用面积及导线管（槽）的位置，以供走线和改进设计时用；在实际安装位置图中还需要标注出必要的尺寸，如图 2-1 所示，绘制时注意以下几方面：

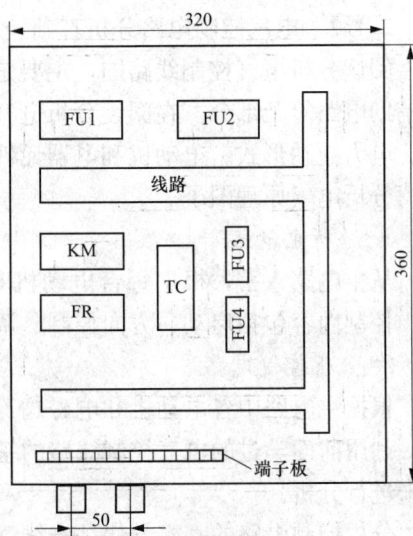

图 2-1　CW6132 型普通车床的电器布置图

（1）体积大和较重的元件应安装在下方，发热元件安装在上方。

（2）强、弱电之间要分开，弱电部分要加屏蔽。

（3）需要经常调整、检修的元件安装高度要适中。

（4）元件的布置要整齐、对称、美观。

（5）元件布置不要过密，以利于布线和维修。

3. 电气安装接线图

电气安装接线图是使用规定的图形符号按电器元件的实际位置和实际接线来绘制的，主要用于表示电气装置内部各元件之间及其与外部其他装置之间的连接关系，有单元连线图、互连接线图、端子连线图和电线电缆配置图等类型。图 2-2 所示为电气安装接线图清楚地表示了各元件之间的实际位置和连接关系。图 2-2 中，电源（L1、L2、L3）由型号 BX—3×6 的导线，顺序接至端子排 X、熔断器 FU、交流接触器 KM 的主触点，再经热继电器 FR 的热元件，接至电动机 M 的接线端子 U、V、W。电气安装接线图与实际电路是完全对应的。

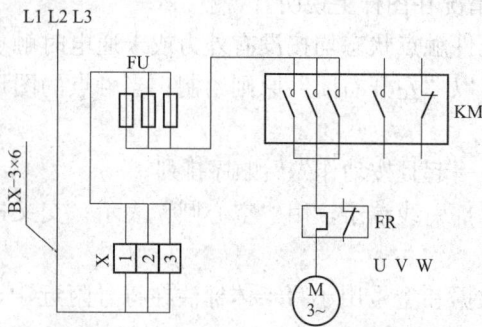

图 2-2　电动机电气安装接线图

绘制规则：

（1）元件的图形、文字符号应与电气原理图标注完全一致。同一元件的各个部件必须画在一起，并用点划线框起来。各元件的位置应与实际位置一致。

（2）各元件上凡需接线的部件端子都应绘出，控制板内外元件的电气连接一般要通过端子排进行，各端子的标号必须与电气原理图上的标号一致。

（3）走向相同的多根导线可用单线或线束表示。

（4）接线图中应标明连接导线的规格、型号、根数、颜色和穿线管的尺寸等。

### 2.1.2　电气控制电路分析基础

阅读分析电气控制线路图，主要是分析电气控制原理图，它主要包括主电路、控制电路和辅助电路等几部分。在阅读分析电气控制原理图之前，必须了解设备的主要结构、运动形式、电力拖动形式、电动机和电器元件的分布状况及控制要求等内容，在此基础上，便可以阅读分析电气原理图了。

1. 分析主电路

从主电路入手，根据每台电动机和电磁阀等执行电器的控制要求去分析它们的控制内容。控制内容包括启动、方向控制、调速和制动等。

2. 分析控制电路

根据主电路中各电动机和电磁阀等执行电器的控制要求，逐一找出控制电路中的控制环节，利用前面学过的电气控制线路的基本规律的知识，按功能不同划分成若干个局部控制线路来进行分析。

分析控制电路的基本方法是查线读图法，其步骤如下：

（1）从执行电器（电动机等）着手，从主电路上看有哪些控制元件的触点，根据其组合规律看控制方式。

（2）在控制电路中由主电路控制元件主触点的文字符号找到有关的控制环节及环节间的联系。

（3）从按下启动按钮开始，查对线路，观察元件的触点符号是如何控制其他控制元件动作的，再查看这些被带动的控制元件的触点是如何控制执行电器或其他元件动作的，并随时注意控制元件的触点使执行电器有何运动或动作，进而驱动被控机械有何运动。在分析过程中，要一边分析一边记录，最终得出执行电器及被控机械的运动规律。

3. 分析辅助电路

辅助电路包括电源显示、工作状态显示、照明和故障报警等部分，它们大多是由控制电路中的元件来控制的，所以在分析时，还要回过头来对照控制电路进行分析。

4. 分析联锁与保护环节

生产机械对于安全性和可靠性有很高的要求，实现这些要求，除了合理地选择拖动和控制方案以外，在控制线路中还设置了一系列电气保护和必要的电气联锁。

5. 总体检查

经过"化整为零"，逐步分析了每一个局部电路的工作原理以及各部分之间的控制关系之后，还必须用"集零为整"的方法，检查整个控制线路，看是否有遗漏。特别要从整体角度去进一步检查和理解各控制环节之间的联系，理解电路中每个元件所起的作用。

## 2.2　三相交流异步电动机基本控制电路

### 2.2.1　采用刀开关、低压断路器、组合开关直接启动

1. 采用刀开关控制直接启动

采用刀开关、低压断路器、转换开关控制电动机直接启动和停止的电路图如图 2-3 所示。图 2-3（a）所示为三相交流电通过刀开关 QS 直接手动启动三相笼型异步电动机线路图，接通电路时，合上开关 QS，电动机开始启动，启动结束后进入稳定运行；分断电路时拉开开关 QS，电动机停止运行。线路中的熔断器 FU 起短路保护和严重过载保护作用。刀开关采用胶壳式时，异步电机的功率应小于 5.5kW；采用铁壳式，由于其容量较大，触点装有灭弧机构，可完成 28kW 以下的电机的启动。

2. 采用低压断路器控制直接启动

图 2-3（b）所示为三相交流电通过低压断路器（自动空气开关）QF 直接手动启动三相笼型异步电动机线路图，工作原理及过程与图 2-3 中（a）所示相同。由于采用了低压断路器，线路除了能够实现短路、过载保护之外，还能实现欠压保护。

3. 采用组合开关控制直接启动

图 2-3（c）所示为手动启动电路是在前述图 2-3（a）中所示的基础上加装组合开关 SA 得以实现，电路不仅能实现电动机启动停止的控制，还能实现正反转的控制。电路中组合开关是倒顺开关，有四对触点，三个位置，当合到位置"Ⅰ"时，三相电源与笼型电机定子的三相相位对应，电机正转；合到位置"Ⅱ"，电源断开，电动机停转；合到位置"Ⅲ"，电动机与电源的两相互换，电机反转。倒顺开关适用于电动机需要正反转操作的场合，由于其没有灭弧机构，限制笼型电动机容量在 5.5kW 以下。

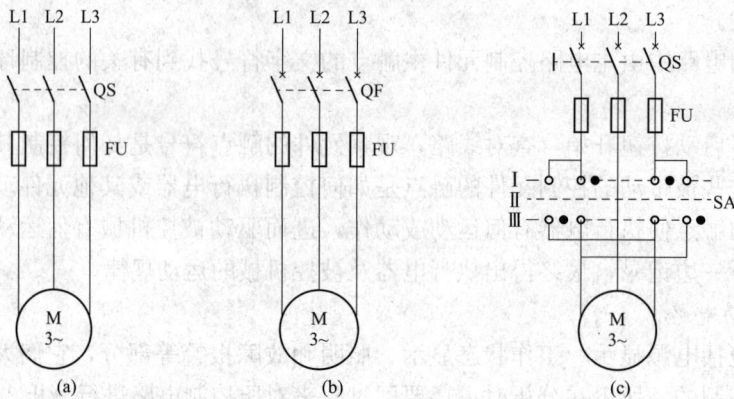

图 2-3　三相笼型异步电动机直接启动控制电路

（a）刀开关控制；（b）低压断路器控制；（c）组合开关控制

### 2.2.2　加装接触器的直接启动

对于容量稍大或启动频繁的电动机，接通与断开电路应采用交流接触器。点动控制是指按下按钮时电动机就通电运转，松开按钮时电动机就断电停转的电气控制。接触器控制三相异步电动机点动运行的接线示意图如图 2-4（a）所示，电路原理图如图 2-4（b）所示。

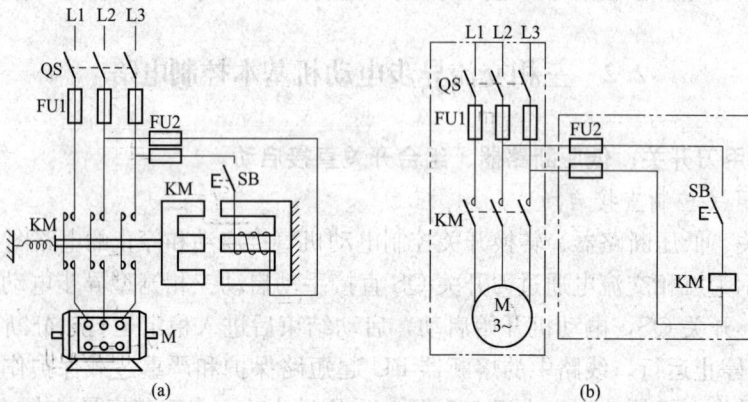

图 2-4　点动控制电路

（a）接线示意图；（b）原理图

1．点动控制电路

整个控制线路可分为主电路和控制电路两部分。主电路是从电源 L1、L2、L3 经电源开关 QS、熔断器 FU1、接触器 KM 的主触点到电动机 M 的电路，流过的电流较大。控制电路由熔断器 FU2、按钮 SB、接触器 KM 线圈组成。

控制原理分析：首先合上起隔离开关作用的刀开关 QS，然后按下启动按钮 SB，其动合触点闭合，接触器 KM 的线圈得电产生电磁力并使其主触点 KM 闭合。电动机定子绕组与三相电源接通，电动机启动运行；当松开控制按钮 SB 时，其动合触点断开（在复位弹簧作用下自动复位），接触线圈失电，其主触点断开，电动机脱离电源而停止运行。

FU1 对整个电路起短路保护或严重的过载保护作用，FU2 对控制电路起短路保护或严重的过载保护作用。

2. 连续运行

用接触器控制三相异步电动机连续（长动）运行的电路原理图如图 2-5 所示。

主电路由电源开关 QS、熔断器 FU、接触器 KM 的主触点、热继电器 FR 和电动机 M 组成；控制电路由热继电器动断触点 FR、停止按钮 SB1、启动按钮 SB2、接触器 KM 线圈和动合辅助触点组成。

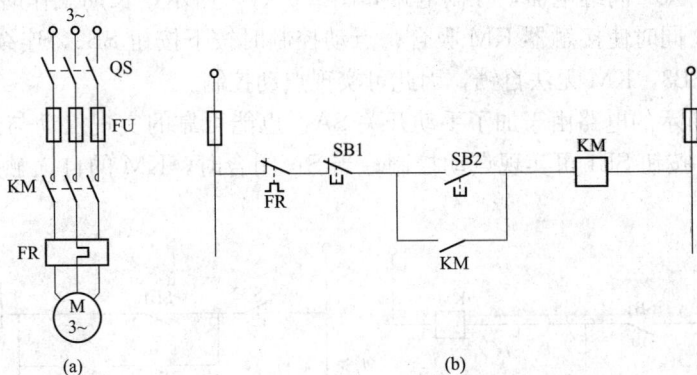

图 2-5  电动机连续运行电路原理图
(a) 主电路；(b) 控制电路

控制原理分析：合上电源开关 QS，按下启动按钮 SB2，其动合触点闭合，接触器 KM 线圈得电吸合，其主触点闭合，电动机与三相电源接通而启动；同时，与启动按钮 SB2 并联的接触器动合辅助触点闭合，使 KM 线圈经 SB2 触点和 KM 自身的辅助触点通电，当松开 SB2 时，KM 线圈仍然通过自身的辅助触点继续保持通电，从而使电动机连续运转。

这种依靠接触器自身辅助触点保持线圈通电的电路称为自锁电路，用于自锁的动合辅助触点称为自锁触点。

当电动机正常运行时，按下停止按钮 SB1，接触器线圈 KM 失电，一方面由于接触器主触点断开，使得电动机停止运行；另一方面接触器的辅助触点断开，使得自锁功能丧失，电路恢复至初始状态。

该电路也称为电动机的起、保、停控制电路。该电路除了短路保护和过载保护功能外，还有失压保护功能。失压保护由接触器 KM 的自锁触点实现。

3. 点动控制与连续控制混合的电路

生产机械不仅需要连续运行，有时还需做点动控制。图 2-6 所示为既能点动控制又能连续控制的电路。

如图 2-6（a）所示，将点动控制电路与连续运行电路（基本启动、保护、停止电路）直接并联起来，其中 SB1 和 SB2 分别是连续运行时的启动按钮和停止按钮，SB3 是点动控制按钮。但分析可知，该电路无法实现正常的点动控制。因为，按下 SB3 后，KM 线圈得电，电动机开始运行，同时 KM 的辅助动合触点闭合使其自锁，所以即使松开 SB3，KM 线圈依旧得电。可见，按下 SB3 后，原本不希望接通的电路接通了。此处引入"联锁"思想，将按钮 SB3 的动断触点与 KM 的辅助动合触点串接起来，如图 2-6（b）所示，当按下 SB3 时，即使 KM 动合触点闭合，但 SB3 的动断触点仍是断开的，使得 KM 线圈无法自锁；松开 SB3 时，其闭合的动合触点断开，接触器线圈 KM 失电，KM 的辅助动合触点也断开，即使 SB3 的动断触点闭合，KM 的自锁回路也不会起作用，从而可实现点动控制。

　　但是，图 2-6（b）所示还存在一定隐患。如果接触器 KM 的释放时间大于按钮 SB3 的恢复时间，则松开按钮 SB3 后，SB3 的动断触点先闭合，而 KM 的辅助动合触点尚未断开，则 KM 的自锁回路起作用，点动控制就无法实现。这种现象称为触点间的"竞争"，这种电路是不可靠的，在设计电路时应避免。

　　解决方法是引入中间继电器，控制电路如图 2-6（c）所示，长期工作时中间继电器 KA 线圈得电并自锁，同时使接触器 KM 吸合；点动控制时按下按钮 SB2，连续控制运行断开，此时，按下按钮 SB3，KM 无法自锁，因此可实现点动控制。

　　图 2-6（d）所示的电路由于加了手动开关 SA，也能可靠的实现点动与连续控制。手动开关 SA 断开时，按钮 SB1 可实现点动控制；当 SA 闭合时，KM 的自锁触点被接入，电路可实现连续运行。

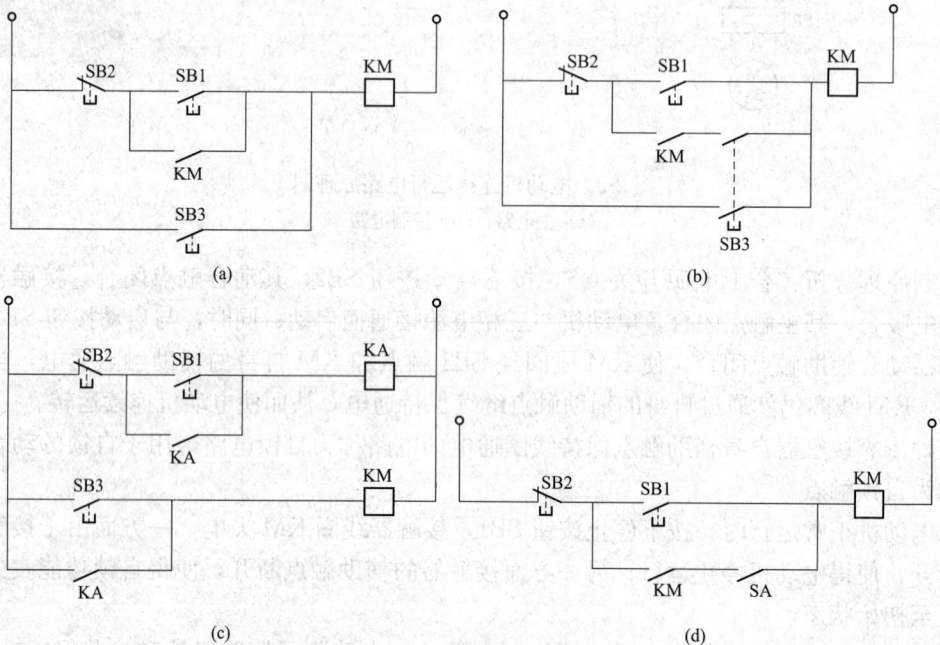

图 2-6　既能点动控制又能连续控制的电路
（a）无法正常实现点动控制的控制电路；（b）"联锁"思想控制电路；
（c）引入中间继电器的控制电路；（d）实现点动与连续控制的控制电路

### 2.2.3　多地点控制电路

　　多地点控制是指能够在不同的地方对电动机的动作进行控制。通常把动合启动按钮并联在一起，实现多地启动控制；而把动断停止按钮串联在一起，实现多地点停止控制，并将这些按钮分别装在不同的地方即可达到目的。如比较长的生产线，为方便操作，对拖动电机实行多地控制；生产现场环境恶劣或设有集中控制的，为便于调试，设置就地控制，为便于监视运行，可设置远动控制。

　　图 2-7 所示为一个三地控制单台电动机启动、停止的电路原理图。其中 SB1、SB3、SB5 并接在一起，分别为三地不同的启动按钮，SB2、SB4、SB6 串联在一起，分别为三地不同的停止按钮。

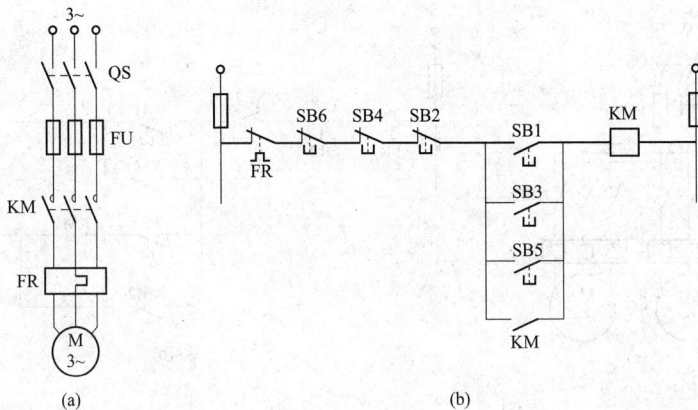

图 2-7　单台电动机三地控制电路原理图

(a) 主电路；(b) 控制电路

控制原理分析：当需要电动机 M 运行时，在三地中任意位置按下启动按钮 SB1、SB3、SB5 中的任意 1 个按钮，接触器 KM 线圈得电并自锁，电动机 M 通电旋转。当需要电动机 M 停止运转的时候，在三地中任意位置按下按钮 SB6、SB4、SB2 中的任意一个，接触器 KM 线圈失电释放，电动机 M 断电停转。

### 2.2.4　多台电动机顺序控制电路

图 2-8 所示为两台电动机的顺序控制。电动机 M1、M2 分别由接触器 KM1、KM2 控制，二者在主电路中是并列关系，其顺序启动过程主要在控制电路中完成。控制电路中，当 SB1 按下，接触器 KM1 线圈通电，其主触点闭合，M1 电动机启动，辅助触点 KM1 闭合，实现自锁；同时，接在接触器 KM2 支路的接触器 KM1 的动合辅助触点闭合，使得 KM2 支路具备了启动条件，此时，按下 SB2，则接触器 KM2 线圈通电，其主触点闭合，M2 电动机启动。由此可见，M1、M2 两台电动机在控制电路上具有顺序启动的逻辑，M1 电动机必须先于 M2 电动机启动，否则 M2 电动机无法启动。两台电动机启动之后，KM1、KM2 的动合辅助触点均闭合，此时，若按下停止按钮 SB3，KM1 和 KM2 同时断电，两台电机同时停止。

控制电路图 2-8 (c) 中，M1、M2 两台电动机的启动原理与图 2-8 (b) 相同，不同的是，图 2-8 (c) 中的 KM1 线圈中途断开后，KM2 线圈也会断开，而图 2-8 (b) 中 KM1 线圈中途断开后，KM2 线圈则不会断开。这是因为图 2-8 (b) 中辅助触点 KM2 与图 2-8 (c) 中辅助触点 KM2 自锁位置不同。

图 2-8 (d) 是对图 2-8 (c) 的简化，可省去一个 KM1 的动合触点。

如果在实现顺序启动的前提下还要求电路能实现逆序停止，则可采用如图 2-9 所示的控制电路。将接触器 KM1 的辅助动合触点串接至 KM2 控制电路中，可实现顺序启动；将接触器 KM2 的辅助动合触点并接至 KM1 的停止按钮 SB3，可实现两台电动机的逆序停止。如果 KM2 线圈不断电，辅助动合触点一直闭合，此时即使按下按钮 SB3，接触器 KM1 的线圈也不可能断电。

对于多台电动机的顺序启动、逆序停止可遵循的原则为：启动时，将先于自己动作的接触器的动合触点与自身的启动按钮串接；将自身的动合触点与后于自己停止的接触器停止按钮并接。

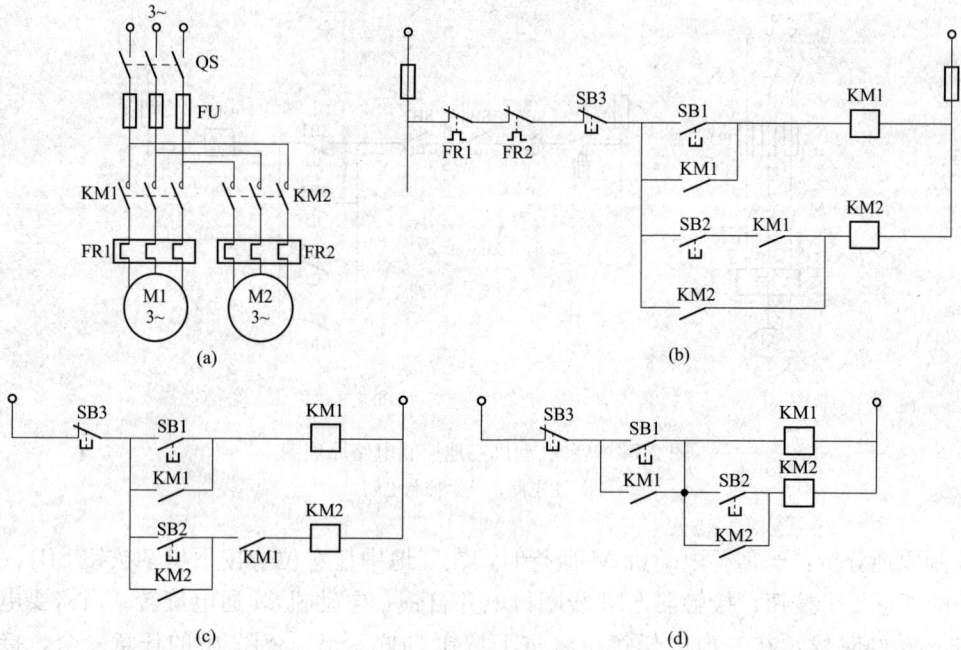

图 2-8　多台电动机顺序控制电路

（a）主电路；（b）控制电路 1；（c）控制电路 2；（d）简化控制电路

图 2-10 所示为实现无时间要求的顺序启动控制，在实际生产过程中有时要求按时间顺序启动，通过时间继电器可以实现按时间顺序启动和顺序停止。如图 2-10 所示，按启动按钮 SB2，接触器 KM1 的线圈通电，接触器 KM1 的自锁触点闭合，电动机启动。在接触器 KM1 的线圈接通电源的同时，通电延时时间继电器 KT 的线圈得电开始计时，延时时间一到，KT 的动合触点闭合，接触器 KM2 线圈得电，接触器 KM2 的主触点闭合，电动机进入正常电压并进入正常稳定运行。按下停止按钮 SB1，KM1、KM2、KT 同时断电，电动机停转。线路中的热继电器 FR 起过载保护。

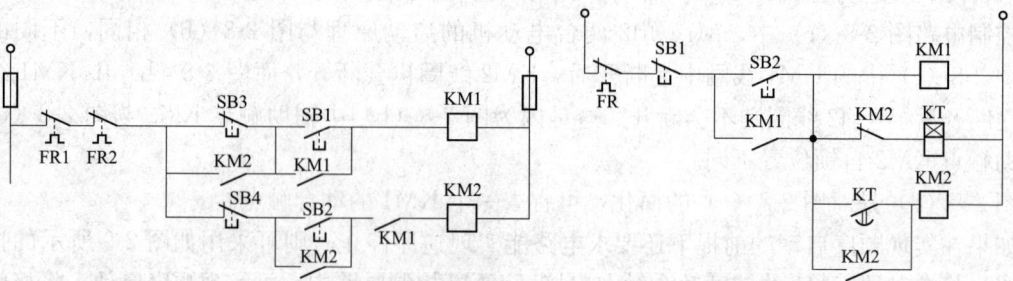

图 2-9　两台电动机顺序启动与逆序停止　　　图 2-10　采用时间继电器顺序启动两台电动机

### 2.2.5　电动机正反转控制电路

在实际生产过程中，往往要求运动部件可以实现两个相反方向的运行，比如工作台的前进和后退、主轴的正向和反向转动、起重机吊钩的上升和下降等，这些相反方向运动通常是靠拖动它们的电动机正反转来实现的。

三相异步电动机可通过改变定子绕组的相序来实现正反向工作。定子绕组相序的改变可由正、反接触器实现，如图 2-11（a）所示主电路中的接触器主触点 KM1 和 KM2。接线时固定三相中任意一相，颠倒其他两相即可实现定子绕组相序的改变。

控制电路如图 2-11（b）所示为正转—停止—反转电路。工作原理如下：按下启动按钮 SB1，KM1 线圈得电，主触点 KM1 闭合，电动机正转，辅助触点 KM1 闭合，实现自锁。按下正转停止按钮 SB3，KM1 线圈失电，主触点 KM1 断开，电动机停止转动。反转原理类似。显然，该电路是有缺陷的，如果接触器 KM1 吸合时（电机正转），按下反转按钮 SB2，则接触器 KM2 吸合，这样在主电路中会直接造成相间短路。所以在控制电路中附加一定的联锁条件。

如图 2-11（c）所示，当 KM1 吸合时，即使按下按钮 SB2，KM2 也不会吸合，因为在 KM2 线圈回路中串联了 KM1 线圈的动断辅助触点。同理，当 KM2 吸合时，即使按下按钮 SB1，KM1 也不会吸合。这种联锁方法称为电气互锁，用以表示两者之间的制约关系。通过电气互锁可以避免上述的相间短路现象。图 2-11（c）中所示，电机正转时，必须按下停止按钮 SB3，再按下反转按钮 SB2，才能实现电动机由正转向反转的切换。

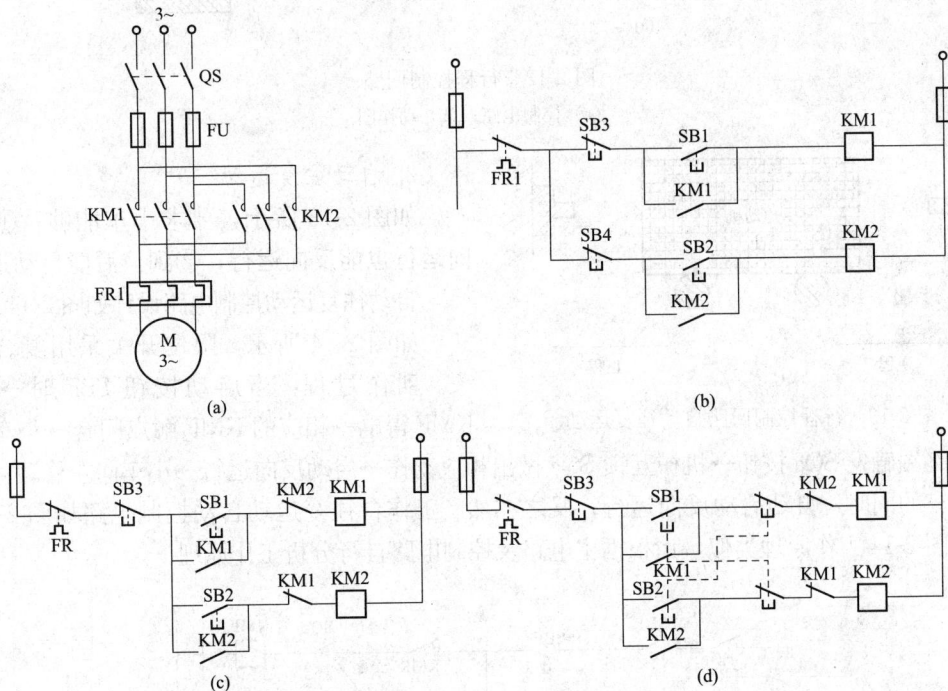

图 2-11　电动机正反转控制电路

（a）主电路；（b）控制电路 1；（c）控制电路 2；（d）控制电路 3

如图 2-11（d）所示，在 KM1 线圈回路中串联反转启动按钮 SB2 的动断按钮，在 KM2 线圈回路中串联正转启动按钮 SB1 的动断按钮。当电动机正转时，接触器 KM1 线圈吸合，若按下反转启动按钮 SB2，其串接于 KM1 控制电路中的动断触点断开，使得 KM1 线圈断电，主电路中 KM1 的主触点和控制电路中的 KM1 的自锁触点断开，电动机断电；同时，KM1 线圈断电后，其串接于 KM2 控制电路的动断触点闭合（互锁解除），由于 SB2 被按下，接触器 KM2 线圈通电吸合，电动机反转。

由此可见电动机由正转向反转的切换，无须按下停止按钮 SB3。这种互锁称为机械互锁。

### 2.2.6 行程控制

行程控制实质为电动机的正反转控制，只是在行程的终端要加限位开关。

**1. 行程控制电路**

如图 2-12 所示，行程控制电路动作过程为：按下 SB2，吊钩将正向运行，运行一段时间后，到达右极端位置撞开 SQA（限位开关），然后电动机停车。请同学们按此逻辑自行分析反向运行情况。

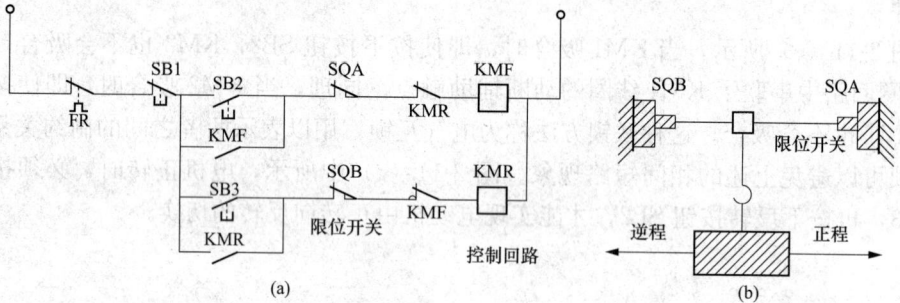

图 2-12 行程控制回路

(a) 控制电路；(b) 动作图

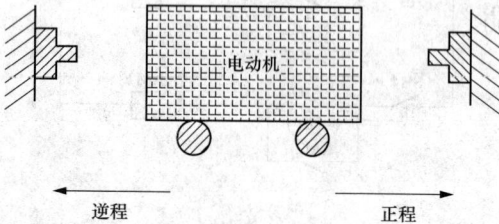

图 2-13 行程控制回路自动往复运动

**2. 自动往复运动**

如图 2-13 所示，要求小车能够：①能正向运行也能反向运行；②到位后能自动返回。

自动往复运动控制电路设计如图 2-14 所示。

如图 2-14 所示，限位开关采用复合式开关。动作过程：当启动按钮 SBF 时→线圈 KMF 得电→相应的 KMF 触点闭合→小车向右移动到终端触发 SQa 按钮→机械互锁 SQa 做出相应动作→启动反向运行→小车向左移动。正向运行停车的同时，自动启动反向运行；反之亦然。工作台往复运动自动控制电路如图 2-15 所示，与图 2-14 工作原理类似，请根据主电路及控制电路自行分析工作原理。

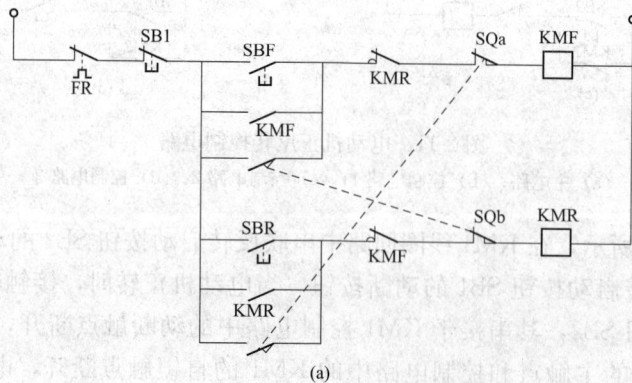

(a)

图 2-14 自动往复运动控制电路（一）

（a）控制电路

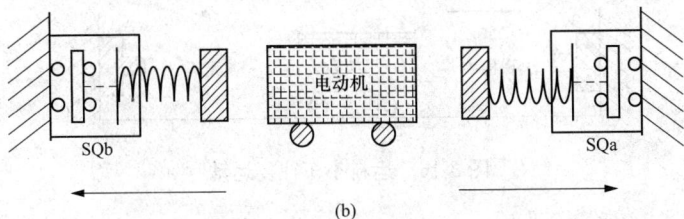

(b)

图 2-14  自动往复运动控制电路（二）

（b）动作图

## 3. 控制电路举例

如图 2-16 所示，设计一个运料小车控制电路，同时满足以下要求：

（1）小车启动后，前进到 A 地。然后做以下往复运动。

1）到 A 地后停 2min 等待装料，然后自动走向 B。

2）到 B 地后停 2min 等待卸料，然后自动走向 A。

（2）有过载和短路保护。

（3）小车可停在任意位置。

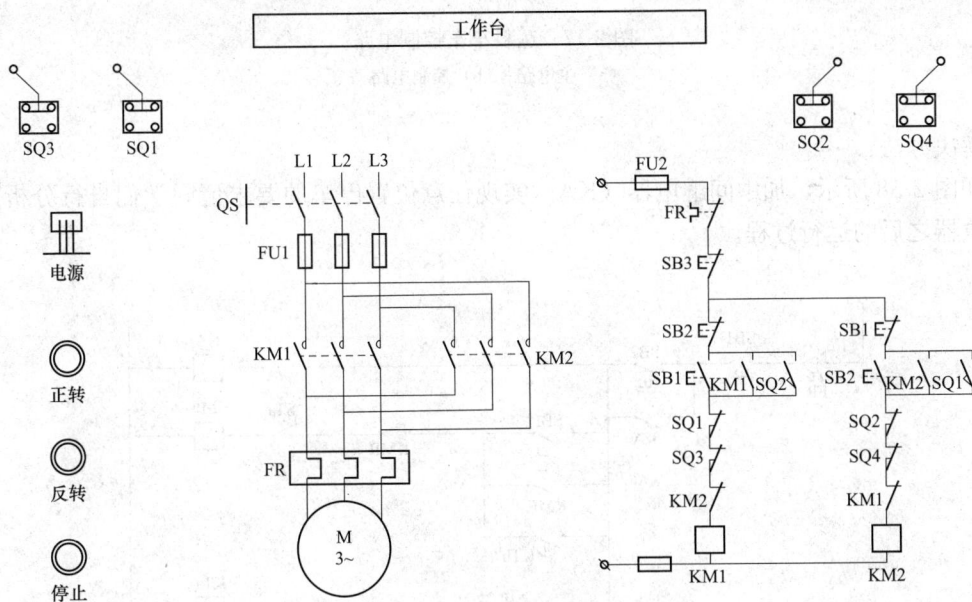

图 2-15  工作台往复运动自动控制电路

图 2-17 所示为供参考的主电路与控制电路的设计图，其中 SQa、SQb 为 A、B 两端的限位开关，KTa、KTb 为两个时间继电器运行过程：按下 SBF→KMF 得电→小车正向运行→至 A 端→撞 STa→KTa 闭合→延时 2min→KMR 得电→KMR 相应触点闭合→小车反向运行→至 B 端→撞 STb→KTb 闭合→延时 2min→KMF 得电→小车正向运行……如此往反运行。

※该电路的问题：小车在两极端位置时，不能停车。

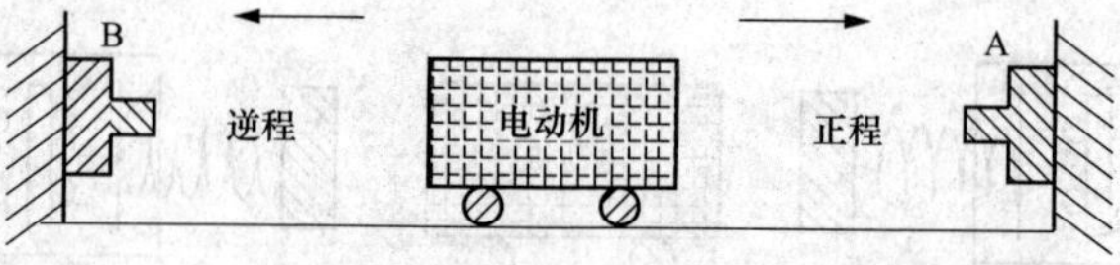

图 2-16　运料小车往复运动

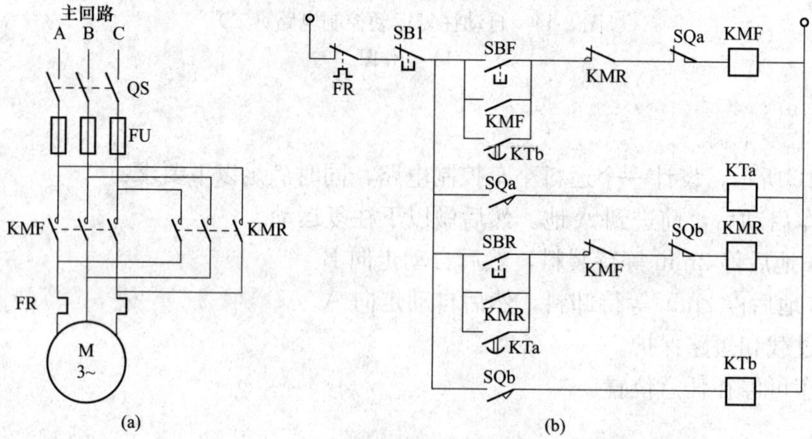

图 2-17　运料小车控制电路

（a）主电路；（b）控制电路

解决办法：

如图 2-18 所示，加中间继电器（KA）实现任意位置停车的要求请同学们自行分析加中间继电器之后的运行过程。

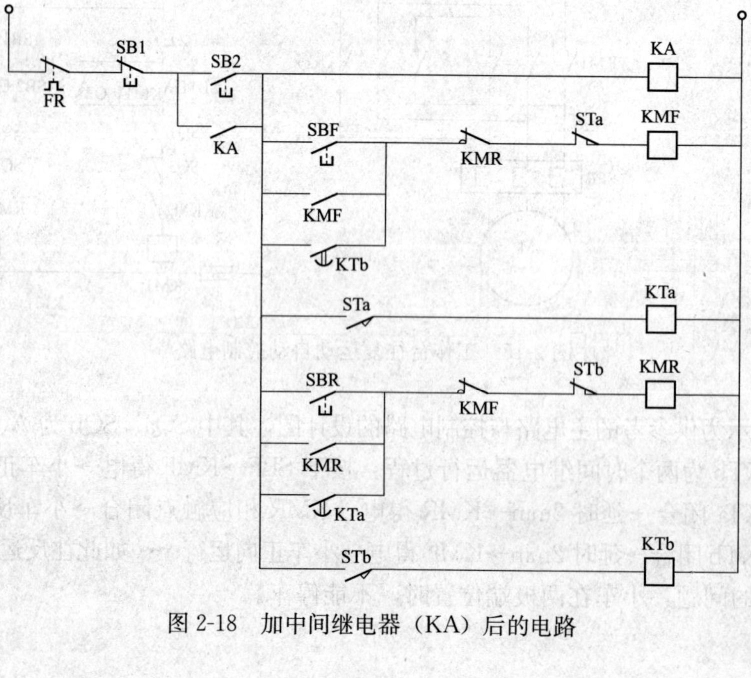

图 2-18　加中间继电器（KA）后的电路

## 2.3　异步电动机启动控制电路

### 2.3.1　笼型式电动机启动控制电路

笼型异步电动机的直接启动也称全压启动，就是用刀开关或接触器把电机直接接到具有额定电压的电源上，它是一种简单、经济的启动方法。该方法线路简单、使用维护方便，但直接启动能够达到正常工作电流的 4～7 倍，过大的启动电流可能会造成电网电压下降，直接波及同一电网下的其他用电设备的正常运行，严重时可能会造成其他设备停转或无法启动，故直接启动电动机的容量应受到一定限制。例如小型通风机、水泵以及皮带运输机等机械设备，对于更大容量的电机能否使用要视启动次数、电动机容量、配电变压器的容量和各地电网部门综合而定。对于笼型异步电动机可采用：定子串电阻（电抗）降压启动、定子串自耦变压器降压启动、星形—三角形降压启动等方式；而对于绕线型异步电动机，还可采用转子串电阻启动或转子串频敏变阻器启动等方式以限制启动电流。

1. 定子串电阻（或电抗）降压启动控制

定子串电阻（电抗）降压启动是指启动时，在电动机定子绕组上串联电阻（电抗），启动电流在电阻上产生电压降，使实际加到电动机定子绕组中的电压低于额定电压，按时间原则，待电动机转速上升到一定值后，再将串联电阻（电抗）短接，使电动机在额定电压下运行。只适用于启动转矩较小，而且启动次数不太频繁的电动机上。

定子串电阻（电抗）降压启动主电路和控制电路实现方法I的线路如图 2-19 所示，其工作原理为合上电源开关 QS，按启动按钮 SB1，接触器 KM1 的线圈通电，接触器 KM1 的自锁触点和主触点闭合，电动机串电阻启动。在接触器 KM1 的线圈接通电源的同时，通电延时时间继电器 KT 的线圈得电开始计时，延时时间一到，KT 的动合触点闭合，接触器 KM2 线圈得电，接触器 KM2 的主触点闭合，电阻 R 被短接，将串接电阻切除，电动机进入正常电压，并进入正常稳定运行。按下停止按钮 SB2，KM1、KM2、KT 同时断电，电动机停转。线路中的热继电器 FR 起过载保护；线路中的熔断器 FU 起短路保护和严重过载保护作用。

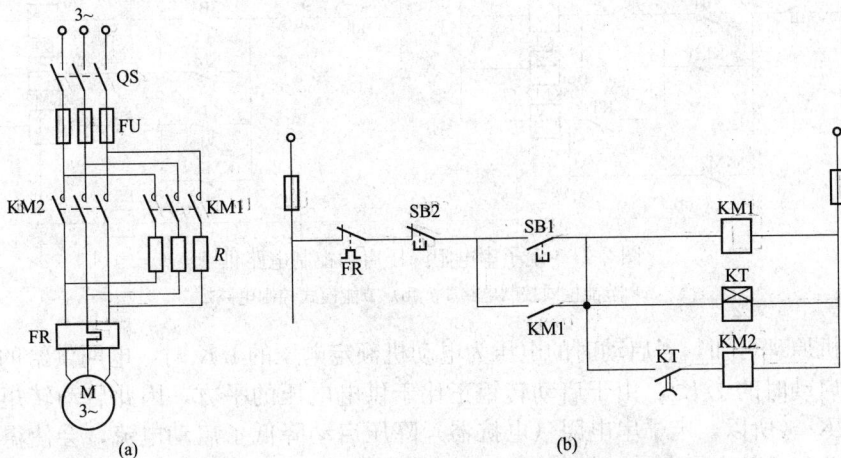

图 2-19　定子串电阻降压启动主电路与控制电路I
（a）定子串电阻降压启动主电路；（b）定子串电阻降压启动控制电路

采用这种启动方法启动，在电动机进入正常运行后，KM1、KT 始终通电工作，不但消耗了电能，而且增加了出现故障的概率。若发生时间继电器触点不动作的故障，将使电动机长期在低压下运行，造成电动机无法正常工作，甚至烧毁电动机。

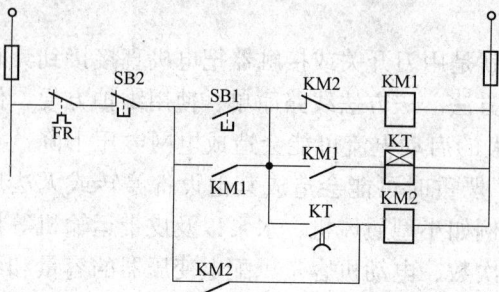

图 2-20　定子串电阻降压启动控制电路Ⅱ

定子串电阻（电抗）降压启动主电路和控制电路实现方法Ⅱ中，主电路不变，工作过程也与Ⅰ类似，但对控制电路作了改进，改进后的控制电路如图 2-20 所示，图中将 KM2 中的动断触点分别串联进 KM1 和 KT 线路，这样一来，当 KM2 得电使得电阻 R 切除的同时，KM1 和 KT 线路中的动断触点断开，KM1 和 KT 就可以断电不工作，如此更有利于节能。

定子串电阻（电抗）降压启动控制电路实现方法Ⅲ如图 2-21 所示，其中图 2-21（a）控制电路中 KM2 与 KM1 和 KT 的关系由先串后并改进为先并后串，可以减少 1 个辅助触点 KM2。

控制电路图 2-21（b）工作过程：按下启动按钮 SB1，接触器 KM1 的线圈通电，接触器 KM1 的自锁触点和主触点闭合，电动机串电阻启动。在接触器 KM1 的线圈接通电源的同时，通电延时时间继电器 KT 的线圈得电开始计时，延时时间一到，KT 的动合触点闭合，接触器 KM2 线圈得电，接触器 KM2 的主触点闭合，电阻 R 被短接，将串接电阻切除，电动机进入正常电压。在 KM2 线圈得电的同时，与 KM1 相串联的 KM2 动断触点断开，KM1 断电；KM1 断电，直接使得 KM1 的动合触点断开，KT 也断电。由此图 2-21（b）的实现效果与图 2-21（a）是相同的，均可实现电机启动结束后进入正常运行时的节能模式，触点个数也相同。

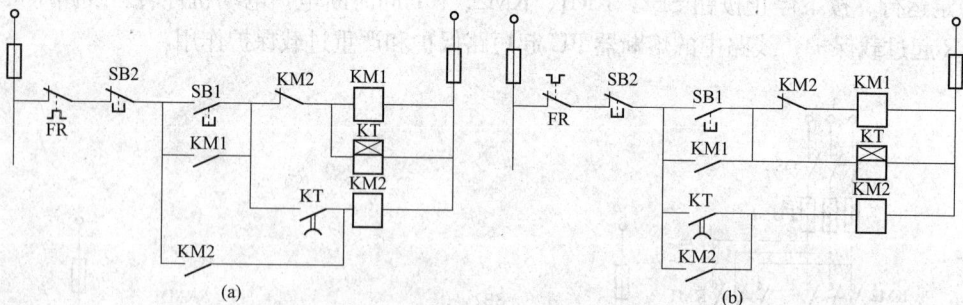

图 2-21　定子串电阻降压启动控制电路Ⅲ
（a）节能模式控制电路 1；（b）节能模式控制电路 2

由电动机原理可知，当启动时的电压为电动机额定电压的 $1/K$ 时，电网供给的启动电流减小为直接启动时的 $1/K^2$，由于启动转矩正比于供电电压的平方，因此启动转矩降为直接启动时的 $1/K^2$。所以，定子串电阻（电抗器）降压启动降低了启动电流，会使得转矩也大大降低。因此，这种启动方法只适用于空载或轻载启动。

2．自耦变压器降压启动

对于容量较大且正常运行时定子绕组接成星形的笼型异步电动机，可采用自耦变压器降压启动。它是指启动时，将自耦变压器接入电动机的定子回路，待电动机转速接近其额定转速时，再将自耦变压器切除，将电动机定子绕组接在电网上进入正常运转。需要说明的是，自耦变压器降压的抽头位置不同，启动电流和启动转矩的大小也不同。因此，可以通过改变抽头位置即调节自耦变压器的变比来改变启动电流和启动转矩的大小。

如图 2-22 所示，三相笼型电动机自耦变压器降压启动控制电路 I 的工作过程：合上开关 QS 接通三相电源，按下启动按钮 SB1，交流接触器 KM1 和时间继电器 KT 得电，KM1 的主触点闭合，自耦变压器接成星形接法投入运行，电动机开始启动，同时时间继电器的非延时触点闭合，KM1 自锁，时间继电器 KT 开始计时；延时时间一到，KT 线圈得电使得 KT 的动断触点断开，KM1 断电，KM1 的主触点断开，同时 KT 的动合触点闭合，KM2 得电，使得 KM2 的主触点闭合，自耦变压器被切除，主电路正常供电，电动机正常运行，电动机启动完成。按下停止按钮 SB2，KM1、KM2、KT 同时断电，电动机停转。

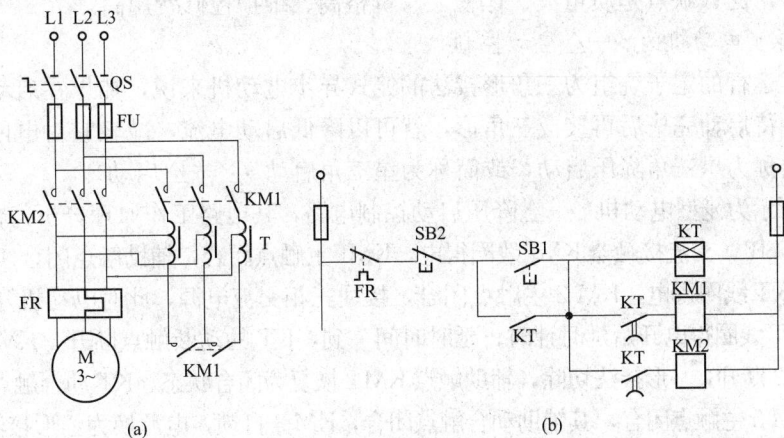

图 2-22　三相笼型电动机自耦变压器降压启动控制电路 I
（a）自耦变压器降压启动主电路；（b）自耦变压器降压启动控制电路 I

电路中的自耦降压启动自动切换靠时间继电器完成，用时间继电器切换能可靠地完成由启动到运行的转换过程，不会造成启动时间长短不一的情况，也不会因启动时间长造成烧毁自耦变压器事故。

三相笼型电动机自耦变压器降压启动控制电路 II 的主电路不变，控制电路如图 2-23 所示，此电路为 XJ01 型补偿器降压启动控制电路，此电路中有交流接触器 KM1 与 KM2、热继电器 FR 以及启动和停止按钮、时间继电器 KT、中间继电器 KA、控制变压器 TL、电路工作模式灯光显示 HL1～HL3。此控制电路常用于需要显示电动机启动状态的场合。其工作原理分析：控制电路电源接通，变压器二次侧的电源灯光 HL3 点亮；启动按钮 SB2 按下，KM1 线圈得电，KM1 主触点闭合，自耦变压器接成Y形投入主电路，电动机

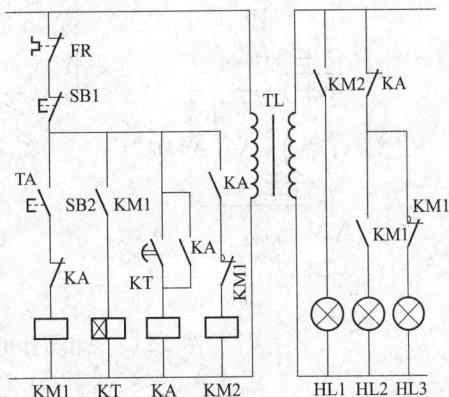

图 2-23　电动机自耦变压器降压启动控制电路 II

开始降压启动，同时 KM1 的辅助触点闭合，KM1 自锁，时间继电器 KT 线圈得电，开始计时。控制电路变压器二次侧的 KM1 的动合触点闭合，HL2 灯亮，KM1 的动断触点断开，HL3 灯灭；延时时间一到，KT 的延时触点闭合，中间继电器 KA 得电，KA 的动断触点断开，KM1 断电，自耦变压器被切除，同时 KA 的动合触点闭合，KM2 得电，电机正常电压运行，电机降压启动结束。同时控制电路二次侧 KM2 的动合触点闭合，HL1 灯亮，KA 的动断触点断开，HL2 灯灭。

　　这种补偿器降压启动适用于负载容量较大，正常运行时定子绕组连接成丫形而不能采用星形—三角形启动方式的笼型异步电动机。但这种启动方式设备费用大，通常用于启动大型的和特殊用途的电动机。

　　自耦变压器启动方法不受电动机绕组接线方式（丫接法或△接法）的限制，允许的启动电流和所需启动转矩可通过改变抽头进行选择，适用于容量较大的低压电动机降压启动使用，应用非常广泛；缺点是质量大、体积大、价格高、维护检修费用高。

　　3. 三相异步电动机的丫—△启动控制

　　对于正常运行的定子绕组为三角形接法的笼式异步电动机来说，如果在启动时将定子绕组接成星形，待启动完毕后再接成三角形，就可以降低启动电流，减轻它对电网的冲击。这样的启动方式称为星三角降压启动，或简称为星三角启动（丫—△启动）。

　　图 2-24 所示为笼型电动机丫—△降压启动控制电路，其电路工作原理分析：合上开关 QS，按下启动按钮 SB1，交流接触器 KM1 线圈得电，KM1 主触点闭合，辅助触点闭合实现自锁功能，同时 KM2 和 KT 线圈得电，KM 2 主触点闭合，接通三相交流电源，此时电动机开始丫型启动，时间继电器 KT 线圈得电开始延时计时；延时时间一到，KT 的动断触点断开，KM 2 线圈断开，其主触点 KM 2 断开，丫形接法切除，辅助触点 KM 2 恢复为闭合状态，KT 动合触点闭合，KM 3 线圈得电，KM 3 主触点闭合，其辅助动合触点闭合，KM 3 自锁，电源换为△形接法，电动机开始正常工作，电动机启动过程结束。停止按钮按下，所有接触器断电，电动机停转。

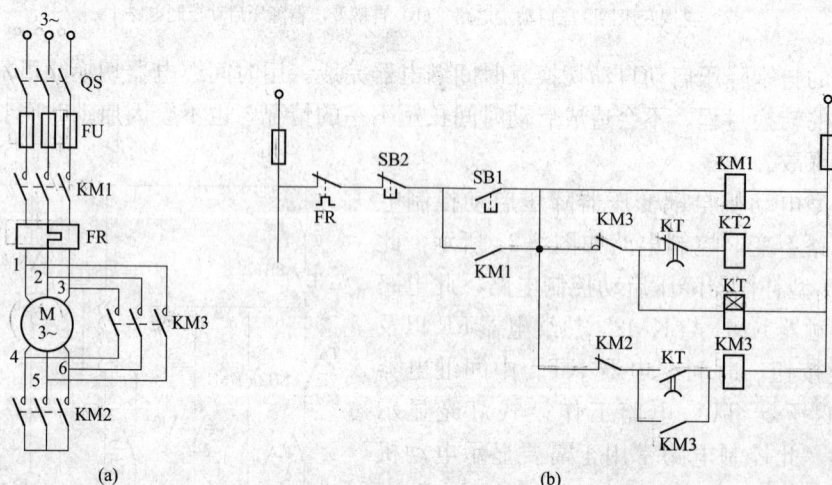

图 2-24　三相异步电动机丫—△降压启动控制电路图

(a) 主电路；(b) 控制电路

　　丫—△降压启动控制电路，在设计时要保证接触器 KM2 和 KM3 主触点不能同时闭合，这是因为开关电源 QS 合上，若接触器 KM2 和 KM3 同时闭合，意味着电源将被短路，这是不允许的。因此，设计时 KM2 和 KM3 两个接触器需要互锁。通常的方法是在控制电路中，接触器 KM2 与 KM3 线圈的支路里分别串联对方的一个动断辅助触点。这样，每个接触器线圈能否被接通，将取决于另一个接触器是否处于释放状态，如接触器 KM2 已接通，KM2 的动断辅助触点把 KM3 线圈的电路断开，如接触器 KM3 已接通，KM3 的动断辅助触点把 KM2 线圈的电路断开，从而保证 KM2 和 KM3 两个接触器不会同时吸合。这一对动断触点就叫作互锁触点。

采用星三角启动时，电流为直接启动时的 1/3，启动转矩也降为原来按三角形接法直接启动时的 1/3，适用于无载或者轻载启动的场合，其结构最简单，成本低。

### 4. 延边三角形降压启动

采用Y—△降压启动时，可以在不增加专用启动设备的条件下实现降压启动，但启动转矩只有额定电压下启动转矩的 1/3，仅适用于空载或轻载下启动。而延边△形降压启动可以既不增加启动设备，又能适当提高启动转矩的一种降压启动方法，它适用于特别设计的异步电动机，这种电动机共有 9 个出线端，如图 2-25（a）所示。

启动时将电动机定子绕组一部分接成Y形，一部分接成三角形，即延边△。由于电动机定子绕组作延边△形接线时，每相绕组承受的电压比△形接法时低，又比Y形接法时高，介于二者之间。这样既可实现降压启动，又可提高启动转矩。此时电动机定子绕组抽头连接方式如图 2-25（b）所示，端子 5 接 7、6 接 8、4 接 9 构成内部三角形，最后由 1、2、3 端子作为异步电动机Y出线端和三相电通过开关控制其启动；启动结束后电动机定子绕组抽头连接方式如图 2-25（c）所示，换为 1 接 5、2 接 6、3 接 4 的标准△形接法，7、8、9 端子空置，电动机进入正常运行。

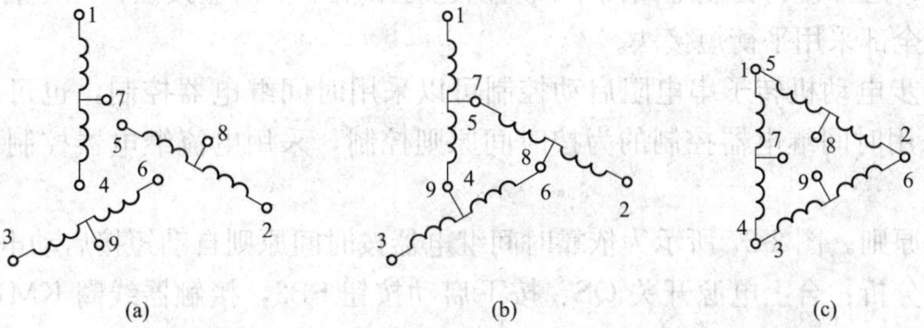

图 2-25　三相异步电动机绕组的延边三角形—三角形接法
(a) 原始三相绕组；(b) 启动时延边三角形接法；(c) 正常运转时的三角形接法

延边△形降压启动控制电路如图 2-26 所示。图 2-26 中 KM1 为线路接触器，KM2 为延边△形连接接触器，KM3 为△形连接接触器。

电路工作原理分析：启动时，合上开关 QS，按下启动按钮 SB1 后，接触器 KM1、KM2 和时间继电器 KT 同时得电，并由 KM1 辅助动合触点闭合自锁，KM1、KM2 主触点闭合，电动机定子接成延边△形启动，同时 KT 时间继电器通电延时；延时时间一到，KT 动断辅助触点断开使 KM2 断电，延边三角形断开同时 KT 动合辅助触点闭合，使 KM3 线圈通电，KM3 主触点闭合，电动机定子绕组换为△形，电动机进入正常运行状态，启动过程结束。

延边△形降压启动要求电动机有 9 个出线端，使电机制造工艺复杂，同时控制系统的安装和接线也增加了麻烦，因此尚未被广泛使用。

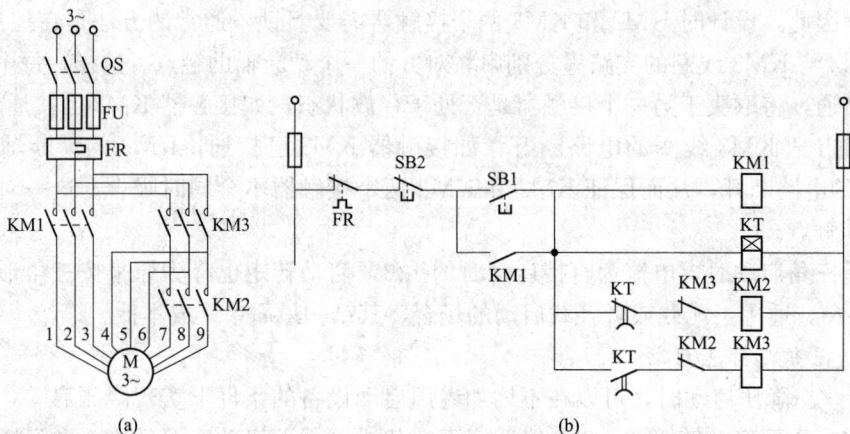

图 2-26　三相笼型异步电动机延边△形降压启动控制电路图
(a) 主电路；(b) 控制电路

### 2.3.2　绕线式电动机启动控制电路

1. 转子绕组串电阻启动

转子绕组串接启动电阻，一般都接成丫形。启动开始时，启动电阻全部接入，以减少启动电流，随着电动机转速的上升，启动电阻逐段切除，启动结束时，启动电阻全部切除，电动机进入稳态运行。短接电阻的方式有三相不平衡短接法和三相平衡短接法 2 种。所谓不平衡短接是每相的启动电阻轮流被短接，而平衡短接是三相的启动电阻同时被短接。无论采用不平衡或平衡短接法，其作用基本相同。但由于凸轮控制器中各对触点闭合顺序一般按不平衡短接法设计，这样使得控制电路简单，所以这时采用不平衡短接法；凡是启动电阻用接触器来短接时，全部采用平衡短接法。

绕线式异步电动机转子串电阻启动控制可以采用时间继电器控制，也可以采用电流继电器控制。采用时间继电器控制的为按时间原则控制，采用电流继电器控制位按电流原则控制。

(1) 时间原则。图 2-27 所示为依靠时间继电器按时间原则自动短接启动电阻的控制电路图，工作原理分析：合上电源开关 QS、按下启动按钮 SB2，接触器线圈 KM1 得电并自锁，电动机转子回路串入所有电阻启动。同时时间继电器 KT1 线圈开始计时；延时时间一到，KT1 延时常开辅助触点闭合使 KM2 线圈得电，KM2 主触点闭合短接第一段启动电阻 R1，同时 KT2 线圈得电使得时间继电器 KT2 开始延时计时；延时时间一到，KT2 辅助动合触点闭合，使得接触器 KM3 线圈得电，KM3 主触点闭合，第二段启动电阻 R2 被短接，KM3 辅助动合触点闭合，使时间继电器 KT3 得电，如上述原理会使 KM4 线圈得电并自锁，KM4 主触点闭合短接 R3，即此时所有电阻均被短接，同时 KM4 辅助动断触点断开，依次使 KT1、KM2、KT2、KM3、KT3 这 5 个继电器断电停止工作，电机进入正常运行状态，启动过程结束，此时电路中只有 KM1、KM4 长期通电，可起到节省电能和延长使用寿命的作用。

为了防止用于短接启动电阻用的接触器 KM2、KM3、KM4 在启动前由于熔焊或机械卡阻而使主触点处于闭合状态，使部分或全部启动电阻被短接而造成直接启动，在启动按钮 SB2 回路中可以串入 KM2、KM3、KM4 的辅助动断触点。一旦某个主电路接触器处于闭合状态时，与其相关的辅助动断触点断开，可以防止直接启动。

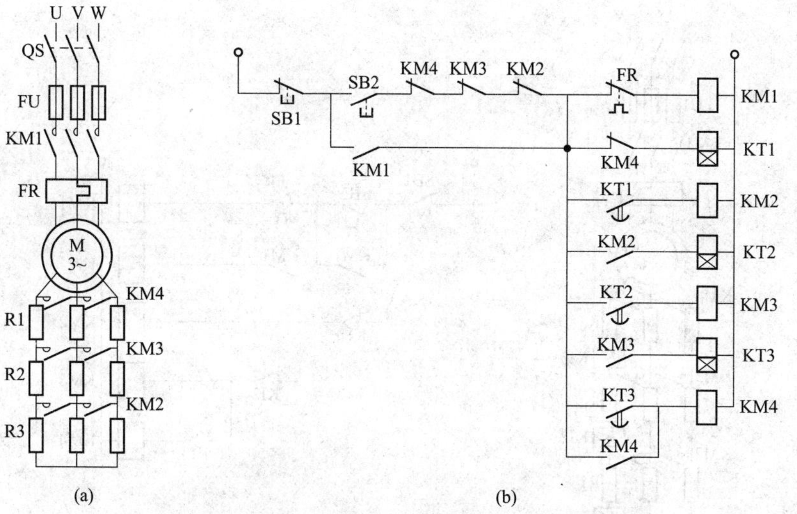

图 2-27　按时间原则控制的转子电路串电阻降压启动控制电路图

(a) 主电路；(b) 控制电路

　　(2) 电流原则。图 2-28 所示为绕线型异步电动机按转子电流大小的变化来控制电阻短接的启动控制电路 I，其中 KI1、KI2、KI3 为欠电流继电器，其继电器线圈串接在电动机的转子回路中。这 3 个继电器的吸合电流均相同，但释放电流不同，其中 KI1 的释放电流最大，KI2 次之，KI3 最小。图 2-28 所示的控制电路是较为简单的一种，其工作原理分析：合上电源开关 QS，按下启动按钮 SB2，接触器 KM1 得电自锁，KM1 主触点闭合，三相电源接入异步电机的定子回路，由于此时启动电流很大，KI1、KI2、KI3 都吸合，控制电路中与其相应的动断辅助触点断开，KM2、KM3、KM4 全部断电，KM2、KM3、KM4 主触点断开，所以转子回路串接全部电阻启动；随着电动机转速的升高，转子中的电流逐渐减小，KI1 首先释放，它的动断触点闭合，使接触器 KM2 线圈得电，KM2 主触点闭合，短接电阻R1，所以转子电流又会重新增加，随着转速再升高，电流再逐渐下降，使欠电流继电器 KI2 释放，KI2 动断触点恢复为闭合状态，接触器 KM3 线圈通电，KM3 主触点闭合，短接电阻R2，如此下去，直到将转子全部电阻短接，电动机启动完毕。

　　考虑到动断触点 KI1、KI2、KI3 的断开有一定的短延时，为了防止接触器 KM1 动作时KM2、KM3、KM4 短时得电，在电路中增加一个中间继电器 KA 以延缓 KM2、KM3、KM4 回路的通电时间。但电路仍有值得改进的地方，例如：KM2、KM3 在启动结束后已经不起作用，但是仍带电，如何改进？如果 KM2、KM3、KM4 主触点因故障断不开，将会造成直接启动，如何改进？由中间继电器 KA 延缓 KM2、KM3、KM4 回路的通电时间是否足够可靠，如果不可靠，如何改进？

　　图 2-29 所示为绕线型异步电动机按转子电流大小的变化来控制电阻短接启动时，针对第 I 种实现电路形式的弊端得出的改进图 II，控制电路 KM2、KM3 的线圈回路中分别串联了KM4 动断触点，所以一旦 KM4 线圈得电，电机启动结束正常运行时，KM4 的辅助动断触点会断开，KM2、KM3 会断电，可起到节省电能和延长使用寿命的作用；在启动按钮 SB2回路中可以串入 KM2、KM3、KM4 的辅助动断触点，这样做的目的会使启动时一旦某个主电路接触器处于闭合状态时，与其相关的辅助动断触点断开，可以防止直接启动；中间继电

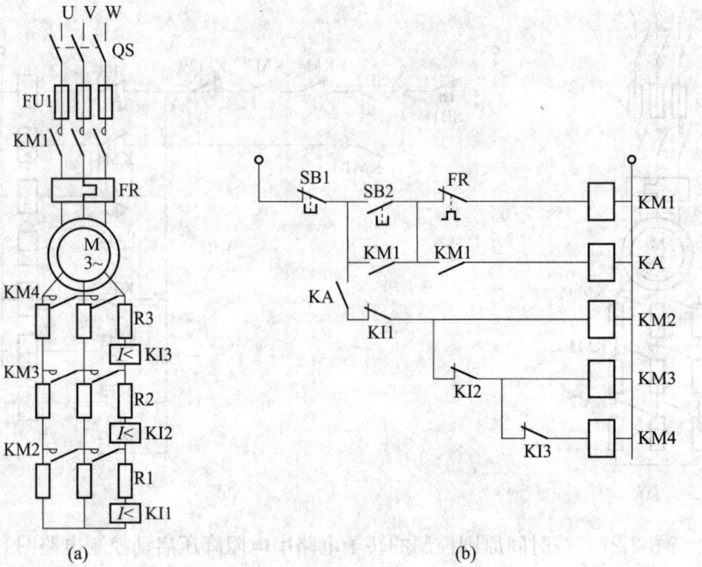

图 2-28　按电流原则控制的转子电路串电阻降压启动控制电路图 I
(a) 主电路；(b) 控制电路

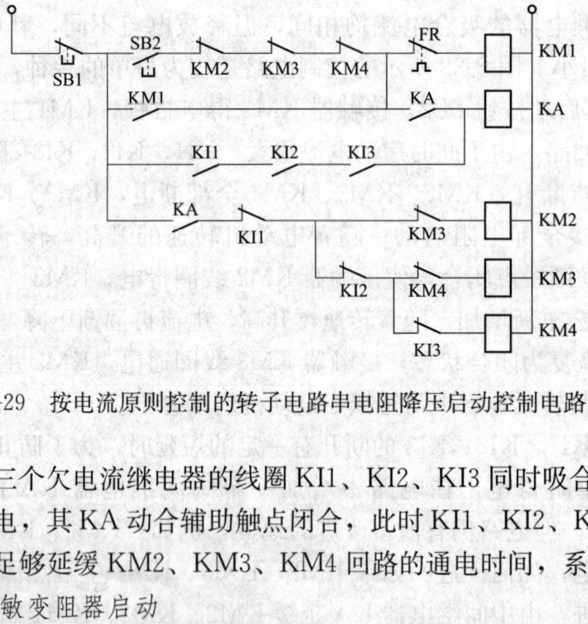

图 2-29　按电流原则控制的转子电路串电阻降压启动控制电路图 II

器 KA 线圈必须是在三个欠电流继电器的线圈 KI1、KI2、KI3 同时吸合，即主电路全部电阻投入启动时，才能通电，其 KA 动合辅助触点闭合，此时 KI1、KI2、KI3 的辅助动断触点肯定已经断开，时间上足够延缓 KM2、KM3、KM4 回路的通电时间，系统能够可靠运行。

2. 转子绕组串频敏变阻器启动

绕线式异步电动机转子绕组串接电阻的启动方法，要想获得良好的启动特性，一般需要较多的启动级数。所用电器多、控制线路复杂、设备投资大、维修不便以及由于逐级切除电阻，会产生一定的机械冲击力。

在工矿中广泛采用频敏变阻器代替启动电阻来控制绕线式异步电动机的启动。频敏变阻器是一种无触点电磁元件，实质上是一个铁芯损耗非常大的三相电抗器。它的阻抗值随着流过绕组的电流频率的变化而变化，电流频率越高，阻抗值越高，电流频率越低，阻抗值也低。转子回路串接频敏变阻器刚启动时，转子电流频率最高（$f_2 = sf_1$，其中 $s$ 为异步电动机的转差率），变阻器的阻抗最大，限制了电动机启动电流，随着电动机转速升高，转子电流频率逐渐降低，变阻器的阻抗也逐渐减少，正常运转速度时，其阻抗值接近于零，转子绕组相当于短接。

图 2-30 所示为转子电路串频敏变阻器降压启动控制电路图，该线路可以实现自动和手动控制。自动控制时将选择开关 SA 扳向"自动"位置，接入时间继电器 KT，按下启动按钮 SB2，KM1 得电并自锁，电动机接入电源，转子串频敏变阻器 RF 启动，时间继电器 KT 得电开始延时；延时时间一到，其延时辅助触点 KT 闭合，接触器 KM2 得电并自锁，将频敏变阻器 RF 短接，电动机启动结束，进入正常运行状态；手动控制时，先按下启动按钮 SB2，KM1 得电并自锁，电动机接入电源，转子串频敏变阻器 RF 启动，此时将选择开关 SA 扳到"手动"位置，时间继电器 KT 不起作用，利用按钮 SB3 手动控制接触器 KM2 的动作，使其主触点闭合实现频敏变阻器 RF 的短接，启动过程结束；调节频敏变阻器的匝数，可以改变启动电流的大小；调节频敏变阻器的上下铁芯间的气隙，可以改变启动转矩的大小。

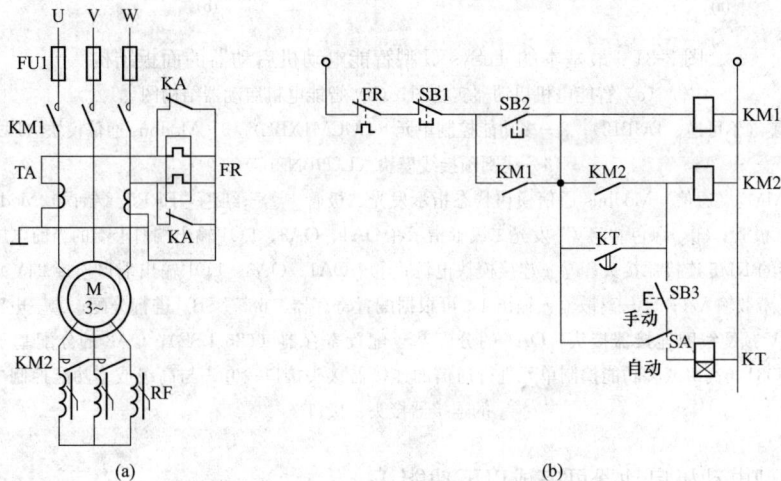

图 2-30　转子电路串频敏变阻器降压启动控制电路图
(a) 主电路；(b) 控制电路

由于频敏变阻器相当于无级变化的变阻器，非常适用于容量较大的绕线式异步电动机的启动控制。

### 2.3.3　智能电动机启动

智能电机启动器是一种创新的一体式电动机启动—保护装置，大幅减少了空间占用和接线时间。施耐德电气的 TeSys U 系列电动机启动器即为其中性能优异的一款产品，由于新技术的应用，TeSys U 在更小的体积内，实现了更为强大的功能。

1. TeSys U 型智能电动机启动器型号及功能

TeSys U 型智能电动机启动器仅在阻性和感性负载下使用，不能用于控制直流或容性负载，型号繁多，应用非常广泛，一般主要由动力底座、多功能控制单元、Modbus 通信模块、线圈预接线模块、若干连接电缆以及 T 型盒等部分组成，基本的 TeSys U 型智能电动机启动器的面板结构及各部分的型号如图 2-31 所示。

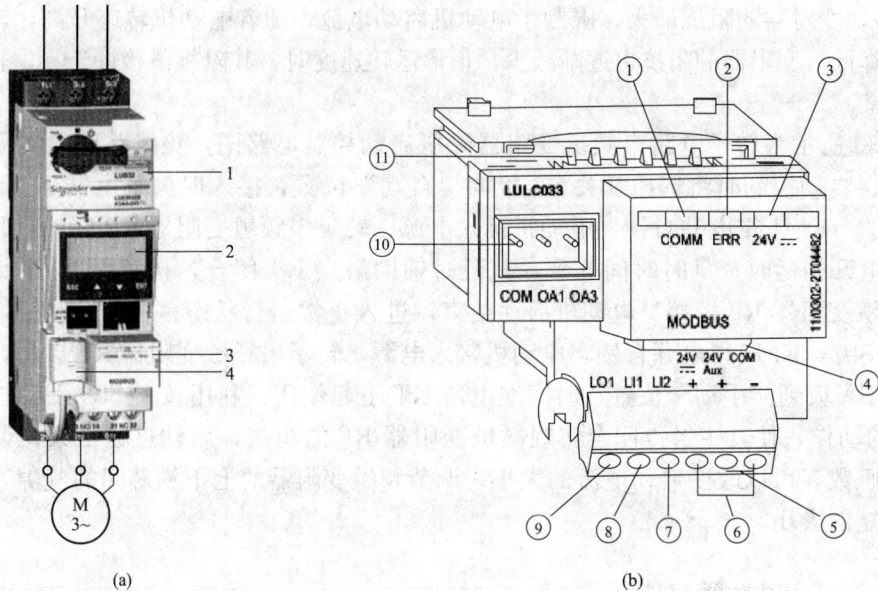

图 2-31  最基本的 TeSys U 型智能电动机启动器的面板结构

(a) 智能电机启动器实物图；(b) 智能电机启动器结构图

1—动力底座（不可逆、LUB12）；2—多功能控制单元（LUCM1XBL）；3—Modbus 通信模块（LULC033）；

4—线圈预接线模块（LU9BN11C）

①—绿色"COMM"（通信）Modbus 通信模块状态指示发光二极管；②—红色"ERR"（错误）Modbus 通信模块故障显示发光二极管；③—绿色"24V"发光二极管指示在 OA1、OA3、LO1 输出端口上有的当前电压；④—Modbus RS485 链接的 RJ45 连接器接头；⑤—连接模块电源；⑥—OA1、OA3、LO1 输出端口连接 24V 电源；⑦—离散输入 2；⑧—离散输入 1；⑨—离散输入输出 1，可根据配置寄存器（685 LSB）进行分配；⑩—电源底板动力底座配置的 DC24V 预配线圈连接器接头，OA1 的分配基于配置寄存器（686 LSB），OA3 的分配基于配置寄存器（686 MSB）；COM 与高级或多功能控制单元进行通信的连接器接头接口；⑪—与高级或多功能控制单元进行通信的连接器接头、接口

　　TeSys U 型电动机启动器可完成以下功能：

　　（1）单相或三相电动机的保护和控制。分断功能、短路保护、过载保护、相保护、接地保护和动力切换等功能。

　　（2）应用控制。保护功能报警、应用检测（运行时间、故障数目、电动机电流值等）、日志（保存的最近 5 次故障，并带有电动机参数值），多功能模块（例如 LUL C033）还提供了一个可编程的输出，可将启动器连接到 Modbus 网络。

　　只需要选择控制单元和功能模块并简单插入动力底座中就能实现这些功能，辅助装配的附件可以简化甚至完全取消元件之间的连线。

　　2. TeSys U 型智能电动机启动器的低压配电线路

　　与传统的低压配电线路相比，TeSys U 型智能电动机启动器更突显出自己的优势，它大大地减少了空间占用和接线时间。TeSys U 型智能电动机启动器的低压配电线路如图 2-32 所示。

　　3. TeSys U 型电动机启动器的电路图

　　TeSys U 型电动机启动器的电路图，如图 2-33 所示。

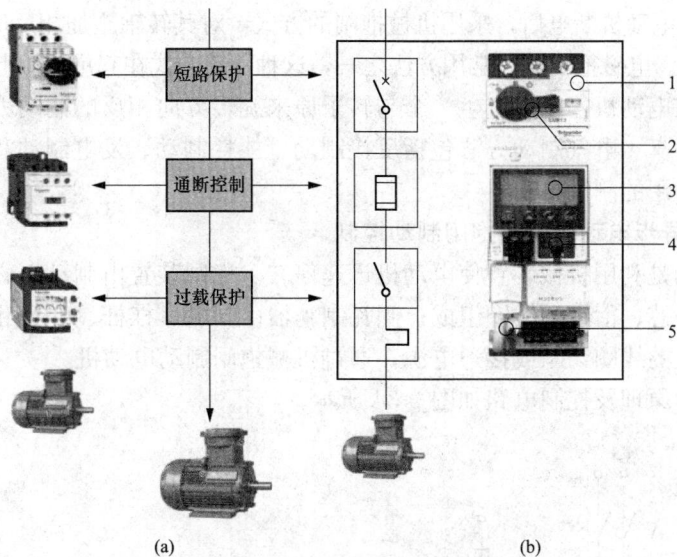

图 2-32 TeSys U 智能电动机启动器的低压配电线路

(a) 传统解决方案；(b) TeSys U 一体化解决方案

1—电流断路器；2—内置接触器；3—电子式热继；4—通信模块；5—预接线模块

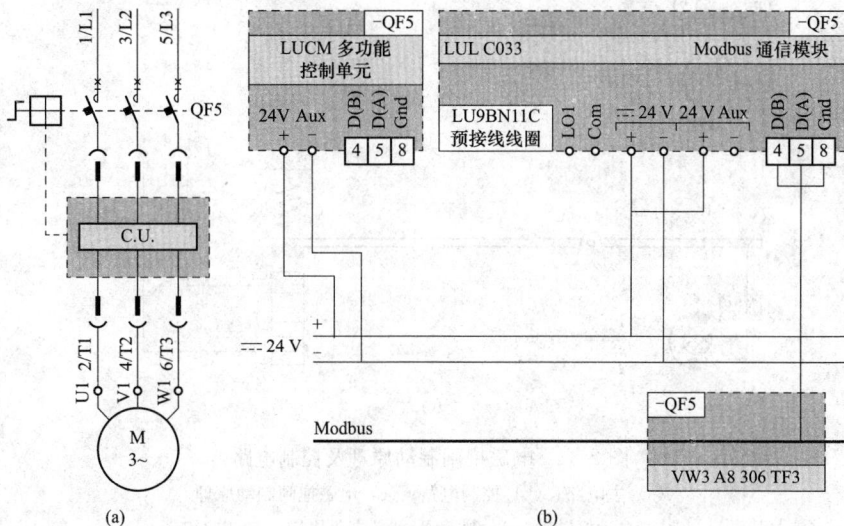

图 2-33 TeSys U 型电动机启动器的电路

(a) 主电路；(b) 功能块接线图

## 2.4 异步电动机的制动控制电路

在实际生产中，许多由笼型异步电动机驱动的机械设备需要能迅速停车和准确定位，然而由于机械惯性的存在，电动机在切断电源后，总要经过一段时间才能完全停止。这就要求对电动机采取有效措施进行制动。电动机制动分两大类：机械制动和电气制动。

　　机械制动是在电动机断电后，采用机械抱闸的方式，对其转轴施加相反的作用力矩（制动力矩）来进行制动。电磁抱闸就是常用方法之一，这种制动方式在起重机械上被广泛使用。

　　电气制动是在电动机停车时产生一个与转子原来旋转方向相反的制动力矩（电磁力矩），迫使电动机迅速停车。电气制动方法包括反接制动、能耗制动、发电制动和电容制动等。下面简单介绍几种常用的制动方法。

### 2.4.1　三相异步电动机电磁抱闸制动控制

　　电磁抱闸制动是利用机械装置使电动机迅速停转。抱闸装置由制动电磁铁和闸瓦制动器组成。电磁铁由铁芯、衔铁和线圈组成；闸瓦制动器由闸轮、杠杆、弹簧和支座组成。制动时，将制动电磁铁的线圈切断或接通电源，通过机械抱闸制动电动机。

　　电磁抱闸制动原理及控制电路如图 2-34 所示。

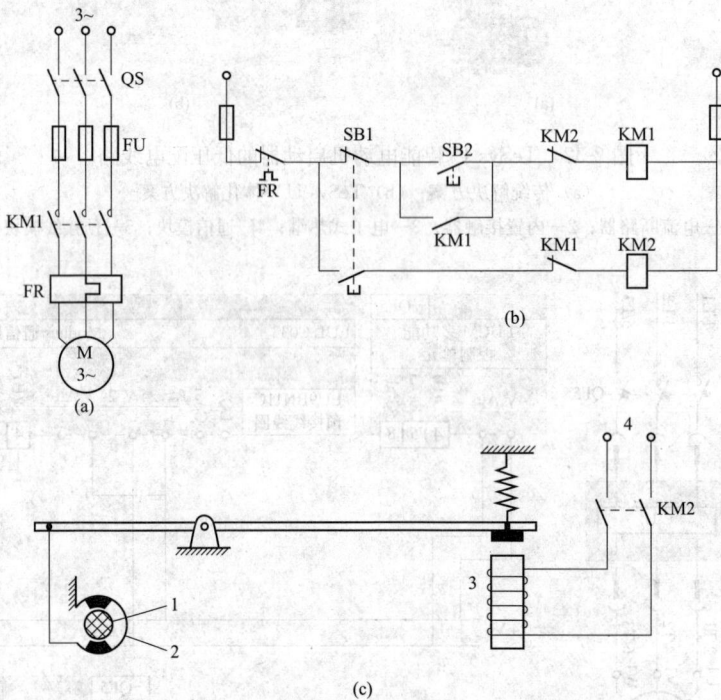

图 2-34　电磁抱闸制动原理及控制电路
（a）主电路；（b）控制电路；（c）电磁抱闸制动原理
1—电动机转轴；2—制动闸；3—电磁机构；4—电源

　　工作原理分析：启动时，按下启动按钮 SB2，接触器 KM1 线圈通电时，其主触点接通电动机定子绕组三相电源。同时，由于 KM2 线圈不通电，所以电磁机构不动作，制动闸是松开的，电动机转动。

　　需要制动时，按下停止按钮 SB1，接触器 KM1 线圈断电，KM2 线圈得电，电磁机构吸引杠杆右下端的衔铁向下运动，带动制动闸与电动机转轴接触，实现抱闸或电磁制动。

### 2.4.2　三相异步电动机反接制动控制

　　反接制动实质上是改变异步电动机定子绕组中三相电源相序，使定子绕组产生的旋转磁场与原旋转方向相反，从而产生制动力矩进行制动。

　　由于反接制动的制动电流较大，当电动机容量较大时，应在定子回路中串入限流电阻（也称制动电阻）以减小制动电流。当电动机容量较小时，为简化电路可不串入制动电阻，但应考虑选用较大的接触器以适应制动电流。

　　应注意的是，当电动机转速接近 0 时，必须立即断开电源，否则电动机会反向旋转，发生事故。为此，必须在反接制动中采取一定的措施，保证当电动机的转速被制动到接近零时迅速切断电源，防止反向旋转。在一般的反接制动控制电路中常利用速度继电器进行自动控制。

　　1. 电动机单向运行时反接制动控制

　　图 2-35 所示为单向运行的三相异步电动机反接制动控制电路图。图 2-35 中主电路由接触器 KM1（电动机单向运行接触器）和 KM2（反接制动接触器）两组主触点构成不同相序的接线，因电动机反接制动电流很大，在制动电路中串接降压电阻，以限制反向制动电流。控制电路中：速度继电器 KS 的转子与电动机的轴相连，当电动机正常转动时，速度继电器的动合触点闭合，电动机停车转速接近零时，动合触点打开，切断接触器线圈电路。

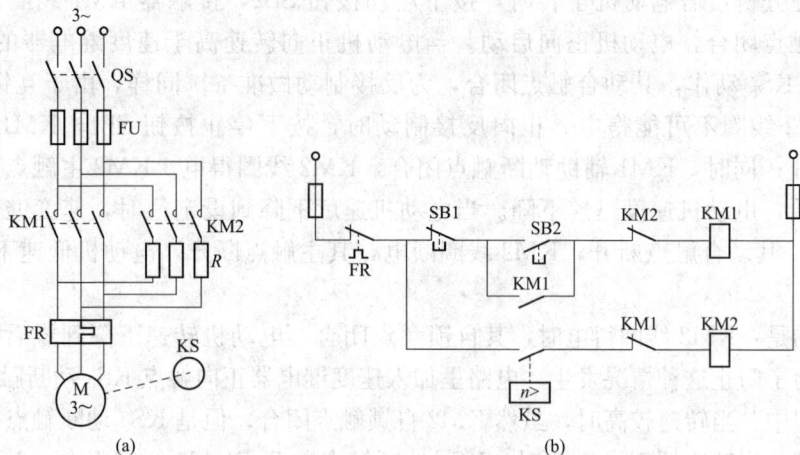

图 2-35　单向运行的三相异步电动机反接制动控制电路
(a) 主电路；(b) 控制电路

　　工作原理分析：合上刀开关 QS，按下启动按钮 SB2，接触器 KM1 通电，电动机 M 启动运行。当电动机转速高于一定数值时（常设定为 $100\sim150$ r/min），速度继电器 KS 动作，串接于 KM2 控制电路的动合触点闭合，为制动做准备。此时，由于互锁触点 KM1 的存在，KM2 线圈不可能得电。制动时，按下停止按钮 SB1，KM1 线圈断电，其主触点断开，同时，KM1 辅助动断触点闭合，KM2 线圈得电，（KS 动合触点尚未打开），KM2 主触点闭合，定子绕组串入限流电阻 R 进行反接制动，当电动机转速下降到设定值时，速度继电器 KS 恢复，其动合触点断开，KM2 线圈断电，并使其主触点断开，电动机低速运行至自然停车，制动结束。

　　2. 可逆运行反接制动

　　(1) 电动机正反向运行时的反接制动控制电路。图 2-36 所示为电动机正反向运行时的反接制动控制电路。$KS_F$ 为速度继电器的正转触点，$KS_R$ 为速度继电器的反转触点，即电动机正转时，$KS_F$ 动作，电动机反转时，$KS_R$ 动作。

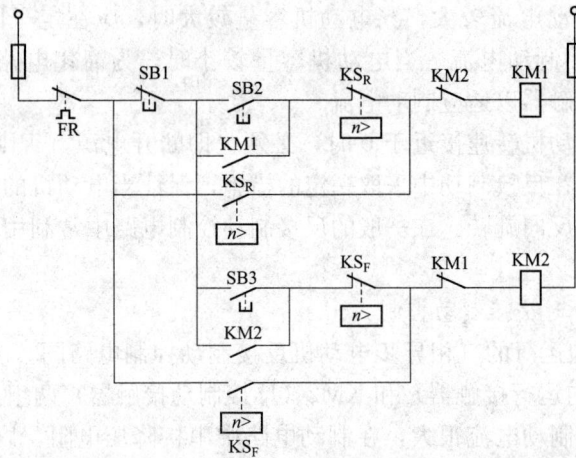

图 2-36    电动机正反向运行时的反接制动控制电路

工作原理分析：需电动机正转时，按下启动按钮 SB2，接触器 KM1 线圈得电吸合并自锁，其主触点闭合，电动机正向启动。当电动机正向转速高于速度继电器的设定值时，KS 正向触点 $KS_F$ 动作，其动合触点闭合，为反接制动做准备。同样，由于互锁触点 KM1 的存在，KM2 线圈不可能得电。正向反接制动时，按下停止按钮 SB1，KM1 线圈断电，其主触点断开；同时，KM1 辅助动断触点闭合，KM2 线圈得电，KM2 主触点闭合，正向反接制动开始，电动机速度迅速下降。当电动机速度下降到设定值时，速度继电器正向触点 $KS_F$ 恢复，其动合触点断开，KM2 线圈断电，其主触点断开，电动机低速下自然停车，制动结束。

需注意的是：KM2 线圈得电时，其自锁触点闭合，电动机转速下降到零后可能会直接反向启动，为了防止这种情况发生，电路里加入速度继电器正向触点 $KS_F$ 动断触点以实现联锁。制动过程中，当转速较高时，虽然 KM2 自锁触点闭合，但是 $KS_F$ 动断触点断开，KM2 无法实现自锁。当转速低于设定值时，$KS_F$ 动断触点断开，KM2 线圈得电，其自锁触点也断开，之后即使 $KS_F$ 动断触点闭合，KM2 也不能得电。

（2）具有制动电阻的电动机正反向运行反接制动控制电路。图 2-37 所示为具有制动电阻的电动机正反向运行反接制动控制电路。主电路中，接触器 KM3 的主触点在电动机正反向正常运行时闭合，在短接反接制动时用到制动电阻 R；在正反向反接制动过程中 KM3 主触点断开，此时将制动电阻 R 接入定子绕组以减小制动电流。控制电路中，$KS_F$ 为速度继电器的正转触点，$KS_R$ 为速度继电器的反转触点。

工作原理分析：以电动机正转为例，按下启动按钮 SB1，KM1 线圈得电并自锁，KM3 线圈得电，电动机启动。当转速超过 KS 设定值时，其动合触点闭合，为电动机反接制动和接入制动电阻做准备。停止时，按下停止按钮 SB3，KM1、KM3 线圈失电，制动电阻 R 接入；中间继电器 KA1 线圈得电并自锁，其动合触点闭合，使 KM2 线圈得电，正向反接制动开始。当转速下降至 KS 设定值时，其动合触点 $KS_F$ 断开，KA1、KA2 线圈断电，反接制动结束。反转过程与此相似。

### 2.4.3    三相异步电动机能耗制动控制

三相异步电动机能耗制动是在切断定子绕组的交流电源后，在定子绕组任意两相通入直

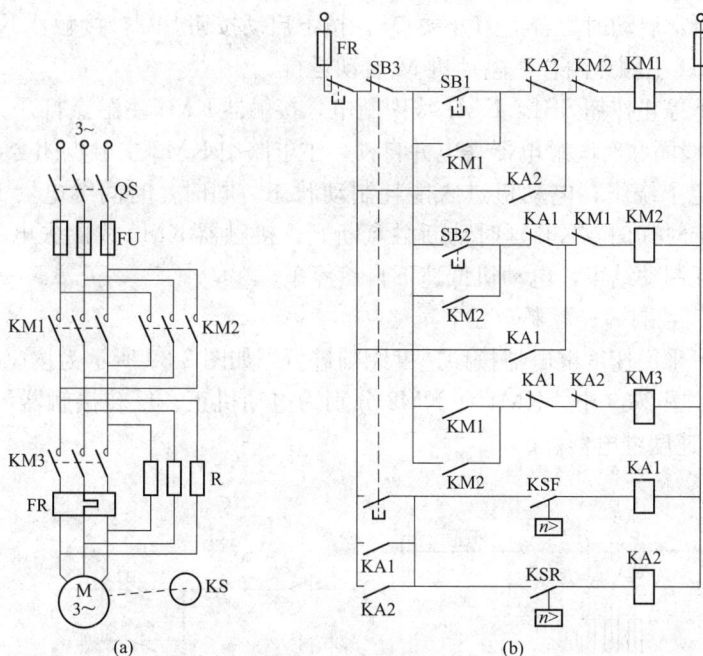

图 2-37　具有制动电阻的电动机正反向运行时的反接制动控制电路

(a) 主电路；(b) 控制电路

流电流，形成一恒定磁场，该磁场与旋转转子中的感应电流相互作用产生制动力矩。制动结束必须及时切除直流电源。能耗制动时制动力矩大小与转速有关，转速越高，制动力矩越大，随转速的降低，制动力矩也下降，当转速为零时，制动力矩消失。

1. 按时间原则控制的能耗制动控制电路

如图 2-38 所示为按时间原则控制的能耗制动控制电路。图 2-38 中主电路在进行能耗制动时所需的直流电源由 4 个二极管组成单相桥式整流电路通过接触器 KM2 引入，交流电源与直流电源的切换是由 KM1、KM2 来完成，制动时间由时间继电器 KT 决定。

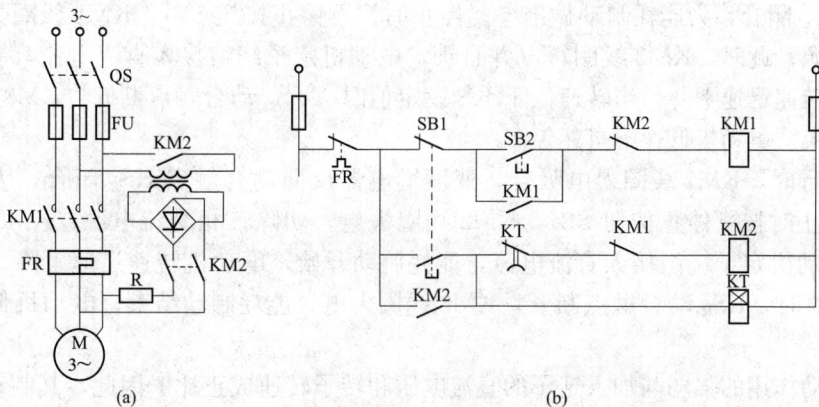

图 2-38　时间原则控制的能耗制动控制电路

(a) 主电路；(b) 控制电路

　　工作原理分析：启动时，合上刀开关 QS，按下启动按钮 SB2，接触器 KM1 线圈通电并自锁，接触器 KM1 主触点闭合，电动机 M 启动运行。

　　制动时，按下停止按钮 SB1，KM1 线圈断电，接触器 KM1 主触点打开，电动机 M 断开交流电源，KM2 线圈和时间继电器得电并自锁，主电路中 KM2 主触点闭合，将经桥式整流的直流电流通入定子绕组，电动机进入能耗制动状态。同时，时间继电器 KT 线圈得电延时，延时达到设定时间时，KT 延时动断触点断开，接触器 KM2 线圈失电并解除自锁，且主触点打开，能耗制动结束，电动机低速下自然停车。

　　2. 按速度原则控制的能耗制动控制电路

　　能耗制动也可采用速度继电器按照速度原则进行，如图 2-39 所示为按速度原则控制的能耗制动控制电路。图 2-39 中，KM1 和 KM2 分别为电动机正、反转接触器，KM3 为能耗制动接触器，KS 为速度继电器。

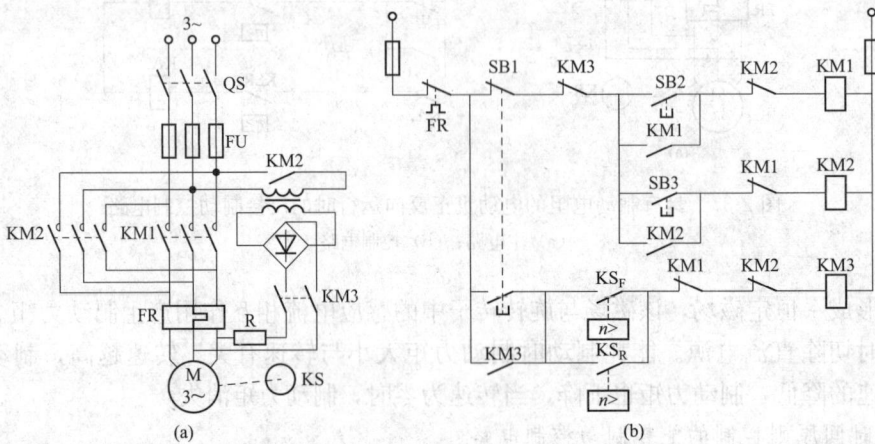

图 2-39　速度原则控制的能耗制动控制电路
(a) 主电路；(b) 控制电路

　　工作原理分析：当电动机处于正转运行状态时，KM1 线圈得电吸合，速度继电器正向动合触点 $KS_F$ 闭合，为能耗制动做准备。停止时按下停止按钮 SB1，KM1 线圈失电，切除三相交流电源；此时，KM3 线圈得电并自锁，电动机定子绕组接入直流电流，能耗制动开始，电动机转速迅速下降。当转速低于 KS 设定值时，$KS_F$ 动合触点断开，KM3 线圈失电，能耗制动结束，电动机低速下自然停车。

　　反转运行时，KM2 线圈得电吸合，速度继电器反向动合触点 $KS_R$ 闭合，为能耗制动做准备。停止时按下停止按钮 SB1，KM2 线圈失电，切除三相交流电源；KM3 线圈得电并自锁，电动机定子绕组接入直流电流，能耗制动开始，电动机转速迅速下降。当转速低于 KS 设定值时，$KS_R$ 动合触点断开，KM3 线圈失电，能耗制动结束，电动机低速下自然停车。

　　能耗制动作用的强弱与加入定子的直流电压和转子转速成正比。因此，其制动力矩随着电动机转速的降低而减少。与反接制动相比，制动结束后它不会产生反向启动。能耗制动还有制动准确、平稳、能量消耗小等优点，但主电路需要配置整流设备，其制动速度要比反接制动慢。故常用于要求制动平稳、准确和启动频繁的容量较大的电动机。

## 2.5　异步电动机的调速控制电路

对于异步电动机，根据转速公式

$$n = \frac{60(1-s)f_1}{p}$$

可知调速的方法有改变极对数 $p$ 的为变极调速，改变转差率 $s$ 的为串极调速，改变频率 $f_1$ 的为变频调速。

下面介绍几种常用的调速控制电路。

### 2.5.1　笼型异步电动机变极调速控制电路

对于笼型电动机，可采用改变极对数来调速。改变极对数主要是通过改变电动机组的接线方式来实现的。接线方式的改变，可以采用手动控制，也可采用时间继电器按照时间原则来控制。变极电动机一般有双速、三速和四速之分。双速电动机定子既可装一套绕组，也可装两套绕组。三速和四速电动机定子一般装两套绕组。

1. 双速变极调速电动机控制电路

双速电动机三相绕组连接如图 2-40 所示。图 2-40（a）所示为星形（四极、低速）与双星形（二极、高速）连接法，它属于恒转矩调速；图 2-40（b）所示为三角形（四极、低速）与双星形（二极、高速）连接法，它属于恒功率调速。由图 2-40 可知，每相绕组分成两组，只需在改接线后使其中一组的电流方向改变即可达到改变极对数的目的，从而改变转速。

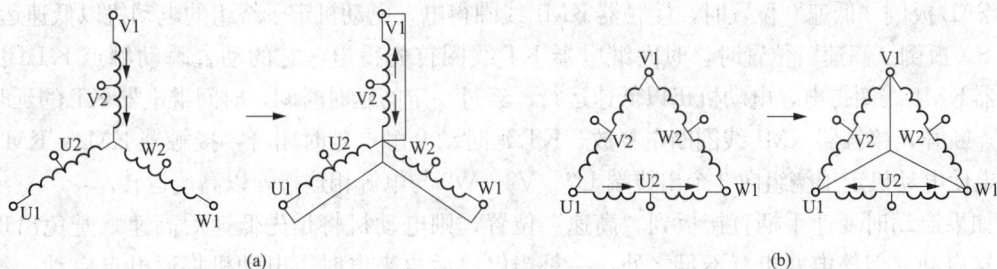

图 2-40　双速电机三相绕组连接图
(a) 星形与双星形；(b) 三角形与双星形

双速电动机变极调速控制电路如图 2-41 所示。

图 2-41（b）所示为用按钮和接触器控制双速电动机的控制电路。工作原理如下：

先合上开关电源 QS，按下低速启动按钮 SB2，低速接触器 KM1 线圈得电，互锁触点断开，自锁触点闭合，KM1 主触点闭合，定子绕组为星形（或三角形）连接，电动机低速运转。如需转为高速运转，可按下高速启动按钮 SB3，于是低速接触器 KM1 线圈断电释放，主触点断开，自锁触点断开、互锁触点闭合，高速接触器 KM2 和 KM3 线圈同时得电，主触点闭合，使电动机定子绕组联成双星形接线，电动机高速运转。

对于双速电动机的启动控制，一般应先低速后高速，以减少启动时的机械冲击力。但该电路若先按下高速启动按钮 SB3，将造成直接高速启动，所以这种电路一般多用于小功率电动机的调速。

需要注意的是，该控制电路实际上和正反转控制电路完全一样。

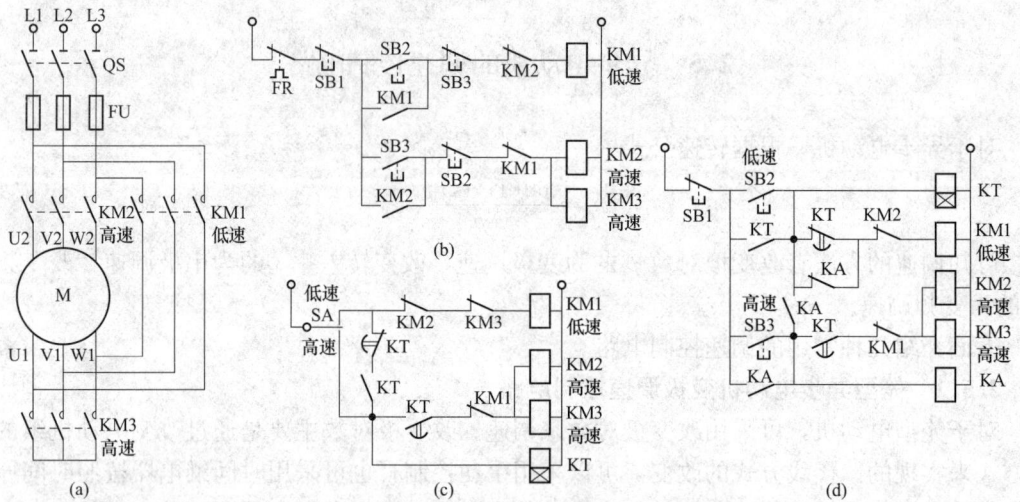

图 2-41　双速电动机变极调速控制电路

(a) 主电路；(b) 双速电动机的控制电路；(c) T68 型卧式镗床控制电路；(d) 弥补 (b) (c) 不足的控制电路

图 2-41 (c) 所示为 T68 型卧式镗床控制电路中的一部分，是采用变速手柄、接触器和时间继电器控制双速电动机的控制电路。工作原理如下：

图 2-41 中 SA 是变速手柄控制开关，变速手柄在控制机械部分的同时也控制电气部分，它有低速、停止和高速 3 个位置。当开关 SA 扳倒中间位置（即停止位置）时，电动机处于停止。若把 SAB 扳倒"低速"位置时，接触器 KM1 线圈得电，电动机定子绕组的电动机以低速运转。再把 SA 扳倒"高速"位置时，时间继电器 KT 线圈首先得电，它的动合瞬动触点 KT 闭合，接触器 KM1 线圈得电，电动机仍以低速运行。经过一定的延时时间，时间继电器 KT 的延时动断触点断开，接触器 KM1 线圈断电释放，KT 延时动合触点延时闭合，接触器 KM2、KM3 线圈得电使电动机定子绕组向 3 个出线端 U2、V2、W2 与电源相连接，以高速运转。

如果启动时变速手柄直接扳到"高速"位置，则电动机将是先低速后高速，避免出现高速直接启动。但该电路也有不足之处，一是当停电后再来电时，电动机将通电自启动，不安全；二是在低速运行时再转为高速运行时还要低速运行一段时间，效率低。

为了避免图 2-41 (b) 和图 2-41 (c) 的不足之处，可以采用按钮、接触器和时间继电器组成控制电路，如图 2-41 (d) 所示。其工作原理读者可自行分析。

2. 三速变极调速电动机控制电路

图 2-42 所示为三速电动机变极调速控制电路。该三速电动机为双绕组，中速为单独绕组 Y 接线，低高速绕组共用一个绕组，低速为三角形接线，高速为双星形接线。

图 2-42 (b) 所示为采用按钮、接触器的控制电路。它比较简单，实际上就是一个三互锁电路，在启动时若按不同的按钮，电动机启动转速就不同。注意，其在中、高速启动时不经过低速，所以只能用于电动机功率比较小且控制要求不高的场合。

图 2-42 (c) 所示为采用按钮和转换开关对电路进行控制的电路，转换开关 SA 有 5 个触点、4 个位置，0 位为停止位，1 位为低速位，2 位为中速位，3 位为高速位。该电路比较复杂，控制性能较好，启动时电路能按从低速、中速到高速的顺序自动延时切换，启动平稳。其控制原理请读者自行分析。

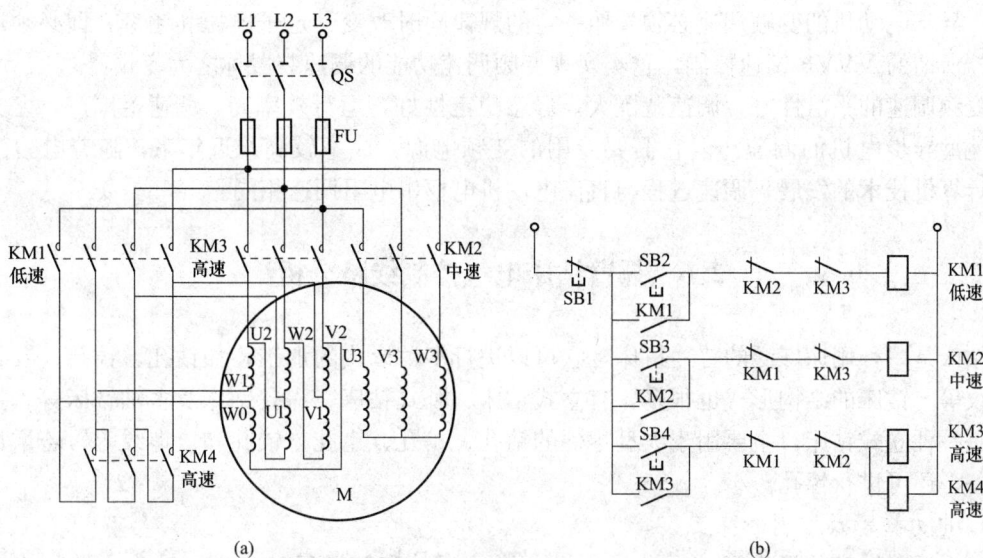

图 2-42　三速电机变极调速控制电路

(a) 主电路；(b) 控制电路

## 2.5.2　变频调速

变频调速是改变定子供电频率来改变同步转速实现对异步电动机的调速。因为一般情况下，转差率 s 很小，所以可以近似地认为 0。考虑到电机的运行性能，并使电动机得到充分利用，在变频的同时，电源电压应根据负载性质的不同做相应的变化，通常希望气隙磁通 $\Phi_1$ 维持额定值不变，因为若 $\Phi_1$ 增大，将使电动机磁路过分饱和，引起励磁电流增加，功率因数降低；若 $\Phi_1$ 减小，电动机容量将得不到充分利用。从电动势公式

$$U_1 \approx E_1 = 4.44 f_1 N_1 \Phi_1 K_{w1}$$

可知，若要使 $\Phi_1$ 为定值，则 $U_1$ 必须随频率的变化作正比变化，即

$$\frac{U_1'}{U_1} = \frac{f_1'}{f_1} = 常数$$

式中，"′" 的表示变频后的量。

当 $f_1$ 减小时，最大转矩 $T_m$ 不变，启动转矩 $T_{sl}$ 增大，机械特性随频率的降低而向下平移，实际上由于定子电阻 $r_1$ 的存在，随着 $f_1$ 的降低，$T_m$ 将减小，在 $f_1$ 很低时，$T_m$ 减小很多。为保证电动机在低速时有足够大的 $T_m$，$U_1$ 应比 $f_1$ 降低的比例小一些，使 $U_1/f_1$ 的值随 $f_1$ 的降低而增加。根据 $U_1/f_1$ 的值和 $f_1$ 的不同比例关系，将有不同的变频调速方式。

当电动机转速超过额定转速调速时，即 $f_1 > f_{1N}$，若维持 $U_1/f_1 = C$，加在定子上的电压势必会超过电动机的额定电压，这当然是不容许的。往往采用保持 $U_1 = U_{1N}$，这样气隙磁通 $\Phi_1$ 减小，导致转矩减小。若按关系式

$$\frac{U_1'}{U_1} = \frac{\sqrt{f_1'}}{\sqrt{f_1}} = 常数$$

调整定子 $U_1$，可使电动机功率等于额定功率，而转矩随 $f_1'/f_{1N}$ 或 $f_1$ 的增加而减小，可知电动机输出功率保持不变。

这是一种近似恒功率调速方式。如果将恒转矩调速和恒功率调速结合起来，可得到调速

范围。异步电动机的变频调速必须按照一定的规律同时改变其定子电压和频率，即必须通过变频器所谓的 VVVF 调速控制，这类实现变频调速功能的调速装置称之为变频器。

变频调速的平滑性好，调速范围大，静态稳定性好，运行效率高，调速范围广，尤其适用于笼型异步电机的调速。但它需要专用的变频电源，成本较高。近年来，随着电力半导体、计算机技术的发展，调速过程与直流电动机电枢串电阻调速相同。

## 2.6 摇臂钻床电气控制线路分析

钻床是一种用途广泛的普通机床，它可以进行多种形式的加工，如钻孔、镗孔、铰孔及攻螺纹等。钻床的结构形式也很多，有立式钻床、卧式钻床、深孔钻床及多轴钻床等。摇臂钻床是一种立式钻床，主要用于大型零件的钻孔、扩孔、锪孔、铰孔和攻螺纹等，若增加辅助设备，还可进行镗孔。

1. 电力拖动及控制的特点

（1）摇臂钻床的运动形式分为主运动、进给运动和辅助运动。主运动为主轴的旋转运动；进给运动为主轴的纵向移动；辅助运动有摇臂沿外立柱的垂直移动、主轴箱沿摇臂的径向移动、摇臂与外立柱一起相对于内立柱的回转运动。

（2）摇臂钻床的主运动和进给运动由一台交流异步电动机拖动，为适应多种加工方式的要求，主运动和进给运动应有较宽的调速范围，主轴的低速运动主要用于攻螺纹、扩孔、铰孔等工艺。摇臂钻床的调速通过三相异步电动机和变速箱来实现。Z3040 系列摇臂钻床如图 2-43 所示，它的调速范围为 50：1，正转最低转速为 40r/min，最高为 2000r/min，进给范围为 0.05～1.6r/min。

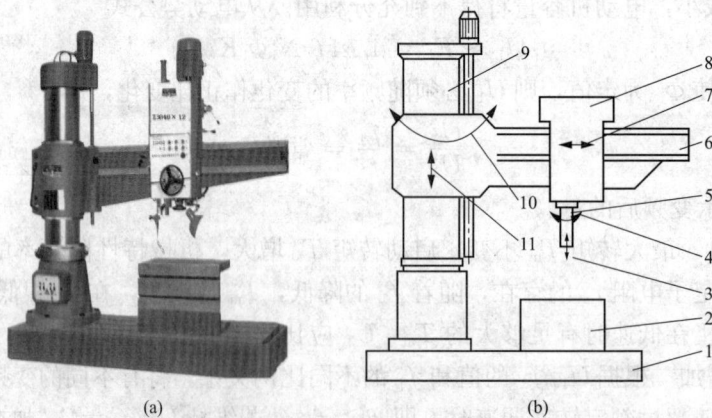

图 2-43 Z3040 系列摇臂钻床实物图及结构示意图
(a) 实物图；(b) 结构示意图
1—底座；2—工作台；3—主轴纵向进给；4—主轴旋转主运动；5—主轴；6—摇臂；7—主轴箱沿摇臂径向运动；
8—主轴箱；9—内外立柱；10—摇臂回转运动；11—摇臂垂直移动

（3）加工螺纹时，要求主轴能正反转，摇臂钻床主轴的正反向旋转是通过机械转换实现的，故电动机只有一个旋转方向。

（4）摇臂的上升和下降由一台异步电动机拖动，必须有正反转。

（5）钻削加工时，要求主轴箱紧固在导轴上，外立柱紧固在内立柱上，摇臂紧固在外立柱上，这些运动部件的夹紧与放松由一台交流电动机拖动。Z3040 系列摇臂钻床是通过电动机拖动一台齿轮泵供给夹紧装置所需要的压力油。而摇臂的回转和主轴箱的左右移动通常采用手动。

（6）加工时为对刀具和工件进行冷却，需要冷却泵，冷却泵由专门电动机拖动。

2. 电气控制线路的特点

Z3040 系列摇臂钻床电气控制原理如图 2-44 所示。

（1）主电路。Z3040 系列摇臂钻床采用四台电动机拖动：主轴电机 M1、摇臂升降电动机 M2、液压泵电动机 M3 和冷却泵电动机 M4。

1）主轴电动机 M1，担负主轴的旋转运动和进给运动。受接触器 KM1 控制，只能单方向旋转。主轴的正、反转、制动停车、空挡、主轴变速和变速系统的润滑，都是通过操纵机构液压系统实现的。这个系统的压力油由主电动机拖动齿轮泵获得，通过操作手柄改变操纵阀内的相互位置，使压力油作不同的分配来得到不同的动作。热继电器 FR1 作 M1 过载保护。

2）摇臂升降电动机 M2 由接触器 KM2、KM3 实现正反转控制。摇臂的升降由 M2 拖动，摇臂的松开、夹紧则通过夹紧机构液压系统来实现。因 M2 为短时工作，故不设过载保护。

3）液压泵电动机 M3 受接触器 KM4 和 KM5 控制，M3 的主要作用是供给夹紧装置压力油，实现摇臂的松开与夹紧，立柱和主轴箱的松开与夹紧。热继电器 FR2 为 M3 的过载保护。

4）冷却泵电动机 M4 功率很小，由组合开关 QS1，直接控制其起停，不设过载保护。

主电路、控制线路、信号（指示）灯线路、照明线路的电源引入开关分别采用自动开关，自动开关中的电磁脱扣器作为短路保护电器取代了熔断器，并有零压保护和欠压保护。

（2）控制电路、信号及照明电路。控制电路的电源由控制变压器 TC1，二次侧输出的 110V 交流电提供，中间抽头 603 对地为信号灯电源 6V，变压器 TC2 的二次侧输出 24V 电压即 241 号线对地为照明电路电源。

1）摇臂升降与其夹紧机构动作之间插入断电延时时间继电器 KT1，使得摇臂升降完成。因为升降电动机电源切断后，需要延时一段时间，才能使摇臂夹紧。采用时间继电器 KT1 避免了升降惯性造成间隙，从而避免了再次启动摇臂升降时产生抖动。

2）行程开关 SQ1 担负摇臂上升或下降的极限位置保护。

3）控制电路设置了明显指示装置，有主轴电动机的旋转指示，立柱、主轴箱的夹紧及松开指示，电源指示。

（3）电路的工作原理。在开车启动之前，首先将自动开关 QF2～QF5 扳到接通状态，同时将配电盘上面的电门盖好并锁上。然后将自动开关 QF1 扳到接通位置，引入三相交流电源。总电源指示灯 HL1 点亮，表示机床电器线路已进入带电状态。按下总启动按钮 SB2，中间继电器 KA。线圈得电并自锁，为主轴电动机以及其他电动机的启动作好准备。

1）主轴的旋转控制。

主轴电动机 M1 由启动按钮 SB4、停止按钮 SB3、接触器 KM1 实现单方向启动、停止控制。主轴旋转指示灯 HL4 亮表示主轴电动机旋转。

主轴电动机启动时，按下 SB4，KM1，通电并自锁，同时 KM1 的主触点和辅助触点闭合，使主电动机 M1 旋转，指示灯 HL4 亮。

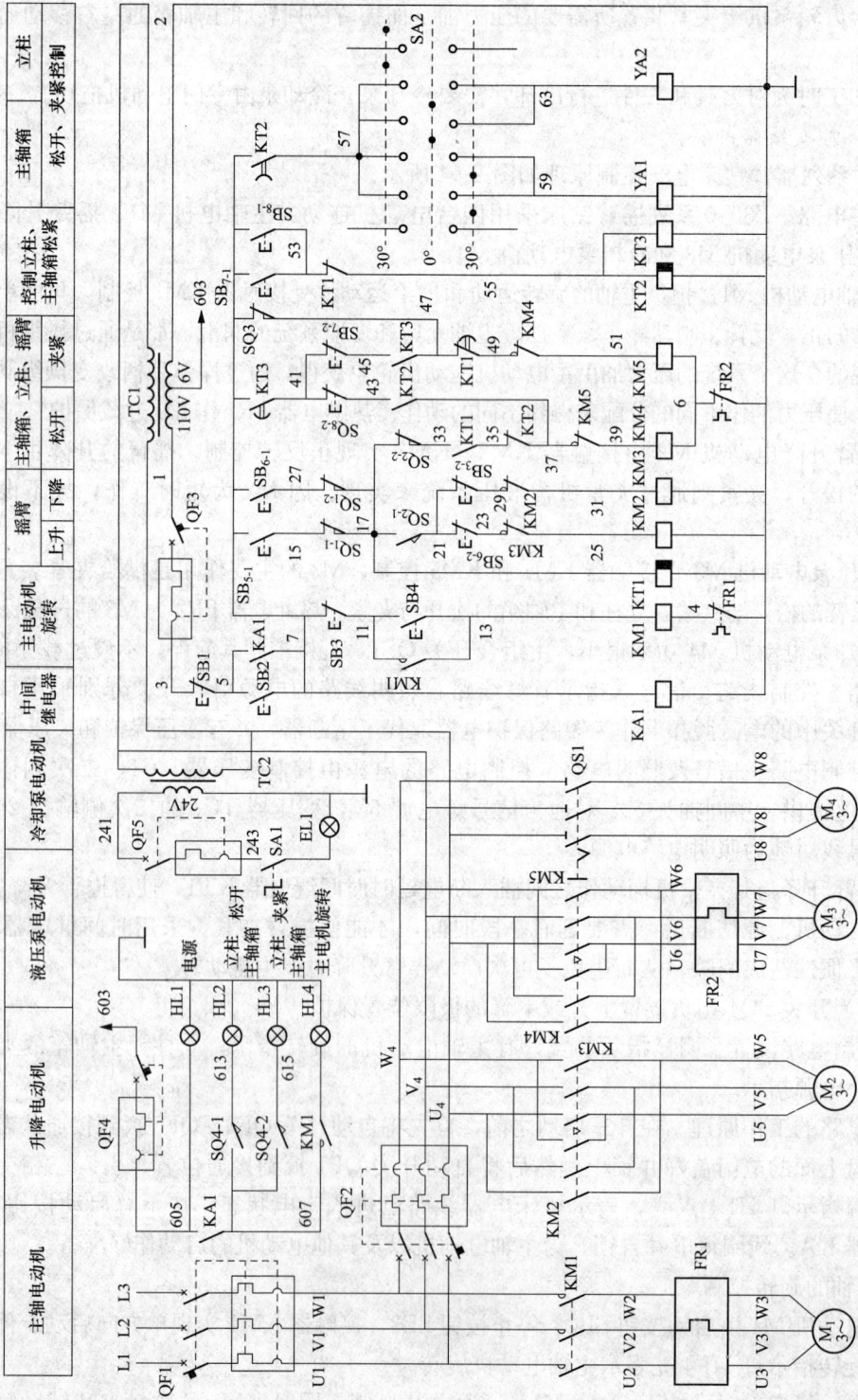

图2-44　Z3040系列摇臂钻床电气控制原理

主轴的正、反转用操作手柄通过机械变换的方法实现。操作手柄有五个位置，分别对应空挡、变速、正转、反转和停车。手柄至空挡时，可轻便地用手转动主轴。当主轴需要变速及进给变速时，先把转速或进给量调到所需数值再将手柄扳到变速位，直到主轴开始转动才松手。停车时将操作手柄扳到停车位，由液压系统控制使主轴制动停车。

2）摇臂升降的控制。摇臂的上升、下降分别由按钮 SB5、SB6 点动控制。摇臂升降电动机的正转与反转不能同时进行，否则将造成电源两相间的短路事故，在摇臂上升和下降的线路中加入触点互锁（KM2 和 KM3 动断触点串联在对方的控制线路中）和按钮（复合按钮）互锁。

摇臂上升时，按下上升按钮 SB5，时间继电器 KT1 得电吸合，KT1 的瞬时动合触点 33-35 闭合，KM4 得电，液压泵电动机 M3 启动供给压力油，压力油经分配阀体进入摇臂松开油箱，推动活塞使摇臂松开。同时活塞杆通过弹簧片压动限位开关 SQ2，使动断触点 SQ2-2 断开，KM4 断电，M3 停转。动合触点 SQ2-1 闭合，KM2 通电，KM2 的主触点接通，摇臂升降电动机 M2 正向旋转带动摇臂上升。

若摇臂没有松开，SQ2-1 不能闭合，KM2 不能通电，M2 不能旋转，保证了只有在摇臂可靠松开后，才能使摇臂上升。

当摇臂上升到所需位置时，松开按钮 SB5，KM2 和 KT1 同时断电，M2 停转，摇臂停止上升。当持续 1～3s 后，KT1 断电延时闭合的动断触点 47-49 闭合，KM5 经 1-3-5-7-47-49-51-6-2 通电，液压泵电动机 M3 反向启动旋转，压力油经分配阀进入摇臂的夹紧油箱，反向推动活塞，使摇臂夹紧。同时活塞杆通过弹簧片使限位开关 SQ3 的动断触点（7—47）断开，KM5 断电，M3 停转，完成了摇臂的松开—上升—夹紧动作。

摇臂的下降过程与上升过程基本相同，它们的夹紧和放松电路完全一样。不同的是按下SB6→KM3 通电→M2 反转→摇臂下降。

KT1 的作用是控制 KM5 的吸合时间，使 M2 停转后，再夹紧摇臂。KT1 的延时时间应视摇臂在 M2 断电至停转前的惯性大小调整，应保证摇臂停止上升（或下降）后才进行夹紧，一般调整在 1～3s。

行程开关 SQ1 有两对动断触点，SQ1-1（15-17）是摇臂上升时的极限位置保护，SQ1-2（27-17）是摇臂下降时的极限位置保护。SQ1 两对触点应调整在同时接通位置，当保护动作时，一对接通，另一对断开。

行程开关 SQ3 的动断触点（7-47）在摇臂可靠夹紧后断开。如果液压夹紧机构出现故障或调整不当，将使液压泵电动机 M3 过载。为此，采用热继电器 FR2 进行过载保护。

3）立柱和主轴箱的松开、夹紧控制。立柱与主轴箱的松开及夹紧控制，既可单独进行，也可同时进行，由转换开关 SA2 和复合按钮 SB7、SB8 进行控制。转换开关 SA2 有三个位置：在中间位置（零位）时，立柱和主轴箱的松开或夹紧同时进行；在左边位置时，为立柱的夹紧或放松；在右边位置时，为主轴箱的夹紧或放松。复合按钮 SB7、SB8 分别为松开和夹紧点动控制按钮。

主轴箱的松开和夹紧过程为：将 SA2 扳到右侧，触点 57-59 接通，57-63 断开。当需要主轴箱松开时，按下 SB7，KT2 和 KT3 同时通电，KT2 是断电延时型时间继电器，其断电延时断开的动合触点 7-57 在通电瞬间闭合，电磁铁 YA1 通电吸合，经 1～3s 延时后，KT3 的延时闭合动合触点 7-41 闭合，KM4 经 1-3-5-7-41-43-37-39-6-2 通电，M3 正转，压力油经分配阀进入主轴箱油缸，推动活塞使主轴箱放松。活塞杆使行程开关 SQ4 复位，触点 SQ4-1 闭合，SQ4-2 断开，指示灯 HL2 亮，表示主轴箱已松开。主轴箱夹紧的控制线路及其工作原理与松开时相似，按 SB8→主轴夹紧。

转换开关 SA2 扳到左侧时，触点 57-63 接通，57-59 断开。按下 SB7 或 SB8，YA2 通电，立柱松开或夹紧；SA2 在中间位置时，触点 57-59 和 57-63 同时接通，YA1、YA2 均通电，主轴箱和立柱同时进行松开或夹紧。

由于立柱和主轴箱的松开与夹紧是短时间调整工作，故采用点动控制方式。

### 思 考 题

2-1　电气系统图主要有哪些？各有什么作用和特点？

2-2　什么叫自锁、互锁？如何实现？

2-3　在正、反转控制线路中，为什么要采用双重互锁？

2-4　什么是失压保护？什么是欠压保护？为什么说接触器自锁控制具有欠压和失压保护作用？

2-5　什么是过载保护？为什么对电动机要采取过载保护？

2-6　在电动机的控制线路中，短路保护和过载保护各由什么电器来实现？它们能否相互代替使用？为什么？

2-7　画出三相异步电动机既可点动又可连续运行的电气控制线路。

2-8　为两台三相异步电动机设计主电路和控制电路，要求如下：

(1) 两台电动机互不影响地独立操作启动与停止。

(2) 能同时控制 2 台电动机的停止。

(3) 当其中任一台电动机发生过载时，两台电动机均停止。

2-9　设计一个控制线路，要求第一台电动机启动 10s 后，第二台电动机自动启动，运行 20s 后，两台电动机同时停转。

2-10　某机床主轴和润滑油泵各由一台电动机带动，试设计其控制线路，要求主轴必须在油泵开动后才能开动，主轴能正、反转并可单独停车，有短路、失压和过载保护。

2-11　什么是位置控制？试画出工作台自动往返行程控制线路的主线路、控制电路。

2-12　试设计一个工作台前进—返回的控制线路。工作台由三相异步电动机拖动，行程开关 SQ1、SQ2 分别装在工作台的原位和终点。要求：

(1) 能自动实现前进—后退—停止到原位。

(2) 工作台前进到达终点后停 10s 再返回。

(3) 工作台在前进中可以立即后退到原位。

(4) 有终端保护。

2-13　三相笼型异步电动机常用的降压启动方法有几种？

2-14　笼异步电动机降压启动的目的是什么？重载时宜采用降压启动吗？

# 第3章 PLC的基本结构和工作原理

## 3.1 PLC 概 述

### 3.1.1 PLC 的发展历史

在可编程控制器出现前，在工业电气控制领域中，继电器控制占主导地位，应用广泛。但电气控制系统存在体积大、故障率高、可靠性低、柔性差、调试和排除故障困难等缺点，特别是其接线复杂、不易更改，对生产工艺变化的适应性差。

在 20 世纪 60 年代，汽车生产流水线的自动控制系统基本上都是由继电器控制装置构成的。当时汽车的每一次改型都需要对继电器控制装置进行重新设计和安装。随着生产的发展，汽车型号更新的周期愈来愈短，由此，继电器控制装置就需要经常地重新设计和安装，不仅费时、费工、费料，而且阻碍了更新周期的缩短。

1968 年美国通用汽车公司提出使用新一代控制器的设想，从用户的角度考虑，该公司对新一代控制器提了 10 点要求（即 GM10 条），为各大公司提供了明确的开发目标。GM10 条内容是：

(1) 编程简单，可在现场修改和调试程序。

(2) 维护方便，采用插入式模块结构。

(3) 可靠性高于继电器控制系统。

(4) 体积小于继电器控制装置。

(5) 数据可直接送入管理计算机。

(6) 成本可与继电器控制系统竞争。

(7) 可直接用 115V 交流电压输入。

(8) 输出量为 115V、2A 以上，能直接驱动电磁阀、接触器等。

(9) 通用性强，易于扩展。

(10) 用户程序存储器容量至少能扩展到 4KB。

1968 年，美国人迪克·莫利（Dick Morley）提出了可编程控制器的概念，他被尊为"PLC 之父"。莫迪康团队设计并建造了第一台可编程控制器 084。1969 年，美国数字设备公司（Digital Equipment Corporation，DEC）也研制出一台可编程控制器 PDP-14，在美国通用汽车自动装配线上试用，并获得了成功。1970 年，迪克·莫利所在的莫迪康（Modicon）公司在通用汽车公司的奥兹莫比部和宾夕法尼亚州兰迪斯的兰迪斯公司安装了 084PLC 模型，由此，拉开了 PLC 发展的序幕。

1971 日本从美国引进了这项新技术，很快研制出了日本第一台 PLC。1973 年，西欧国家也研制出它们的第一台 PLC。我国从 1974 年开始研制，于 1977 年开始工业应用。

著名的 PLC 生产厂家主要有施耐德电气有限公司（Schneider Electric SA），美国的 A-B（Allen-Bradley）公司、GE（General Electric）公司，日本的三菱电机（Mitsubishi Electric）

公司、欧姆龙（OMRON）公司，德国的 AEG 公司、西门子（Siemens）公司，法国的 TE（Telemecanique）公司等。欧美公司在大、中型 PLC 领域占有优势，日本公司在小型 PLC 领域占据十分重要的位置，韩国和中国台湾的公司在小型 PLC 领域也有一定市场份额。

PLC 已成为工业自动化控制领域中占主导地位的通用工业控制装置，被公认为现代工业自动化的三大支柱（PLC、机器人、CAD/CAM）之一。

### 3.1.2　PLC 的定义、特点及分类

1. PLC 的定义

可编程序控制器在它发展初期主要应用于开关量的逻辑控制，因此称为可编程逻辑控制器（Programmable Logic Controller），简称 PLC。随着微电子技术和计算机技术的迅速发展，现代可编程序控制器实际上是以微处理器为基础与核心，把自动化技术、计算机技术、通信技术融为一体的高度集成化的新型工业控制装置，是计算机技术与自动控制技术相结合的产物，它的功能已远远超出逻辑控制、顺序控制的范围，因此可编程逻辑控制器慢慢被可编程序控制器（Programmable Controller）所替代，简称 PC。由于我国个人计算机（Personal Computer）也简称为 PC，为避免混淆，本书仍按我国多数人的习惯，将可编程序控制器简称为 PLC。

国际电工委员会（IEC）于 1987 年颁布了可编程控制器标准草案第三稿。在草案中对可编程控制器定义如下："可编程控制器是一种数字运算操作的电子系统，专为在工业环境下应用而设计。它采用可编程序的存储器，用来在其内部存储执行逻辑运算、顺序控制、定时、计数和算术运算等操作的指令，并通过数字式和模拟式的输入和输出，控制各种类型的机械或生产过程。可编程控制器及其有关外围设备，都应按易于与工业系统联成一个整体，易于扩充其功能的原则设计"。

定义强调了 PLC 应直接应用于工业环境，必须具有很强的抗干扰能力、广泛的适应能力和广阔的应用范围，这是区别于一般微机控制系统的重要特征。同时，也强调了 PLC 用软件方式实现的"可编程"与传统控制装置中通过硬件或硬接线的变更来改变程序的本质区别。

2. PLC 的特点

PLC 技术之所以高速发展，除了工业自动化的客观需要外，主要是因为它具有许多独特的优点。它较好地解决了工业领域中普遍关心的可靠、安全、灵活、方便、经济等问题。主要有以下特点：

（1）可靠性高、抗干扰能力强。可靠性高、抗干扰能力强是 PLC 最重要的特点之一。PLC 的平均无故障时间可达几十万个小时，之所以有这么高的可靠性，是由于它采用了一系列的硬件和软件的抗干扰措施：

1）硬件方面 I/O 通道采用光电隔离技术，有效地抑制了外部干扰源对 PLC 的影响；对供电电源及线路采用多种形式的滤波，从而消除或抑制了高频干扰；对 CPU 等重要部件采用良好的导电、导磁材料进行屏蔽，以减少空间电磁干扰；对有些模块设置了联锁保护、自诊断电路等。

2）软件方面 PLC 采用扫描工作方式，减少了由于外界环境干扰引起故障；在 PLC 系统程序中设有故障检测和自诊断程序，能对系统硬件电路等故障实现检测和判断；当由外界干扰引起故障时，能立即将当前重要信息加以封存，禁止任何不稳定的读写操作，一旦外界环境正常后，便可恢复到故障发生前的状态，继续原来的工作。

（2）编程简单、使用方便。目前，大多数 PLC 采用的编程语言是梯形图语言，它是一种面向生产、面向用户的编程语言。梯形图与电器控制线路图相似，形象、直观，不需要掌握计算机知识，很容易让广大工程技术人员掌握。当生产流程需要改变时，可以现场改变程序，使用方便、灵活。同时，PLC 编程器的操作和使用也很简单。这也是 PLC 获得普及和推广的主要原因之一。

许多 PLC 还针对具体问题，设计了各种专用编程指令及编程方法，进一步简化了编程。

（3）功能完善、通用性强。现代 PLC 不仅具有逻辑运算、定时、计数、顺序控制等功能，而且还具有 A/D 和 D/A 转换、数值运算、数据处理、PID 控制、通信及联网等许多功能。同时，由于 PLC 产品的系列化、模块化，有品种齐全的各种硬件装置供用户选用，可以组成满足各种要求的控制系统。

（4）设计安装简单、维护方便。由于 PLC 用软件代替了传统电气控制系统的硬件，控制柜的设计、安装接线工作量大为减少。PLC 的用户程序大部分可在实验室进行模拟调试，缩短了应用设计和调试周期。在维修方面，由于 PLC 的故障率低，维修工作量很小；而且 PLC 具有很强的自诊断功能，如果出现故障，可根据 PLC 上指示或编程器上提供的故障信息，迅速查明原因，维修极为方便。

（5）体积小、重量轻、能耗低。由于 PLC 采用了集成电路，其结构紧凑、体积小、能耗低，因而是实现机电一体化的理想控制设备。

3. PLC 的分类

PLC 发展到今天，已经有了多种形式，而且功能也不尽相同。分类时，一般按以下原则来考虑。

（1）按 I/O 点数容量分类。一般而言，处理 I/O 点数越多，控制关系就越复杂，用户要求的程序存储器容量越大，要求 PLC 指令及其他功能比较多，指令执行的过程也比较快。按 PLC 的输入、输出点数的多少可将 PLC 分为以下三类。

1）小型机。PLC 的功能一般以开关量控制为主，小型 PLC 输入、输出总点数一般在256 点以下，用户程序存储器容量在 4K 左右。现在的高性能小型 PLC 还具有一定的通信能力和少量的模拟量处理能力。这类的 PLC 的特点是价格低廉，体积小巧，适合于控制单台设备和开发机电一体化产品。典型的小型机有 SCHNEIDER 公司的 M218 系列、M238 系列，SIEMENS 公司的 S7-200 系列，OMRON 公司的 CPM2A 系列，MITSUBISHI 公司的 FX 系列和 AB 公司的 SLC500 系列等整体式 PLC 产品。

2）中型机。中型 PLC 的输入、输出总点数在 256 到 2048 点之间，用户程序存储器容量达到 8K 字左右。中型 PLC 不仅具有开关量和模拟量的控制功能，还具有更强的数字计算能力，它的通信功能和模拟量处理功能更强大，中型机比小型机更丰富，中型机适用于更复杂的逻辑控制系统以及连续生产线的过程控制系统场合。典型的中型机有 SCHNEIDER 公司的 M340 系列、Premium 系列、M258 系列，SIEMENS 公司的 S7-300 系列，OMRON 公司的 C200H 系列，AB 公司的 SLC500 系列等模块式 PLC 产品。

3）大型机。大型机总点数在 2048 点以上，用户程序储存器容量达到 16K 以上。大型 PLC 的性能已经与大型 PLC 的输入、输出工业控制计算机相当，它具有计算、控制和调节的能力，还具有强大的网络结构和通信联网能力，有些 PLC 还具有冗余能力，能够表示过程的动态流程，记录各种曲线，PID 调节参数等；它配备多种智能板，构成一台多功能系统。这种系统还可以和其他型号的控制器互联，和上位机相联，组成一个集中分散的生产过程和产品质量控制系统。大型机适用于设备自动化控制、过程自动化控制和过程监控系统。典型的大型 PLC 有 SCHNEIDER 公司的 Quantum 系列，SIEMENS 公司的 S7-400，OMRON 公司的 CVM1 和 CS1 系列，AB 公司的 SLC5/05 等系列。

（2）按结构形式分类。根据 PLC 结构形式的不同，PLC 主要可分为整体式和模块式两类。

1）整体式结构。整体式结构的特点是将 PLC 的基本部件，如 CPU 板、输入板、输出板、电源板等紧凑的安装在一个标准的机壳内，构成一个整体，组成 PLC 的一个基本单元（主机）或扩展单元。基本单元上设有扩展端口，通过扩展电缆与扩展单元相连，配有许多专用的特殊功能的模块，如模拟量输入/输出模块、热电偶、热电阻模块、通信模块等，以构成 PLC 不同的配置。整体式结构的 PLC 体积小、成本低、安装方便。小型 PLC 一般为整体式结构。

2）模块式结构。模块式结构的 PLC 是由一些模块单元构成，这些标准模块如 CPU 模块、输入模块、输出模块、电源模块和各种功能模块等，将这些模块插在框架上和基板上即可。各个模块功能是独立的，外形尺寸是统一的，可根据需要灵活配置。目前大、中型 PLC 都采用这种方式。在小型控制系统中一般采用整体式结构，但是模块式 PLC 的硬件组态方便灵活，I/O 点数的多少、输入点数与输出点数的比例、I/O 模块的使用等方面的选择余地都比整体式 PLC 大得多，维修时更换模块、判断故障范围也很方便，因此较复杂的、要求较高的系统一般选用模块式 PLC。

（3）按功能分类。根据 PLC 所具有的功能不同，可将 PLC 分为低档、中档、高档三类。

1）低档 PLC。具有逻辑运算、定时、计数、移位以及自诊断、监控等基本功能，还可有少量模拟量输入/输出、算术运算、数据传送和比较、通信等功能。主要用于逻辑控制、顺序控制或少量模拟量控制的单机控制系统。

2）中档 PLC。除具有低档 PLC 的功能外，还具有较强的模拟量输入/输出、算术运算、数据传送和比较、数制转换、远程 I/O、子程序、通信联网等功能。有些还可增设中断控制、PID 控制等功能，适用于复杂控制系统。

3）高档 PLC。除具有中档机的功能外，还增加了带符号算术运算、矩阵运算、位逻辑运算、平方根运算及其他特殊功能函数的运算、制表及表格传送功能等。高档 PLC 机具有更强的通信联网功能，可用于大规模过程控制或构成分布式网络控制系统，实现工厂自动化。

### 3.1.3　PLC 的应用领域及发展趋势

目前，PLC 在国内外已广泛应用于钢铁、石油、化工、电力、建材、机械制造、汽车、轻纺、交通运输、环保及文化娱乐等行业，使用情况大致可归纳为开关量的逻辑控制、模拟量控制、运动控制、过程控制、数据处理、通信及联网。

**1. PLC 的应用领域**

（1）开关量的逻辑控制。开关量的逻辑控制是 PLC 最基本、最广泛的应用领域，它取代传统的继电器电路，实现了逻辑控制和顺序控制，既可用于单台设备的控制，也可用于多机群控及自动化流水线。如注塑机、印刷机、组合机床、磨床、包装生产线和电镀流水线等。

（2）模拟量控制。在工业生产过程中，有许多连续变化的量如温度、压力、流量、液位和速度等都是模拟量。为了使 PLC 能够处理模拟量信号，就需要在 PLC 中实现模拟量

（Analog）和数字量（Digital）之间的 A/D 转换或 D/A 转换。此时需要使用 A/D 和 D/A 转换模块来使 PLC 用于模拟量的控制。

（3）运动控制。用于圆周运动或直线运动的控制，涉及步进电机或伺服电机的单轴或多轴位置控制，从控制机构的配置角度来说，早期直接是用开关量 I/O 模块连接位置传感器和执行机构，现在一般使用专用的运动控制模块。广泛用于各种机械、机床、机器人、电梯等场合。

（4）过程控制。过程控制是指对温度、压力、流量等模拟量的闭环控制。作为工业控制计算机，PLC 能编制各种各样的控制算法程序，完成闭环控制。PID 调节是闭环控制系统中用的较多的调节方法。大、中型 PLC 都有 PID 模块，目前许多小型 PLC 也具有此功能模块。PID 处理一般是运行专用的 PID 子程序。在冶金、化工、热处理、锅炉控制等场合有非常广泛的应用。

（5）数据处理。现代 PLC 具有数学运算（含矩阵运算、函数运算、逻辑运算）、数据传送、数据转换、排序、查表、位操作等功能，可以完成数据的采集、分析及处理。这些数据可以与存储在存储器中的参考值进行比较，完成一定的控制操作，也可以利用通信功能传送到别的智能装置，或将它们打印制表。

数据处理一般用于大型控制系统，如无人控制的柔性制造系统，也可用于过程控制系统，如造纸、冶金、食品工业中的一些大型控制系统。

（6）通信及联网。PLC 通信指的是含 PLC 与 PLC 之间的通信及 PLC 与其他智能设备之间的通信。随着计算机控制技术的发展，工厂自动化网络发展地很快，各 PLC 厂商都十分重视 PLC 的通信功能，纷纷推出各自的网络系统。另外，新近生产的 PLC 设备大都集成了通用的通信接口，使得通信更加方便快捷。

2. PLC 的发展趋势

可编程逻辑控制器具有如下几个发展趋势：

（1）系统构成规模向大、小两个方向发展。大是指大容量、高速度、多功能和高性能。小是指小型化、专用化、模块化和低成本。

（2）网络化。近年来，加强 PLC 的联网能力成为 PLC 的发展趋势。PLC 和计算机等可以构成多级分布式网络控制系统，实现工厂自动化。

（3）兼容性。PLC 与其他智能控制系统的兼容性，如 PLC 与工业控制计算机、集散控制系统（Distributed Control System，DCS）、嵌入式计算机系统、现场总线控制技术（Fieldbus Control System，FCS）等技术的渗透与结合，不断拓宽 PLC 的应用范围。

（4）标准化。各公司生产的 PLC 自成体系，不同公司的产品无法通用，相互间很难联网通信，造成用户在使用上的不方便。因此，制定 PLC 的国际标准是今后发展的方向。

## 3.2　PLC 的基本结构

PLC 是计算机技术和控制技术相结合的产物，是一种以微处理器为核心的用于控制的特殊计算机，因此 PLC 的基本组成与一般的微机系统类似。

1. PLC 的硬件组成

PLC 的硬件主要由中央处理器（CPU）、存储器（ROM、RAM）、输入/输出单元、输入/输出映像寄存器、通信接口、编程装置、电源单元等部分组成。其中，CPU 是 PLC 的核心，输入/输出单元是连接现场输入/输出设备与 CPU 之间的接口电路，通信接口用于与编程器、上位计算机等外设连接。

对于整体式 PLC，所有部件都装在同一机壳内，其组成结构如图 3-1 所示。对于模块式 PLC，各部件独立封装成模块，各模块通过总线连接，安装在机架或导轨上，其组成框图如图 3-2 所示。无论是哪种结构类型的 PLC，都可根据用户需要进行配置与组合。

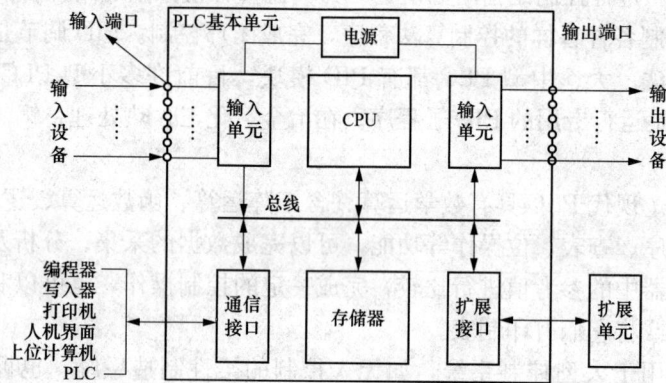

图 3-1　整体式 PLC 组成结构图

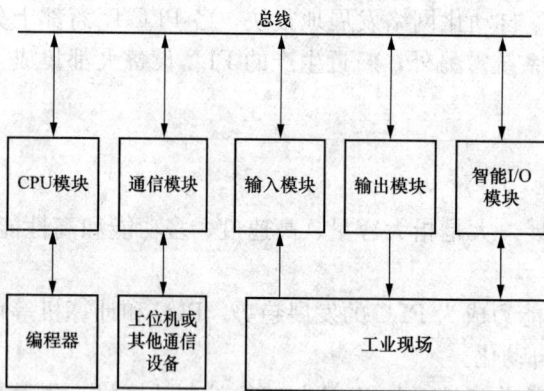

图 3-2　模块式 PLC 组成结构图

（1）CPU。PLC 的 CPU 实际上就是中央处理器，能够进行各种数据的运算和处理，将各种输入信号存入存储器，然后进行逻辑运算、计时、计数、算数运算和传送、通信联网以及各种应用指令。在对编制的程序进行编译、执行指令，把结果送到输出端，去响应各种外部设备的请求。

（2）存储器。PLC 系统中的存储器主要用于存放系统程序、用户程序和工作状态数据，PLC 的存储器包括系统程序存储器和用户存储器。

1）系统程序存储器（ROM）。ROM 用以存放系统管理程序、监控程序及系统内部数据，PLC 出厂前已将其固化在只读存储器 ROM 或 EPROM 中，用户不能更改。

2）用户存储器（RAM）。RAM 包括用户程序存储器（程序区）和数据存储器（数据区）两部分。

RAM 存储各种暂存数据、中间结果和用户程序，这类存储器一般由低功耗的 CMOS-RAM 构成，其中的存储内容可读出并更改。掉电会丢失存储的内容，一般由锂电池保持。

也就是说，用户程序存储器用来存放用户针对具体控制任务，采用 PLC 编程语言编写的各种用户程序。用户程序存储器根据所选用的存储器单元类型的不同（可以是 RAM、EPROM 或 EEPROM 存储器），其内容可以由用户修改或增删。用户数据存储器可以用来存放（记忆）用户程序中所使用期间的 ON/OFF 状态和数据，用户存储器的大小关系到用户程序容量的大小，是反映 PLC 性能的重要指标之一。

PLC 为了便于读出、检查和修改，用户程序一般存于 CMOS 静态 RAM 中，用锂电池作为后备电源，以保证掉电时不会丢失信息。

存放在 RAM 中的工作数据是 PLC 运行过程中经常变化和存取的一些数据，用来适应随机存储的要求。在 PLC 的工作数据存储器中，设有存放输入/输出继电器、辅助继电器、定时器、计数器等逻辑器件的存储区，这些器件的状态都是由用户程序的初始设置和运行情况而确定的。根据需要，部分数据在掉电时用后备电池维持其现有的状态，这部分在掉电时可保持数据的存储区称为保持数据区。

（3）输入/输出单元。输入/输出单元（I/O 接口）是与工业生产现场控制电器相连接的接口。PLC 通过输入接口可以检测被控对象的各种数据，以这些数据作为 PLC 对被控制对象进行控制的依据。同时 PLC 又通过输出接口将处理结果送给被控制对象，以实现控制目的。

PLC 的 I/O 接口所能接受的输入信号个数和输出信号个数称为 PLC 输入/输出（I/O）点数。I/O 点数是选择 PLC 的重要依据之一。当系统的 I/O 点数不够时，可通过 PLC 的 I/O 扩展接口对系统进行扩展。

为了提高 PLC 的抗干扰能力，I/O 接口一般都具有光电隔离和滤波功能，应用最广范的是由发光二极管和光电三极管组成的光电隔离器。

PLC 内部 CPU 处理的信息只能是标准电平，而外部输入设备和输出设备所需的信号电平是多种多样的，所以 I/O 接口要实现这种转换。另外，I/O 接口上通常还有状态指示，工作状况直观，便于维护。

PLC 提供了多种操作电平和驱动能力的 I/O 接口，有各种各样功能 I/O 接口供用户选用。对各种型号的输入、输出接口模块分类：

按照信号的种类分有直流信号输入、输出，交流信号的输入、输出。

按照信号的输入、输出形式分有数字量输入、输出，开关量输入、输出，模拟量输入、输出。

1）输入接口。输入接口用来接收、采集外部输入的信号，并将这些信号转换成 CPU 可接收的数字信息。开关量的输入接口属于物理输入，指的是外部输入给 PLC 的信号，例如传感器、按钮、位置开关等。输入映像就好像是外部输入端子的影像。当外部有信号输入时，它相对应的输入映像寄存区域就为 1，当外部信号没有信号输入时，它对应的输入映像寄存区域就为 0。这样，PLC 就可以直接通过扫描映像寄存区来了解外部端子的通断状态。

输入接口电路可采集的信号有三大类，包括无源开关、有源开关和模拟量信号。按钮、接触器触点、行程开关都属于无源开关，接近开关、晶体管开关电路等属于有源开关。模拟量信号则是由电位器、测速发电机和各类变送器所产生的信号。

开关量输入接口基本原理电路如图 3-3 所示，图 3-3（a）所示为开关量直流输入电路，图 3-3（b）所示为开关量交流输入电路，图 3-3（c）所示为交流/直流输入电路。

输入形式有源型和漏型两种。

所谓源型输入，是一种由外部提供输入信号电源或使用 PLC 内部提供给输入回路的电源，全部输入信号为"有源"信号，并独立输入 PLC 的输入连接形式。电流是从端子流出来的，具有 PNP 晶体管的输出特性，公共端 COM 接"＋"极。输入传感器为接近开关时，

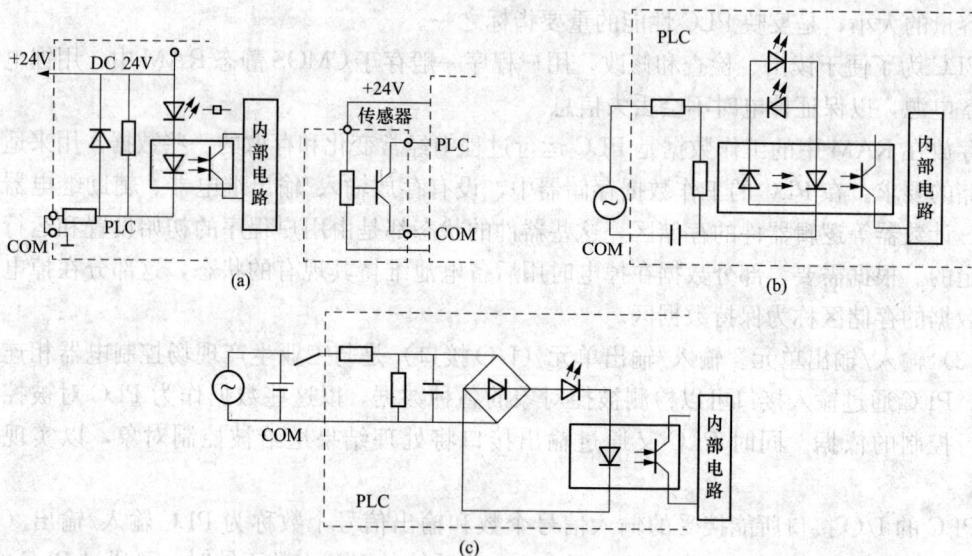

图 3-3　开关量输入接口基本原理电路
（a）直流输入；（b）交流输入；（c）交流/直流输入

只要接近开关的输出驱动力足够，源型输入的 PLC 输入端就可以直接与 PNP 集电极开路型接近开关的输出进行连接。

所谓漏型输入，是一种由 PLC 内部提供输入信号源，全部输入信号的一端汇总到输入的公共连接端 COM 的输入形式，又称为汇点输入。电流是从端子流进去的，具有 NPN 晶体管的输出特性公共端 COM 接"－"极。输入传感器为接近开关时，只要接近开关的输出驱动力足够，漏型输入的 PLC 输入端就可以直接与 NPN 集电极开路型接近开关的输出进行连接。

我国一般采用漏型输入形式。PLC 漏型输入的外部接线图如图 3-4 所示。

其他欧美 PLC 一般是源型，输入一般用 PNP 的开关、高电平输入，而日韩 PLC 偏好使用漏型，一般使用 NPN 型的开关也就是低电平输入。

开关量输入设备也有两种型式：一种是无源开关，如各种按钮、继电器接点、控制开关等；另一种是有源开关，如各种接近开关、传感器、编码器、光电开关等。

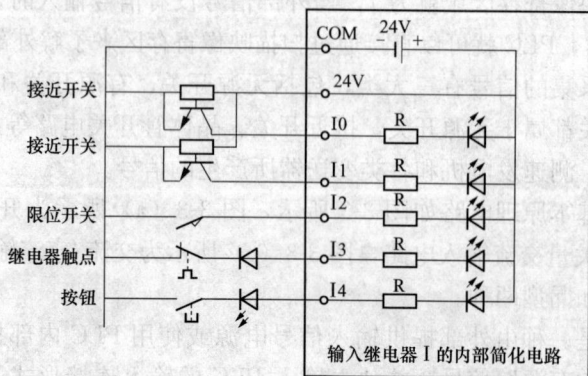

图 3-4　PLC 漏型输入的外部接线图

2）输出接口。输出接口电路是 PLC 与外部负载之间连接的桥梁，能够将 PLC 向外输出的信号转换成可以驱动外部执行电路的控制信号，以便控制如接触器线圈等电器的通断电。开关量的输出接口和输入接口一样，也是属于物理输出，指的是 PLC 输出给外部连接元件的信号，例如电磁阀、指示灯等。和输入映像的情况一样，PLC 中引入的输出映像和物理输出也是相对应的关系，当相对应的输出映像是 1 时，这个输出映像所对应的输出端子就接通，而当对应的输出映像是 0 时，这个输出映像所对应的输出端子就断开。

常用的开关量输出接口按输出开关器件不同有三种类型：继电器输出、晶体管输出和双向晶闸管输出，其基本原理电路如图 3-5 所示。

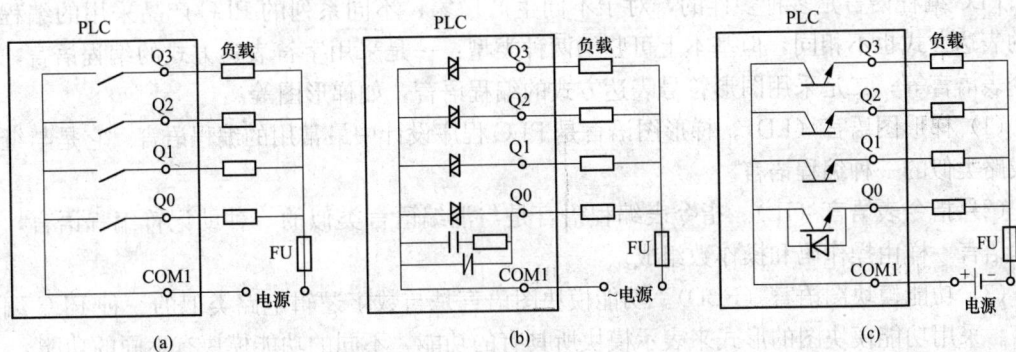

图 3-5　开关量输出接口基本原理电路
（a）继电器输出型；（b）晶体管输出；（c）双向晶闸管输出

继电器输出可驱动直流 30V 或交流 250V 负载，驱动负载大，但响应时间长。常用于各种电动机、电磁阀、信号灯等负载的控制。

晶体管输出属直流输出，能驱动 5～30V 直流负载，驱动负载较小，但响应时间短。多用于电子线路的控制。

双向晶闸管输出为交流输出，能驱动 85～240V 交流负载。驱动负载较大，响应时间较长。

PLC 的开关量继电器输出接口电路如图 3-6 所示。

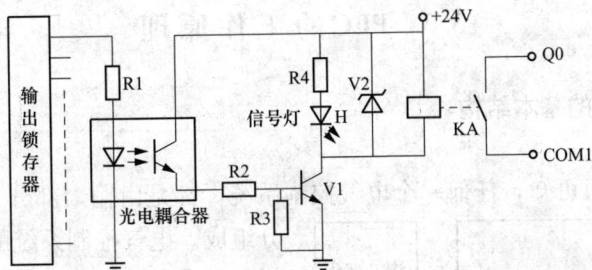

图 3-6　PLC 的开关量继电器输出接口电路

3）通信接口。PLC 配有各种通信接口，这些通信接口一般都带有通信处理器。PLC 通过这些通信接口可与监视器、打印机、其他 PLC、计算机等设备实现通信。PLC 与打印机连接，可将过程信息、系统参数等输出打印；与监视器连接，可将控制过程图像显示出来；与其他 PLC 连接，可组成多机系统或连成网络，实现更大规模控制；与计算机连接，可组成多级分布式控制系统，实现控制与管理相结合。

4）编程装置。编程装置的作用是编辑、调试、输入用户程序，也可在线监控 PLC 内部状态和参数，与 PLC 进行人机对话。它是开发、应用、维护 PLC 不可缺少的工具。编程装置可以是专用编程器，也可以是配有专用编程软件包的通用计算机系统。专用编程器是由 PLC 厂家生产，专供该厂家生产的某些 PLC 产品使用，它主要由键盘、显示器和外存储器接插口等部件组成。专用编程器有简易编程器和智能编程器两类。

5）电源模块。PLC 的电源模块能够将外部输入的电源经过处理后，转换成满足 PLC 的 CPU、存储器、输入/输出接口等内部电路工作所需要的直流电源。

2. PLC 的编程语言

PLC 编程语言是多种多样的，对于不同生产厂家、不同系列的 PLC 产品采用的编程语言的表达方式也不相同，但基本上可归纳两种类型：一是采用字符表达方式的编程语言，如指令表语言等；二是采用图形符号表达方式的编程语言，如梯形图等。

（1）梯形图语言（LD）。梯形图语言是 PLC 程序设计中最常用的编程语言。它是与继电器线路类似的一种编程语言。

（2）指令表语言（IL）。指令表编程语言是与汇编语言类似的一种助记符编程语言，和汇编语言一样由操作码和操作数组成。

（3）功能模块图语言（FBD）。功能模块图语言是与数字逻辑电路类似的一种 PLC 编程语言。采用功能模块图的形式来表示模块所具有的功能，不同的功能模块有不同的功能。

（4）顺序功能流程图语言（SFC）。顺序功能流程图语言是为了满足顺序逻辑控制而设计的编程语言。

（5）结构化文本语言（ST）。结构化文本语言是用结构化的描述文本来描述程序的一种编程语言。它是类似于高级语言的一种编程语言。

（6）连续功能图语言（CFC）。CFC（Continuous Function Chart，连续功能图编程）是一种图形化程序编程语言，它是众多编程程序工具中的一种。它是一种高级编程语言，同 VB、C++语言一样。所谓高级语言其特点就是界面比较友好，编程者易于上手，不需要输入语句指令，可以通过拖拽、点击鼠标等就能完成一些简单的编程工作。

# 3.3　PLC 的工作原理

## 3.3.1　控制系统的基本结构

### 1. 电气控制系统

通过第 2 章的学习可知，任何一个电气控制系统，都是由输入部分、输出部分和控制部分组成。电气控制系统的组成如图 3-7 所示。

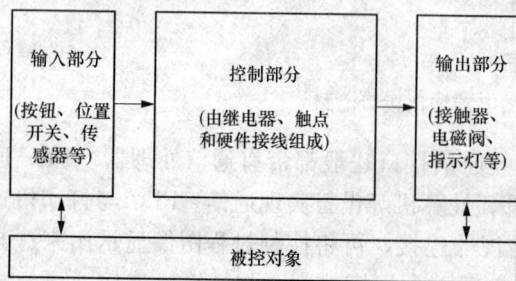

图 3-7　电气控制系统的组成

其中输入部分是由各种输入设备，如按钮、位置开关及传感器等组成；控制部分是按照控制要求设计的，由若干继电器及触点构成的具有一定逻辑功能的控制电路；输出部分是由各种输出设备，如接触器、电磁阀、指示灯等执行元件组成。电气控制系统是根据操作指令及被控对象发出的信号，由控制电路按规定的动作要求决定执行什么动作或动作的顺序,然后驱动输出设备去实现各种操作。由于控制电路是采用硬接线方式将各种继电器及触点按一定的要求连接而成,所以接线复杂且故障点多,不易灵活改变。

2. PLC 控制系统的基本结构

由 PLC 构成的控制系统也是由输入、输出和控制三部分组成,如图 3-8 所示。从图 3-8 中可以看出,PLC 控制系统的输入、输出部分和电气控制系统的输入、输出部分基本相同,但控制部分是采用"可编程"的 PLC,而不是实际的继电器线路。因此,PLC 控制系统可以方便地通过改变用户程序,以实现各种控制功能,从根本上解决了电气控制系统控制电路难以改变的问题。同时,PLC 控制系统不仅能实现逻辑运算,还具有数值运算及过程控制等复杂的控制功能。

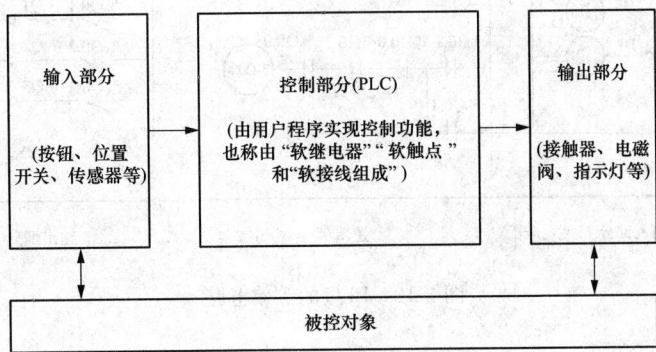

图 3-8　PLC 控制系统的基本结构

### 3.3.2　PLC 的等效电路

从上述比较可知,PLC 的用户程序(软件)代替了继电器控制电路(硬件)。因此,对于使用者来说,可以将 PLC 等效成许许多多各种各样的"软继电器"和"软接线"的集合,而用户程序就是用"软接线"将"软继电器"及其"触点"按一定要求连接起来的"控制电路"。

为了更好地理解这种等效关系,下面通过一个例子来说明。三相异步电动机单向启动运行的电气控制系统如图 3-9 所示。其中,由输入设备 SB1、SB2、FR 的触点构成系统的输入部分,由输出设备 KM 线圈构成系统的输出部分。

如果用 PLC 来控制这台三相异步电动机,组成一个 PLC 控制系统,根据上述分析可知,系统主电路不变,只要将输入设备 SB1、SB2、FR 的触点与 PLC 的输入端连接,输出设备 KM 线圈与 PLC 的输出端连接,就构成 PLC 控制系统的输入、输出硬件线路。而控制部分的功能则由 PLC 的用户程序来实现,其等效电路如图 3-10 所示。

图 3-10 中,输入设备 SB1、SB2、FR 与 PLC 内部的"软继电器"I0、I1、I2 的"线圈"对应,由输入设

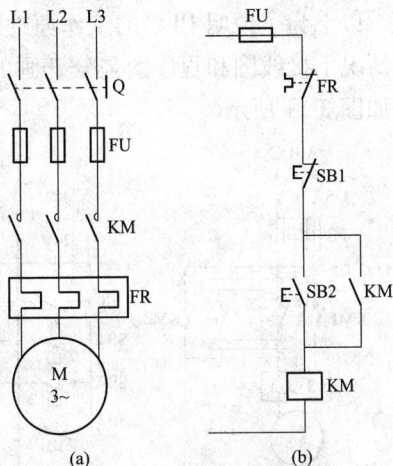

图 3-9　三相异步电动机单向运行
电气控制系统
(a) 主电路;(b) 控制电路

备控制相对应的"软继电器"的状态，即通过这些"软继电器"将外部输入设备状态变成 PLC 内部的状态，这类"软继电器"称为输入继电器；同理，输出设备 KM 与 PLC 内部的 "软继电器" Q0 对应，由"软继电器" Q0 状态控制对应的输出设备 KM 的状态，即通过这些"软继电器"将 PLC 内部状态输出，以控制外部输出设备，这类"软继电器"称为输出继电器。

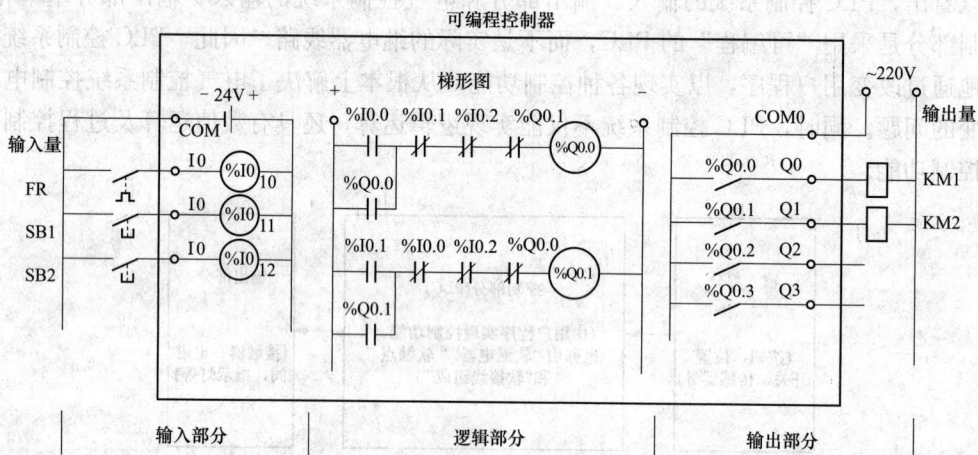

图 3-10  PLC 的等效电路

因此，PLC 用户程序要实现的是：如何用输入继电器 I0、I1、I2 来控制输出继电器 Q0。当控制要求复杂时，程序中还要采用 PLC 内部的其他类型的"软继电器"，如辅助继电器、定时器、计数器等，以达到控制要求。

要注意的是，PLC 等效电路中的继电器并不是实际的物理继电器，它实质上是存储器单元的状态。单元状态为"1"，相当于继电器接通；单元状态为"0"，则相当于继电器断开。因此，可称这些继电器为"软继电器"。

以上为了说明 PLC 的工作原理和工作过程，将 PLC 的接线图和梯形图画在一起，但一般情况下接线图和程序图是分开画的。电机正反转控制系统采用 PLC 控制的接线图和程序图如图 3-11 所示。

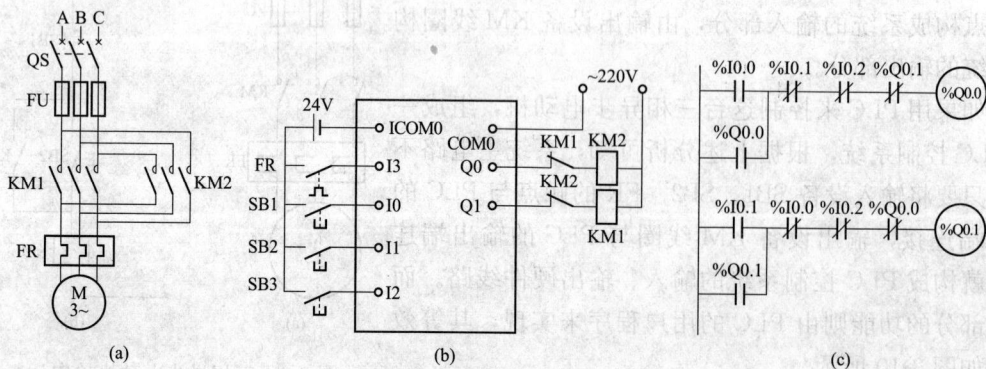

图 3-11  电机正反转控制系统
(a) 主电路图；(b) PLC 接线图；(c) PLC 控制程序图

### 3.3.3　PLC 工作模式

1. PLC 扫描工作过程

PLC 有两种基本的工作模式，即运行（RUN）模式与停止（STOP）模式。在运行模式时，PLC 通过反复执行反映控制要求的用户程序来实现控制功能。为了使 PLC 的输出及时地响应随时可能变化的输入信号，用户程序不是只执行一次，而是不断地重复执行，直至 PLC 停机或切换到 STOP 工作模式。

除了执行用户程序外，在每次循环过程中，PLC 还要完成内部处理、通信处理等工作，如图 3-12 所示。PLC 的这种周而复始的循环工作方式称为扫描工作方式，整个过程扫描一次所需的时间称为扫描周期。由于计算机执行指令的速度极高，从外部输入—输出关系来看，处理过程似乎是同时完成的。

在内部处理阶段，PLC 检查 CPU 模块内部的硬件是否正常，监控定时器复位，以及完成一些其他内部处理。在通信服务阶段，PLC 与其他的带微处理器的智能装置通信，响应编程器键入的命令，更新编程器的显示内容。

当 PLC 处于停止（STOP）模式时，只执行内部处理和通信服务的工作。当 PLC 处于运行（RUN）模式时，除了完成上述操作外，还要完成输入处理、程序执行、输出处理的工作。

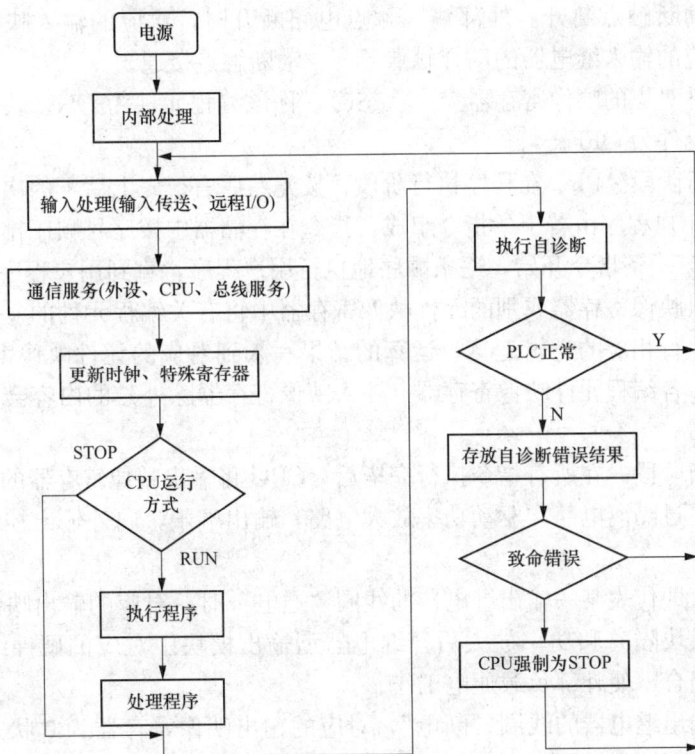

图 3-12　PLC 扫描过程

在 PLC 的存储器中，开辟了一片区域用来存放输入信号和输出信号的状态，它们分别称为输入映像寄存器和输出映像寄存器。PLC 梯形图中的其他编程元件也有对应的映像存储区，它们统称为元件映像寄存器。

PLC 执行程序的过程分为三个阶段，即输入采样阶段、程序执行阶段、输出刷新阶段，如图 3-13 所示。

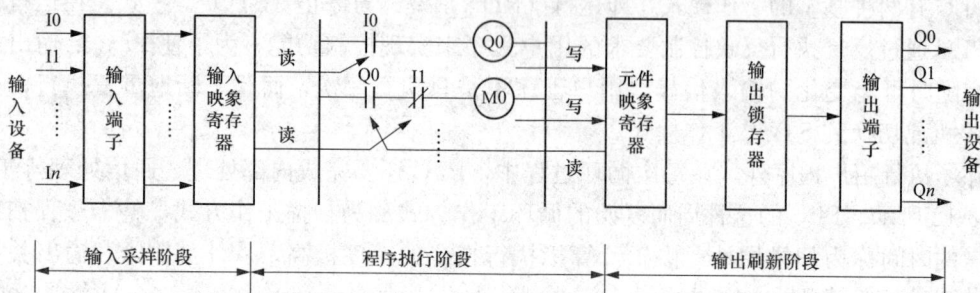

图 3-13　PLC 执行程序过程示意图

（1）输入采样阶段。PLC 在输入采样阶段，以扫描方式顺序读入所有输入端的通/断状态，并将此状态存入输入映像寄存器，即使外部输入信号的状态发生了变化，输入映像寄存器的状态也不会随之而变，输入信号变化了的状态只能在下一个扫描周期的输入处理阶段被读入。

外部输入电路接通时，对应的输入映像寄存器为 1 状态，梯形图中对应的输入继电器的动合触点接通，动断触点断开。外部输入触点电路断开时，对应的输入映像寄存器为 0 状态，梯形图中对应的输入继电器的动合触点断开，动断触点接通。

某一编程元件对应的映像寄存器为 1 状态时，称该编程元件为 ON，映像寄存器为 0 状态时，称该编程元件为 OFF。

（2）程序执行阶段。PLC 在程序执行阶段，按先左后右、先上后下的次序，逐条执行程序指令。PLC 的用户程序由若干条指令组成，指令在存储器中按序号顺序排列。在没有跳转指令时，CPU 从第一条指令开始，逐条顺序地执行用户程序，直到用户程序结束之处。在执行指令时，从输入映像寄存器或别的元件映像寄存器中将有关编程元件的 0/1 状态读来，并根据指令的要求执行相应的逻辑运算，运算的结果写入到对应的元件映像寄存器中。因此，对每个元件而言，各编程元件映像寄存器（输入映像寄存器除外）的内容会随着程序的执行而变化。

（3）输出刷新阶段。在所有指令执行完毕后，CPU 将输出映像寄存器的 0/1 状态传送到输出锁存器，再通过隔离电路，驱动功率放大电路，输出端子，向外输出控制信号，这才是 PLC 的实际输出。

在梯形图中，即代表某一输出继电器的线圈"通电"时，对应的输出映像寄存器为 1 状态。信号经输出模块隔离和功率放大后，继电器型输出模块中对应的硬件继电器的线圈通电，其动合触点闭合，使外部负载通电工作。

若梯形图中输出继电器的线圈"断电"，对应的输出映像寄存器为 0 状态，在输出处理阶段之后，继电器型输出模块中对应的硬件继电器的线圈断电，其动合触点断开，外部负载断电，停止工作。

2. PLC 工作特点

PLC 在一个扫描周期内，对输入状态的采样只在输入采样阶段进行。当 PLC 进入程序执行阶段后输入端将被封锁，直到下一个扫描周期的输入采样阶段才对输入状态进行重新采样。这方式称为集中采样，即在一个扫描周期内，集中一段时间对输入状态进行采样。

在用户程序中如果对输出结果多次赋值，则最后一次有效。在一个扫描周期内，只在输出刷新阶段才将输出状态从输出映象寄存器中输出，对输出接口进行刷新。在其他阶段里输出状态一直保存在输出锁存器中。这种方式称为集中输出。

对于小型 PLC，其 I/O 点数较少，用户程序较短，一般采用集中采样、集中输出的工作方式，虽然在一定程度上降低了系统的响应速度，但使 PLC 工作时大多数时间与外部输入/输出设备隔离，从根本上提高了系统的抗干扰能力，增强了系统的可靠性。

而对于大中型 PLC，其 I/O 点数较多，控制功能强，用户程序较长，为提高系统响应速度，可以采用定期采样、定期输出方式，或中断输入、输出方式以及采用智能 I/O 接口等多种方式。

因此，从 PLC 的输入端输入信号发生变化到 PLC 输出端对该输入变化做出反应，需要一段时间，这种现象称为 PLC 输入/输出响应滞后。对一般的工业控制，这种滞后是完全允许的。应该注意的是，这种响应滞后不仅是由于 PLC 扫描工作方式造成，更主要是因为输入滤波的惯性、输出继电器触点的机械惯性，程序执行的工作周期和程序语句设计安排不当等因素。滞后时间是设计 PLC 系统时应注意把握的一个参数。因此在编程时，要对系统认真调试、模拟，以及程序检查，然后再投入实际运行。

3. PLC 控制系统与电气控制系统的区别

PLC 控制系统与电气控制系统相比，有许多相似之处，也有许多不同。不同之处主要在以下几个方面。

（1）从控制方法上看，电气控制系统控制逻辑采用硬件接线，利用继电器机械触点的串联或并联等组合成控制逻辑，其连线多且复杂、体积大、功耗大，系统构成后，想再改变或增加功能较为困难。另外，继电器的触点数量有限，所以电气控制系统的灵活性和可扩展性受到很大限制。而 PLC 采用了计算机技术，其控制逻辑是以程序的方式存放在存储器中，要改变控制逻辑只需改变程序，因而很容易改变或增加系统功能。系统连线少、体积小、功耗小，而且 PLC 所谓"软继电器"实质上是存储器单元的状态，所以"软继电器"的触点数量是无限的，PLC 系统的灵活性和可扩展性好。

（2）从工作方式上看，在继电器控制电路中，当电源接通时，电路中所有继电器都处于受制约状态，即该吸合的继电器都同时吸合，不该吸合的继电器受某种条件限制而不能吸合，这种工作方式称为并行工作方式。而 PLC 的用户程序是按一定顺序循环执行，所以各软继电器都处于周期性循环扫描接通中，受同一条件制约的各个继电器的动作次序取决于程序扫描顺序，这种工作方式称为串行工作方式。

（3）从控制速度上看，继电器控制系统依靠机械触点的动作以实现控制，工作频率低，机械触点还会出现抖动问题。而 PLC 通过程序指令控制半导体电路来实现控制的，速度快，程序指令执行时间在微秒级，且不会出现触点抖动问题。

（4）从定时和计数控制上看，电气控制系统采用时间继电器的延时动作进行时间控制，时间继电器的延时时间易受环境温度和温度变化的影响，定时精度不高。而 PLC 采用半导体集成电路作定时器，时钟脉冲由晶体振荡器产生，精度高，定时范围宽，用户可根据需要在程序中设定定时值，修改方便，不受环境的影响，且 PLC 具有计数功能，而电气控制系统一般不具备计数功能。

（5）从可靠性和可维护性上看，由于电气控制系统使用了大量的机械触点，其存在机械磨损、电弧烧伤等，寿命短，系统的连线多，所以可靠性和可维护性较差。而 PLC 大量的开关动作由无触点的半导体电路来完成，其寿命长、可靠性高，PLC 还具有自诊断功能，能查出自身的故障，随时显示给操作人员，并能动态地监视控制程序的执行情况，为现场调试和维护提供了方便。

## 思 考 题

3-1　PLC 定义的内容是什么？

3-2　PLC 的发展经历了几个时期？各时期的主要特点是什么？其发展趋势是什么？

3-3　简述 PLC 的主要特点及应用领域。

3-4　PLC 的输入、输出接口为什么采用光电隔离？

3-5　PLC 的输出接口电路有几种？它们分别带什么类型的负载？

3-6　PLC 由哪几部分组成？简述各部分的主要作用。

3-7　PLC 与微机的工作方式有什么区别？

3-8　PLC 的工作过程分为哪几个阶段？

3-9　影响扫描周期长短的主要因素是什么？

3-10　循环扫描方式对输入、输出信号的影响是什么？

3-11　PLC 梯形图与继电器接触器控制电路图主要区别是什么？

3-12　PLC 有几种分类方法？其主要性能指标有哪些？

3-13　在复杂的电气控制中，采用 PLC 控制与传统的继电器控制有哪些优越性？

# 第 4 章　M218、M258 系列 PLC 的硬件

SoMachine 控制平台支持 M218、M238、M258 系列 PLC 和 LMC058 运动控制器。本章将详细介绍这些 PLC 的硬件组成、电气设计和功能应用。

## 4.1　M218 可编程控制器

在 SoMachine 平台中，M218 逻辑控制器满足了经济实惠、功能齐全的要求。M218 是施耐德电气基于前瞻性的控制理念和丰富的自动化经验开发的一款一体式高性能的小型 PLC，特别适用于小型的自动化设备。M218 逻辑控制器有 16 点、24 点、40 点和 60 点 4 种。

M218 PLC 支持的串口通信协议有 Modbus Manager、ASCII Manager 和 SoMachine-Network Manager3 种，这 3 种协议都可以用于 M218 PLC 与 HMI 的串行通信，其中 Modbus Manager 适用于传统的地址映射方式，SoMachine-Network Manager 可以用于变量共享的方式。

### 4.1.1　M218 PLC 的基本结构和特点

1. M218 PLC 的基本结构和特点

M218 PLC 面板的基本结构如图 4-1 所示。

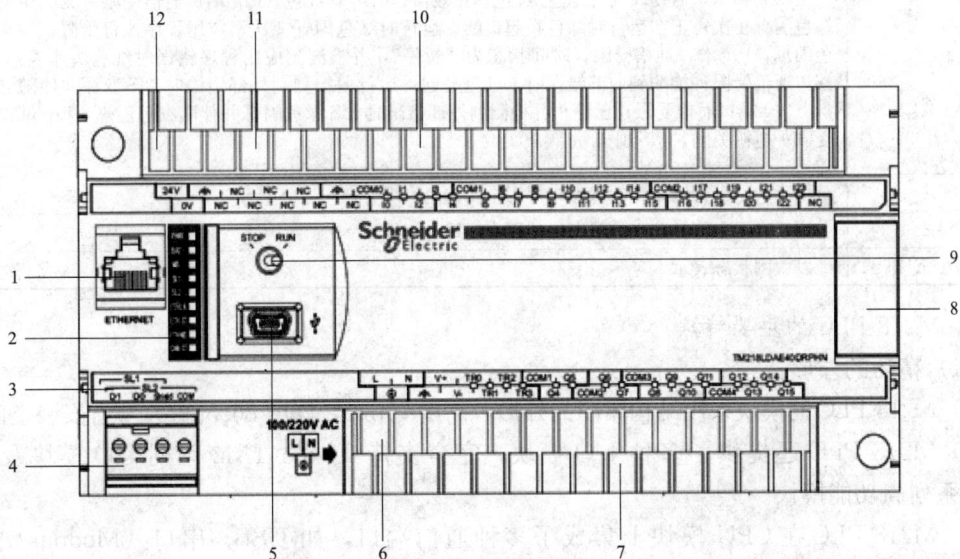

图 4-1　M218 PLC 面板的基本结构

1—以太网通信口；2—状态 LED 指示灯；3—串行口 1；4—串行口 2；5—Mini-B USB 编程口；
6—供电电源接入；7—数字量输出；8—扩展口输入；9—运行/停止按码开关；10—数字量输入；
11—2 路模拟量输入/输出；12—24V 供电输出

M218 PLC 有 7 个状态 LED 指示灯，如图 4-2 所示，其含义如表 4-1 所示。

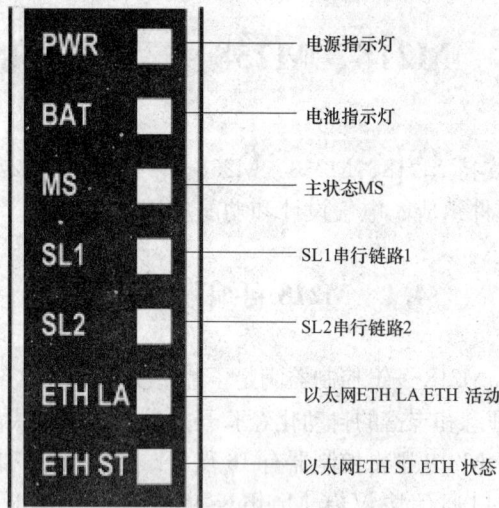

图 4-2　M218 PLC 的 LED 指示灯

表 4-1　　　　　　　　　　　　　PLC 的 LED 指示灯含义

| 指示灯名称 | 指示灯作用及各状态含义 |
| --- | --- |
| PWR | 电源指示，绿色表示电源打开 |
| BAT | RTC 电池指示，红色表示 RTC 电池需要更换，闪烁表示电池电量过低 |
| MS | 主状态指示，启动时闪烁绿色/红色；无效操作时闪烁红色，Prg 端口通信受限；无应用程序时绿色闪烁 1 次；正在运行时绿色亮起；断点运行时绿色闪烁 3 次，应用程序执行受限；停止时绿色闪烁，Prg 端口通信受限；时间状态为"暂停"，并检测到应用程序错误时红色快速闪烁，Prg 端口通信受限；检测到内部错误时，红色亮起；运行但检测到外部错误时 MS 变绿并伴随红色闪烁，Prg 端口通信受限；已停止并检测到外部错误时 MS 绿色闪烁并伴随红色闪烁，Prg 端口通信受限；电源关闭，MS 熄灭 |
| SL1 | 用于表示串行链路 1 的状态，使用中，绿色闪烁 |
| SL2 | 用于表示串行链路 2 的状态，使用中，绿色闪烁 |
| ETHLA、EHTST | 以太网状态表示 |

2. M218 PLC 的主要特点

（1）精巧的外形。

1）M218 PLC 的模块采用结构紧凑的外形，高度 90mm，深度 86.5mm，节省安装空间。

2）M218 PLC 还提供了多种 I/O 模块，完全支持 Twdio TM2 系列 I/O 模块及部分 TWD 系列高功能模块。

3）M218 PLC 在 CPU 模块上集成了多种通信端口，如 USB、串口（Modbus/ASCII 等）、Ethernet 等端口。

（2）强大的性能。

1）M218 PLC 拥有功能强大的高性能处理器，具有出色的布尔量、浮点数等处理能力。

2）拥有高达 1024KB 用户内存，最多可存储 10K 条指令。

3）M218 PLC 还提供了多种专用功能，如 HSC、PTO 等，便于实现多种复杂控制应用。

（3）便捷的维护性能。M218 PLC 提供了 Ethernet 服务功能，简化了操作和维护工作。

（4）简单的程序开发。

1）SoMachine 是一款专业、高效且开放的 OEM 软件解决方案，可以在单一环境中开发、配置和试运行整个机器。

2）SoMachine 编程软件是统一、简单和用户友好的软件，可以用于任何 M218、M238、M258、LMC058 系列产品，便于应用程序在不同平台间的移植。

3）SoMachine 软件支持 6 种 IEC 编程语言、图形化编程工具、高级在线帮助和大量的数据输入帮助向导，便于程序开发、调试、维护、诊断等操作。

4）可让您对 Schneider Electric "灵活机器控制" 中的所有元素进行编程并试运行。

（5）各种复杂的应用。

1）M218 PLC 除了支持普通应用外，还推出了 PTO、HSC 功能，可以满足复杂应用。

2）执行时间：2ms/1K（70％布尔型＋30％数据指令）。

3）程序容量：1024K 字节（用户逻辑应用程序，标签和组态数据）。

4）数据容量：60000 字；保持型内存字容量：1000 字节。

5）实时时钟：内置，靠外部电池供电。

6）供电电池时间：3 年。

**4.1.2　M218 PLC 主要型号及扩展模块**

M218 PLC 的内嵌功能包括模拟量 I/O、高速计数器、脉冲串输出、串行链路、以太网连接等，可以根据工程的需要选配不同型号的 M218 PLC。

1. M218 PLC 的主要型号及分类

M218 PLC 是一体型可扩展的控制器，具有 24～40 个 I/O，其主要的型号及参数如表 4-2 所示，其功能描述如表 4-3 所示。

表 4-2　　　　　　　　　　　　M218 PLC 的主要型号分类及其参数表

| 型号 | 供电电压 | 串口 | 数字量 输入/输出 | 模拟量 输入/输出 | HSC | PTO | 以太网 |
|---|---|---|---|---|---|---|---|
| TM218LDA40DR4PHN | 220V AC | 2 | 24/16 | 2/2 | 2 | 2 | 否 |
| TM218LDA40DR2HN | 220V AC | 2 | 24/16 | 0/2 | 2 | — | 否 |
| TM218LDA40DRPHN | 220V AC | 2 | 24/16 | 0/0 | 2 | 2 | 否 |
| TM218LDA24DRH | 220V AC | 2 | 14/10 | 0/0 | 0 | 0 | 否 |
| TM218LDA24DRHN | 220V AC | 2 | 14/10 | 0/0 | 2 | 0 | 是 |
| TM218LFAE40DRPHN | 220V AC | 2 | 24/16 | 0/0 | 2 | 2 | 是 |
| TM218LFAE24DRHN | 220V AC | 2 | 14/10 | 0/0 | 2 | 0 | 是 |

表 4-3　　　　　　　　　　　　M218 PLC 的主要型号的功能描述

| 型号 | 功能描述 |
|---|---|
| TM218LDA40DR4PH | 40 点 I/O，继电器输出，2 路模拟输入，2 路模拟输出，2 路 HSC，2 路 PTO |
| TM218LDA40DR2H | 40 点 I/O，继电器输出，2 路模拟输出，2 路 HSC |
| TM218LDA40DRH | 40 点 I/O，继电器输出，2 路脉冲输出，2 路 HSC |
| TM218LDA24DR | 24 点 I/O，继电器输出 |

| 型号 | 功能描述 |
|---|---|
| TM218LDA24DRH | 24 点 I/O，继电器输出，2 路 HSC |
| TM218LDAE40DRPHN | 40 点 I/O，16 点继电器输出，24 路离散量输入，2 路脉冲输出，2/4 通道 HSC，以太网 |
| TM218LFAE24DRH | 24 点 I/O，继电器输出，2 路 HSC，以太网 |
| TM218LDA40DR2PH | 40 点 I/O，继电器输出，2 路模拟量输出，2 路脉冲输出，2 路 HSC |
| TM218LDAE24DRHN | 24 点 I/O，10 点继电器输出，14 路离散量输入，2 路 HSC |

**注** 以上 M218 PLC 均 220V AC 电源供电。

2. M218 PLC 的扩展模块

在实际的工程项目中扩展 M218 PLC 的 I/O 数量时，可以通过添加 I/O 扩展模块来实现，M218 PLC 扩展模块型号及功能描述如表 4-4 所示。

表 4-4　　　　　　　　　　**M218 PLC 扩展模块型号及功能描述**

| 扩展模块型号 | 功能描述 |
|---|---|
| TM2DMM16DRTN | 8 点继电器输出，8 点常规输入 |
| TM2A4TCTN | 4 路温度控制 |
| TM2AMI2HTN | 2 路模拟量输入 |
| TM2AMO2HTN | 2 路模拟量输出 |
| TM2AMO4HTN | 2 路模拟量输入，2 路模拟量输出 |
| TM2DOCKN | 扩展连接器 |

（1）24 点的 M218 PLC 最大可扩展 4 个模块（TM2），152 个 I/O，继电器输出最多为 42 个。

（2）40 点的 M218 PLC 最大可扩展 7 个模块（TM2），248 个 I/O，继电器输出最多为 90 个。

（3）扩展模块 TM2DMM16DRTN 的介绍。扩展模块 TM2DMM16DRTN 是 M218 PLC 系列中的一款 8 通道输入和 8 通道输出的混合 I/O 模块。信号输入类型为漏极/源极，额定输入电压 24V DC，继电器（动合触点）输出类型，输出电压/电流在 24V DC 时最大值是 2A，在 240V AC 时最大值是 2A，输入阻抗为 3.4kΩ。

TM2DMM16DRTN 的输出有 2 个公共端（4 个继电器组成的组中），每路输出电流最大为 2A，每个公共端最大 7A，额定电压为直流 24V 和交流 230/240V，最高电压 30V DC 和 264V AC，浪涌电流的最大值为 2A，最小开关负载为 0.1mA、DC0.1V。输出与内部总线之间隔离 2300V AC，输出和 0V 端子之间隔离 1500V AC，输出组之间隔离 1500V AC，接通时间 12ms，断开时间 10ms。

（4）TM2DOCKN 扩展模块适配器模块。TM2DOCKN 是 M218 PLC 系列中的一款用于实现与 TM218 系统扩展模块进行兼容的适配器模块，用于连接 TM2 模块。兼容的模块包括数字量模块 TM2DDI16DT、TM2DDT16DK、TM2DDI32DK、TM2DRA8RT、TM2DRA16RT、TM2DDO8UT、TM2DDO8TT、TM2DDO16TK、TM2DDO32UK、TM2DDO32TK、TM2DMM8DRT、TM2DMM24DRF、TM2AMI2HT，模拟量模块 TM2AMI2LT、TM2AMI4LT、TM2AMI8HT、TM2ARI8HT、TM2ARI8LRJ、TM2ARI8LT、TM2AMO1HT、TM2AVO2HT、TM2AMM3HT、TM2AMM6HT、TM2ALM3LT 和 TM200HSC206D 模块。装配适配器与

TM2 模块时，向下按动位于新模块顶部的锁紧装置，从而将其锁定到适配器即可。

### 4.1.3　M218 PLC 输入输出特性及接线

1. M218 PLC 的数字量输入特性及接线

M218 PLC 数字量输入特性表如表 4-5 所示。

**表 4-5**　　　　　　　　　　　**M218 PLC 数字量输入的特性表**

| 特性 | | 值 |
|---|---|---|
| 输入类型 | | 漏极/源极 |
| 额定电压 | | 24V DC |
| 输入范围 | | 0~28.8V DC |
| 额定电流 | | 5mA |
| 突破值 | 电压 | 30 V |
| | 电流 | 7mA |
| 状态门 | 状态 1 时的电压 | >15V (15~28.8V) |
| | 状态 0 时的电压 | <5V (0~5V) |
| | 状态 1 时的电压 | >2.5mA |
| | 状态 0 时的电压 | <1.0mA |
| 隔离 | | 光耦合器 |
| 输入阻抗 | | 4.7kΩ |
| 过滤 | | 缺省：4ms 可选：无过滤器，4ms 和 12ms |
| IEC 61131-2 第 3 版类型 | | 类型 1 |
| 兼容性 | | 支持 2 线和 3 线传感器 |
| 电缆类型和长度 | | 屏蔽：最长 10m 未屏蔽：30m 屏蔽电缆用于 PTO 和 HSC 输入 |
| 防止过电压 | | 否 |
| 端子块 | | 类型：螺钉 [7.62mm（0.29in）螺距] 有 2 行是可插拔的 |

TM218LDAE24DRHN 的数字量输入接线如图 4-3 所示。

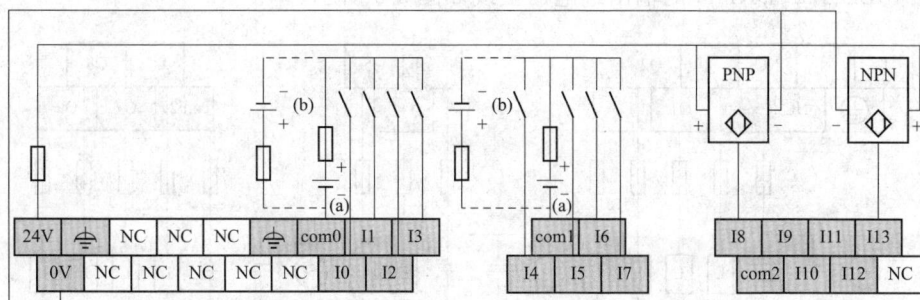

图 4-3　TM218LDAE24DRHN 的数字量输入接线图

TM218LDAE40DRPHN 的数字量输入接线如图 4-4 所示。

2. M218 PLC 的继电器输出特性及接线

M218 PLC 继电器输出特性表如表 4-6 所示。

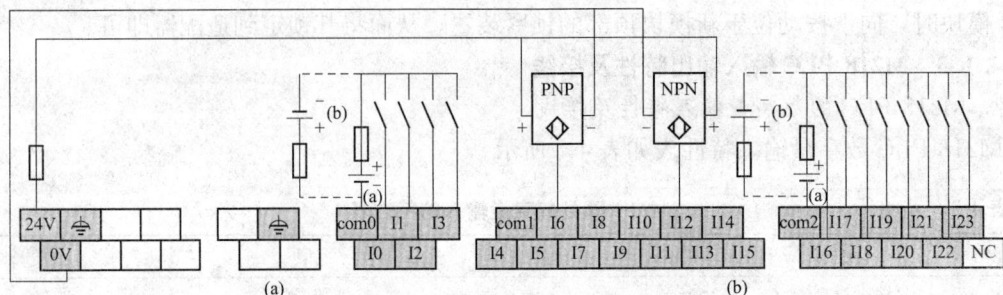

图 4-4　TM218LDAE40DRPHN 的数字量输入接线图

(a) 漏极输入（正逻辑）；(b) 源极输入（负逻辑）

表 4-6　　　　　　　　　　　　　　M218 PLC 继电器输出的特性表

| 特性 | | 值 |
|---|---|---|
| 额定电压 | | 24V DC，220V AC |
| 输入范围 | | 5～30V DC，100～250V AC |
| 额定电流 | | 每点最大 2A |
| 电流/组（4 点） | | 4A<br>注意：当所有继电器输出在 55℃时使用时，降级 50% |
| 突破值 | 最大开关电压 | 250V AC，30V DC |
| | 电流/点 | 5A |
| 隔离 | | 继电器线圈 |
| 最大输出频率 | 负载最大 | 0.1Hz |
| | 无负载 | 5Hz |
| 电阻式负载 | | 2A/点（对于 24V DC/220V AC） |
| 机械寿命 | | 25℃（77℉）时至少操作 2000 万次（对于最大电流和电压额定值） |
| 电缆长度 | | 未屏蔽：30m |
| 防止短路 | | 否 |
| 端子块 | | 类型：螺钉 [7.62mm(0.29in) 螺距] 有 2 行是可插拔的 |

TM218LDAE24DRHN 的输出继电器接线如图 4-5 所示。

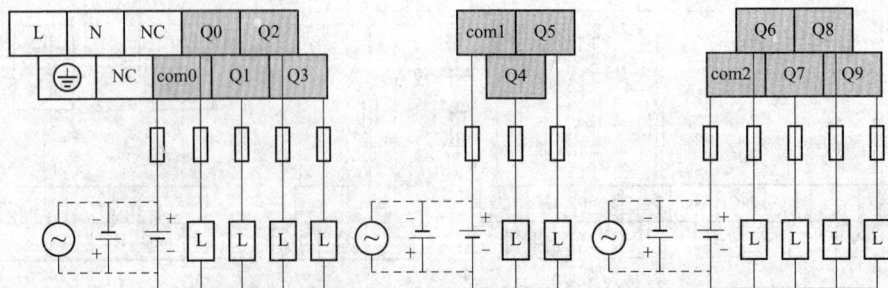

图 4-5　M218LDAE24DRHN 的输出继电器接线

TM218LDAE40DRPHN 的输出继电器接线如图 4-6 所示。

3. M218 PLC 的模拟量输入特性及接线

M218 PLC 模拟量输入特性表如表 4-7 所示。

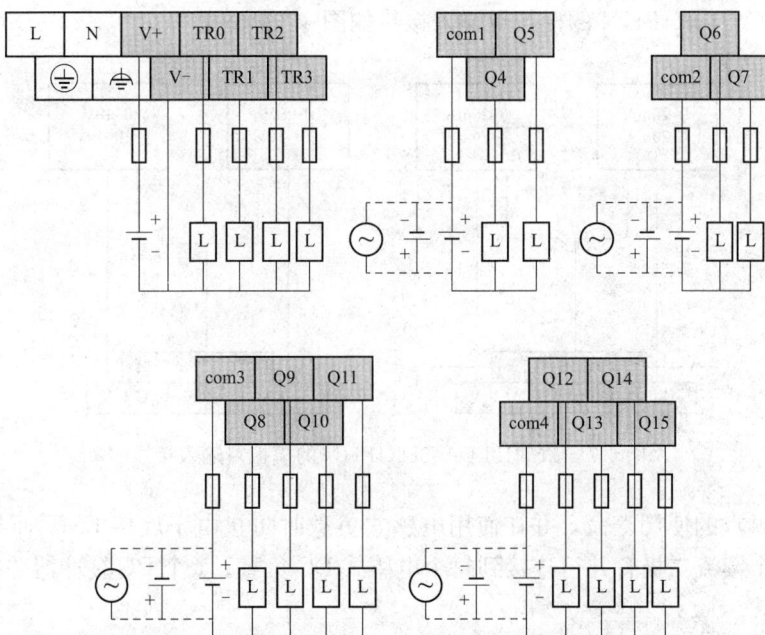

图 4-6　M218LDAE40DRPHN 的输出继电器接线

**表 4-7**　　　　　　　　　　　**M218 PLC 的模拟量输入特性表**

| 特性 | | 电压输入 | 电流输入 |
|---|---|---|---|
| 最大输入通道数学 | | 2 | |
| 输入类型 | | 单端 | |
| 输入范围 | | $-10\sim+10$V DC/$0\sim+10$V DC | $0\sim20$mA/$4\sim20$mA |
| 输入阻抗 | | $>1$M$\Omega$ | $250\pm5\%\Omega$ |
| 可连接 I/O 端子 | | 可插拔端子 | |
| 采样持续时间 | | 10ms 每通道$+1$ 次扫描时间 | |
| 总输入系统传输时间 | | 20ms$+1$ 次扫描时间 | |
| 输入公差 | 没有电磁干扰时的最大偏差 [25℃(77℉) 时] | $\pm1\%$全标度 | |
| | 最大偏差 | $\pm2.5\%$全标度 | |
| 数字分辨率 | | 12 位，包括符号 | |
| 温度漂移 | | $\pm0.06\%$全标度 | |
| 共模特征 | | 80db | |
| 串音 | | 60db | |
| 非线性度 | | $\pm0.4\%$全标度 | |
| LSB 的输入值 | | 5mV | 10$\mu$A |
| 允许的最大过载（无损坏） | | $\pm30$V DC | $\pm30$mA DC |
| 保护类型 | | 输入和内部电路之间的光耦合器 | |
| 配置不正确 | 电压至电流 | $\pm30$V DC | |
| | 电流至电压 | $\pm30$mA | |
| 电缆 | 类型 | 屏蔽 | |
| | 长度 | 3m（9.84ft）符合电磁抗干扰性。注意：使用最长 10m 的屏蔽电缆 | |

TM218LDA40DR4PHN 的模拟量输入接线如图 4-7 所示。

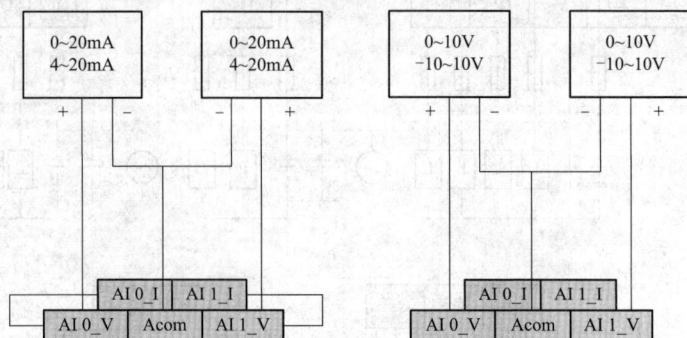

图 4-7    TM218LDA40DR4PHN 的模拟量输入接线

为了延长触点的使用寿命，并在使用电感式负载时防止由于反接 EMF 而导致的潜在损坏，建议将 1 个续流二极管并行连接到每个电感式 DC 负载；1 个 RC 缓冲器并行连接到每个电感式 AC 负载。

4. M218 PLC 的模拟量输出特性及接线

M218 PLC 模拟量输出特性如表 4-8 所示。

表 4-8                M218 PLC 模拟量输出特性表

| 特性 | | 电压输出 | 电流输出 |
|---|---|---|---|
| 最大输出数 | | 2 | |
| 输出范围 | | −10～＋10V DC/0～＋10V DC | 0～20mA/4～20mA |
| 可连接 I/O 端子 | | 可插拔端子 | |
| 负载阻抗 | | ＞2kΩ | ＞300Ω |
| 应用程序负载类型 | | 电阻式负载 | |
| 稳定时间 | | 10ms | |
| 总输出系统传输时间 | | 10ms＋1 次扫描时间 | |
| 输出公差 | 没有电磁干扰时的最大偏差［25℃（77°F）时］ | ±1％全标度 | |
| | 最大偏差 | ±2.5％全标度 | |
| 数字分辨率 | | 12 位，包括符号 | |
| 温度漂移 | | ±0.06％全标度 | |
| 输出波纹电压 | | ±50mV | |
| 串音 | | 60db | |
| 非线性度 | | ±0.5％全标度 | |
| LSB 的输出值 | | 6mV | 10μA |
| 保护类型 | | 输入和内部电路之间的光耦合器 | |
| 输出保护 | | 短路保护 | 开路保护 |
| 如果输入电源小于电源故障阈值，则为输出行为 | | 关闭 | |
| 电缆 | 类型 | 屏蔽 | |
| | 长度 | 3m（9.84ft）符合电磁抗干扰性。注意：使用最长 10m 的屏蔽电缆 | |

TM218LDA40DR4PHN 的模拟量输出接线如图 4-8 所示。

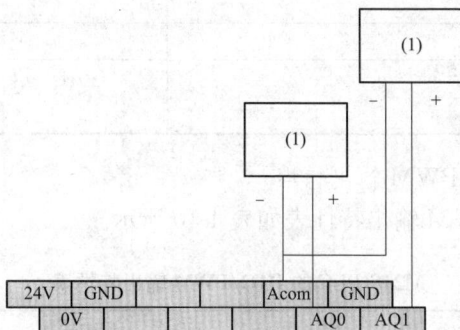

图 4-8　TM218LDA40DR4PHN 的模拟量输出接线

**5. M218 PLC 的 HSC 输入特性**

M218PLC 的 HSC 输入特性如表 4-9 所示。

表 4-9　　　　　　　　　　　　**M218PLC 的 HSC 输入特性**

| 特性 | | 值 |
|---|---|---|
| 输入类型 | | 漏极/源极 |
| 额定电压 | | 24V DC |
| 输入范围 | | 0～28.8V DC |
| 额定电流 | | 10.7mA |
| 突破值 | 电压 | 30V |
| | 电流 | 13.7mA |
| 状态门 | 状态 1 时的电压 | >15V |
| | 状态 1 时的电流 | <5V |
| | 状态 0 时的电压 | >5mA |
| | 状态 0 时的电流 | <1.5mA |
| 最大频率 | | A/B 相位：100kHz；单相：100kHz 脉冲/方向：100kHz 占空比：40%～60% |
| HSC 支持的操作模式 | | A/B 相位输入；脉冲/方向输入 单相输入 |
| 响应时间 | 捕获输入 | 1ms |
| | 预设输入 | 1ms |
| | 晶体管反射输出 | 2ms |
| 隔离 | | 光耦合器 |
| 输入阻抗 | | 1.96kΩ |
| IEC61131-2 第 3 版类型 | | 类型 1 |
| 兼容性 | | 支持 2 线和 3 线传感器 |
| 输入并行 | | 否 |
| 电缆 | 类型 | 屏蔽 |
| | 长度 | 最长 10m |

续表

| 特性 | | 值 |
|---|---|---|
| 防止过电压 | | 否 |
| 端子块 | | 类型：螺钉［7.62mm（0.29in）螺距］<br>有 2 行是可插拔的 |

6. M218 PLC 的 PTO/PWM 输出特性

M218 PLC 的 PTO/PWM 输出特性表如表 4-10 所示。

**表 4-10**　　　　　　　　　**M218 PLC 的 PTO/PWM 输出特性表**

| 特性 | | 值 |
|---|---|---|
| 输出类型 | | 推/拉 |
| 额定电压 | | 24V DC |
| PTO 电源输入范围 | | 19.2～28.8V DC |
| PTO 电源反向保护 | | 是 |
| PTO/PWM 输出电流 | 标准输出 | 0.3A |
| | 快速输出 | 50mA |
| 对原始输入的响应时间 | | 2ms |
| 绝缘电阻 | | ＞10MΩ |
| 剩余电压 | 对于 I＝0.1A | ＜1.5V |
| 最小负载阻抗 | | 80Ω |
| 最大 PTO 输出频率 | | 100kHz |
| 最大 PWM 输出频率 | | 1kHz |
| 准确度 | | 0.1%时为 20～100Hz |
| | | 1%时为 100Hz～1kHz |
| PWM 模式占空比步长 | | 0.1%时为 20Hz～1kHz |
| 占空比范围 | | 1%～99% |
| 电缆 | 类型 | 屏蔽，包括 24V 电源 |
| | 长度 | 最长 5m |
| 端子块 | | 类型：螺钉［7.62mm（0.29in）螺距］<br>有 2 行是可插拔的 |

　　TM218LDAE40DRPHN 配有 4 路晶体管输出，这些输出可以用作 PTO 输出。如图 4-9 所示。

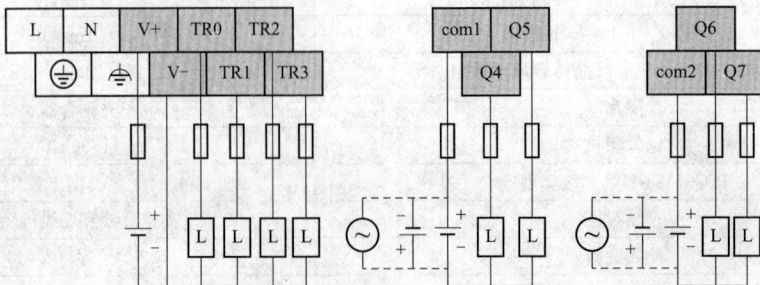

图 4-9　TM218LDAE40DRPHN 的 PTO 输出接线图（一）

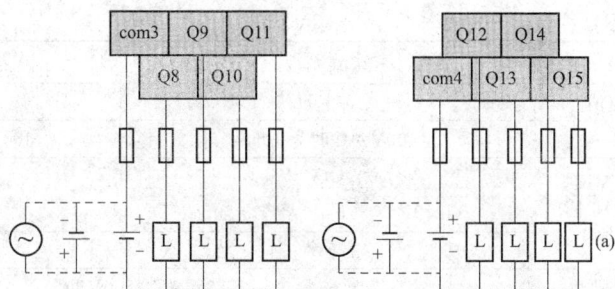

图 4-9　TM218LDAE40DRPHN 的 PTO 输出接线图（二）

### 4.1.4　M218 PLC 主要参数性能参数表

M218 PLC 的主要性能参数如表 4-11 所示。

表 4-11　　　　　　　　　　　M218 PLC 的主要性能参数

| 温度 | 运行 | 0℃～+55℃ |
|---|---|---|
| | 存储 | −25℃～+70℃ |
| 相对湿度 | | 5%～95% |
| 耐腐蚀性 | | 否 |
| 等级 | 防护 | IP20 |
| | 污染 | ≤2 |
| 海拔 | 运行 | 0～2000m |
| | 存储 | 0～10000m |
| 机械限制 | 正弦振动 | 5～150Hz/振幅 3.5mm/lg<br>10 周期/1 倍频/min |
| | 震动 | 15g/11ms；3 次振动/方向/轴 |

M218 PLC 的电源接线如图 4-10 所示。

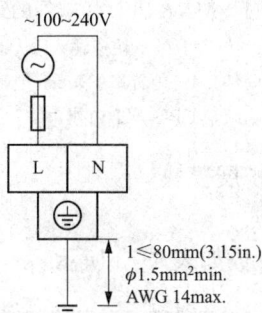

图 4-10　M218 PLC 的电源接线

M218 PLC 的电源特性表如表 4-12 所示。

表 4-12　　　　　　　　　　　M218 PLC 的电源特性表

| 参考号 | | 24 点基板 | 40 点或更多点的基板 |
|---|---|---|---|
| 电压 | 额定值 | 100～241V AC | 100～241V AC |
| | 输出 UVP | 70～80V AC | 70～80V AC |

续表

| 参考号 | | 24 点基板 | 40 点或更多点的基板 |
|---|---|---|---|
| 频率 | 额定值 | 50/60Hz | 50/60Hz |
| 电源中断时间 | | 100V AC 时为 10ms | 100V AC 时为 10ms |
| 最大突破电流 | 110V AC 时 | 30A | 30A |
| | 240V AC 时 | 60A | 60A |
| 持续输出功率 | | 25W | 34W |
| 与其他设备之间的电解质强度 | | 1780V AC/2500V DC | |

## 4.2 M258 可编程控制器

M258 PLC 是一种结构紧凑、高性能和高扩展性的 PLC，它体现了施耐德电气的灵活设备控制的理念。M258 PLC 是为设备生产商（OEM）而设计的，主要面向包装、物料传输、仓储、纺织以及木工机械设备等行业的应用。M258 PLC 的基本结构如图 4-11 所示。

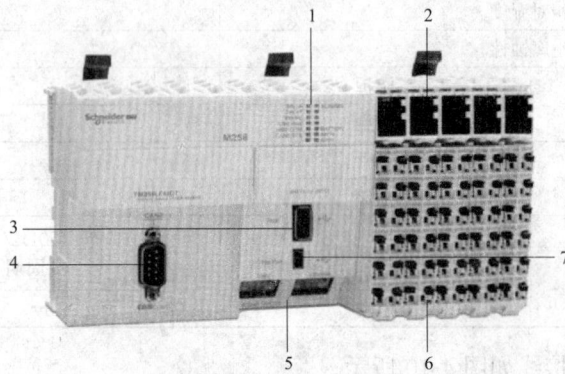

图 4-11　M258 PLC 的基本的结构

1—LED 状态指示灯；2—I/O 包含 I/O 点快速输入 & 4 高速输出，可插拔端子条；
3—USBA 口用来上传/下载应用程序和固件；4—内置 CANopen 主站；5—RJ45 串行口 & RJ45 以太网口；
6—24V DC 电脑版给 CPU 及 I/O 供电；7—USB 编程口

### 4.2.1 M258 PLC 主要型号及扩展模块

1. M258 PLC 的主要型号及分类

M258 PLC 的其主要的型号及参数如表 4-13 所示。

表 4-13　　　　　　　　　　　　　　M258 PLC 一体机介绍

| 型号 | TM258LD42DT | TM258LD42DT4L | TM258LF42DT | TM258LF42DR | TM258LF42DT4L | TM258LF66DT4L |
|---|---|---|---|---|---|---|
| 电源 | 24V DC | 24V DC | 24V DC | 24V DC | 24V DC | 24V DC |
| 以太网 | 1（RJ45） | 1（RJ45） | 1（RJ45） | 1（RJ45） | 1（RJ45） | 1（RJ45） |
| CANopen 主站 | — | — | 1（Sub-D9） | 1（Sub-D9） | 1（Sub-D9） | 1（Sub-D9） |
| 串行连接 | 1（RJ45） | 1（RJ45） | 1（RJ45） | 1（RJ45） | 1（RJ45） | 1（RJ45） |
| USBA-USBminiB | 1-1 | 1-1 | 1-1 | 1-1 | 1-1 | 1-1 |

续表

| 型号 | TM258LD42DT | TM258LD42DT4L | TM258LF42DT | TM258LF42DR | TM258LF42DT4L | TM258LF66DT4L |
|---|---|---|---|---|---|---|
| PCI 插槽 | 0 | 2 | 0 | 2 | 2 | 2 |
| 离散量输入 | 26/24V DC-8/200kHz | 26/24V DC-8/200kHz | 26/24V DC-8/200kHz | 26/24V DC-8/200kHz | 26/24V DC-8/200kHz | 26/24V DC-8/200kHz |
| 离散量输出 | 16 晶体管 0.5A | 16 晶体管 0.5A | 16 晶体管 0.5A | 4 晶体管 0.5A/12 继电器 | 16 晶体管 0.5A | 28 晶体管 0.5A |
| 模拟量输入 | — | 4 输入/0～20mA/4～20mA/−10V/+10V | — | — | 4 输入/0～20mA/4～20mA/−10V/+10V | 4 输入/0～20mA/4～20mA/−10V/+10V |
| 最大扩展数 | 250 | 250 | 250 | 250 | 250 | 250 |

（1）TM258LD42DT（42 个数字量 I/O）。TM258LD42DT 上配备有 1 个以太网 RJ45 端口、1 个 USB-A 端口、1 个 USB-B 微型端口和 1 个 RS232/RS485 串行链路 RJ45 端口，42 路 I/O 离散量输入，包括 26 个 24V 逻辑输入和 16 路逻辑输出，其中 8 个可作为最大 100kHz 的高速输入。16 路逻辑量输出为晶体管输出（0.5A），其中 4 路可在 SoMachine 控制平台中配置为反射输出。

（2）TM258LF42DT（42 个数字量 I/O）。TM258LF42DT 比 TM258LD42DT 多了 1 个 CANOpen 主站，其余相同。

（3）TM258LF42DR（42 数字量 I/O）。TM258LF42DR 内置了 1 个以太网 RJ45 端口、1 个 SUB-D 端口（9 芯公头）、CANOpen 主设备、1 个 USB-A 程序传输端口、1 个 USB-B 微型软件编程端口、1 个 RS-232/RS-485 串行链路的 RJ45 端口。42 路 I/O 离散量输入，包括 26 个 24V 逻辑输入和 16 路逻辑输出，其中 8 个可作为最大 100kHz 的高速输入。

16 路逻辑输出包括 4 个集成极开路输出和 12 个继电器输出。4 个集电极开路输出可以在 SoMachine 控制平台中配置为反射输出。最大输出电流 0.5A。

（4）TM258LF42DT4L 和 TM258LF66DT4L。TM258LF42DT4L（42 个数字量 I/O＋4 路模拟量输入），TM258LF66DT4L（66 个数字量 I/O＋4 路模拟量输入）。

2. M258 PLC 的扩展模块

M258 PLC 支持的扩展模块的类型包括紧凑式 I/O 扩展模块、切片式离散量 I/O 扩展模块、切片式模拟量 I/O 扩展模块、切片式高速技术模块、切片式公共配电模块、切片式电源模块、切片式扩展总线模块。TM5 I/O 扩展总线的最大模块数为 250 块，最大 I/O 数可达 2400 点。最大距离（2 个站点间）是 100m，最小循环时间为 100μs。

（1）一体化 I/O 扩展模块的参数表如表 4-14 所示。

**表 4-14　　　　一体化 I/O 扩展模块的参数表**

| 型号 | TM5C12D8T | TM5C24D12R | TM5C24D18T | TM5C12D6T6L |
|---|---|---|---|---|
| 电源 | 24V DC | 24V DC | 24V DC | 24V DC |
| 离散量输入 | 12～24V DC | 12～24V DC | 12～24V DC | 12～24V DC |
| 离散量输出 | 8S 晶体管 0.5A | 12 继电器 | 18 晶体管 0.5A | 6S 晶体管 0.5A |
| 模拟量输入 | — | — | — | 4 输入/0～20mA/4～20mA/−10V/+10V |
| 模拟量输出 | — | — | — | 2 输入/0～20mA/−10V/+10V |

（2）离散量 I/O 扩展模块的参数表如表 4-15 所示。

**表 4-15　　　　　　　　　离散量 I/O 扩展模块的参数表**

| 离散量输入和/或输出数量 | 2 通道 | 4 通道 | 6 通道 | 8 通道 | 12 通道 | 8 输入/输出 |
|---|---|---|---|---|---|---|
| 24V DC 漏/源极输入 | TM5SDI2D | TM5SDI4D | TM5SDI6D | — | TM5SDI12D | — |
| 100～240V AC 输入 | TM5SDI2A | TM5SDI4A | — | — | — | — |
| 100～240V AC 输入 | — | — | TM5SDI6A | — | — | — |
| 源极晶体管输出 | TM5SDO2T | TM5SDO4T | TM5SDO6T | — | TM5SDO12T | — |
| 2A 源极晶体管输出 | | TM5SDO4TA | | TM5SDO8TA | | |
| 30V DC/230V AC 继电器输出 | TM5SDO2R | TM5SDO4R | — | — | — | — |
| 24V DC 漏/源极输入继电器输出 | — | — | — | — | — | TM5SDM12DT |

**注**　连接均为可插拔弹簧端子。

（3）模拟量 I/O 扩展模块的参数表如表 4-16 所示。

**表 4-16　　　　　　　　　模拟量 I/O 扩展模块的参数表**

| 输入和/或输出数量 | 输入 2 通道 | 输入 4 通道 | 输入 6 通道 | 输出 2 通道 | 输出 4 通道 |
|---|---|---|---|---|---|
| 连接 | 可插拔弹簧端子 | 可插拔弹簧端子 | 可插拔弹簧端子 | 可插拔弹簧端子 | 可插拔弹簧端子 |
| ±10V/0～20mA/4～20M-1 位输入 | TM5SA12L | TM5SA14L | — | — | — |
| ±10V/0～20mA/4～20M-1 位输入 | TM5SA12H | TM5SA14H | — | — | — |
| ±10V/0～20mA-12 位输入 | — | — | — | TS5SAO02L | TS5SAO04L |
| ±10V/0～20mA-16 位输入 | — | — | — | TM5SAO2H | TM5SAO4H |
| J/K/S/N 热电偶-16 位输入 | TM5SA12TH | — | — | — | — |
| PT100/1000-16 位输入 | TM5SA1PH | TM5SA1PH | — | — | — |

### 4.2.2　M258PLC 电源特性参数表（见表 4-17）

**表 4-17　　　　　　　　　　电　源　特　性　参　数**

| | | | |
|---|---|---|---|
| | 额定电压 CPDM | | 24V DC |
| | 电压范围 CPDM | | 20.4～28.8V DC |
| 主电源 | | 最小电流（无外部负载） | 0.3A |
| | | 包括以下负载时的最大电流 | 0.8A |
| | | 添加扩展模块时 TM5 总线电源的电流 | 0～0.1A |
| | | 已连接设备耗电时串行线路的电流 | 0～0.05A |
| | | 已连接设备耗电时 USB 主机的电流 | 0～0.1A |
| | 突波电流 | 时间＜70μs | 100A（最大值） |
| | | 70～2000μs | 3A（最大值） |
| | 内部保护 | | 无 |
| 嵌入式专用模块电源 | | 最小电流（无外部负载） | 0.04A |
| | | 包括以下负载时的最大电流： | 0.9A |
| | | 专用输入的电流 | 0～0.1A |
| | | 专用输出的电流 | 0～0.8A |
| | 突波电流 | 时间＜150μs | 50A（最大值） |
| | 内部保护 | | 无 |
| 24V DC I/O 电源段 | | 最大电流（取决于段上的模块） | 10A（最大值） |
| | 突波电流（取决于段上的模块） | 时间＜500μs | 25A（最大值） |
| | 内部保护 | | 无 |

## 4.3　LMC058 运动控制器

LMC058 运动控制器是集 PLC 功能和运动控制功能于一体，采用双核处理器，结构紧凑，具有扩展能力、逻辑运算能力强和存储空间大等特点。同时，LMC058 运动控制器能够实现多轴的电子齿轮同步，主从轴的电子凸轮曲线控制，主从轴的相位同步控制以及运行曲线的插补控制等。

LMC058 运动控制器集成了 CANopen 和 CANmotion。CANmotion 是施耐德专门用于Motion 控制的总线协议，最大可以完成 8 轴的同步控制，在实现 4 个伺服电机同步时，伺服控制器 LMC058 的扫描时间只有 2ms。LMC058 运动控制器有 1 个主编码器接口，支持增量编码器和 SSI 绝对值编码器，位于主编码接口的编码器可作为 CANmotion 上伺服驱动器的同步主轴。

LMC058 运动控制器是以运动控制为核心的控制器，现广泛用于物料搬运机械、输送机械、装配机械、包装机械、木材和金属加工机械等领域。

1. LMC058 运动控制器

面板的基本结构如图 4-12 所示。

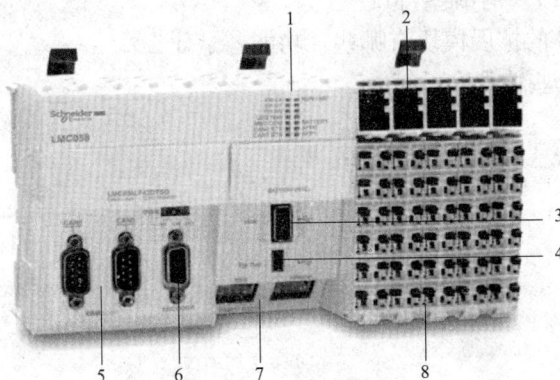

图 4-12　LMC058 运动控制器的基本结构

1—LED 状态指示灯；2—IO 包含 IO 点快速输入 &4 高速输出，可插拔端子条；3—USB A 口用来上传/下载应用程序和固件；4—USB B 口为编程口；5—内置 CANopen Master&CANmotion Master；6—连接增量编码器或串行绝对编码器 SSL 供电为 5 或 24VDC；7—RJ45 串行口 &RJ45 以太网口；8—24 VDC 电脑版给 CPU 及 IO 供电

2. LMC058 运动控制器的模块及其扩展模块

（1）LMC058 运动控制器模块介绍。LMC058 运动控制器系列有 2 款不同的类型，包括LMC058LF42 和 LMC058LF424 2 种类型。

1）LMC058LF42 运动控制器的介绍。

a. LMC058LF42 运动控制器有 42 个离散量 I/O，宽度为 177mm。

b. 用户存储内存为 64MB，而闪存为 128MB。典型布尔指令时间是 22ns，用户程序大小为 128K 程序指令，电源为 24V DC。

c. 离散量输入：24V DC 输入，包括 8 路计数器输入。

d. 离散量输出：晶体管 16 路输出，包括 4 路反向输出。

2）LMC058LF424 运动控制器介绍

a. LMC058LF424 运动控制器的宽度为 237.5mm，有 42 个离散量 I/O 和 4 路模拟量输入，LMC058LF424 上还有 2 个空闲的 PCI 插槽，用于安装可选的通信模块。

b. 用户存储内存为 64MB，而闪存为 128MB。典型布尔指令时间是 22ns，用户程序大小为 128K 程序指令，电源为 24V DC。

c. 离散量输入：24V DC 输入，包括 8 路计数器输入。

d. 离散量输出：晶体管 16 路输出，包括 4 路反向输出。

e. 模拟量输入：4 路模拟量输入 +10V/−10V，4～20mA/0～20mA、12 位分辨率。

（2）LMC058 运动控制器的扩展模块介绍。LMC058 运动控制器系列支持多种扩展模块，包括一体化离散量/模拟量 I/O 扩展模块、离散量单片式 I/O 扩展模块、模拟量单片式 I/O 扩展模块、单片式计数器模块、单片式共配电模块、单片式配电模块、单片式总线扩展模块。

## 思　考　题

4-1　TM218 系列 PLC 有哪些特点？

4-2　TM258 系列 PLC 有哪些特点？

4-3　M218、M258 的扩展模块有哪些，功能各是什么？

4-4　LMC058 有哪些特点？

# 第 5 章　SoMachine 平台编程基础

SoMachine 基于 CoDeSys（Controlled Development System）平台，主要适用于施耐德电气 M218、M238、M258、LMC058 及新一代 Modicon 系列可编程控制器 M221/M241/M251 机型，是一款专业、高效且开放的原始设备制造商（OEM）软件解决方案，能帮助在单个环境中完成开发、配置和试运行整个机器（包括逻辑、电机控制、HMI 和相关网络自动化功能等）的工作。

CoDeSys 是可编程逻辑控制器的完整开发环境，是一种功能强大的 PLC 软件编程工具，软件商是德国 Smart software solution GmbH。它支持 IEC61131-3 标准 IL、ST、FBD、LD、CFC、SFC 6 种 PLC 编程语言，用户可以在同一项目中选择不同的语言编辑子程序，功能模块等。

在 PLC 程序员编程时，CoDeSys 为强大的 IEC 语言提供了一个简单的方法，系统的编辑器和调试器的功能是建立在高级编程语言的基础上（如 Visual C++）。CoDeSys 软件还可以编辑显示器界面（Visualization）、包含多种控制模块（Motion）和放置图片等强大功能。Schneider Electric、ABB Bachmann、IFM、EPEC、HOLLYSYS、intercontrol 的 PROSYD1131、赫思曼公司 iFlex 系列、力士乐的 RC 系列和 TT control 公司 TTC 系列控制器等 PLC 厂家都是基于 CoDeSys 平台开发自己的编程软件的。同时，也有运动控制厂家如 Banchman、GoogolTech 在使用 CoDesys 平台开发自己的编程软件。

## 5.1　工业控制编程语言标准 IEC 61131-3

### 5.1.1　IEC 61131-3 标准的产生

1. 传统 PLC 编程语言的不足

由于 PLC 的 I/O 点数可以从十几点到几千点甚至上万点，因此其应用范围极广泛，大量用于从小型设备到大型系统的控制，是使用量最大的一类控制器设备，有众多的厂家生产各种类型的 PLC 或为之配套的产品。由于大量的厂商在 PLC 的生产、开发上各自为战，造成 PLC 产品从软件到硬件的兼容性很差。在编程语言上，从低端产品到高端产品都支持的就是梯形图，它虽然遵从了广大电气自动化人员的专业习惯，具有易学易用的特点，但也存在许多难以克服的缺点。虽然一些中、高端的 PLC 还支持其他一些编程语言，但总体上来讲，传统的以梯形图为代表的 PLC 编程语言存在许多不足之处，主要表现在以下方面。

（1）梯形图语言规范不一致。虽然不同厂商的 PLC 产品都可采用梯形图编程，但各自的梯形图符号和编程规则均不一致，各自的梯形图指令数量及表达方式相差较大。

（2）程序可重复使用性差。为了减少重复劳动，现代软件工程特别强调程序的可重复使用性，而传统的梯形图程序很难通过调用子程序实现相同的逻辑算法和策略的重复使用，更不用说同样的功能块在不同的 PLC 之间使用。

（3）缺乏足够的程序封装能力。一般要求将一个复杂程序分解为若干个不同功能的程序模块。或者说，人们在编程时希望用不同的功能模块组合成一个复杂的程序，但梯形图编程难以实现程序模块之间具有清晰接口模块化的功能，而且难以实现程序模块的封装。

（4）不支持数据结构。梯形图编程不支持数据结构，无法实现将数据组织成如 Pascal、C 语言等高级语言中的数据结构那样的数据类型。对于一些复杂控制应用的编程，它几乎无能为力。

（5）程序执行具有局限性。由于传统 PLC 按扫描方式组织程序的执行，因此整个程序的指令代码完全按顺序逐条执行。这对于要求即时响应的控制应用（如执行事件驱动的程序模块），具有很大的局限性。

（6）对顺序控制功能的编程，只能为每一个顺控状态定义一个状态位，因此难以实现选择或并行等复杂顺控操作。

（7）传统的梯形图编程在算术运算处理、字符串或文字处理等方面均不能提供强有力的支持。

由于传统编程语言的不足，影响了 PLC 技术的应用和发展，非常有必要制定一个新的控制系统编程语言国际标准。

2. IEC 61131-3 标准的产生

IEC 英文全称是 International Electrotechnical Commission，中文名称是国际电工技术委员会。IEC 成立于 1906 年，是世界上最早的国际性电工标准化机构，总部设在瑞士日内瓦，负责有关电工、电子领域的国际标准化工作。IEC 61131-3 是 IEC 61131 国际标准的第 3 部分，是第一个为工业自动化控制系统的软件提供标准化编程语言的国际标准。该标准得到了世界范围内众多厂商的支持，但又独立于任何一家公司。该国际标准的制定，是 IEC 工作组在合理地吸收、借鉴世界范围内各 PLC 厂家的技术和编程语言的基础之上，形成的一套编程语言国际标准。

IEC 61131-3 国际标准得到了包括美国 A-B 公司、德国西门子公司等世界知名大公司在内的众多厂家的共同推动和支持，它极大地提高了工业控制系统的编程软件质量，从而也提高了采用符合该规范的编程软件编写的应用软件的可靠性、可重用性和可读性，提高了应用软件的开发效率。它定义的一系列图形化编程语言和文本编程语言，不仅对系统集成商和系统工程师的编程带来很大的方便，而且对最终用户也带来很大的好处。它在技术实现水平需求上是高要求的，有足够的发展空间和变动余地，能很好地适应未来的进一步发展。IEC 61131-3 标准最初主要用于可编程控制器的编程系统，但由于其显著的优点，目前在过程控制、运动控制、基于 PLC 的控制和 SCADA 系统等领域也得到越来越多的应用。总之，IEC 61131-3 国际标准的推出，创造了一个控制系统的软件制造商、硬件制造商、系统集成商和最终用户等多赢的结局。

IEC 61131-3 国际标准包括以下 8 个部分：

（1）Part1：综述。

（2）Part2：硬件。

（3）Part3：可编程语言。

（4）Part4：用户导则。

（5）Part5：通信。

（6）Part6：现场总线通信。

（7）Part7：模糊控制编程。

（8）Part8：编程语言的实施方针。

在这 8 个部分中，IEC 61131-3 是 IEC 61131 标准中最重要、最具有代表性的部分。IEC 61131-3 国际标准是下一代 PLC 的基础。其中 IEC 61131-5 是 IEC 61131 的通信部分，通过 IEC 61131-5 可实现可编程控制器与其他工业控制系统，如机器人、数控系统和现场总线等的通信。

IEC 61131-3 的制定的背景：PLC 在标准的制定过程中正处于发展和推广应用的鼎盛时期，而可编程语言越来越成为其进一步发展和应用的瓶颈之一。另外，PLC 编程语言的使用具有一定的地域特性。在北美和日本，普遍运用梯形图语言编程；在欧洲，则使用功能块图和顺序功能图编程；在德国和日本，又常常采用指令表对 PLC 进行编程。为了扩展 PLC 的功能，特别是加强它的数据与文字处理及通信能力，许多 PLC 还允许使用高级语言（如 BASIC、C）编程。同时，在计算机计数特别是软件工程领域有了许多重要成果。因此，在制定标准时就要做到兼容并蓄，既要考虑历史的传承，又要把现代软件的概念和现代软件工程的机制应用于新标准中。IEC 61131-3 规定了 2 大类编程语言：文本化编程语言和图形化编程语言。前者包括指令表（Instruction List，IL）语言和结构化文本语言（Structured Text，ST），后者包括梯形图语言（Ladder Diagram，LD）和功能块图（Function Block Diagram，FBD）语言。至于顺序功能图（Sequential Function Chart，SFC），该标准未把它单独列为编程语言的一种，而是将它在公用元素中予以规范。这就是说，不论在文本化语言，还是在图形化语言，都可以运用 SFC 的概念、句法和语法。于是，在现在所使用的编程语言中，可以在梯形图语言中使用 SFC，也可以在指令表语言中使用 SFC。

自 IEC 61131-3 正式公布后，它获得了广泛的接受和支持。首先，国际上各大 PLC 厂商都宣布其产品符合该标准，在推出其编程软件新产品时，遵循该标准的各种规定。其次，许多稍晚推出的 DCS 产品，或者 DCS 的更新换代产品，也遵照 IEC 61131-3 的规范，提供 DCS 的编程语言，而不像以前每个 DCS 厂商都搞自己的一套编程软件产品。再次，以 PC 为基础的控制作为一种新兴控制技术正在迅速发展，大多数基于 PC 的控制软件开发商都按照 IEC 61131-3 的编程语言标准规范其软件产品的特性。最后，正因为有了 IEC 61131-3，才真正出现了一种开放式的可编程控制器的编程软件包，它不具体地依赖于特定的 PLC 硬件产品，这就为 PLC 程序在不同机型之间的移植提供了可能。

标准的出台对 PLC 制造商、集成商和终端用户都有许多益处。技术人员不再为某一种 PLC 的特定语言花费大量的时间学习培训，也减少对语言本身的误解；对于相同的控制逻辑，不管控制设备如何，只需相同的程序代码，为一种 PLC 家族开发的软件，理论上可以运行在任何兼容 IEC 61131-3 的系统上；用户可以集中精力于具体问题的解决，消除了对单一生产商的依赖。当系统硬件或软件功能需要升级时，用户不再担心以往的投资，可以选用对特定应用更好的工具；PLC 厂商提供了符合 IEC 61131-3 标准的编程语言后，不再需要组织专门的语言培训，只需将注意力集中到 PLC 自身功能的改进和提高上，也不用花费时间精力和财力考虑其他 PLC 的兼容问题。迄今为止，IEC 61131-3 标准已经被大多数 PLC 自动化设备制造商所接受，并对 PLC 的体系结构产生了巨大影响；另外，越来越多的 DCS 制造商也开始考虑采用 IEC 61131-3 的编程标准对分散过程控制进行编程组态，IEC 61131-3 已经成为自动控制领域的一种通用编程标准。

当然，需要说明的是，虽然许多 PLC 制造商都宣称其产品支持 IEC61131-3 标准，但应该看到，这种支持只是部分的，特别是对于一些低端的 PLC 产品，这种支持就更弱了。因此，IEC 61131-3 标准的推广还有许多工作要做。

### 5.1.2　IEC 61131-3 标准的特点

IEC 61131-3 允许在同一个 PLC 中使用多种编程语言，允许程序开发人员对每一个特定的任务选择最合适的编程语言，还允许在同一个控制程序中不同的软件模块用不同的编程语言编制，以充分发挥不同编程语言的应用特点。标准中的多语言包容性很好地证实了 PLC 发展历史中形成的编程语言多样化的现实，为 PLC 软件技术的进一步发展提供了足够的技术空间和自由度。

IEC 61131-3 的优势还在于它成功地将现代软件的概念和现代软件工程的机制和成果用于 PLC 传统的编程语言。IEC 61131-3 的优势具体表现在以下几方面。

（1）采用现代软件模块化原则。

1）编程语言支持模块化，将常用的程序功能划分为若干单元，并加以封装，构成编程的基础。

2）模块化时，只设置必要的、尽可能少的输入和输出参数，尽量减少交互作用和内部数据交换。

3）模块化接口之间的交互作用均采用显性定义。

4）将信息隐藏于模块内，对使用者来讲只需了解该模块的外部特性（即功能、输入和输出参数），而无需了解该模块内算法的具体实现方法。

（2）IEC 61131-3 支持自顶而下（Top Down）和自底而上（Bottom Up）的程序开发方法。

自顶而下的开发过程是用户首先进行系统总体设计，将控制任务划分为若干个模块，然后定义变量和进行模块设计，编写各个模块的程序；自底而上的开发过程是用户先从底部开始编程，例如，先导出函数和功能块，在按照控制要求编制程序。无论选择何种开发方法，IEC 61131-3 所创建的开发环境均会在整个编程过程中给予强有力的支持。

（3）IEC 61131-3 所规范的编程系统独立于任一个具体的目标系统，它可以最大限度地在不同的 PLC 目标系统中运行。这样不仅创造了一种具有良好开放性的氛围，奠定了 PLC 编程开放性的基础，而且可以有效规避标准与具体目标系统关联而引起的利益纠葛，体现标准的公开性。

将现代软件概念浓缩，并加以运用。例如，数据使用 DATA ＿ TYPE 声明机制；功能（函数）使用 FUNCTION 声明机制；数据和功能的组合使用 FUNCTION ＿ BLOCK 声明机制。

（4）IEC 61131-3 中，功能块并不是 FBD 语言的编程机制，它还是面向对象组件的结构基础。一旦完成了某个功能块的编程，并通过调试和验证证明了它确能正确执行所规定的功能，那么，就不允许用户再将它打开，改变其算法。即使是一个功能块因为其执行效率有必要再提高，或者是在一定的条件下其功能执行的正确性存在问题，需要重新编程，只要保持该功能块的外部接口（输入/输出定义）不变，仍可照常使用。同时，许多原始设备制造厂（OEM）将他们的专有控制技术压缩在用户自定义的功能块中，既可以保护知识产权，又可以反复使用，不必一再为同一个目的而编写和调试程序。

（5）完善的数据类型定义和运算限制。软件工程师很早就认识到许多编程的错误往往发生在程序的不同部分，其数据的表达和处理不同。IEC 61131-3 从源头上注意防止这类低级的错误，虽然采用的方法可能导致效率降低一点，但换来的价值却是程序的可靠性、可读性

和可维护性。IEC 61131-3 采用以下方法防止这些错误:

1) 限制功能与运算块之间互联的范围, 只允许兼容的数据类型与功能块之间的互联。

2) 限制运算, 只可在其数据类型已明确定义的变量上进行。

3) 禁止隐含的数据类型变换。例如, 实型数不可执行按位运算。若要运算, 编程者必须先通过显式变换函数 REAL-TO-WORD, 把实型数变换为 WORD 型位串变量。标准中规定了多种标准固定字长的数据类型, 包括位串、带符号位和不带符号位的整数型 (8、16、32 和 64 位字长)。

(6) 对程序执行具有完全的控制能力。传统的 PLC 只能按扫描方式顺序执行程序, 对程序执行的其他要求, 如由事件驱动某一段程序的执行、程序的并行处理等均无能为力。IEC 61131-3 允许程序的不同部分、在不同的条件 (包括时间条件) 下、以不同的比率并行执行。

(7) 结构化编程。对于循环执行的程序、中断执行的程序、初始化执行的程序等可以分开设计。此外, 循环执行的程序还可以根据执行的周期分开设计。

虽然 IEC 61131-3 的标准借鉴和吸收了控制技术、软件工程和计算机技术的许多发展成果和历史经验, 但它还存在一些不足, 还是因为它在体系结构和硬件上依赖于传统的 PLC, 具体表现在以下两方面:

1) IEC 61131-3 沿用了直接表示与硬件有关的变量的方法, 这就妨碍了均符合标准的 PLC 系统之间做到真正意义上的程序可移植。由于不同机种有各自与硬件紧密相关的不同的输入/输出的定义, 如果想把一个在某个厂商的 PLC 中运行得很好的程序原封不动地搬到另一个 PLC 厂商的机器上, 必须先从技术文件中找到有关与硬件相关变量的定义, 然后再在另一个机型中对此重新定义。

2) IEC 61131-3 只给出一个单一的集中 PLC 系统的配置机制, 这显然不能适应分布式结构的软件要求。由于工业通信技术的飞速发展, 特别是现场总线和以太网在工业中的实际应用, 引起了工业自动化体系结构的显著变化, 其中一个重要的趋势就是多 PLC 控制系统的联网以实现控制的分散化。因此, IEC 61131-3 必须适应客观形势的发展, 在这方面进行突破。它应该允许功能块不一定集中常驻在单个硬件中, 允许分散于不同硬件中, 通过通信方式可以构成一个控制程序。这就正是正处于制定中的 IEC 61499 的主攻方向之一。IEC 61499 标准是 IEC 61131 标准的进一步发展。它是一个功能块的通用模型的标准, 工程师可以比较容易地使用标准模块建立自己的系统, 而无须了解模块中的具体算法、结构及其实现。

## 5.2　M218 的内存及地址分配

熟悉 PLC 的内存地址类型、内存地址的结构和分配, 对于学习使用 PLC 是至关重要的。

1. M218 的内存类型

M218 通过特定的字符来显示各个内存地址中的内容。

语法: ＜范围前缀＞＜长度前缀＞＜数字 | . 数字 | . 数字 . . . . ＞ (注意是以%开头!)。

可以使用以下的范围前缀: I 表示输入区; Q 表示输出区; M 表示内存区。

可以使用以下的长度前缀: X 表示单个二进制位; B 表示字节 (8 位); W 表示字 (16 位);

D 表示双字 (32 位)。

内存区的单个二进制位、字节、字和双字的内存地址分配如图 5-1 所示, 输入输出区的

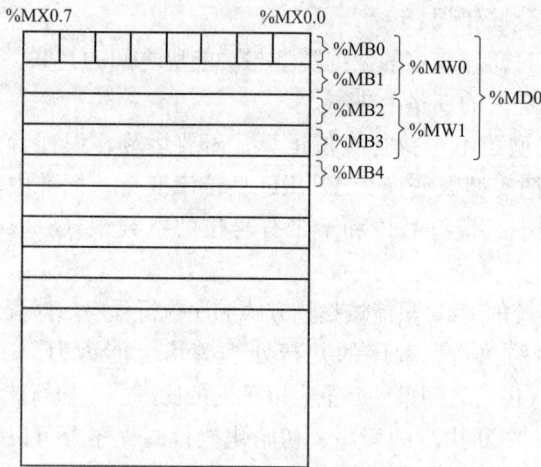

图 5-1　M218 的内存地址分配

地址分配类似。

注意:％MX,％MW,％MD 指向同一块内存区,应该合理分配地址,不要重叠。

例如:％QX7.5 表示输出区的地址 7,第 5 位;％IW215 表示输入区的地址 215,1 个字;％QB7 表示输出区的地址 7,1 个字节;％MD48 表示内存区的地址 48,双字。

2. M218 的内存分配

RAM 内存区有 2 块区域组成,大小是 2M。其中,1020Kbytes 系统区用于操作系统内存;1024 Kbytes 用户内存区用于应用程序。M218 内存区如表 5-1 所示。

表 5-1　　　　　　　　　　　　　　　　M218 的 RAM 内存区

| 内存区域 | 内存元素 | 大小 |
|---|---|---|
| 系统内存区<br>(1024Kbytes) | ％MW 大小为 6000 (％MW0-％MW59,999)<br>系统和诊断变量 (％MW60,000-％MW60,1999)<br>Relocation Table (％MW60,200-％MW63,999) | 120Kbytes |
| | 预留 | 900Kbytes |
| 用户内存区<br>(1024Kbytes) | 变量 | 用户自定义 |
| | 符号 | 200Kbytes |
| | 程序 | 549Kbytes |
| | 预留 | 275Kbytes |

保持和持久保存变量是保存在内置 RAM 中,且可断电保存。其中有 1976bytes 内存 RAM 可断电保存,如表 5-2 所示。

表 5-2　　　　　　　　　　　　　　　　可断电保持的 RAM 区

| 744bytes | 保持变量 (并非所有字节都供客户使用,有些库会占用该区域的字节) |
|---|---|
| 232bytes | 持久保存变量 |
| 1000bytes | 保存在％MW0-％MW499 |

(1)％M 数据类型:％M 变量不存在 (可从字中取位,如％MX10.4)。

(2) 用户程序容量 (逻辑步):平均每个指令大约占用 41bytes ($0.3 \times 16 + 0.7 \times 52$)。

有 100Kbytes 的内存用于系统配置和数据,约有 549Kbytes 可用于编程,总计可有 $(549-100) \times 1000/41 = 10950$ 条程序 (逻辑步) 可编写。

M218 非易失性内存的容量总共是 2Kbytes。其中预留内存区是 768bytes,256bytes 的保持内存区,1000bytes 的％MW 区,在 PLC 断电或重启后,这些区域是断电保存的,M218 内存的容量分配如表 5-3 所示。

表 5-3　　　　　　　　　　　　　　　　M218 内存的容量

| 预留 (768bytes) | 保存区域 |
|---|---|
| 保持 (256bytes) | 保存区域 |
| ％MW0～％MW499 (1000bytes) | 保存区域 |
| ％MW599～59999 (59500bytes) | 非保存区域 |

％M 内部位的范围是％M0～％M7999，同时，％M 和％MW 是占用相同的内存区的。

M218 总共有 60000 个％MW 区可用，每个％MW 可使用 16 个％M 的位，即％MWY 可用于％M（16×Y）到％M（16×Y+15）。

## 5.3　M218 的变量设定

1. 变量名

给应用程序和库中的变量命名时应当尽可能地遵循匈牙利命名法：每一个变量的基本名字中应该包含一个有意义的简短描述。基本名字中每一个单词的首字母应当大写，其他字母则为小写（例如：FileSize）依据变量的数据类型，在基本名字之前加上小写字母前缀，特定数据类型的推荐前缀和其他相关信息如表 5-4 所示。

表 5-4　　　　　　　　　　　　　　特 定 数 据 类 型 表

| 数据类型 | 关键字 | 值 | 数据长度 |
|---|---|---|---|
| 布尔类型 | BOOL | TRUE/FALSE | 1 |
| 整数类型 | BYTE | 0～255 | 8 |
|  | WORD | 0～65535 | 16 |
|  | DWORD | 0～4294967295 | 32 |
|  | LWORD | $0～2^{\char`~}64\text{-}1$ | 64 |
|  | SINT | −128～127 | 8 |
|  | USINT | 0～255 | 8 |
|  | INT | −32768～32767 | 16 |
|  | UINT | 0～65535 | 16 |
|  | DINT | −2147483648～2147483647 | 32 |
|  | UDINT | 0～4294967295 | 32 |
|  | LINT | $-2^{\char`~}63～2^{\char`~}63\text{-}1$ | 64 |
| 实数类型 | REAL | 1.175494351e-38F-3.402823466e+38F | 64 |
| 字符串类型 | STRING | ASCII | 80（default） |
| 双字节字符串类型 | WSTRING | UNICODE |  |
| 时间数据类型 | TIME<br>TIME _ OF _ DAY<br>DATE<br>DATE _ AND _ TIME | T♯10ms<br>TOD♯10：00：00<br>D♯2010-3-1<br>DT♯2010-3-1-10：00：00 |  |

2. I/O 地址映射

M218 的输入/输出地址是按照 IEC 的标准而定的，同时兼容 CODESYS，可以使用％IXm.（0 to 7）或者％QXm.（0 to 7），其中 $m$ 的值是随着本体和模块的 I/O 数量递增的。M218 具体的 I/O 地址分配如表 5-5 所示。

表 5-5　　　　　　　　　　　　　　M218 的具体 I/O 地址

| 型号 | 数字量输入 | 数字量输出 | 模拟量输入 | 模拟量输出 |
|---|---|---|---|---|
| TM218LDA24DRHN | ％IW0 | ％QW0 | — | — |
| TM218LDAE24DRHN | ％IW0 | ％QW0 | — | — |
| TM218LDA40DRPHN | ％IW0,％IW1 | ％QW0 |  |  |

| 型号 | 数字量输入 | 数字量输出 | 模拟量输入 | 模拟量输出 |
|---|---|---|---|---|
| TM218LDAE40DRPHN | %IW0,%IW1 | %QW0 | — | — |
| TM218LDA40DR2HN | %IW0,%IW1 | %QW0 | — | %QW1,%QW2 |
| TM218LDA40DR4PHN | %IW0,%IW1 | %QW0 | %IW2,%IW3 | %QW1,%QW2 |
| TM218LDA24DRN | %IW0 | %QW0 | — | — |

3. M218 变量的定义和初始化

（1）变量的定义。用户可以在 POU 的变量声明部分或全局变量列表中声明全局变量，在声明的数据类型允许的任何地方都可以使用变量。可以通过输入助手访问有效的变量。

（2）变量初始化。变量初始化中所有变量声明的默认初始化值均为 0。但用户可以在各个变量和数据类型的声明中添加自定义的初始值。使用赋值操作符":="指定用户自定义初始值。这个值可以是任意有效的表达式。因此常量、其他变量和函数都可以作为初始值，而程序只检查给其他变量初始化的变量自身是否已被初始化。

正确的变量初始化举例：

VAR

var1:INT:=20;　　　　　　　　　 //整数变量的初始化值为 20

x:INT:=25-8;　　　　　　　　　　 //使用常量表达式定义初始化值

y:INT:=x+fun(5);　　　　　　　　 //使用含有函数调用的表达式定义初始化值；

z:POINTER TO INT:=ADR(y);　　 //IEC 61131-3 中未描述的情况：使用地址函数定义
　　　　　　　　　　　　　　　　　　　 初始化值；请注意此处：在线修改时指针不会被初
　　　　　　　　　　　　　　　　　　　 始化。

END_VAR

4. 变量配置

"变量配置"可用来将功能块变量映射到过程映像，例如 I/O 设备之中，而不需指定已在功能块变量声明中的确定地址。此处确定地址的指定是围绕所有在全局 VAR_CONFIG 列表中的功能块实例进行的。为此可以把"不完整的"地址指定给在关键字 VAR 和 END_VAR 之间声明的功能块变量。这些不完整的地址用星号标志。

语法：＜标识符＞AT %＜I/Q＞*：＜数据类型＞；

不完整定义的地址使用举例：

　　　　FUNCTION_BLOCK snd

　　　　VAR

　　　　I　AT　% I*:BOOL:=TRUE;

　　　　Q　AT　% Q*:BOOL;

　　　　END_VAR

此处定义了两个局部 I/O 变量，一个局部输入（%I*）和一个局部输出（%Q*）。地址的最终定义在全局变量列表的"变量配置"中进行。

为此通过添加对象命令向 POU 或设备窗口中添加一个"全局变量列表"对象（GVL）。在关键字 VAR_CONFIG 和 END_VAR 之间键入带有确定地址的实例变量的声明。必须通过完整的实例路径指定实例的变量，将各个 POU 和实例名称按照时期分开。声明必须包含一个地址，这个地址的种类（输入/输出）对应于那个在功能块中不完整地指定的地址（%I\*，%Q\*）。数据类型也必须与功能块中的声明相符。

语法：

<实例变量路径>AT%<I/Q><位置>：<数据类型>；

当实例不存在从而导致实例路径无效时，将显示配置变量错误。另一方面，当指定给不完整地址的实例变量的确定地址配置不存在时，也会提示出错。

变量配置举例：

假设程序中给出了如下对功能块 Mypou 的定义：

```
PROGRAM Mypou
VAR
sndvar1:snd；
sndvar2:snd；
END_VAR
```

那么以下为正确的变量配置的形式：

```
VAR_CONFIG
Mypou.sndvar1.I  AT  % IX1.0:BOOL；
Mypou.sndvar1.Q  AT  % QX0.0:BOOL；
Mypou.sndvar2.I  AT  % IX1.1:BOOL；
Mypou.sndvar2.Q  AT  % QX0.1:BOOL；
END_VAR
```

注意：对直接映射 I/O 的改变将即刻显示在过程映像中，而对通过 VAR_CONFIG 映射的变量的改变则不会在相应的任务结束之前显示出来。

5. 变量声明

每个程序组织单元 POU 都有一个变量声明区，用户可以在 POU 的声明部分或者通过自动声明对话框、DUT 和 GVL 编辑器声明变量。声明变量时可以按照变量的类型（如输入和输出）分组，每个带有关键字的组都可以包含若干个变量的声明。常见的声明以关键字"VAR"开头以"END_VAR"结束。常见的变量的类型有：VAR_INPUT、VAR_OUTPUT、VAR_IN_OUT、VAR_GLOBAL、VAR_TEMP、VAR_STAT、VAR_EXTERNAL、VAR_CONFIG。

变量的类型关键字之后可以添加属性。属性也是一种关键字，例如"RETAIN"（VAR_INPUT RETAIN）。

变量的声明必须符合以下规则：

语法：<标识符>{AT<地址>}:<类型>{:=<初始化值>}；

【例 5.1】　如图 5-2 所示。

说明：如图 5-2 所示，在此例中，声明是以"VAR"开头，以"END_VAR"结尾；变量 a 和 q 的类型是布尔型（BOOL），同时变

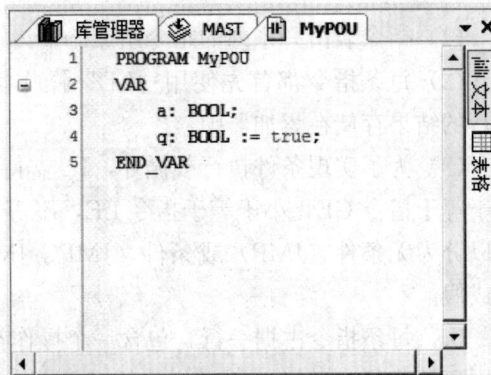

图 5-2　地址编辑

量 $q$ 的初值为"true"。

## 5.4 编 程 语 言

Somachine 支持 IEC61131-3 所描述的所有语言：

（1）文本化的语言：指令表语言（IL）和结构化文本语言（ST）。

（2）图形化的语言：梯形图语言（LD）、功能模块图语言（FBD)、顺序功能流程图语言（SFC)、连续功能图语言（CFC)。

### 5.4.1 指令表语言（IL）

指令表编程语言与汇编语言类似，是一种助记符编程语言，由操作符和操作数组成。

指令表语言支持所有 IEC 61131-3 标准的操作符、多输入/多输出、取反、注释、输出的置位/复位和无条件/条件跳转。编辑主界面如图 5-3 所示。

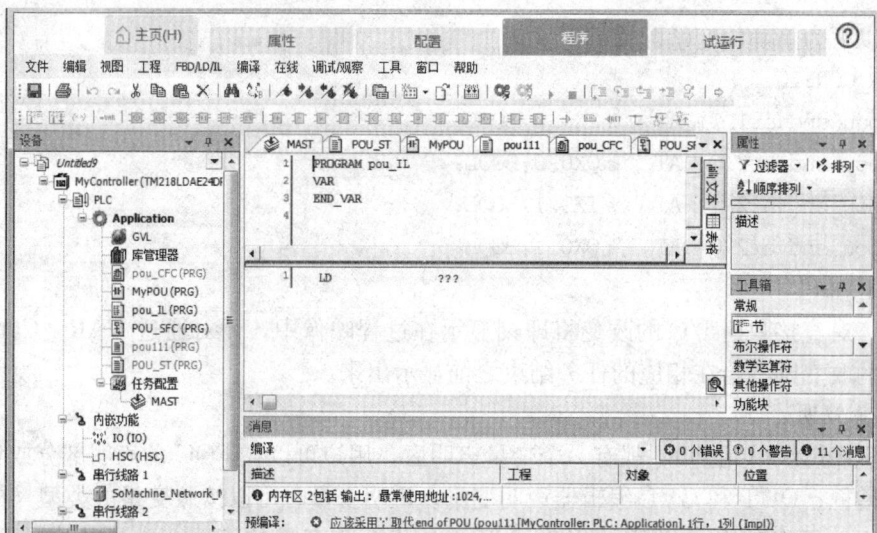

图 5-3　编辑主界面

1. 语法

（1）指令表由一系列的指令组成。

（2）每条指令都首先使用"LD"操作符将值装载到累加器中。然后累加器将被执行，执行的结果存储在累加器中。

（3）为了实现条件执行或循环，IL 支持如等于指令 EQ，大于指令 GT，小于指令 LT，大于等于指令 GE，小于等于指令 LE，不等于指令 NE 等比较操作符和跳转指令。跳转指令可以分为无条件（JMP）或条件（JMPC/JMPCN）跳转。条件跳转时需检查累加器的值是真或假。

（4）每条指令占据一行，包含一个操作符和一个或多个用逗号隔开的操作数（操作数之间用逗号分隔）。

（5）每行结束处可以加入注释，每行指令之间可以插入空行。

2. 常用的几种操作符

LD——输入;

ST——输出;

ADD——加法;

SUB——减;

MUL——乘法;

DIV——除法;

MOD——取余;

AND（N）——与（非）;

OR（N）——或（非）;

XOR（N）——异或（非）;

NOT——非;

SHL——左移;

SHR——右移;

ROL——循环左移;

ROR——循环右移;

GT——大于;

GE——大于等于;

LT——小于;

LE——小于等于;

EQ——等于;

NE——不等于;

JMP——跳转指令。

3. 表格编辑器的结构

（1）操作符。该栏目包括指令列表操作符（LD，ST，CAL，AND，OR 等）或是函数名在调用功能块的同时也指定各自的参数。在这种情况下，在前缀字段必须输入":＝"或是"＝＞"。

（2）操作数。该字段仅能包括一个操作数或是一个跳转标签，操作数可为变量、常量、寄存器地址、函数等。如果需用多于一个操作数（多操作数/扩展操作数"ANDA，B，C"或是调用带有多个参数的函数），那些操作数必须在后面各行中写入并且操作数字段要为空。在这种情况下，加入参数分隔逗号。在调用功能块，程序或动作时，必须加上相应的打开或关闭括号。

（3）地址。该字段包括操作数在声明部分定义的地址。该字段不能编辑，并且可以通过"显示符号地址"来切换打开和关闭。

（4）符号注释。该字段包括在声明部分为操作数定义的注释。该字段不能编辑，并且能通过"显示符号注释"选项来切换打开或是关闭。

（5）操作符注释。该字段包括当前行的注释是可编辑的，并且可以通过"显示操作符注释"选项来切换打开或是关闭。

示例如图 5-4 所示。

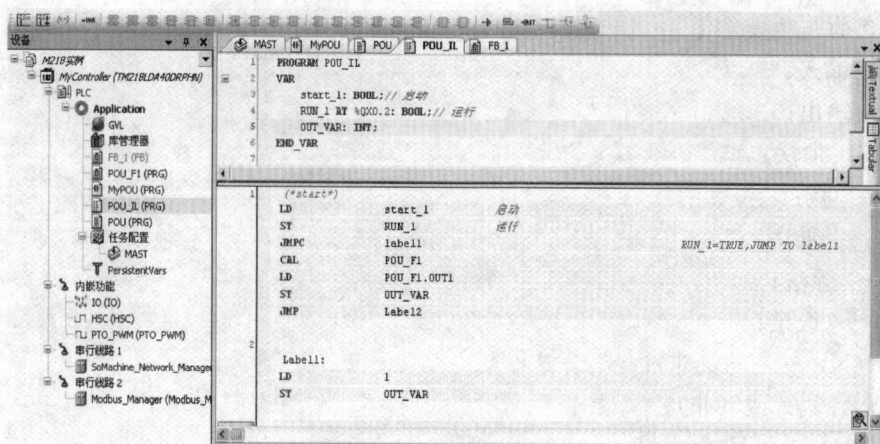

图 5-4 示例

4. 指令表（IL）逻辑运算程序设计

逻辑运算使用“AND（一般指动合触点）”“ANDN（一般指动断触点）”“OR（并联）”“ST（输出）”等语句进行程序设计。

1）在一个程序节中，第一行语句必须始终为“LD”。

2）如必须使用括号，则无法 100%使用布尔代数。

此处得到的结果，将与下一个接点或下一对括号一起用作逻辑上的“AND”。

1）多个接点并联到另外一个接点上，在括号中必须设置“OR”分支；

2）只有一个接点并联，“AND”应先于“OR”应用，且不需要括号。

**【例 5.2】** 利用 IL 语言编写电机正反转程序。

参考程序，如图 5-5 所示。

```
PROGRAM MyPOU
VAR
    STOP: BOOL;
    Forward: BOOL;
    Rollback: BOOL;
    Rollback_out AT %QX0.5: BOOL;
    Foreward_out AT %QX0.4: BOOL;
END_VAR
1
 LD      Foreward
 OR      Foreward_out
 ANDN    STOP
 ANDN    Rollback
 ANDN    Rollback_out
 ST      Foreward_out
2
 LD      Rollback
 OR      Rollback_out
 ANDN    STOP
 ANDN    Foreward
 ANDN    Foreward_out
 ST      Rollback_out
```

图 5-5 IL 电机正反转程序

在 SoMachine 编程软件中，指令表语言（IL）与梯形图语言（LD）、功能块图语言（FBD）之间可以相互转换。

### 5.4.2 梯形图（LD）

梯形图语言是用得最多的 PLC 编程语言，直观易懂，由于与电气设计人员所熟悉的传统继电器电路图类似，因此得到了广泛的应用，适用于开关量逻辑控制。梯形图由触点、线圈和用方框表示的功能块组成。触点代表逻辑输入条件，如开关、按钮和内部条件等；线圈通常表示逻辑运算输出结果，用来控制外部的指示灯、接触器和内部的输出条件等；功能块用来表示定时器、计数器或者数学运算等特殊指令。

在分析梯形图中的逻辑关系时，可以想象两条垂直母线之间有从左向右流动的直流电。梯形图包含了一系列的节，左右两边各有一个垂直的电流线（一般称为母线）限制其范围，在中间是由触点、线圈、连接线组成的电路图。每一个节的左边有一系列触点，这些触点根据布尔变量值的 TRUE 和 FALSE 来传递从左到右的"ON"和"OFF"的状态。每一个触点是一个布尔变量，如变量值为 TRUE，通过连接线从左到右传递"ON"状态。否则传递"OFF"的状态。在节最右边的线圈，根据左边的状态获得"ON"或"OFF"的状态，并相应地赋给一个布尔变量 TRUE 或 FALSE。

梯形图程序编辑的主界面，如图 5-6 所示。

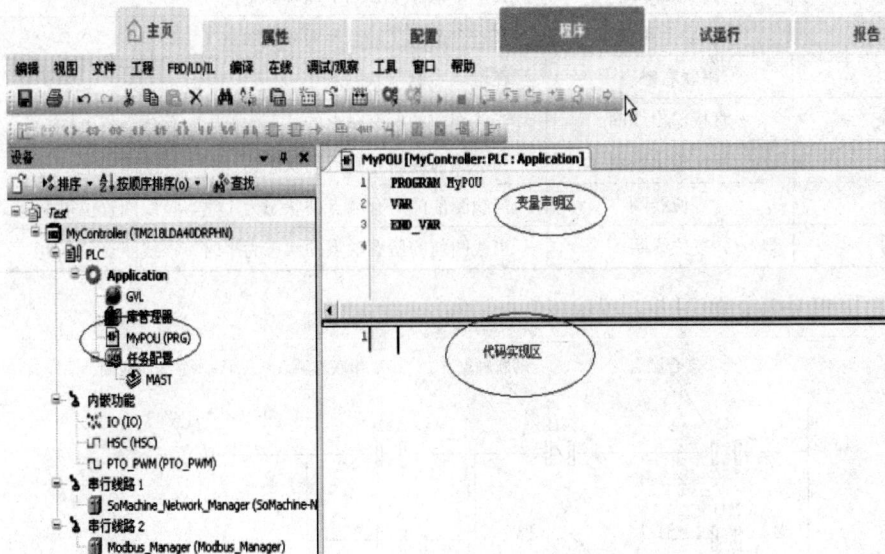

图 5-6  梯形图程序编辑的主界面

1. 梯形图的编程元素

梯形图的编程元素包括触点、线圈和指令块。

（1）触点。触点是一个 LD 的元素，可把水平链路状态传输到其右侧。此状态是对左侧的水平链路的状态与相关的布尔型实际参数的状态进行布尔 AND 运算的结果，触点并不更改相关实际参数的值，触点占用一个单元格。布尔变量、布尔常量、布尔地址可作为实际参数。

（2）线圈。线圈是一个 LD 元素，它将左侧的水平链路的状态传输到右侧的水平链路，状态保持不变。此状态存储在相应的布尔类型的实际参数中。通常情况下，线圈在触点或 FFB 之后，但线圈后面还可以有触点，线圈占用一个单元格。布尔变量、布尔地址可作为实际参数。

（3）指令块。在图形表示中，基本指令块用包含多个输入和多个输出的块结构表示。输入始终表示在块结构的左侧，而输出始终表示在块结构的右侧。指令块的名称（即功能块类型）显示在块结构的中央，实例名称显示在块结构的上方。基本指令块具有内部状态。每次调用该功能时，即使输入值相同，输出值也可能不同。

2. 梯形图常见的触点及线圈

常见的几种触点和线圈图形及说明如表 5-6 所示。

表 5-6　　　　　　　　　　　　　　　　　　常见的几种触点和线圈

| 触点及线圈 | | 说明 |
|---|---|---|
| ⊣⊢ | 动合触点 | 当控制这个触点的状态为 1 时，触点闭合 |
| ⊣/⊢ | 动断触点 | 当控制这个触点的状态为 0 时，触点闭合 |
| ⊣P⊢ | 上升沿触点 | 当检测到控制位从 0 到 1 的变化时，触点闭合 |
| ⊣N⊢ | 下降沿触点 | 当检测到控制位从 1 到 0 的变化时，触点闭合 |
| ↳↲ | 并联下触点 | 在一个或几个触点下面并联触点 |
| ⌐⌐ | 并联上触点 | 在一个或几个触点上面并联触点 |
| ⌐ | 串联右触点 | 在触点右侧串联触点 |
| ( ) | 直接输出线圈 | 当线圈前的所有触点的状态为 1 时，该线圈得电 |
| (/) | 反向输出线圈 | 当线圈前的所有触点的状态为 0 时，该线圈得电 |
| (S) | 置位线圈 | 当线圈前的所有触点的状态为 1 时，该线圈置位得电 |
| (R) | 复位线圈 | 当线圈前的所有触点的状态为 1 时，该线圈复位失电 |

触点的逻辑关系，如图 5-7 所示。

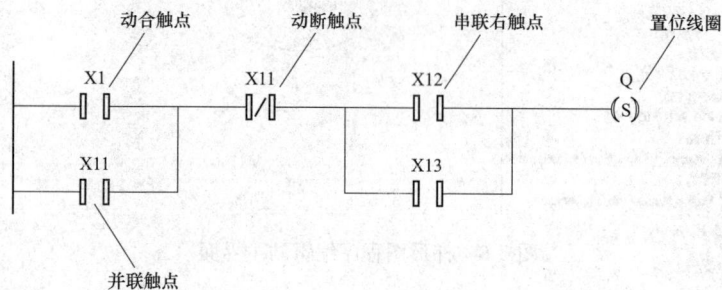

图 5-7　触点的逻辑关系

【例 5.3】　应用 PLC 的布尔指令，完成下面要求的 PLC 程序。

（1）只有当 $I_0$（%MX0.0）和 $I_1$（%MX0.1）输入开关都断开时，$Q_0$（%QX0.0）有输出。

（2）只有 $I_0$（%MX0.0）和 $I_1$（%MX0.1）输入一个闭合，另一个断开时，$Q_1$（%QX0.1）才有输出。

（3）只有当 $I_0$（%MX0.0）和 $I_1$（%MX0.1）输入开关都闭合时，$Q_2$（%QX0.2）有输出。

参考程序如图 5-8 所示。

运行的结果：

注意：要将"准备值"中的值赋给当前的"值"时，按"Ctrl＋F7"即可。

➤ 输入变量 I0 和 I1 的值都为 FALSE 时的运行结果，如图 5-9 所示。

备注：Q1、Q2 得电情况请读者自行分析。

【例 5.4】　利用 LD 语言编写三相异步电动机正反转控制程序，如图 5-10 所示。

3. 算术运算指令

常用的算术运算指令一览表如表 5-7 所示。

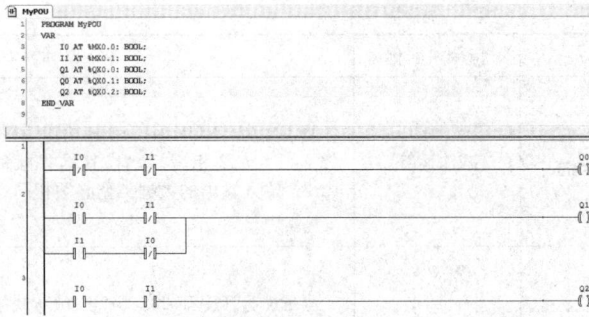

图 5-8　参考程序

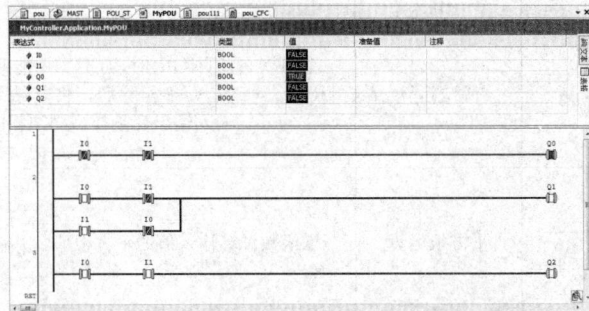

图 5-9　运行结果

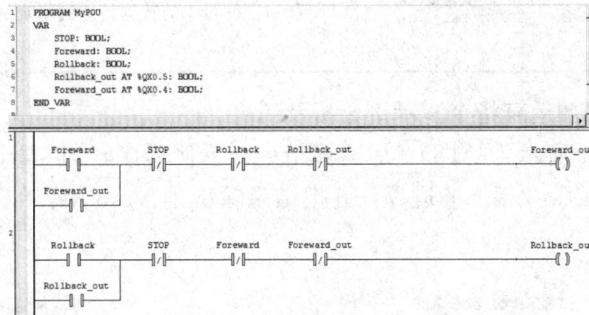

图 5-10　电动机正反转控制程序

**表 5-7　　　　　　　　　常用的算术运算指令一览表**

| 指令块 | 指令块名称 | 功能 |
|---|---|---|
| ADD EN ENO var1 var2 + var3 | 2 输入加法运算 | 当 EN 为 TRUE 时，ADD 功能块被激活，ENO 输出为 TRUE；加数 var1、var2 相加后，将其结果赋值给 var3，即 var3＝var1＋var2，输入输出的变量类型必须相同 |
| ADD EN ENO var1 var2 var3 + var4 | 3 输入加法运算 | 当 EN 为 TRUE 时，ADD 功能块被激活，ENO 输出为 TRUE；加数 var1、var2、var3 相加后，将其结果赋值给 var4，即：var4＝var1＋var2＋var3，输入输出的变量类型必须相同 |

| 指令块 | 指令块名称 | 功能 |
|---|---|---|
| SUB（EN ENO，var1、var2 输入，var3 输出，减号） | 减法运算 | 当 EN 为 TRUE 时，SUB 功能块被激活，ENO 输出为 1；减数 var1、var2 相减后，将其结果赋值给 var3，即 var3＝var1-var2；输入输出的数据类型必须相同 |
| MUL（EN ENO，var1、var2 输入，var3 输出，乘号） | 乘法运算 | 当 EN 为 TRUE 时，MUL 功能块被激活，ENO 输出为高电平；乘数 var1、var2 相乘后，将其结果赋值给 var3，即 var3＝var1＊var2，输入输出的数据类型必须相同 |
| DIV（EN ENO，var1、var2 输入，var3 输出，除号） | 除法运算 | 当 EN 为 TRUE 时，DIV 功能块被激活，ENO 输出为 TRUE；var1、var2 相除后，将其结果赋值给 var3，即 var3＝var1/var2；输入输出变量类型必须相同 |
| SQRT（EN ENO，var1 输入，result 输出） | 平方根运算 | 该函数计算输入值的平方根值，并将结果分配给输出 |
| MOVE（EN ENO，var1 输入，var2 输出） | 赋值运算 | 当 EN 为 TRUE 时，MOVE 功能块被激活，ENO 输出为 TRUE；把变量 1 的数据传送到指定的变量 2 中，var2＝var1 |

**【例 5.5】** ADD（加运算指令）示例分析及仿真。

（1）分析。图 5-11 所示为 ADD（加运算指令）示例程序，当 start 为 TRUE 时，ADD 执行把操作数 Var1 和 Var2 相加的运算，并把结果输出到 Var3 中，如 Var1＝2；Var2＝3；则 Var3＝5。

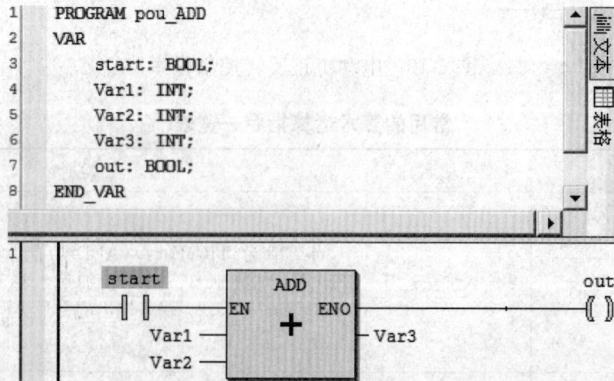

图 5-11　ADD（加运算指令）示例程序

（2）仿真。图 5-12 所示为 ADD（加运算指令）示例程序的仿真。

**【例 5.6】** SUB（减运算指令）示例分析及仿真。

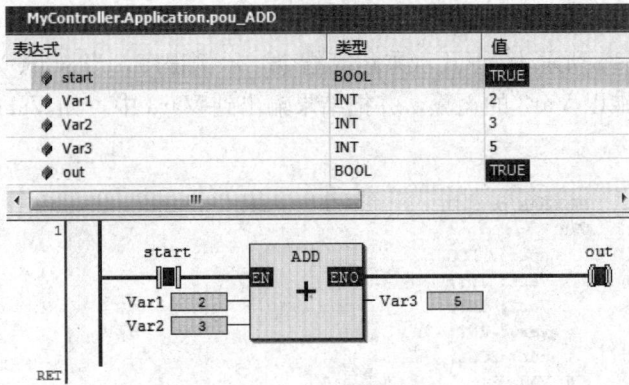

图 5-12　ADD（加运算指令）示例程序仿真

（1）分析。图 5-13 所示为 SUB（减运算指令）示例程序，当 start 为 TRUE 时，SUB 执行操作数 Var1 减去 Var2 的运算，并把结果输出到 Var3 中，如 Var1＝10，Var2＝5 则 Var3＝5。

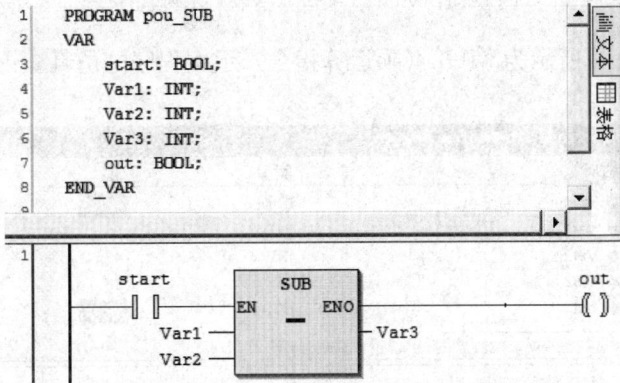

图 5-13　SUB（减运算指令）示例程序

（2）仿真。图 5-14 所示为 SUB（减运算指令）示例程序的仿真。

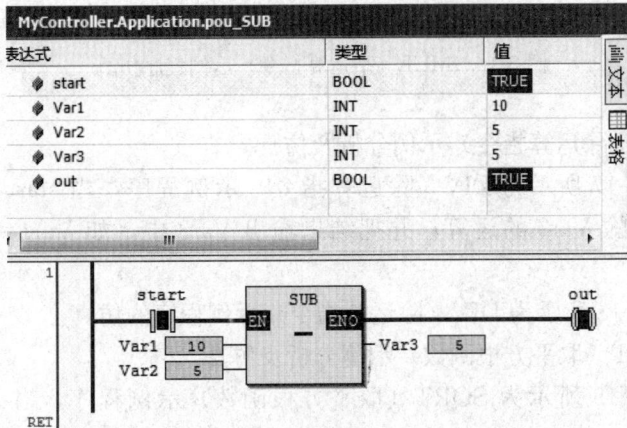

图 5-14　SUB（减运算指令）示例程序仿真

**【例 5.7】** MUL（乘运算指令）示例分析及仿真。

（1）分析。图 5-15 所示为 MUL（乘运算指令）示例程序，当 start 为 TRUE 时，MUL 执行把操作数 Var1 乘以 Var2 的运算，并把结果输出到 Var3 中，如 Var1＝5；Var2＝4；则 Var3＝20。

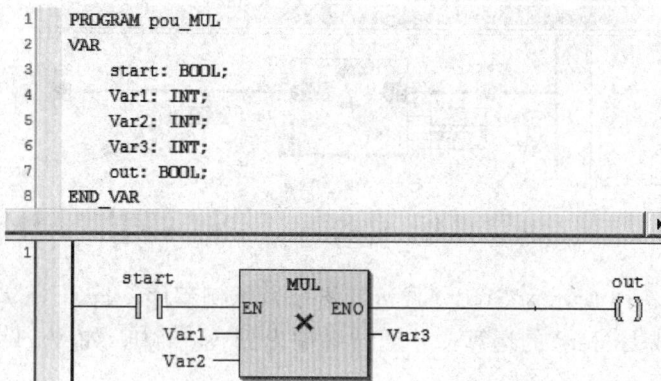

```
1    PROGRAM pou_MUL
2    VAR
3        start: BOOL;
4        Var1: INT;
5        Var2: INT;
6        Var3: INT;
7        out: BOOL;
8    END_VAR
```

图 5-15　MUL（乘运算指令）示例程序

（2）仿真。图 5-16 所示为 MUL（乘运算指令）示例程序的仿真。

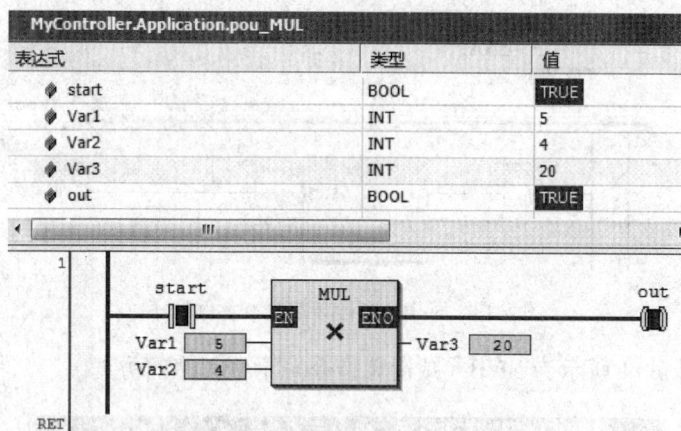

MyController.Application.pou_MUL

| 表达式 | 类型 | 值 |
| --- | --- | --- |
| start | BOOL | TRUE |
| Var1 | INT | 5 |
| Var2 | INT | 4 |
| Var3 | INT | 20 |
| out | BOOL | TRUE |

图 5-16　MUL（乘运算指令）示例程序仿真

**【例 5.8】** DIV（除运算指令）示例分析及仿真。

（1）分析。图 5-17 所示为 DIV（除运算指令）示例程序，当 start 为 TRUE 时，DIV 执行把操作数 Var1 除 Var2 的运算，并把结果输出 Var3 中，如 Var1＝20；Var2＝4；则 Var3＝5。

（2）仿真。图 5-18 所示为 DIV（除运算指令）示例程序的仿真。

**【例 5.9】** SQRT（取平方根函数）示例分析及仿真。

（1）分析。图 5-19 所示为 SQRT（取平方根函数）示例程序，当 start 为 TRUE 时，SQRT 指令执行，把 Var1 的平方根值输出到 Var2 中；如 Var1＝10，则 Var2＝3.16。

（2）仿真。图 5-20 所示为 SQRT（取平方根函数）示例程序的仿真。

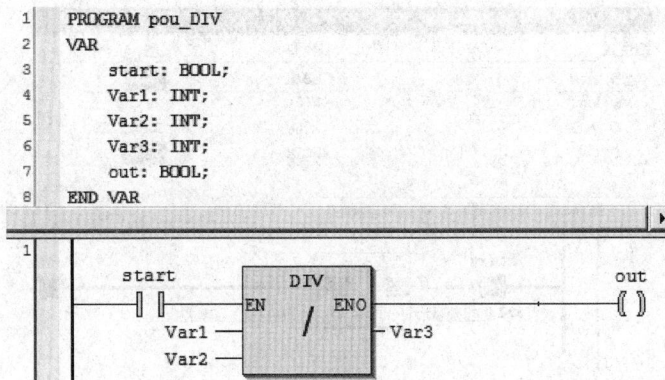

图 5-17　DIV（除运算指令）示例程序

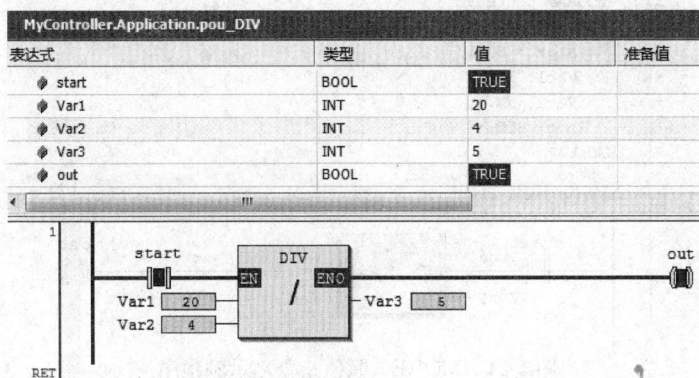

图 5-18　DIV（除运算指令）示例程序仿真

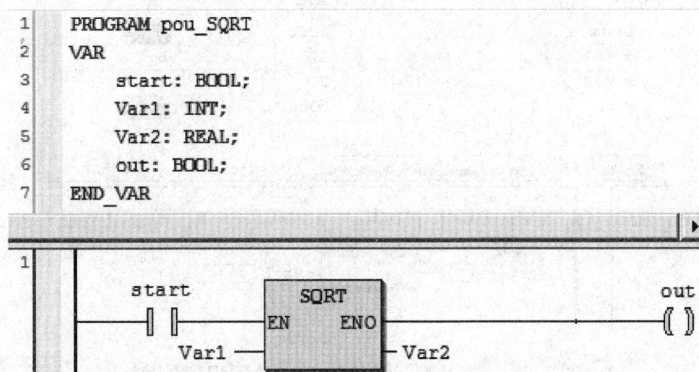

图 5-19　SQRT（取平方根函数）示例程序

【例 5.10】　MOVE（赋值指令）示例分析及仿真。

（1）分析。图 5-21 所示为 MOVE（赋值指令）示例程序，当 start 为 TRUE 时，MOVE 指令执行，将 Var1 的值赋给到 Var2 中，即 Var1＝Var2＝6。

（2）仿真。图 5-22 所示为 MOVE（赋值指令）示例程序的仿真。

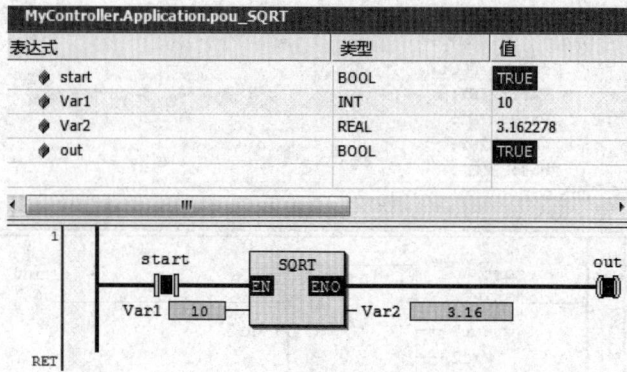

图 5-20　SQRT（取平方根函数）示例程序仿真

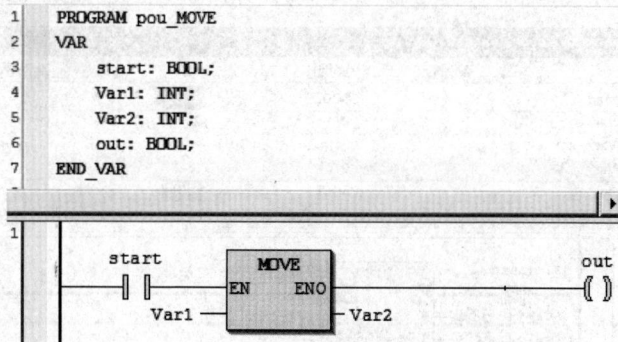

图 5-21　MOVE（赋值指令）示例程序

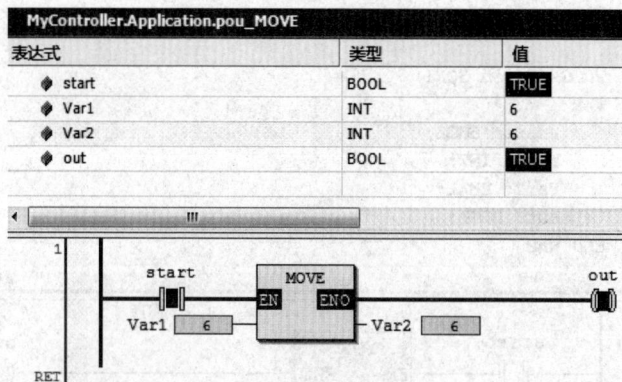

图 5-22　MOVE（赋值指令）示例程序仿真

【例 5.11】　用算术运算指令完成式（5-1）的计算。

$$result = \sqrt{(20+8-12) \times 16 \div 4} \tag{5-1}$$

参考程序如图 5-23 所示。

4. 位运算指令

位运算指令一览表如表 5-8 所示。

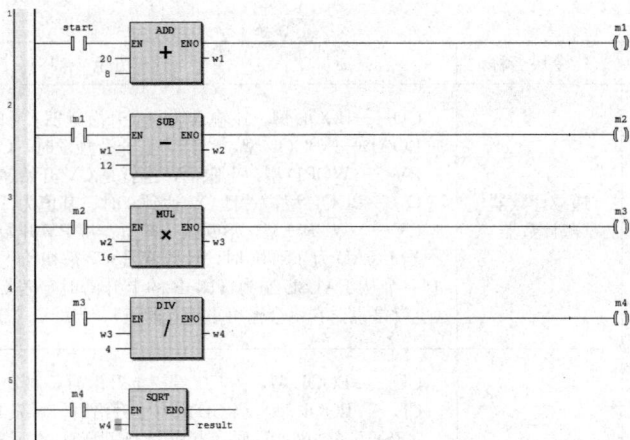

图 5-23　LD 计算程序

**表 5-8**　　　　　　　　　　　　　**位 运 算 指 令 一 览 表**

| 指令块 | 指令块名称 | 功能 |
|---|---|---|
|  | 与运算 | 该功能块用作变量或常量的相与运算，输入输出变量类型必须一致。当 EN 为 TRUE 时，AND 功能块被激活，ENO 输出为 TRUE；var1 变量 1 和 var2 变量 2 进行相与运算，将其结果赋值给 var3，var3: = var1 AND var2；例如：var1 为 10010011，Var2 为 10001010，结果 Var3 为 10000010 |
|  | 或运算 | 该功能块用作变量或常量的相或运算，输入输出数据类型必须一致。当 EN 为 TRUE 时，OR 功能块被激活，ENO 输出为 TRUE；var1 变量 1 和 var2 变量 2 进行相或运算，将其结果赋值给 var3，var3: = var1 OR var2；例如：var1 为 10010011，var2 为 10001010，结果 var3 为 10011011 |
|  | 非运算 | 该功能块用作变量或常量的取非运算，逐位取非，输入输出的数据类型必须一致。当 EN 为 TRUE 时，NOT 功能块被激活，ENO 输出为 TRUE；var1 变量 1 进行取非运算，将其结果赋值给 var2，var2: = NOT var1；例如：var1 为 10010011，结果 var2 为 01101100 |

5. 计数器指令

计数器指令一览表如表 5-9 所示。

**表 5-9**　　　　　　　　　　　　　**计 数 器 指 令 一 览 表**

| 指令块 | 指令块名称 | 功能 |
|---|---|---|
|  | 递增计数器（加计数器） | CU——BOOL 型，该输入端的上升沿触发 CV 的递增计数；<br>RESET——BOOL 型，当其为 TRUE 时，CV 被复位为 0；<br>PV——WORD 型，CV 计数的上限；<br>Q——BOOL 型，一旦 CV 达到其上限 PV 时，其值为 TRUE；<br>CV——WORD 型，不断加 1 的值，直至其达到 PV。<br>当 RESET 为 TRUE 时，计数变量 CV 被初始化为 0。当 CU 端有一个从 FALSE 变为 TRUE 的上升沿时，CV 将加 1。当 CV 大于或等于上限 PV 时，Q 返回 TRUE |

| 指令块 | 指令块名称 | 功能 |
|---|---|---|
|  | 递减计数器<br>（减计数器） | CD——BOOL 型，该输入端的上升沿触发 CV 的递减计数；<br>LOAD——BOOL 型，当其为上升沿触发时，CV 被置为上限值 PV；<br>PV——WORD 型，上限值，也就是 CV 开始递减时的初始值；<br>Q——BOOL 型，一旦 CV 达到 0 时，其值为 TRUE；<br>CV——WORD 型，不断减 1 的值，从 PV 开始直至其达到 0。<br>　当 LOAD 为 TRUE 时，计数变量 CV 被初始化为上限值 PV。当 CD 端有一个从 FALSE 变为 TRUE 的上升沿时，若 CV 大于 0 时，它将减 1（也就是说，它不会输出小于 0 的值）。当 CV 等于 0 时，Q 返回 TRUE |
|  | 递增递减计数器<br>（加减计数器） | CU——BOOL 型，当 CU 端有上升沿时，触发 CV 的递增计数；<br>CD——BOOL 型，当 CD 端有上升沿时，触发 CV 的递减计数；<br>RESET——BOOL 型，当其为 TRUE 时，CV 被复位为 0；<br>LOAD——BOOL 型，当其为 TRUE 时，CV 被置为 PV；<br>PV——WORD 型 CV 递增时的上限值，或 CV 开始递减时的初始值；<br>QU——BOOL 型，一旦 CV 达到 PV 时，其值为 TRUE；<br>QD——BOOL 型，一旦 CV 达到 0 时，其值为 TRUE；<br>CV——WORD 型，不断减 1 的值，从 PV 开始直至其达到 0 |

**【例 5.12】** CTU（加计数器指令）示例分析及仿真。

（1）分析。图 5-24 所示为 CTU（加计数器指令）示例程序，程序执行时，将 pv_word 设为 3，此时 cv_word 是 0。此时输入端 start 执行 FALSE 变为 TRUE 上升沿触发，则 cv_word 自动加计数 1；当 start 第 3 次由 FALSE 变 TRUE 上升沿触发时，cv_word 递增到 3 时，此时 out 输出为 TRUE。此时如将 RESET 端 reset 执行 FALSE 变为 TRUE 上升沿触发，则指令重新复位，变量 CV 被初始化为 0。

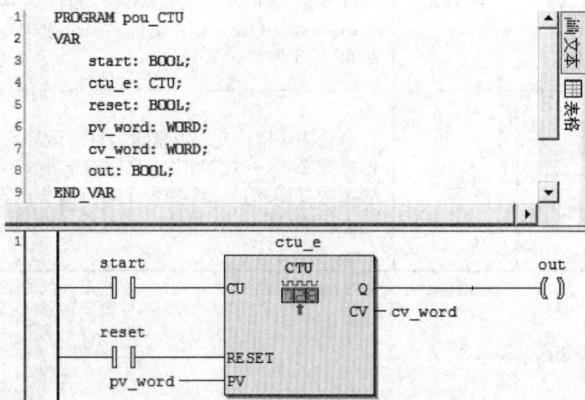

图 5-24　CTU（加计数器指令）示例程序

（2）仿真。图 5-25 所示为 CTU（加计数器指令）示例程序的仿真。

**【例 5.13】** CTD（减计数器指令）示例分析及仿真。

（1）分析。图 5-26 所示为 CTD（减计数器指令）示例程序，程序执行时，将 pv_word 设为 3，当 load 由 FALSE 变为 TRUE 上升沿触发时，cv_word 也变为 3。此时输入端 start 执行 FALSE 变为 TRUE，上升沿触发，则 cv_word 自动减计数 1；当 start 第 3 次由 FALSE 变 TRUE 上升沿触发时，cv_word 递减到 0 时，此时 out 输出为 TRUE。

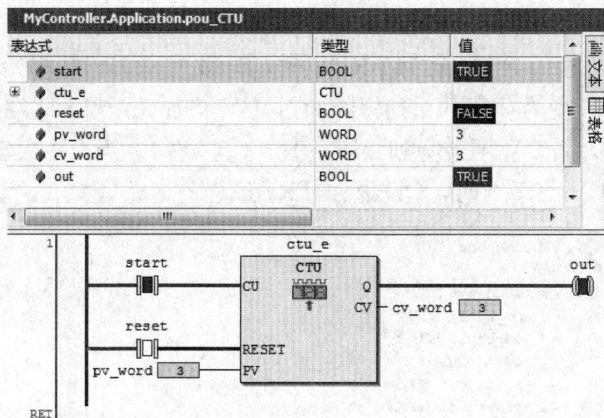

图 5-25　CTU（加计数器指令）示例程序仿真

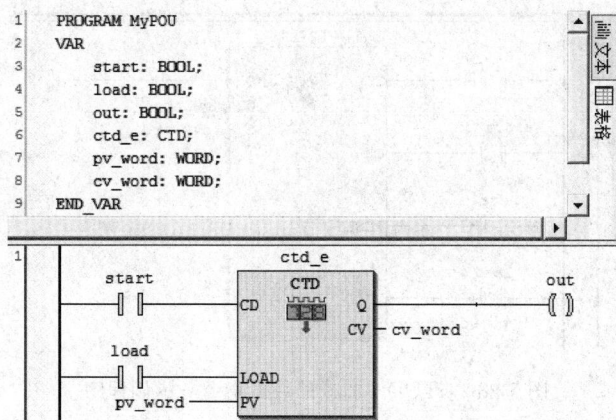

图 5-26　CTD（减计数器指令）示例程序

（2）仿真。图 5-27 所示为 CTD（减计数器指令）示例程序的仿真。

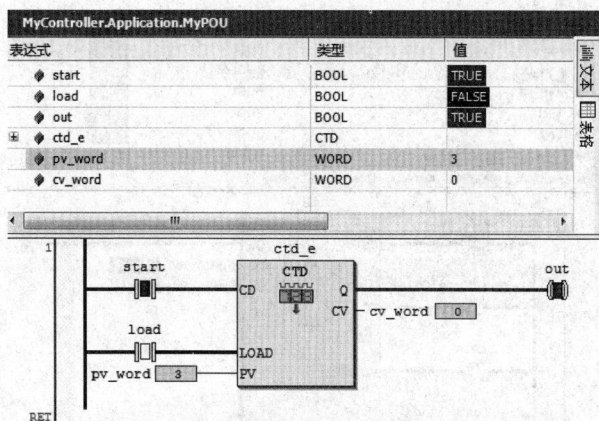

图 5-27　CTD（减计数器指令）示例程序仿真

【例 5.14】　CTUD（加减计数器指令）示例分析及仿真。

　　（1）分析。图 5-28 所示为 CTUD（加减计数器指令）示例程序，当 reset 为 TRUE 时，计数变量 CV 被初始化为 0。当 load 为 TRUE 时，计数变量 CV 被初始化为上限值 PV。当 CU 端有一个从 FALSE 变为 TRUE 的上升沿时，CV 将加 1。当 CD 端有一个从 FALSE 变为 TRUE 的上升沿时，若 CV 不会降到 0 以下时，它将减 1。当 CV 大于或等于上限 PV 时，QU 返回 TRUE。当 CV 等于 0 时，QD 返回 TRUE。

```
 1    PROGRAM pou_CTUD
 2    VAR
 3        ctud_e: CTUD;
 4        cv_word: WORD;
 5        qd_bool: BOOL;
 6        out: BOOL;
 7        start_cu: BOOL;
 8        start_cd: BOOL;
 9        reset: BOOL;
10        load: BOOL;
11        pv_word: WORD;
12    END_VAR
```

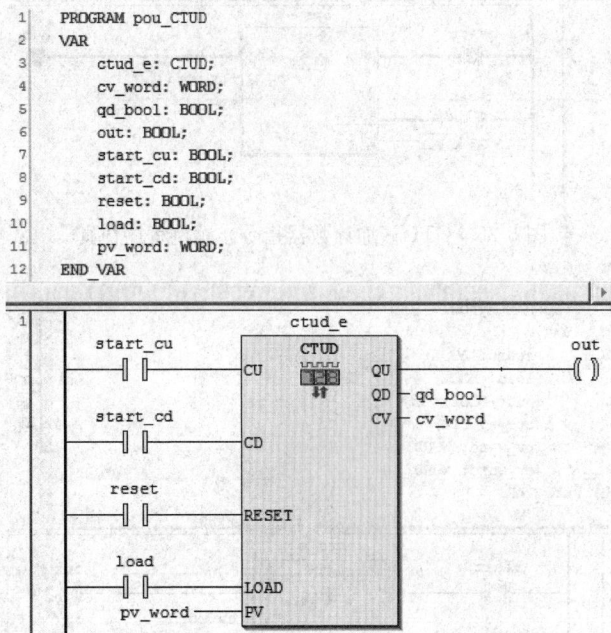

图 5-28　CTUD（加减计数器指令）示例程序

　　（2）仿真。图 5-29 所示为 CTUD（加减计数器指令）示例程序的仿真。

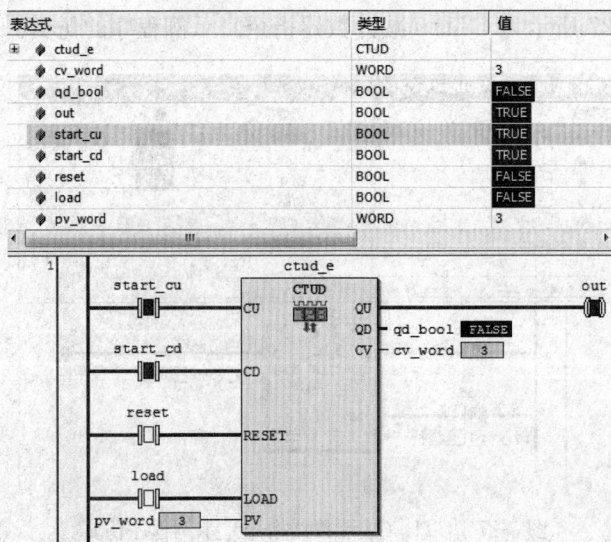

图 5-29　CTUD（加减计数器指令）示例程序仿真

**【例 5.15】** 用递增计数器功能块编写计数 3 次的计数程序，运行、监控并调试，观察结果。

（1）参考程序。图 5-30 所示为用递增计数器功能块编写计数 3 次的计数程序。

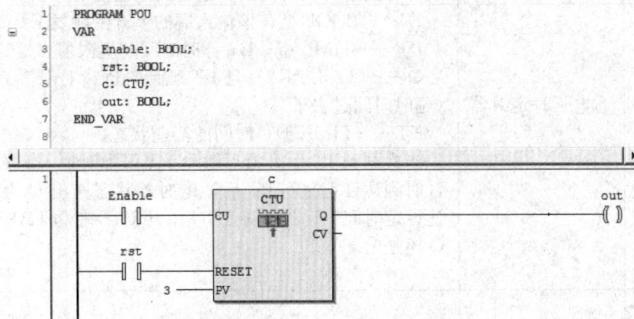

图 5-30 计数 3 次示例程序

（2）仿真。图 5-31 所示为用递增计数器功能块编写计数 3 次的计数程序的仿真。

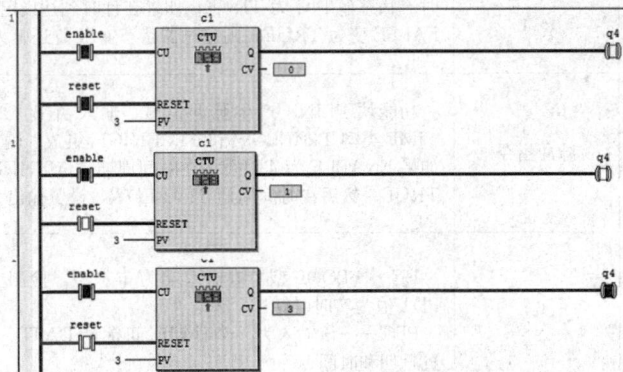

图 5-31 计数 3 次示例程序仿真

6. 定时器指令

定时器指令一览表如表 5-10 所示。

**表 5-10** **定 时 器 一 览 表**

| 指令块 | 指令块名称 | 功能 |
| --- | --- | --- |
| TP 图块 | 触发定时器 | IN——BOOL 型，该输入端的上升沿触发 ET 端的计时；<br>PT——TIME 型，计时时间的上限值；<br>Q——布尔型（BOOL）；<br>ET——TIME 型，时间的当前状态；<br>当 ET 端在计时的时候，其值为 TRUE。<br>功能说明：当检测到 IN 上升沿后，不论 IN 是否保持为 TRUE 输出 ET 以毫秒精度开始计时，在 ET 计时到达设定 PT 计时上限之前 Q 都输出 TRUE，只要 ET 计时到达设定计时上限 PT 时，Q 输出为 FALSE；如果 IN 没有检测到上升沿时，Q 输出为 FALSE |

续表

| 指令块 | 指令块名称 | 功能 |
|---|---|---|
| TON<br>IN   Q<br>PT   ET | 通电延时定时器 | 定时器功能块，完成开延时的功能。当定时器的输入端变为 TRUE 时，等过了一段时间后，定时器的输出端才变为 TRUE。<br>IN——BOOL 型，该输入端的上升沿触发 ET 端的计时；<br>PT——TIME 型，ET 计时时间的上限值（延时时间）；<br>Q——BOOL 型，一旦 ET 端计时达到上限值 PT 时，输出一个上升沿（延时时间过去了）；<br>ET——TIME 型，时间的当前状态。<br>当检测到 IN 上升沿后输出 ET 开始计时，只有输入 IN 持续为 TRUE 计时到达设定时间 PT 后，定时器状态输出 Q 为 TRUE；如果在计时到达设定时间 PT 之前输入 IN 由 TRUE 变为 FALSE，则定时器状态输出 Q 还是为 FALSE |
| TOF<br>IN   Q<br>PT   ET | 断电延时定时器 | IN——BOOL 型，该输入端的下降沿触发 ET 端的计时；<br>PT——TIME 型，ET 计时时间的上限值（延时时间）；<br>Q——BOOL 型，一旦 ET 端计时达到上限值 PT 时，输出一个下降沿；<br>ET——TIME 型，时间的当前状态。<br>当 IN 为 TRUE 时，Q 为 TRUE，ET 为 0；当检测到 IN 下降沿后输出 ET 开始计时，只有输入 IN 持续为 FALSE 计时到达设定时间 PT 后，定时器状态输出 Q 为 TRUE；如果在计时到达设定时间 PT 之前输入 IN 由 FALSE 变为 TRUE，则定时器状态输出 Q 还是为 TRUE |
| BLINK<br>ENABLE   OUT<br>TIMELOW<br>TIMEHIGH | 脉冲指令 | 功能块 BLINK 产生脉冲信号。输入由 BOOL 类型 ENABLE，以及 TIME 类型 TIMELOW 和 TIMEHIGH 组成。输出 OUT 是 BOOL 类型。如果 ENABLE 为 TRUE，在时间周期 TIMEHIGH，BLINK 设置输出为 TRUE；然后在时间周期 TIMELOW，设置输出为 FALSE |
| RTC<br>EN   Q<br>PDT   CDT | 实时时钟 | EN——BOOL 型，该输入端为布尔型，检测上升沿的信号输入设置 PDT 值为实时时钟；<br>PDT——该输入为一个日期时间常量 DATE_AND_TIME，用来设置日期和时间；<br>Q——BOOL 型，实时时钟状态输出，EN 输入为 TRUE 后 CDT 开始计时，则 Q 输出 TRUE；<br>CDT——日期时间常量（DATE_AND_TIME），该输出为实时时钟显示。<br>当 EN 为 TRUE 时，CDT 输出将被设置为 PDT 的日期和时间，并且以秒开始计时，Q 输出为 TRUE；当 EN 为 FALSE 时，CDT 输出将被复位为初始日期和时间：DT#1970-01-01-00：00：00，Q 输出为 FALSE |

【例 5.16】 TOF（延时断开指令）示例分析及仿真。

（1）分析。图 5-32 所示为 TOF（延时断开指令）示例程序，当 IN 为 TRUE 时，Q 为 TRUE，ET 为 0。一旦 IN 变为 FALSE，定时器的输出端 ET 以精确到毫秒级别开始计时，直到它等于 PT，随后它会维持不变。当 IN 变为 FALSE 且 ET 等于 PT 时，Q 为 FALSE。否则它为 TRUE。在本例中，PT 设为 3s，当 start 由 TRUE 变为 FALSE 下降沿触发时，定时器输出端 ET 开始计时，定时到达 3s 后输出 out 由 TRUE 变为 FALSE。

（2）仿真。图 5-33 所示为 TOF（延时断开指令）示例程序的仿真。

（3）跟踪波形。图 5-34 所示为 TOF（延时断开指令）示例程序的跟踪波形仿真。

```
1  PROGRAM pou_TOF
2  VAR
3      start: BOOL;
4      tof_e: TOF;
5      out: BOOL;
6  END_VAR
```

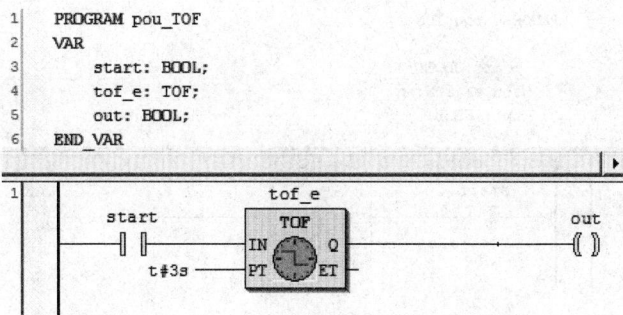

图 5-32　TOF（延时断开指令）示例程序

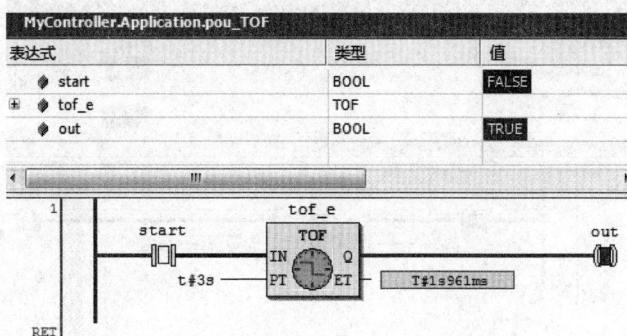

图 5-33　TOF（延时断开指令）示例程序仿真

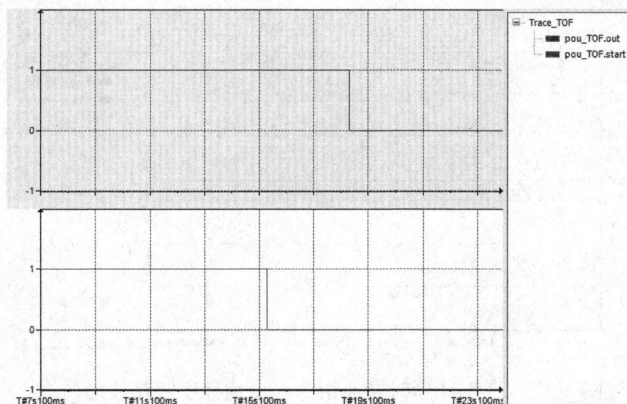

图 5-34　TOF（延时断开指令）示例程序跟踪波形仿真

【例 5.17】　TON（延时导通指令）示例分析及仿真。

（1）分析。图 5-35 所示为 TON（延时导通指令）示例程序，当 IN 为 FALSE 时，Q 为 FALSE，ET 为 0。一旦 IN 变为 TRUE，定时器的输出端 ET 以精确到毫秒级别开始计时，直到它等于 PT，随后它会维持不变。当 IN 变为 TRUE 且 ET 等于 PT 时，Q 为 TRUE。否则它为 FALSE。在本例中，PT 设为 3s，当 start 由 FALSE 变为 TRUE 上升沿触发时，定时器输出端 ET 开始计时，定时到达 3s 后输出 out 由 FALSE 变为 TRUE。

（2）仿真。图 5-36 所示为 TON（延时导通指令）示例程序的仿真。

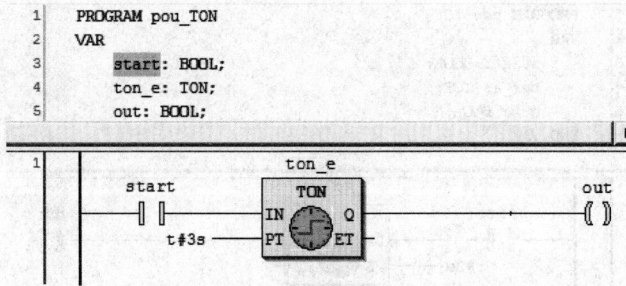

图 5-35  TON（延时导通指令）示例程序

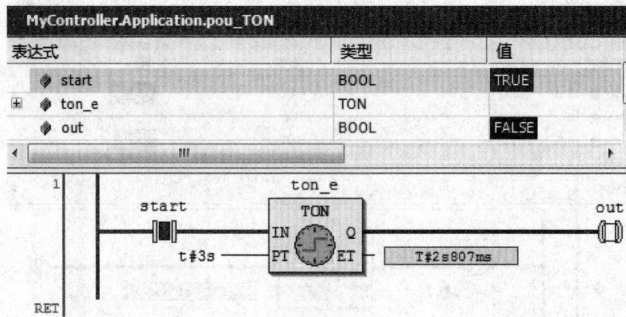

图 5-36  TON（延时导通指令）示例程序仿真

（3）跟踪波形。图 5-37 所示为 TON（延时导通指令）示例程序的跟踪波形仿真。

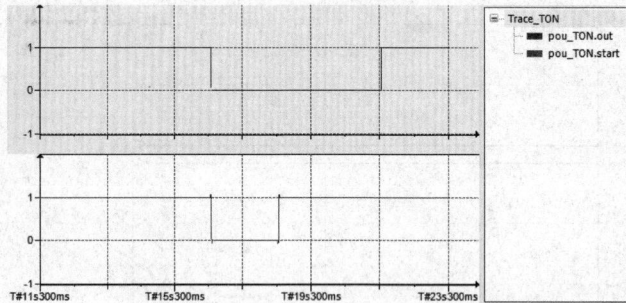

图 5-37  TON（延时导通指令）示例程序跟踪波形仿真

【例 5.18】  TP（触发定时器指令）示例分析及仿真。

（1）分析。图 5-38 所示为 TP（触发定时器指令）示例程序，当 IN 为 FALSE 时，Q 为 FALSE，ET 为 0。一旦 IN 变为 TRUE，定时器的输出端 ET 以毫秒精度开始计时，直到它等于 PT，随后它会维持不变。当 IN 变为 TRUE 且 ET 小于或等于 PT 时，Q 为 TRUE。否则它为 FALSE。在由 PT 值指定的时间到达时，Q 返回了一个信号。在本例中，PT 设为 3 时，start 为 FALSE，out 为 FALSE，当 start 为 TRUE，out 输出变为 TRUE，同时 ET 开始计数，当 ET＝3S 时，out 输出变回为 FALSE。

（2）仿真。图 5-39 所示为 TP（触发定时器指令）示例程序的仿真。

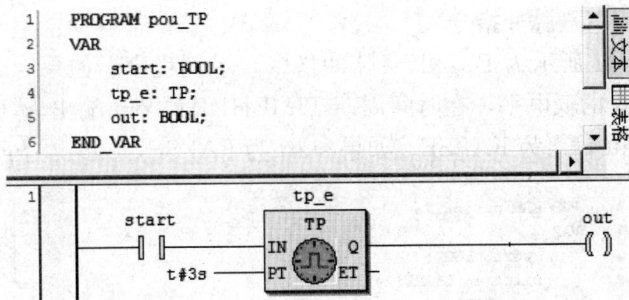

图 5-38　TP（触发定时器指令）示例程序

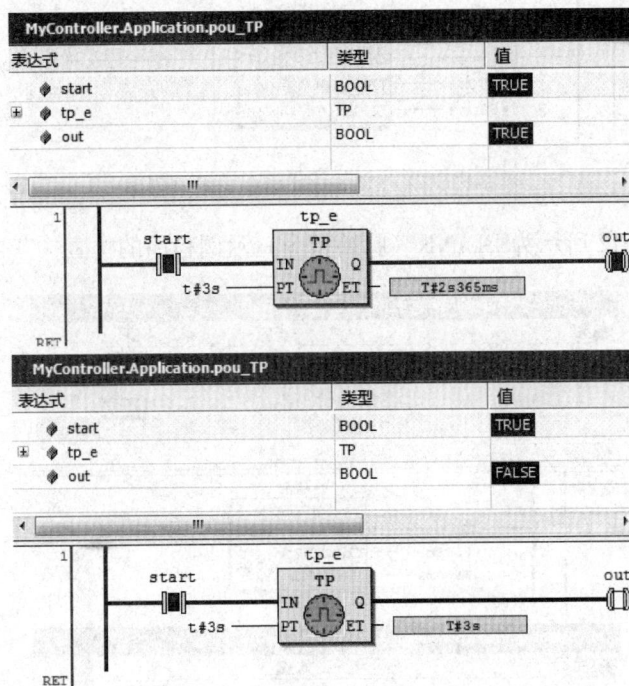

图 5-39　TP（触发定时器指令）示例程序仿真

（3）跟踪波形。图 5-40 所示为 TP（触发定时器指令）示例程序的跟踪波形仿真。

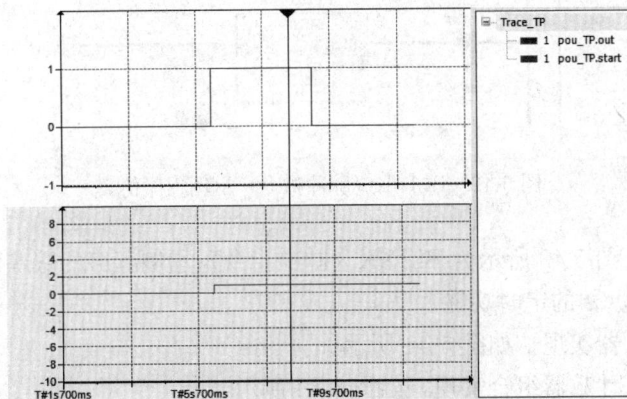

图 5-40　TP（触发定时器指令）示例程序跟踪波形仿真

【例 5.19】 BLINK（脉冲指令）。

（1）分析。图 5-41 所示为 BLINK（脉冲指令）示例程序，如果 start 为 TRUE，输出 0.5s 的高电平和 0.5s 的低电平，在时间周期 TIMEHIGH，out 输出为 TRUE；然后在时间周期 TIMELOW，out 输出为 FALSE。如果 start 为 FALSE，out 也为 FALSE。

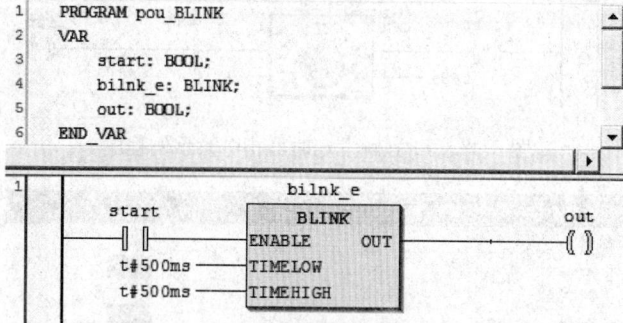

图 5-41 BLINK（脉冲指令）示例程序

（2）仿真。图 5-42 所示为 BLINK（脉冲指令）示例程序的仿真。

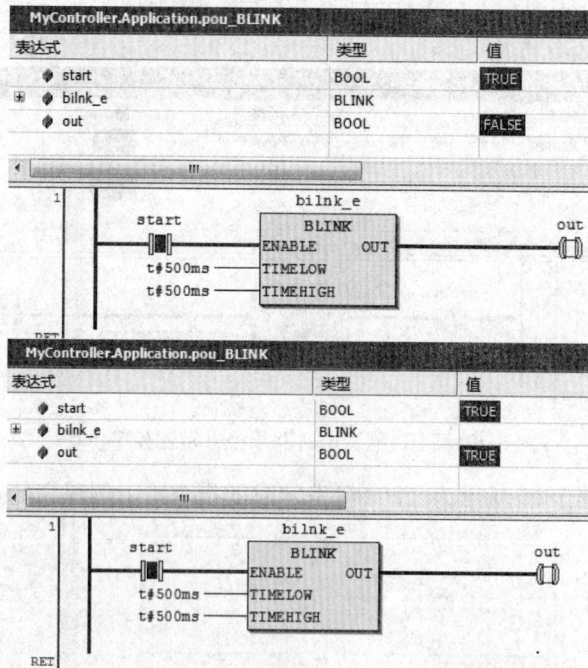

图 5-42 BLINK（脉冲指令）示例程序仿真

（3）跟踪波形。图 5-43 所示为 BLINK（脉冲指令）示例程序的跟踪波形仿真。

【例 5.20】 实现 2s 的定时功能。

（1）用单个定时器实现，如图 5-44 所示。

（2）用定时器及计数器组合实现，如图 5-45 所示。

（3）秒脉冲及计数器组合实现，如图 5-46 所示。

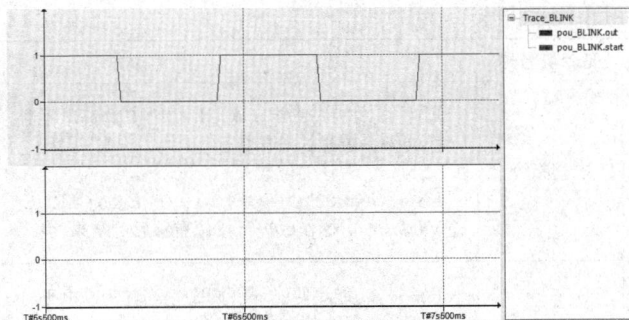

图 5-43　BLINK（脉冲指令）示例程序跟踪波形仿真

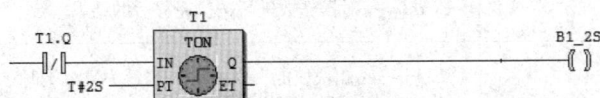

图 5-44　单个定时器程序

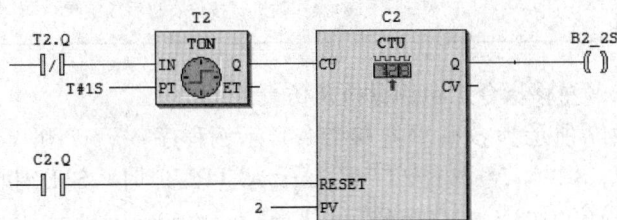

图 5-45　用定时器及计数器组合程序

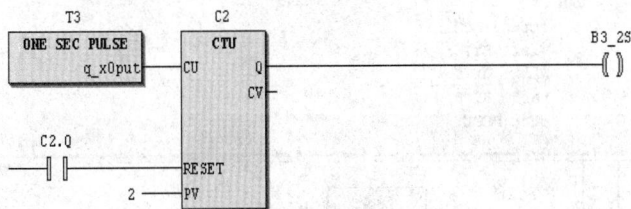

图 5-46　用秒脉冲及计数器组合程序

以上 3 种方式都可以实现 2s 的定时功能，但是从编程的简便性和容许的误差角度来说，第二种方式可能更简单，产生的时间误差更小。在编程的过程中，考虑到 PLC 扫描周期的影响，应尽可能地简化程序的编写，以减小扫描周期可能产生的误差。

7. 移位指令

移位指令一览表如表 5-11 所示。

表 5-11　　　　　　　　　　　　移 位 指 令 一 览 表

| 指令块 | 指令块名称 | 功能 |
| --- | --- | --- |
|  | 左移指令 | EN——功能块使能（BOOL），当其为高电平时，SHL 功能块被激活；<br>Var1——左移的操作数；<br>Var2——左移的位数；<br>ENO——布尔型（BOOL），一旦 EN 为 TRUE 时，其值为 TRUE；<br>Var3——对操作数进行按位左移后的结果 |

续表

| 指令块 | 指令块名称 | 功能 |
|---|---|---|
| SHR<br>EN　ENO<br>Var1<br>Var2　　Var3 | 右移指令 | EN——功能块使能（BOOL），当其为高电平时，SHR 功能块被激活；<br>Var1——右移的操作数；<br>Var2——右移的位数；<br>ENO——布尔型（BOOL），一旦 EN 为 TRUE 时，其值为 TRUE；<br>Var3——对操作数进行按位右移后的结果 |
| ROL<br>EN　ENO<br>Var1<br>Var2　　Var3 | 循环左移指令 | EN——功能块使能（BOOL），当其为高电平时，ROL 功能块被激活；<br>Var1——循环左移的操作数；<br>Var2——循环左移的位数；<br>ENO：布尔型（BOOL），一旦 EN 为 TRUE 时，其值为 TRUE；<br>Var3——对操作数进行按位左移后的结果 |
| ROR<br>EN　ENO<br>Var1<br>Var2　　Var3 | 循环右移指令 | EN——功能块使能（BOOL），当其为高电平时，ROR 功能块被激活；<br>Var1——循环右移的操作数；<br>Var2——循环右移的位数；<br>ENO——布尔型（BOOL），一旦 EN 为 TRUE 时，其值为 TRUE；<br>Var3——对操作数进行按位右移后的结果 |

【例 5.21】 SHL（左移指令）示例分析及仿真。

（1）分析。图 5-47 所示为 SHL（左移指令）示例程序，Var1 和 Var2 分别设为 BYTE 数据类型，Var1＝10♯69，Var2＝2。当 start 为 TRUE 时，SHL 执行左移位，此时，Var1＝10♯69＝2♯01000101，左移 2 位后，Var3＝2♯00010100＝10♯20。

```
1   PROGRAM pou_SHL
2   VAR
3       start: BOOL;
4       Var1: BYTE;
5       Var2: BYTE;
6       Var3: BYTE;
7       out: BOOL;
```

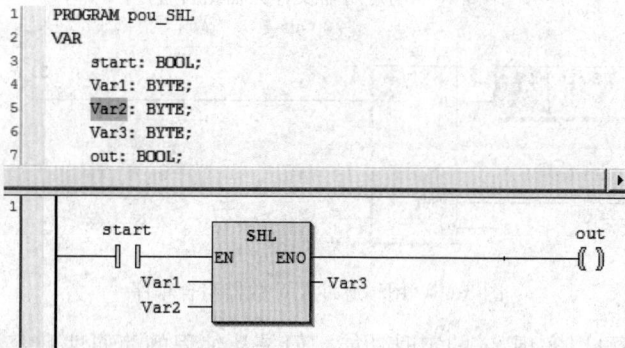

图 5-47　SHL（左移指令）示例程序

（2）仿真。图 5-48 所示为 SHL（左移指令）示例程序的仿真。

【例 5.22】 SHR（右移指令）示例分析及仿真。

（1）分析。图 5-49 所示为 SHR（右移指令）示例程序，Var1 和 Var2 分别设为 BYTE 数据类型，Var1＝10♯69，Var2＝2。当 start 为 TRUE 时，SHR 执行右移位，此时 Var1＝10♯69＝2♯01000101，右移 2 位后，out＝2♯00010001＝10♯17。

（2）仿真。图 5-50 所示为 SHR（右移指令）示例程序的仿真。

【例 5.23】 ROL（循环左移指令）示例分析及仿真。

（1）分析。图 5-51 所示为 ROL（循环左移指令）示例程序，Var1 和 Var2 分别设为

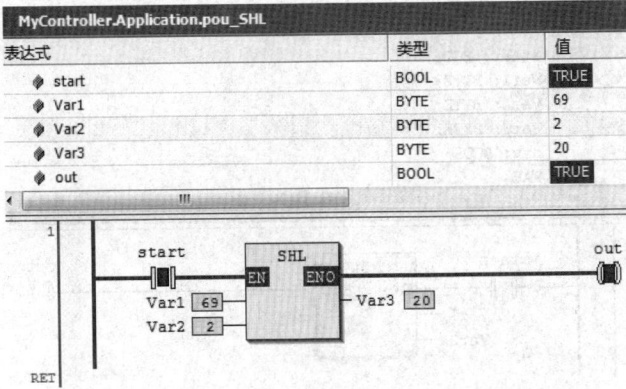

图 5-48　SHL（左移指令）示例程序仿真

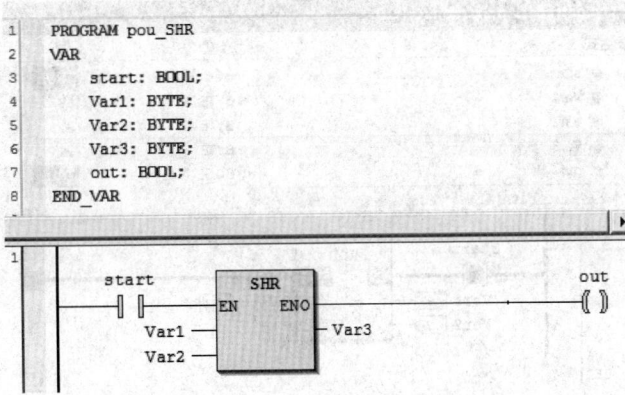

图 5-49　SHR（右移指令）示例程序

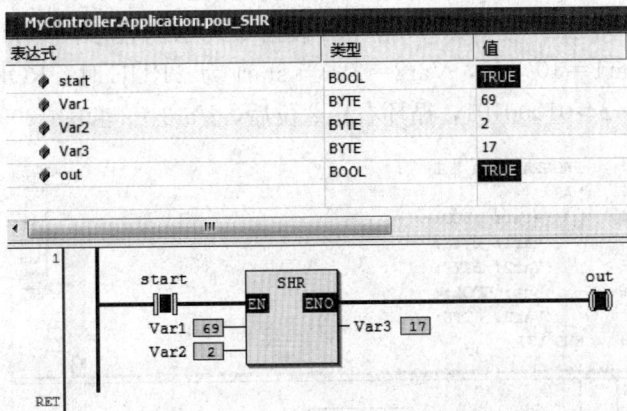

图 5-50　SHR（右移指令）示例程序仿真

BYTE 数据类型，Var1＝10♯69，Var2＝2。当 start 为 TRUE 时，ROL 执行循环左移位，此时 Var1＝10♯69＝2♯01000101，循环左移 2 位后，Var2＝2♯00010101＝10♯21。

（2）仿真。图 5-52 所示为 ROL（循环左移指令）示例程序的仿真。

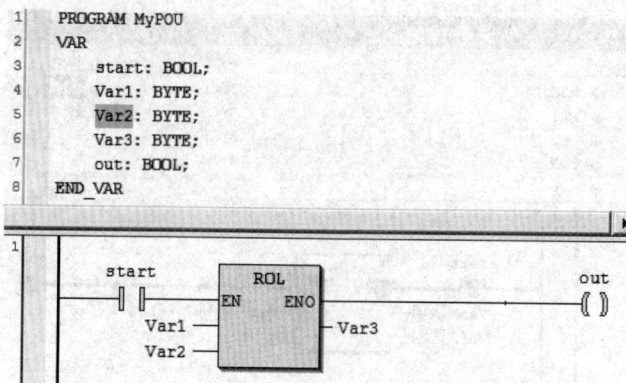

图 5-51  ROL（循环左移指令）示例程序

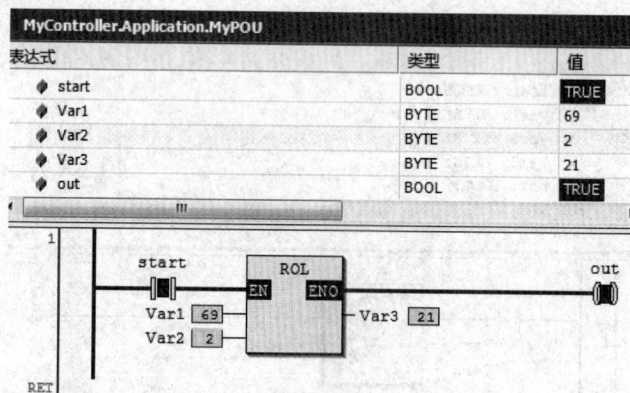

图 5-52  ROL（循环左移指令）示例程序仿真

【例 5.24】  ROR（循环右移指令）示例分析及仿真。

（1）分析。图 5-53 所示为 ROR（循环右移指令）示例程序，Var1 和 Var2 分别设为 BYTE 数据类型，Var1=10#69，Var2=2。当 start 为 TRUE 时，ROR 执行循环右移位，此时 Var1=10#69=2#01000101，循环右移 2 位后，Var3=2#01010001=10#81。

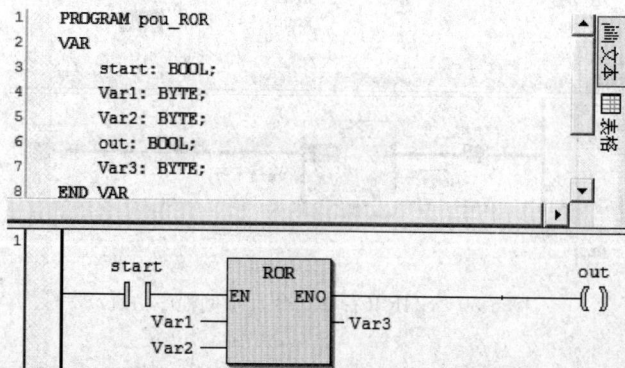

图 5-53  ROR（循环右移指令）示例程序

（2）仿真。图 5-54 所示为 ROR（循环右移指令）示例程序的仿真。

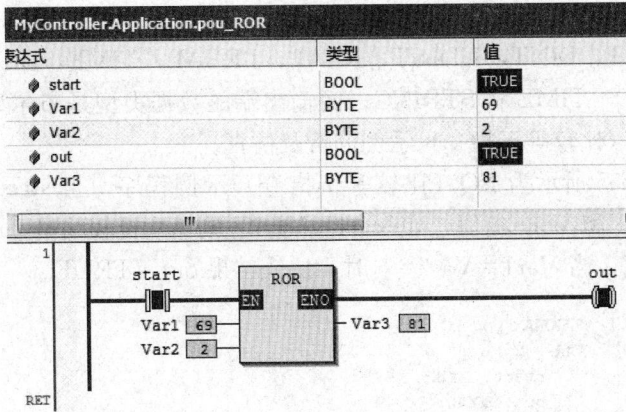

图 5-54　ROR（循环右移指令）示例程序仿真

8. 比较指令

比较指令一览表如表 5-12 所示。

表 5-12　　　　　　　　　　　　　　　　比 较 指 令 一 览 表

| 指令块 | 指令块名称 | 功能 |
|---|---|---|
| GT > | 大于 | 当第一个操作数比第二个大时，返回值为 TRUE |
| LT < | 小于 | 当第一个操作数比第二个小时，返回值为 TRUE |
| GE ≥ | 大于等于 | 当第一个操作数比第二个大或者等于时，返回值为 TRUE |
| LE ≤ | 小于等于 | 当第一个操作数与第二个等于时，返回值为 TRUE |
| EQ = | 等于 | 当第一个操作数与第二个等于时，返回值为 TRUE |
| NE ≠ | 不等于 | 当第一个操作数与第二个不相等时，返回值为 TRUE |

说明：比较运算指令（GT、LT、GE、LE、EQ、NE）是一个布尔量操作符，其输入

端的操作数可以是任何基本数据类型如：BOOL，BYTE，WORD，DWORD，SINT，USINT，INT，UINT，DINT，UDINT，REAL，LREAL，TIME，DATE，TIME\_OF\_DAY，DATE\_AND\_TIME 和 STRING；而输出端的数据类型是布尔型（BOOL）。

【例 5.25】　EQ（比较等于指令）示例分析及仿真。

（1）分析。图 5-55 所示为 EQ（比较等于指令）示例程序，当 start 为 TRUE 时，EQ 指令执行，比较 Var1 和 Var2 的值，如 Var1＝Var2，则输出比较结果 out 为 TRUE；否则，out 为 FALSE。所以，当 Var1＝Var2＝5 时，比较结果 out＝TRUE。

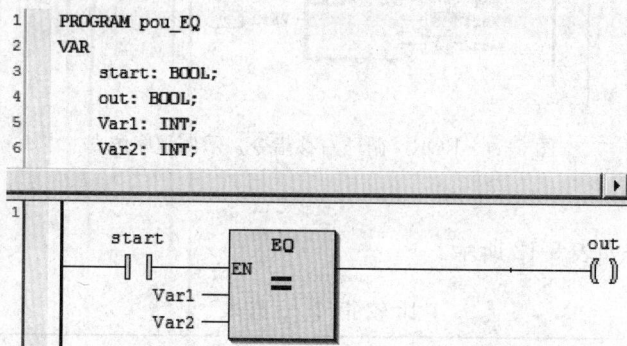

图 5-55　EQ（比较等于指令）示例程序

（2）仿真。图 5-56 所示为 EQ（比较等于指令）示例程序的仿真。

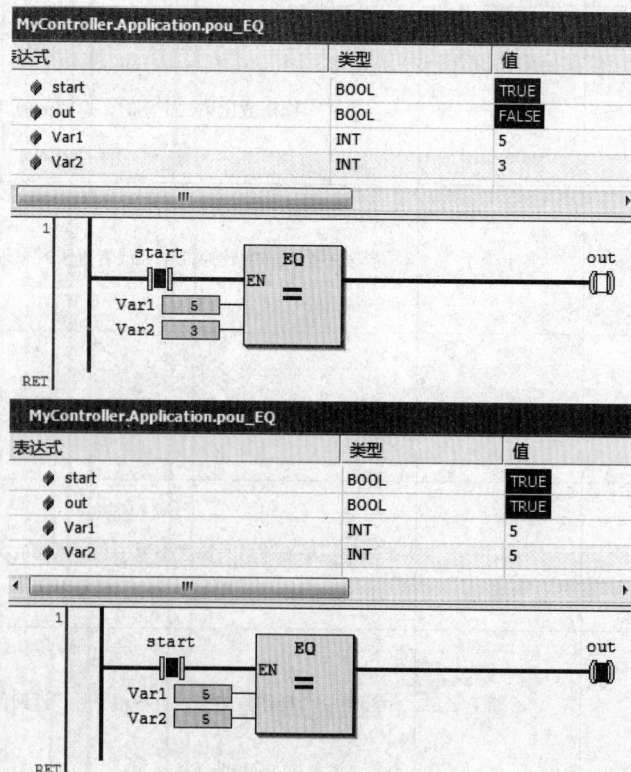

图 5-56　EQ（比较等于指令）示例程序仿真

【例 5.26】　GE（比较大于等于指令）示例分析及仿真。

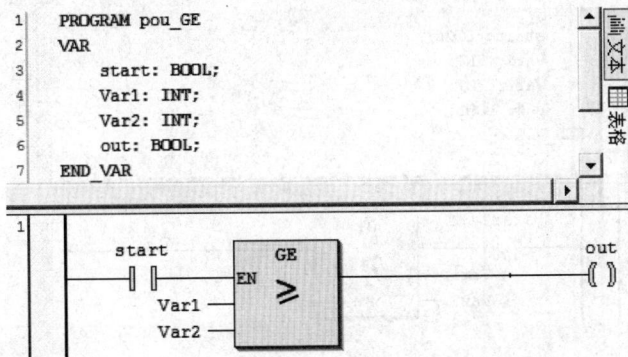

（1）分析。图 5-57 所示为 GE（比较大于等于指令）示例程序，当 start 为 TRUE 时，GE 指令执行，比较 Var1 和 Var2 的值，如 Var1 大于等于 Var2，则输出比较结果 out 为 TRUE；否则，out 为 FALSE。所以，当 Var1＝5；Var1＝6 时，比较结果 out＝FALSE。

```
1    PROGRAM pou_GE
2    VAR
3        start: BOOL;
4        Var1: INT;
5        Var2: INT;
6        out: BOOL;
7    END_VAR
```

图 5-57　GE（比较大于等于指令）示例程序

（2）仿真。图 5-58 所示为 GE（比较大于等于指令）示例程序的仿真。

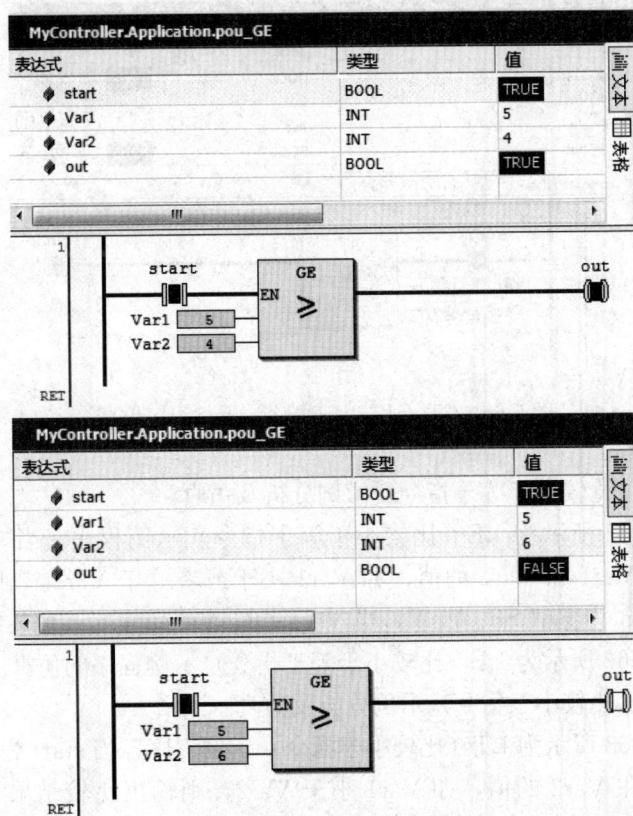

| MyController.Application.pou_GE | | |
|---|---|---|
| 表达式 | 类型 | 值 |
| start | BOOL | TRUE |
| Var1 | INT | 5 |
| Var2 | INT | 4 |
| out | BOOL | TRUE |

| MyController.Application.pou_GE | | |
|---|---|---|
| 表达式 | 类型 | 值 |
| start | BOOL | TRUE |
| Var1 | INT | 5 |
| Var2 | INT | 6 |
| out | BOOL | FALSE |

图 5-58　GE（比较大于等于指令）示例程序仿真

**【例 5. 27】** GT（比较大于指令）示例分析及仿真。

（1）分析。图 5-59 所示为 GT（比较大于指令）示例程序，当 start 为 TRUE 时，GT 指令执行，比较 Var1 和 Var2 的值，如 Var1 大于 Var2，则输出比较结果 out 为 TRUE；否则，out 为 FALSE。所以，当 Var1＝6，Var1＝5 时，比较结果 out＝TRUE。

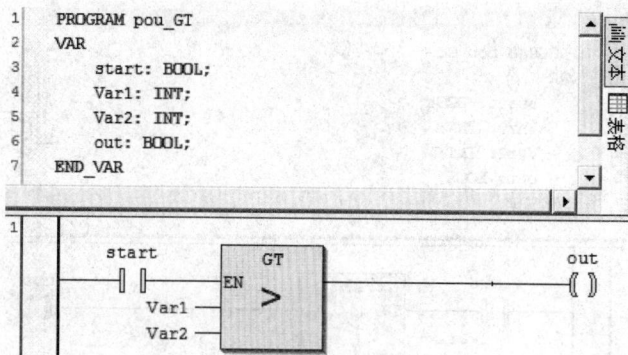

图 5-59　GT（比较大于指令）示例程序

（2）仿真。图 5-60 所示为 GT（比较大于指令）示例程序的仿真。

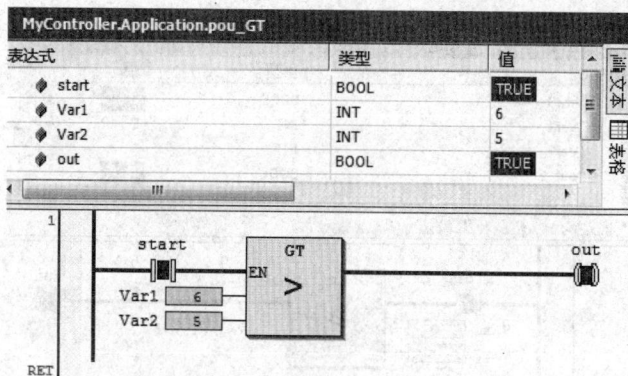

图 5-60　GT（比较大于指令）示例程序仿真

**【例 5. 28】** LE（比较小于等于指令）示例分析及仿真。

（1）分析。图 5-61 所示为 LE（比较小于等于指令）示例程序，当 start 为 TRUE 时，LE 指令执行，比较 Var1 和 Var2 的值，如 Var1 小于或者等于 Var2，则输出比较结果 out 为 TRUE，否则，out 为 FALSE。所以，当 Var1＝6，Var2＝8 时，比较结果 out＝TRUE。

（2）仿真。图 5-62 所示为 LE（比较小于等于指令）示例程序的仿真。

**【例 5. 29】** LT（比较小于指令）示例分析及仿真。

（1）分析。图 5-63 所示为 LT（比较小于指令）示例程序，当 start 为 TRUE 时，LT 指令执行，比较 Var1 和 Var2 的值，如 Var1 小于 Var2，则输出比较结果 out 为 TRUE，否则，out 为 FALSE。所以，当 Var1＝6，Var2＝8 时，比较结果 out＝TRUE。

（2）仿真。图 5-64 所示为 LT（比较小于指令）示例程序的仿真。

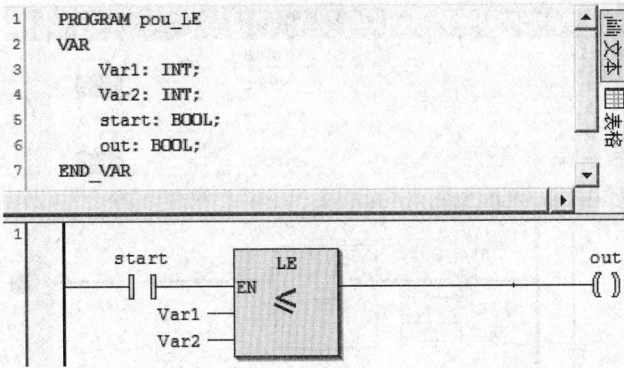

图 5-61　LE（比较小于等于指令）示例程序

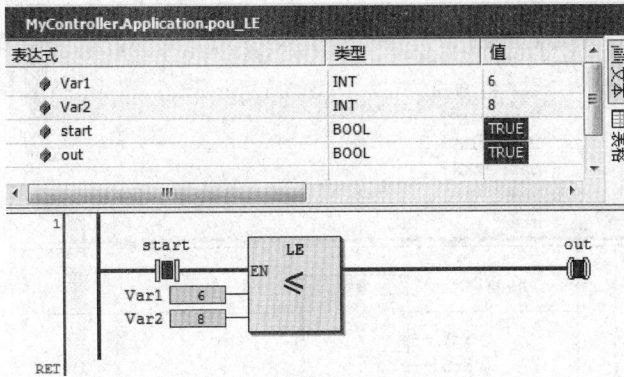

图 5-62　LE（比较小于等于指令）示例程序仿真

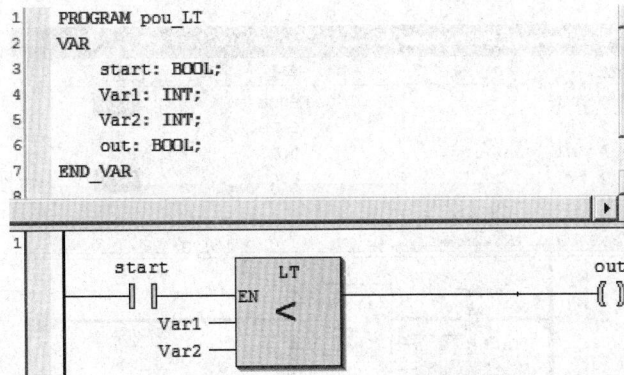

图 5-63　LT（比较小于指令）示例程序

【例 5.30】　NE（比较不等于指令）示例分析及仿真。

（1）分析。图 5-65 所示为 NE（比较不等于指令）示例程序，当 start 为 TRUE 时，NE 指令执行，比较 Var1 和 Var2 的值，如 Var1 不等于 Var2，则输出比较结果 out 为 TRUE，否则，out 为 FALSE。所以，当 Var1＝6，Var1＝8 时，比较结果 out＝TRUE。

（2）仿真。图 5-66 所示为 NE（比较不等于指令）示例程序的仿真。

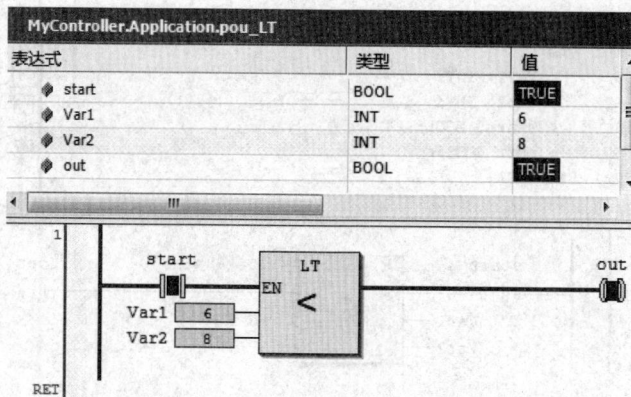

图 5-64　LT（比较小于指令）示例程序仿真

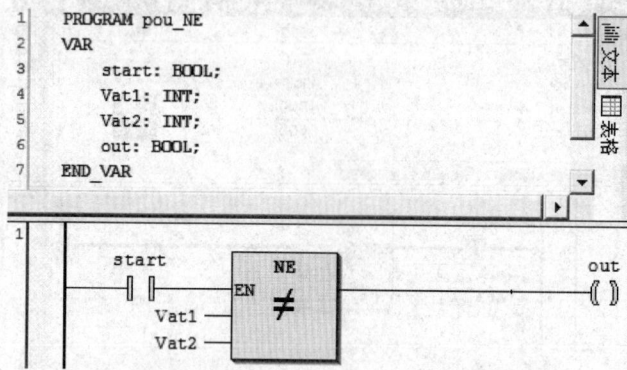

图 5-65　NE（比较不等于指令）示例程序

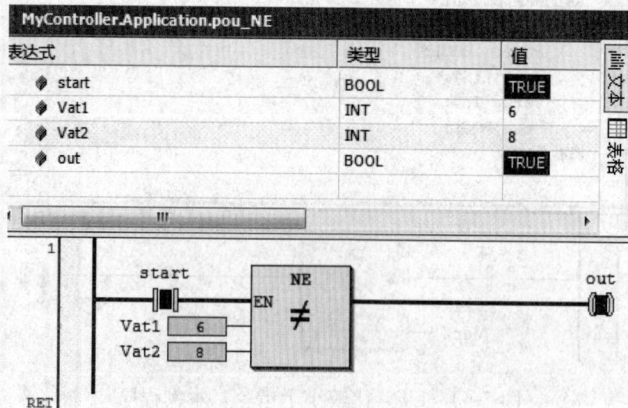

图 5-66　NE（比较不等于指令）示例程序仿真

### 5.4.3　功能块语言（FBD)

FBD 是功能块图（Function Block Diagram）的简称。FBD 功能块编程方式是一种功能块流程图方式的图形编程语言。如图 5-67 所示，整个程序随着一个个功能块的搭建，顺序执行，流向清晰，功能明显。它由一系列的节组成，每一个节又由图形结构的运算块和连接线的组成，每节完成一段相对独立的运算，这些运算包括逻辑，算术，功能块，输入，输出，连线，跳转和返回等。

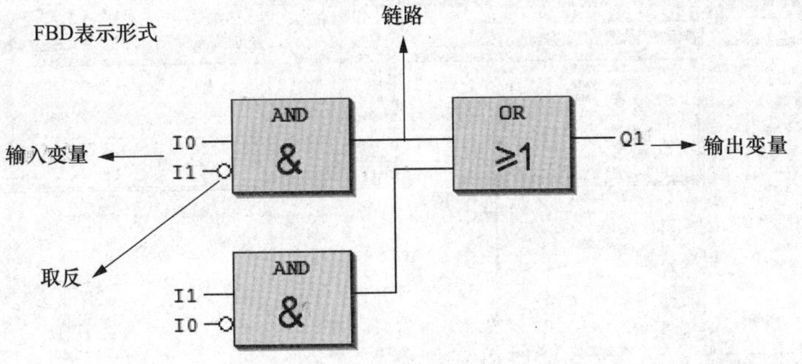

图 5-67　FBD 语言的表示方式

其编辑主页面如图 5-68 所示。

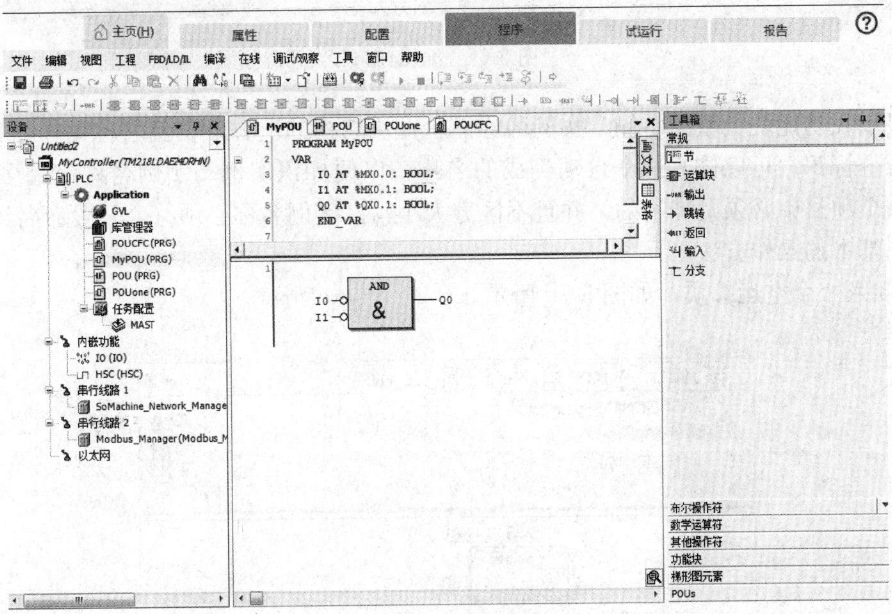

图 5-68　编辑主页面

1. 功能块图形 FBD 的组成

"节"是 FBD 程序的基本组成单元。每个节包含逻辑式或运算表达式，POU（函数，程序，功能块调用等），跳转，返回指令。当创建一个新的对象时，编辑窗口将会自动添加一个空节。库或对象属性的功能块或函数提供了图标（位图），该图标将显示在 FBD 编辑器的运算块中，标准操作符也有图标，其编辑窗口如图 5-69 所示。

2. 功能块图形 FBD 的基本编程设计

基本功能块（EFB）具有内部状态。每次调用该功能时，即使输入值相同，输出值也可能不同，例如对于计数器，输出值是递增的。在图形表示中，基本功能块用包含多个输入和多个输出的块结构表示。输入始终表示在块结构的左侧，而输出始终表示在块结构的右侧。功能块可以有多个输出。功能块的名称（即功能块类型）显示在块结构的中央。功能块的执

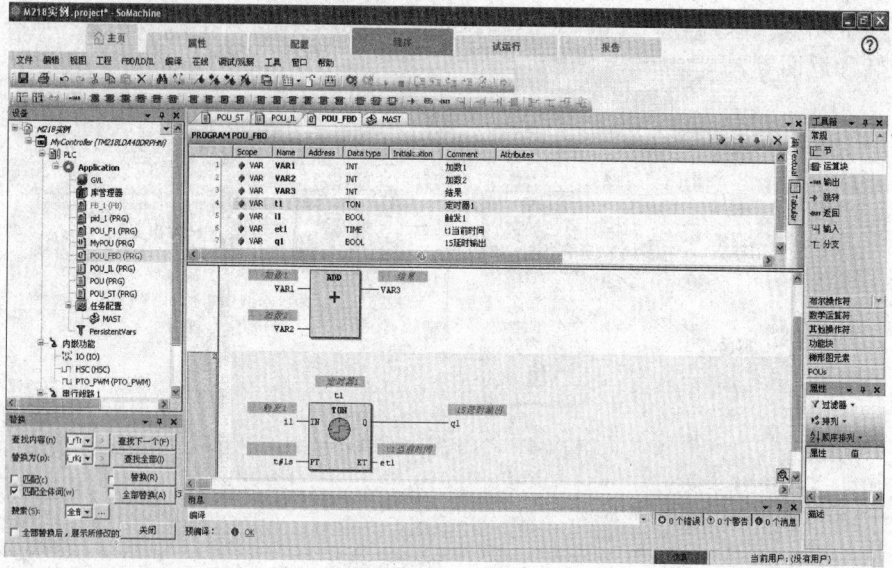

图 5-69　编辑窗口

行编号显示在功能块类型的右侧。实例名称显示在块结构的上方。实例名称用作项目中的功能块的唯一标识。可以修改这个自动生成的名称，以便标识实例。实例名称（最多 32 个字符）在整个项目中必须是唯一的，并且不区分大小写。实例名称必须符合一般命名约定。

（1）基本的操作方法。

1）插入一个空运算块，如图 5-70 所示。

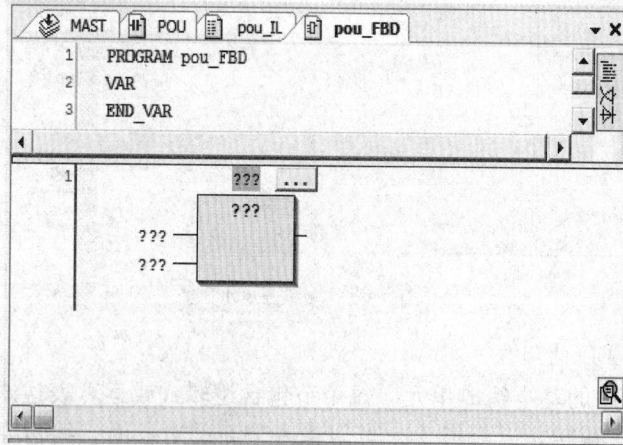

图 5-70　插入一个空运算块

2）在该空运算块上面的"???"处单击鼠标，可以给此功能块命名，如命名为"add"，如图 5-71 所示。

（2）单击该运算块内的"???"单击鼠标选择自己需要的功能块的名称（也可以调用输入助手）和各个引脚的名称，如加法运算功能块"ADD"，再单击回车键即可，如图 5-72 所示。

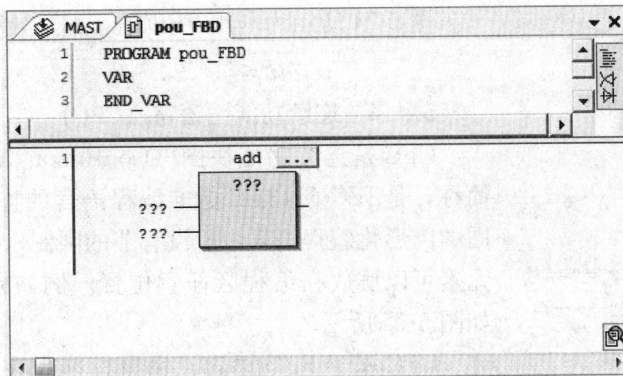

图 5-71　给功能块命名为"add"

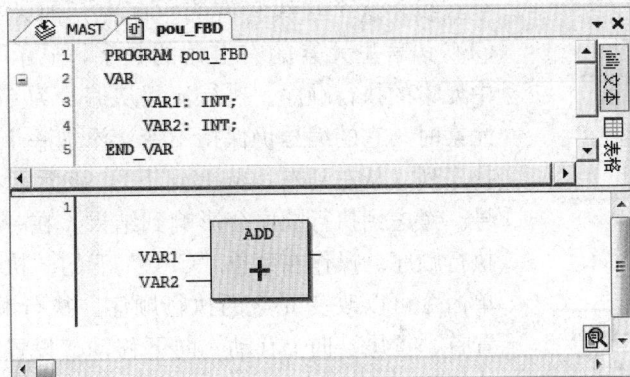

图 5-72　调用加法功能块"ADD"

【例 5.31】　利用 FBD 语言编写三相异步电动机正反转控制程序（可以与 IL、LD 语言作对比）。图 5-73 所示为利用 FBD 语言编写电机正反转的参考程序。

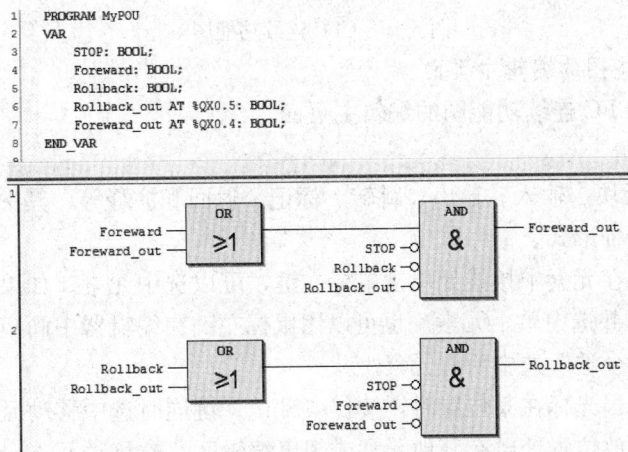

图 5-73　FBD 语言编写电机正反转程序

【例 5.32】　利用 FBD 语言编写计算式子的程序（可以与 LD 语言作对比）。

```
1   PROGRAM POUone
2   VAR
3       start: BOOL;
4       m1: BOOL;
5       w1: INT;
6       w2: BOOL;
7       m2: BOOL;
8       w3: INT;
9       m3: BOOL;
10      w4: BOOL;
11      m4: BOOL;
12      result: REAL;
13  END_VAR
```

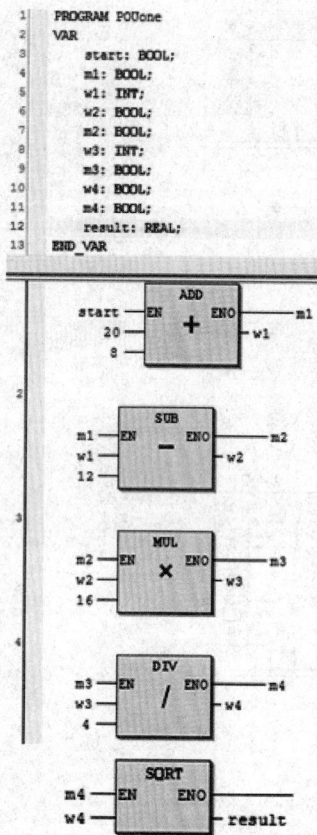

图 5-74　FBD 语言编写计算程序

图 5-74 所示为利用 FBD 语言编写计算式子的参考程序。

$$result = \sqrt{(20 + 8 - 12) \times 16 \div 4}$$

### 5.4.4　连续功能图语言（CFC）

CFC 是连续功能块图（Continuous Function Chart）的简称，是 IEC 61131-3 标准编程语言的扩展，是基于功能块图的图形化编程语言，但没有节的限制，摆放元素更加灵活。元素可以摆放在编程区任意位置。例如允许插入反馈回路，如图 5-75 所示。

CFC 基于 FBD 语言，用鼠标拖曳在元素之间连线，当元素移动位置时，编辑器会自动调整连线长度。如果连接线因为缺乏空间不能画出，在输入和相关的输出之间会出现一个红线，这个红线只有当空间充足时才转化为连接线。在 CFC 语言里元素的右上角的数字，显示了在线模式下 CFC 中元素的执行顺序。执行流程从编号为 0 的元素开始。移动元素时，它的编号仍保持不变。添加一个新元素时，按照拓扑序列（从左到右，从上到下），该元素将自动获得一个编号。考虑到执行顺序会影响到结果，在一定情况下可以改变执行顺序。操作在菜单"CFC"下的"执行顺序"中的子菜单命令可以改变元素的执行顺序。执行顺序包含的命令有：置首、置尾、向上移动、向下移动、设置执行顺序、按数据流排序、按拓扑排序。

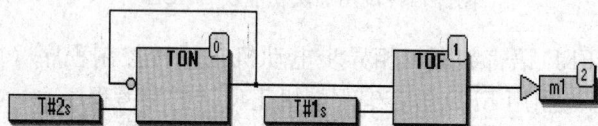

图 5-75　CFC 连续功能图

1. CFC 连续功能图的编辑主页面

图 5-76 所示为 CFC 连续功能图的编辑主页面。

2. CFC 操作说明

CFC 的元素包括块、输入、输出、跳转、标记、返回和注释等，其中块分为操作符、函数、功能块和程序 4 种形式。

（1）选中元素。在元素中接线处单击鼠标左键，可以选中元素。如果想同时选中几个元素，按住<Shift>键并选中单个元素。也可以用鼠标左键在编辑器中画矩形区域选中其中几个元素。"其他"/"全选"选中所有元素。

（2）移动元素。当光标在某位置时，按住<Shift>键同时选中移动元素，到合适的位置后释放左键。如果释放位置处已有其他元素或超出编辑区，被移动元素会跳回原位置，移动失败。

（3）连线。一个元素的输入引脚只能连一个输出引脚（本元素的输出引脚或其他元素的输出引脚），而一个元素的输出引脚可以连几个输入引脚（本元素的输入引脚或其他元素的

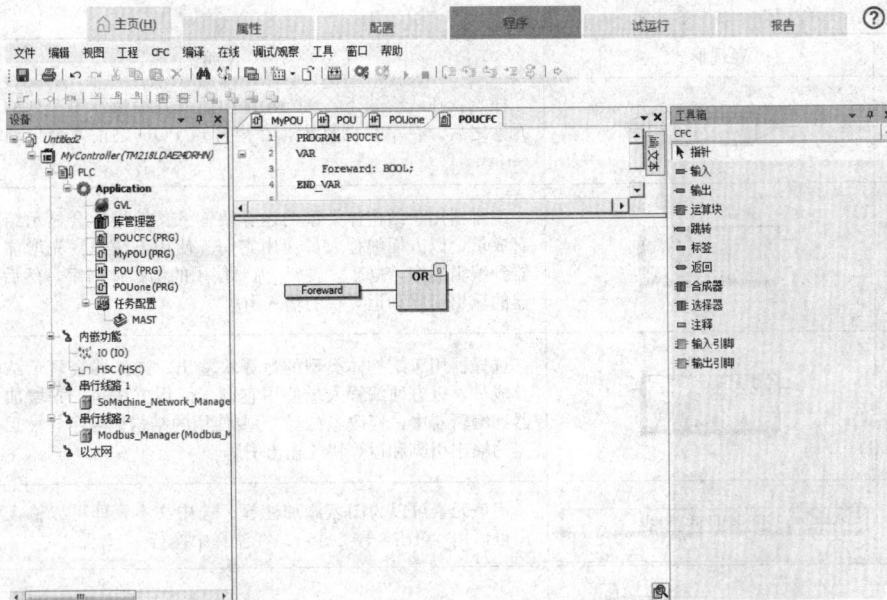

图 5-76　CFC 连续功能图的编辑主页面

输入引脚）。在连线时，编辑器会检查双方的数据类型是否匹配，如果不匹配，光标会变为"禁止"样式，连线失败。若连接线为浅灰色，则表明元素之间有位置重叠连线操作。

（4）删除连线。如图 5-76 所示，有 3 种方式删除 E1（a）和 E2（ADD）之间的连线。选中 E1 的输出引脚，按下 <Delete> 键或"编辑""删除"，如果 E1 的输出引脚有几条线，则会同时删除。选中 E2 的输入引脚，按下 <Delete> 键或"编辑""删除"。

（5）插入元素。CFC 的元素包括块、输入、输出、跳转、标记、返回和注释等具体参考如表 5-13 所示。

表 5-13　　　　　　　　　　　CFC 元素的名称、表现形式及说明

| 元素名称 | 表现形式 | 说明 |
| --- | --- | --- |
| 输入 | ??? | 选中'???'文本，然后修改为变量或者常量。通过输入助手可以选择输入一个有效标识符 |
| 输出 | ??? | |
| 运算符 | ??? | 运算块可用来表示操作符，函数，功能块和程序。选中运算块的'???'文本框，修改为一个操作符名，函数名，功能块名或者程序名。通过输入助手可以选择输入一个有效的对象。<br>当插入一个功能块，随即运算块上出现另一个'???'，这时要把'???'修改为功能块实例名。若运算块被修改为另一个运算块（通过修改运算块名），而且新运算块的最大输入或输出引脚数，或者最小输入或输出引脚数与前者不同。运算块的引脚会自动做相应的调整。若要删除引脚，则首先删除最下面的引脚 |
| 跳转 | ??? | 跳转用来指示程序下一步执行到哪里，这个位置是由标签定义的。插入一个新标签后，要用标签名替代'???' |
| 标签 | ??? . | 标签标识程序跳转的位置（见"跳转"）。<br>在线模式下，标识 POU 结束的返回标签会自动插入 |

| 元素名称 | 表现形式 | 说明 |
|---|---|---|
| 返回 | RETURN | 注意：在线模式下，return 自动插入到编辑器第一列的最后那个元素之后。在单步调试中，在离开该 POU 之前，会自动跳转到该 return |
| 编排器 | ??? | 编排器用于结构体类型的运算块输入。编排器会显示结构体的所有成员，以方便编程人员使用它们。使用方法是：先增加一个编排器到编辑器中，修改'???'为要使用的结构体名字，然后连接编排器的输出引脚和运算块的输入引脚 |
| 选择器 | ??? | 选择器用于结构体类型的运算块输出。选择器会显示结构体的所有成员，以方便编程人员使用它们。使用方法是：先增加一个选择器到编辑器中，修改'???'为要使用的结构体名字，然后连接选择器的输出引脚和运算块的输出引脚 |
| 注释 | <Enter your comment here...> | 用该元素可以为图表添加注释。选中文本，即可以输入注释。用户可以用<ctrl>+<enter>在注释中换行 |
| 输入引脚 | ADD 0 / i1 i2 i3 | 有些运算块可以增加输入引脚。首先在工具箱中选中 Input Pin，然后拖放到在 CFC 编辑器中的算法块上，该运算块就会增加一个输入引脚 |
| 输出引脚 | ADD 0 | 有些运算块可以增加输出引脚。首先在工具箱中选中 Output Pin，然后拖放到在 CFC 编辑器中的算法块上，该运算块就会增加一个输出引脚 |

【例 5.33】 CFC 利用运算模块编程示例。

图 5-77 所示为利用 CFC 利用运算模块编程的参考程序。

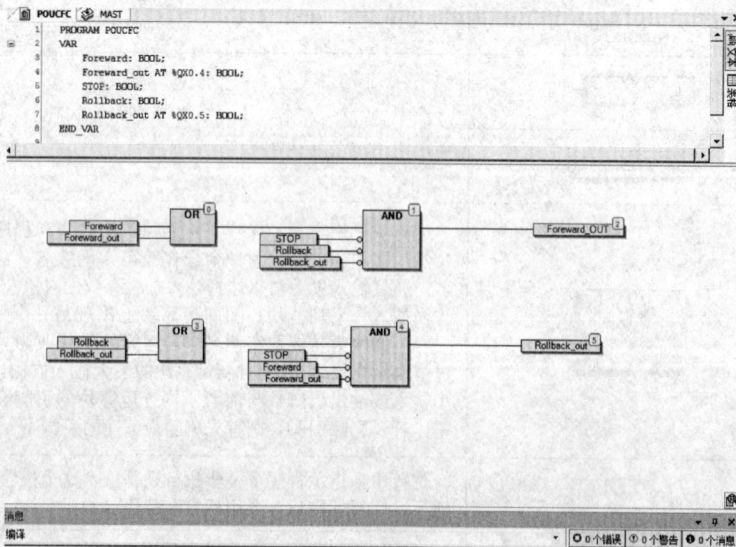

图 5-77　CFC 语言编写电机正反转程序

在连续功能图中，基本的一些功能块包括算术运算功能图（ADD、SUB、MUL、DIV）、比较运算功能图（GT、LT、GE、LE、EQ、NE）、定时器功能图（TP、TON、TOF、RTC）等。

图 5-78 所示程序实现的功能：首先利用 ADD 模块进行相加：DATA1＋DATA2；然后利用 MUL 模块进行相乘：乘 DATA3；接着通过 GE 模块进行比较，如果大于等于 DATA4 输出 TRUE，反之，输出 FALSE；最后与 DATA5 进行与（AND）运算，得出 OUTPUT。

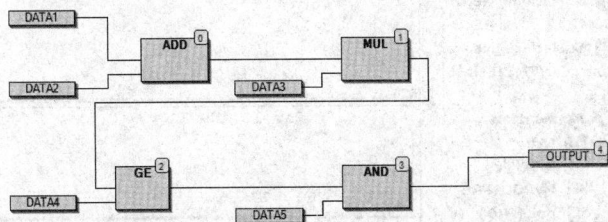

图 5-78　CFC 计算程序

### 5.4.5　结构化文本（ST）

结构化文本，Structured Text，简写为 ST，是用结构化的描述文本来编写程序的一种编程语言，如图 5-79 所示，为一段参考程序示例。

ST 语言的特点是"高级文本编程"和"结构化"，适合于算法和结构较为复杂，其他编程语言（如梯形图、FBD 等）实现比较困难的情况，具有高效、快捷、简洁的优点。这种编程语言类似于高级语言，可以方便地编写复杂运算程序以及各种跳转和循环。

结构化文本的程序编写界面，如图 5-80 所示。

**ST表示形式**

```
E:=A*A-5*B*C;
IF E<0.0 THEN KKST:=0;
ELSIF E=0.0 THEN
KKST:=1;
Y:=A/(6.0*C)
ELSE
KKST:=3;
Y:=(A+B*B)/(C+SQRT(E));
END_IF;
```

图 5-79　ST 语言的表示形式

1. ST 编程语言的各种元素

使用结构化文本 ST 的编程语言，可以执行多种操作，例如调用功能块、赋值、有条件地执行指令和重复任务。ST 的编程语言由表达式、操作数、操作符、指令等元素组成，具体如下。

（1）表达式。表达式是由操作符和操作数组成的结构，在执行表达式时会返回值。计算表达式时将根据操作符的优先级所定义的顺序将操作符应用于操作数表。首先执行表达式中具有最高优先级的操作符，接着执行具有次优先级的操作符，依此类推，直到完成整个计算过程。优先级相同的操作符将根据它们在表达式中的书写顺序从左至右执行。可使用括号更改此顺序。例如：a＋b＋c；3.14 * R * R；ABS（－10）＋var1。

（2）操作数。操作数表示变量，数值，地址，功能块等。操作数可以是：地址，数值，变量，多元素变量，多元素变量的元素，功能调用，功能块输出等。处理操作数的指令中的数据类型必须相同。如果需要处理不同类型的操作数，则必须预先执行类型转换。

（3）操作符。操作符是执行运算过程中所用的符号。它表示：要执行的算术运算，或要执行的逻辑运算，功能编辑调用。操作符是泛型的，即它们自动适应操作数的数据类型。

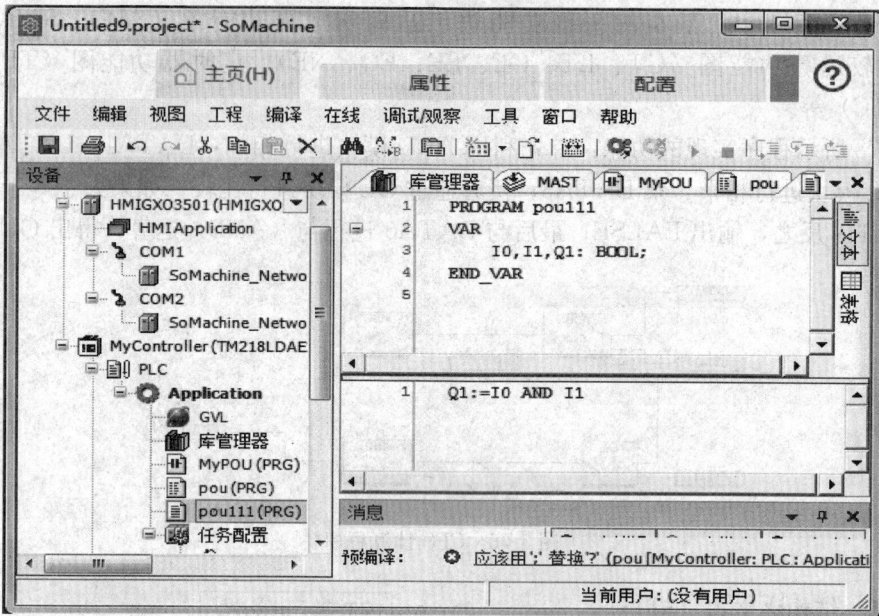

图 5-80　结构化文本的程序编写界面

　　如果在表达式中有若干个操作符，则操作符会按照约定的优先级顺序执行：先执行优先
级高的操作符运算，再顺序执行优先级低的操作符运算。如果在表达式中具有优先级相同的
操作符，则这些操作符按照书写顺序从左至右执行。操作符的优先级如表 5-14 所示。

表 5-14　　　　　　　　　　　　　　操 作 符 的 优 先 级

| 操作符 | 符号 | 优先级 |
|---|---|---|
| 小括号 | ( ) | 最高 |
| 函数调用 | Function name (Parameter list) | |
| 求幂 | EXPT | |
| 取反 | NOT | |
| 乘法 除法 取模 | * / MOD | |
| 加法 减法 | + − | |
| 比较 | <, >, <=, >= | |
| 等于 不等于 | = <> | |
| 逻辑与 | AND | |
| 逻辑异或 | XOR | |
| 逻辑或 | OR | 最低 |

　　（4）指令。指令用于将表达式返回的值赋给实际参数，并构造和控制表达式。下节重点
说明 ST 语言的各种指令。

2. ST 语言指令说明

（1）赋值指令。

1）语法。

变量：＝变量或表达式。

2）含义。操作符"：＝"右边变量或表达式的值被赋给了左边的变量。

例如：var2：＝var1 * 10；该语句表示把 var1 的值乘以 10，再将得到的结果赋值给 var2。

（2）选择指令 IF... THEN... END_IF。使用 IF 指令可以检查条件，并根据此条件执行相应的指令。常见的 IF 指令结构有：

1）IF 条件 A THEN。

- 语法。表达式A；

　　　　　END_IF

- 含义。当条件 A 满足时，执行表达式 A。

【例 5.34】　用 ST 编程语言实现当温度（Temp）降到 17℃ 以下时，开启加热器（heating_on）。

图 5-81 所示为参考程序。

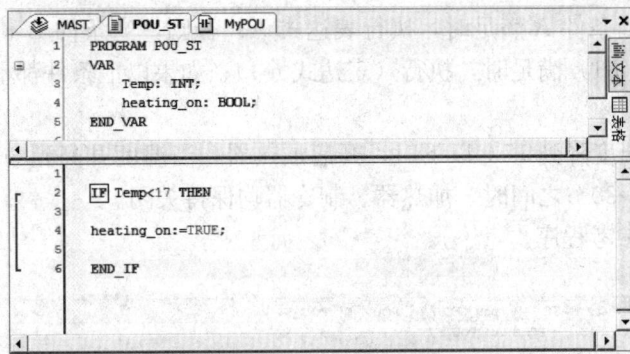

图 5-81　参考程序

2）IF 条件 A　THEN。

- 语法。

表达式A；

　　　　ELSE

表达式B；

　　　　END_IF

- 含义。当条件 A 满足时，执行表达式 A；否则，执行表达式 B。

【例 5.35】　当温度降到 17℃ 以下时，开启加热器（heating_on），否则加热器保持关闭。

图 5-82 所示为参考程序。

3）IF 条件 A　THEN　表达式 A；

　　　　ELSIF　条件 B　THEN　表达式 B；

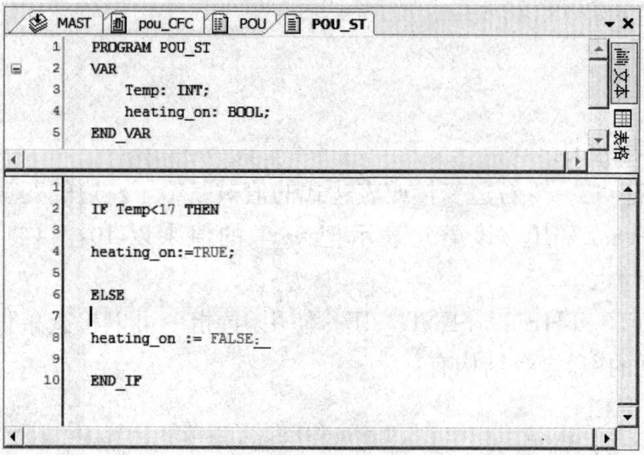

图 5-82　参考程序

……

ELSIF　条件 $n$-1　THEN　表达式 $n$-1；

ELSE　表达式 $n$；

END _ IF

・功能说明。当条件 A 满足时，执行表达式 A；否则，当条件 B 满足时，执行表达式 B；否则，当（条件 $n$-1）满足时，执行（表达式 $n$-1）；如果以上条件都不满足，则执行表达式 N；指令结束。

【例 5.36】　当温度降到 17℃以下时，开启加热器；当温度升高到 30℃以上时，开启制冷器；当温度在 17～30℃之间时，加热器、制冷器均保持关闭。

图 5-83 所示为参考程序。

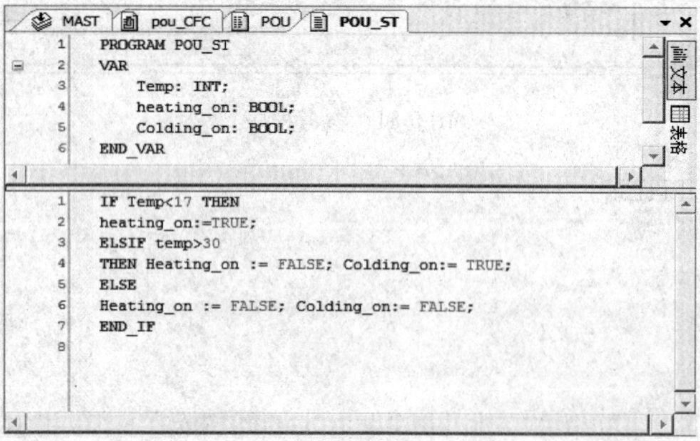

图 5-83　参考程序

仿真结果：

➢ Temp＝10 时，仿真结果如图 5-84 所示。

➢ Temp＝40 时，仿真结果如图 5-85 所示。

➢ Temp＝20 时，仿真结果如图 5-86 所示。

图 5-84　仿真结果 1

图 5-85　仿真结果 2

图 5-86　仿真结果 3

（3）CASE 指令。

1）语法。

CASE<控制变量>OF

　　　　　　<数值1>：<表达式1>
　　　　　　<数值2>：<表达式2>
　　　　　　<数值3，数值4，数值5>：<表达式3>
　　　　　　<数值6..数值10>：<表达式4>
　　　　　　　　…
　　　　　　<数值n>：<表达式n>
　　　　　　　ELSE<ELSE的表达式>
　　　　　　　END_CASE

　　2）含义。CASE指令用于将控制变量和若干个操作数进行比较，如果控制变量与其中一个值相同，则执行该值对应的语句。如果与任何一个值都不相同，则执行ELSE指令的语句。

　　【例5.37】用ST编程语言实现下面的功能：

　　（1）当INT1=1或5时，BOOL1为真。

　　（2）当INT1=2时，BOOL2为真。

　　（3）当INT1=10～20之间的数值时，BOOL3为真。

　　（4）否则，BOOL1、BOOL2、BOOL3均为假。

　　图5-87所示为参考程序。

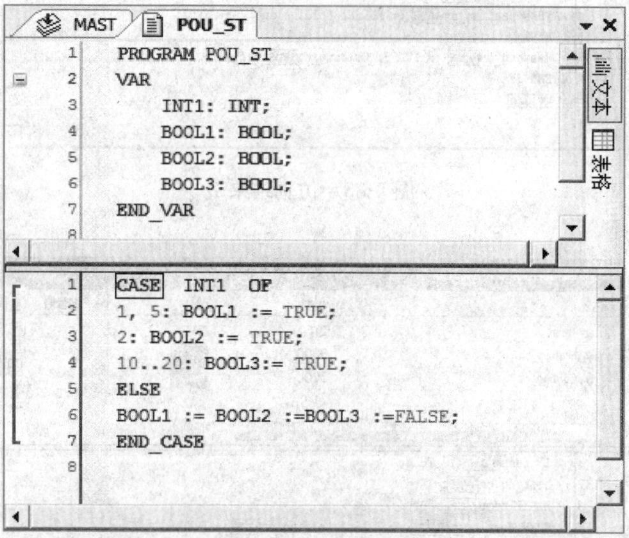

图5-87　参考程序

仿真结果：

➤ INT1=1时，仿真结果如图5-88所示。

➤ INT1=5时，仿真结果如图5-89所示。

➤ INT1=2时，仿真结果如图5-90所示。

➤ INT1=20时，仿真结果如图5-91所示。

➤ INT1=30时，仿真结果如图5-92所示。

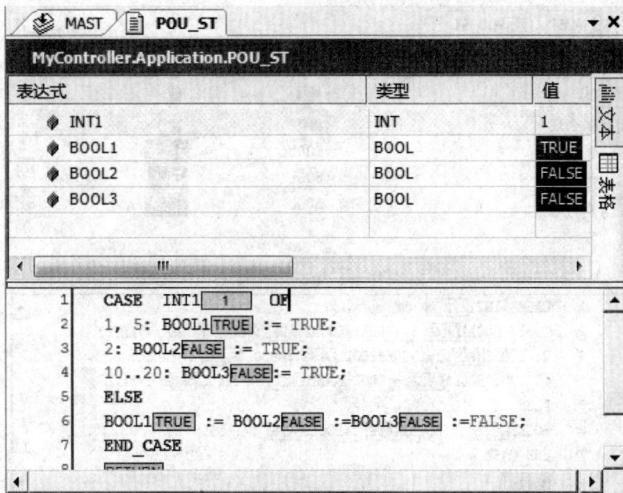

图 5-88　仿真结果 1

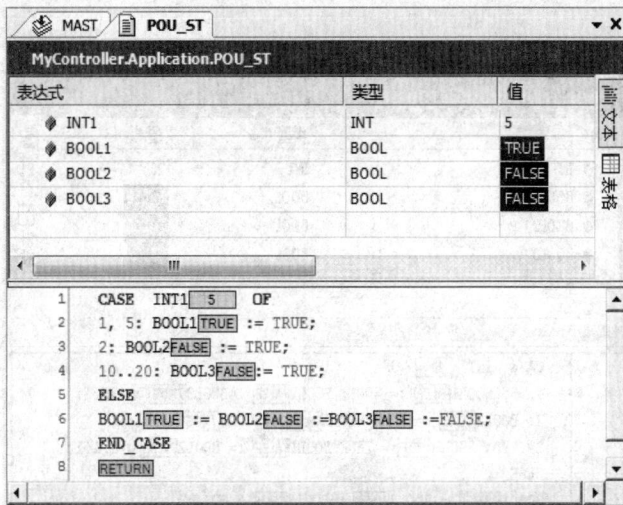

图 5-89　仿真结果 2

说明：当 INT1＝1 或 5 时，BOOL1 为真。

当 INT1＝2 时，BOOL2 为真。

当 INT1＝10～20 之间的数值时，BOOL3 为真。

否则，BOOL1、BOOL2、BOOL3 均为假。

当使用 IF 指令有过多分层，或者需要使用多个 ELSEIF，才能完成程序功能时，使用 CASE 指令替代 IF 指令，可以简化程序，并且能提高程序的可读性。

（4）FOR 循环指令。FOR 循环指令用于一些需要重复执行的语句，它可以使程序简短并且一目了然，但需要注意避免陷入死循环。

FOR 循环指令是有限制的循环指令，当限制条件满足（变量值等于"循环结束时变量值"）时，程序就将退出 FOR 循环，执行下一条指令。

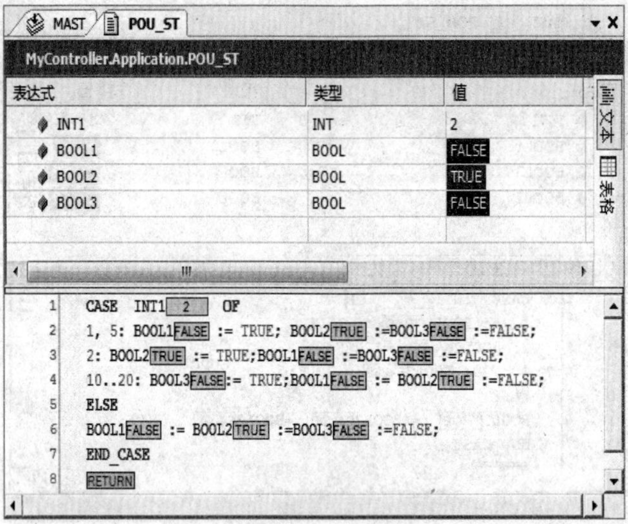

图 5-90　仿真结果 3

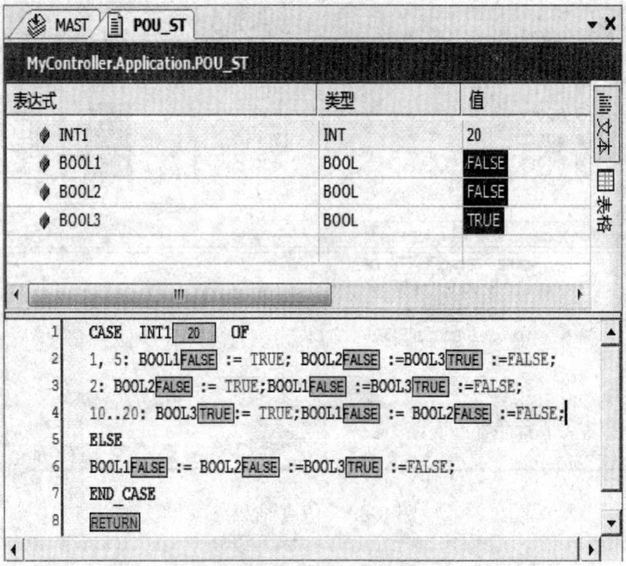

图 5-91　仿真结果 4

语法：

FOR＜循环控制变量＞:＝＜循环开始时变量值＞TO＜循环结束时变量值＞{BY＜变量递增步长＞}

DO

＜表达式＞

END＿FOR

其中，{ } 内语句可根据需要省略，省略时步长默认为 1。

【例 5.38】　图 5-93 所示为参考程序，思考该程序实现了什么功能？

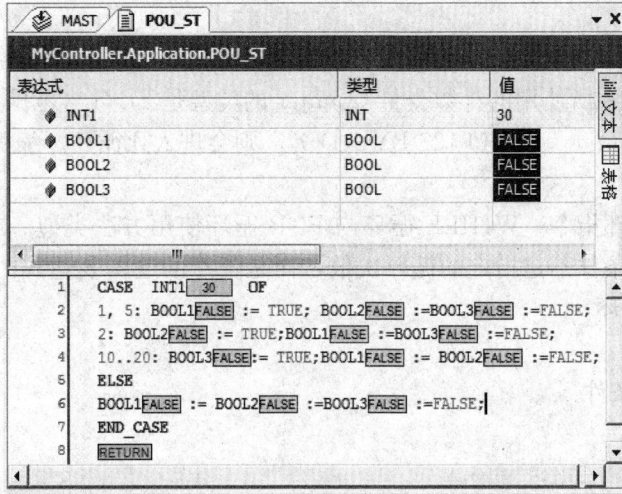

图 5-92　仿真结果 5

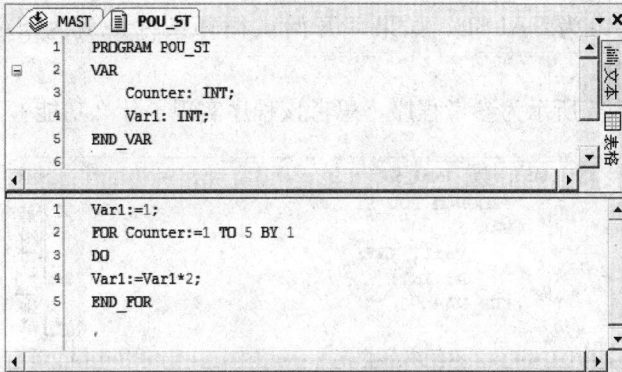

图 5-93　参考程序

图 5-94 所示为仿真结果。

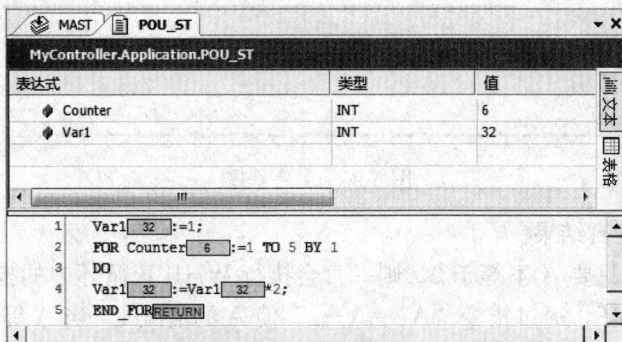

图 5-94　仿真结果

说明：此程序的循环控制变量为 Counter，循环开始时控制变量初值为 1，每一次循环 Counter＋1；当 Counter 等于 5 时，执行完 FOR 循环内容后，退出循环，执行下一条语句。语句 Var1：＝Var1＊2 一共执行 5 次；假设 Var1 的初始值是 1，那么循环结束后，Var1 的值为 32。

注意：＜循环结束时变量值＞不能等于其数据类型的最大值，否则会进入死循环。

例如，假设上例中所使用的计数变量 Counter 的类型是 SINT（范围为－128～127），如果语句为"FOR Counter：＝1 TO 127 BY 1 DO"，则会进入死循环。编程时应避免此类情况的发生。

(5) WHILE 循环指令。WHILE 循环与 FOR 循环使用方法类似。二者的不同之处是，WHILE 循环的结束条件不是指定的循环次数，而是任意的逻辑表达式。当满足该表达式叙述的条件时，执行循环。

1) 语法。

WHILE＜循环条件＞

＜表达式＞

END＿WHILE

2) 含义。WHILE 循环执行前先检查＜循环条件＞是否为 TRUE，如果为 TRUE，则执行＜表达式＞；当执行完一次后，再次检查＜循环条件＞，如果仍为 TRUE，则再次执行，直到＜循环条件＞为 FALSE。如果一开始＜循环条件＞就为 FALSE，则不会执行WHILE 循环里的指令。

【例 5.39】 图 5-95 所示为参考程序，思考该程序实现了什么功能？

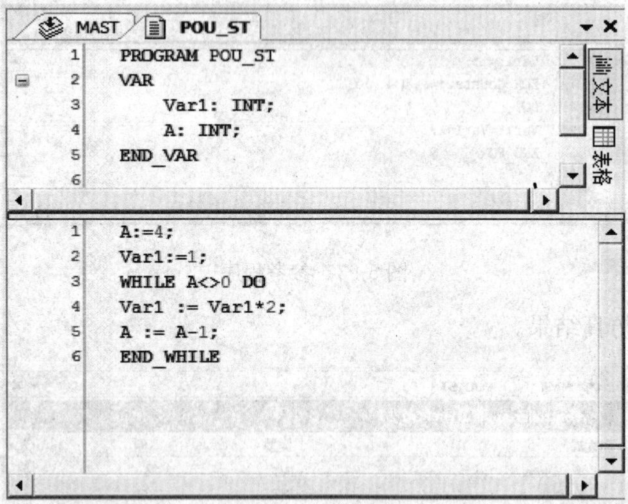

图 5-95 参考程序

图 5-96 所示为仿真结果。

说明：在此程序只要 A 不等于 0，则一直会执行 WHILE 循环中的指令，直到 A 等于 0 为止。每执行一次循环，通过指令"A：＝A－1"使 A 的值减 1，当 A 等于 0 时，循环结束。

注意：WHILE 循环因为没有循环次数的限定，因此相对 FOR 循环更容易发生死循环；因此可以在循环指令的内容中，增加语句来避免死循环的产生。如上述程序中的"Counter：＝Counter－1"即可避免程序进入死循环。

(6) REPEAT 循环指令。REPEAT 循环与 WHILE 循环一样，也是没有明确循环次数的循环。与 WHILE 循环的区别在于，REPEAT 循环在指令执行以后，才检查结束条件。

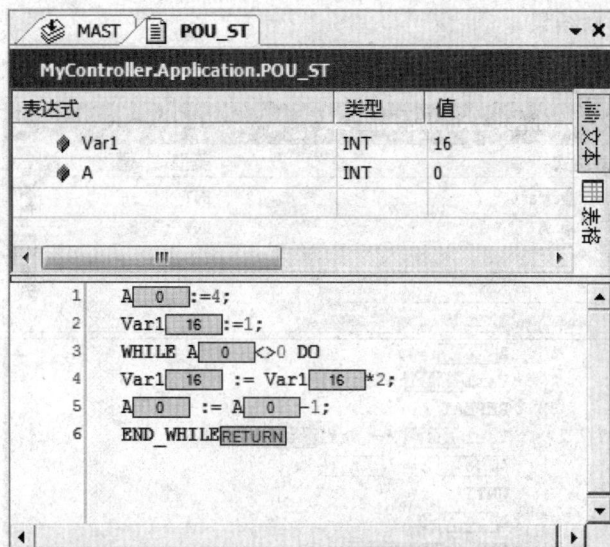

图 5-96  仿真结果

这就意味着无论结束条件怎样，循环至少执行一次。

1）语法。

REPEAT

<表达式>

UNTIL<循环结束条件>

END_REPEAT

2）含义。语句一直执行，直到<循环结束条件>为 TRUE 时，REPEAT 循环结束。如果<循环结束条件>一开始就为 TRUE，则循环只执行一次。

【例 5.40】 ［例 5.39］WHILE 示例程序也可写为如图 5-97 所示的程序。

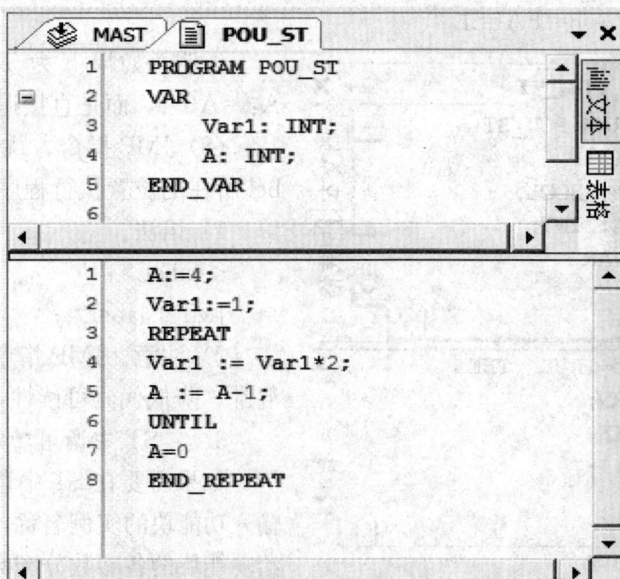

图 5-97  参考程序

图 5-98 所示为仿真结果。

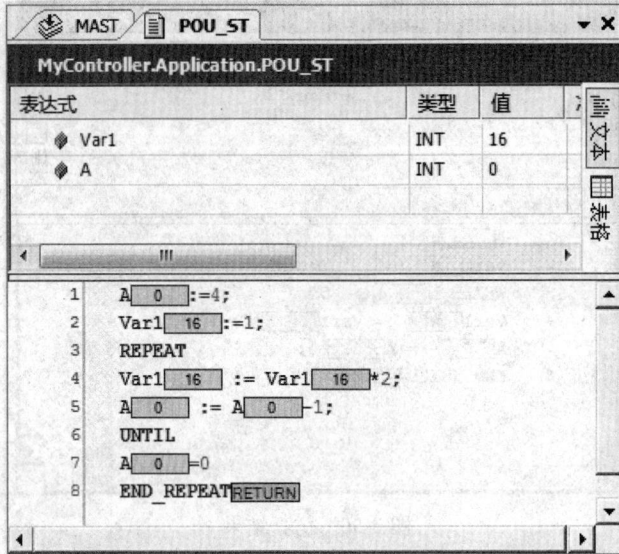

图 5-98 仿真结果

注意：REPEAT 循环同样需要避免死循环的发生。

在一定的意义上，WHILE 循环和 REPEAT 循环比 FOR 循环的功能更加强大，这是因为在执行循环前，WHILE 循环和 REPEAT 循环不需要知道循环的次数。因此，在有些情况下，只使用这两种循环就可以了。然而，如果清楚地知道了循环的次数，那么 FOR 循环更好，因为 FOR 循环可以避免产生死循环。

(7) RETURN 指令。返回指令，用于根据一定条件退出。

【例 5.41】 图 5-99 所示为参考程序，说明该程序实现的功能。

图 5-100 和图 5-101 所示为仿真结果。

➤ b＝TRUE    ➤ b＝FALSE

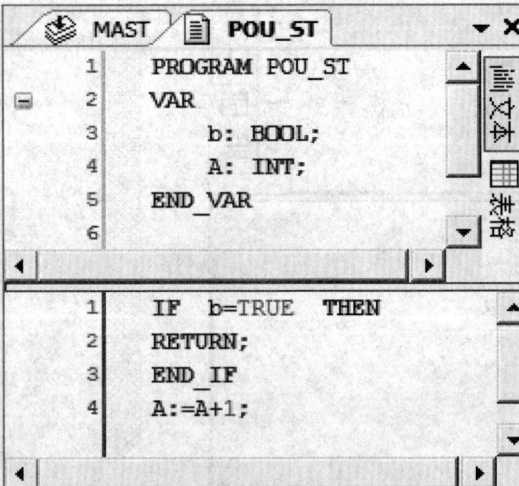

图 5-99 参考程序

说明：如果 b 为 TRUE，将不会执行 A：＝A＋1，而是直接退出 POU。

(8) JMP 指令。跳转指令，跳转到 label 所在的位置执行程序。

1) 语法。

＜label＞：

JMP＜label＞；

2) 注意。JMP 指令容易造成程序结构混乱，降低代码可读性，不建议使用。

3. 在 ST 中调用功能块

如果需要在 ST 中调用功能块，可直接输入功能块的实例名称，并在随后的括号中给功能块的各参数分配数值或变量，参数之间以逗号隔开；功能块调用以分号结束。

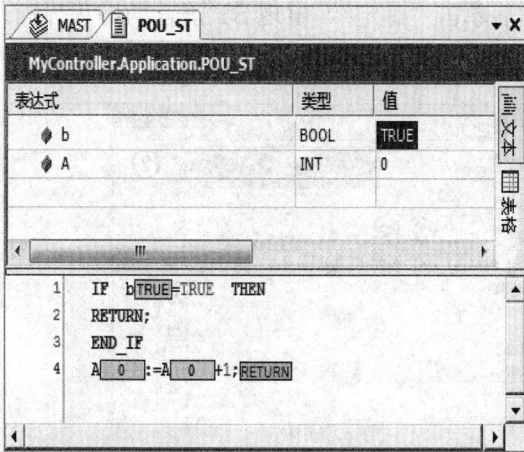

图 5-100　仿真结果 1　　　　　　　　　　图 5-101　仿真结果 2

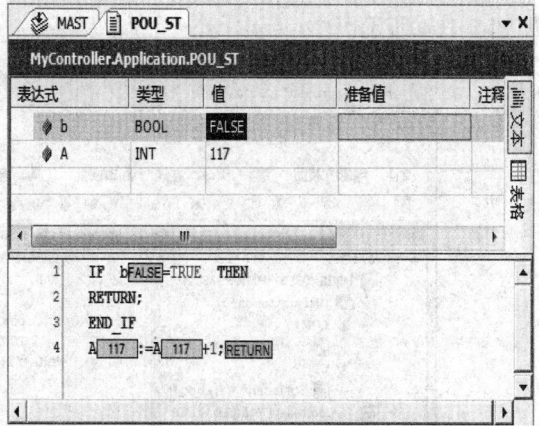

例如，在 ST 中调用 TON 定时器，假设其实例名为 TON1，其操作步骤如下：

（1）按快捷键 F2，会出现输入助手对话框，如图 5-102 所示。

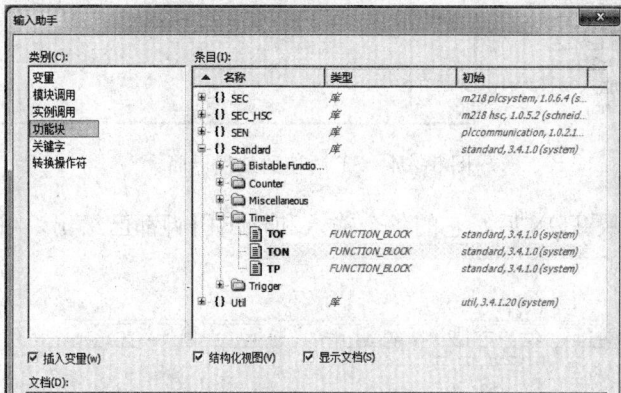

图 5-102　输入助手对话框

（2）根据自己的需要选择合适的功能块（在此例中调用 TON）。

（3）单击"确定"后，会出现"自动声明"对话框，如图 5-103 所示。

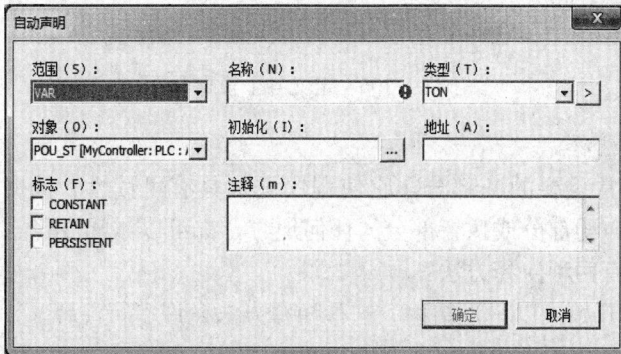

图 5-103　"自动声明"对话框

（4）在"名称"中定义实例名"TON1"，然后单击"确定"，出现 ST 语言的编程界面，如图 5-104 所示。

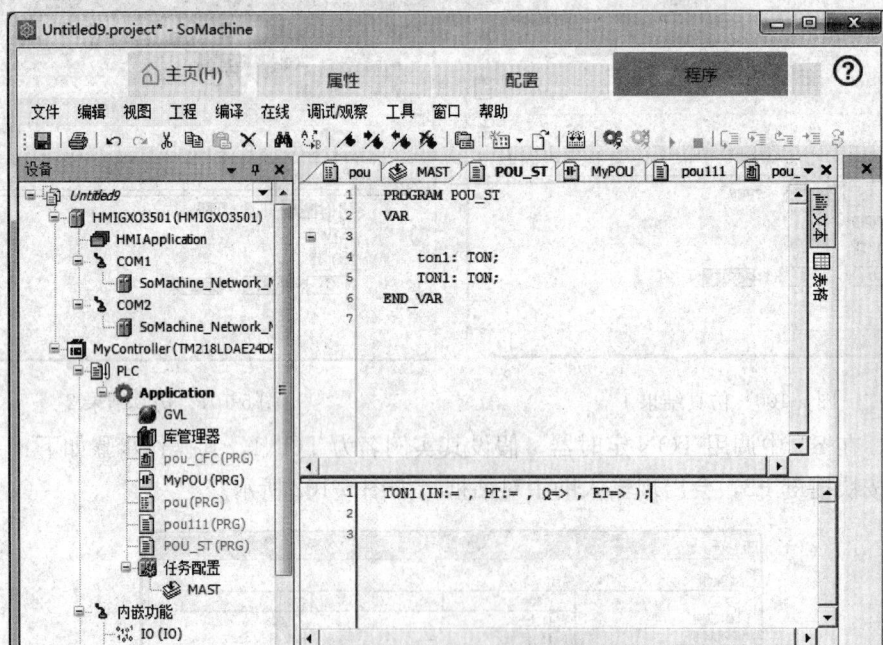

图 5-104　ST 语言的编程界面

注意：调用功能块 TON 后，它的各个输入和输出引脚都已给出，可以根据需要定义各个管脚，如图 5-105 所示。

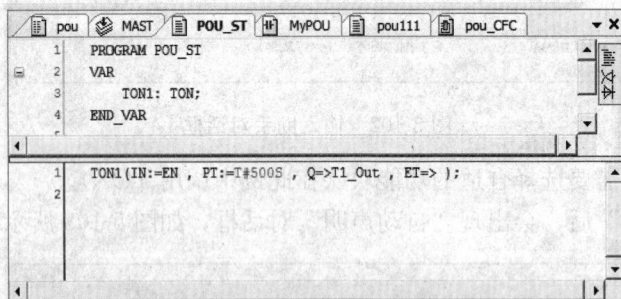

图 5-105　定义各个管脚

4. 在 ST 中添加注释

注释是程序中非常重要的一部分，它使程序更加具有可读性，同时不会影响程序的执行。在 ST 编辑器的声明部分或执行部分的任何地方，都可以添加注释。

在 ST 语言中，有两种注释方法：

（1）注释以（* 开始，以 *）结束。这种注释方法允许多行注释。

如：* This is a comment *.

（2）注释以"//"开始，一直到本行结束。这是单行注释的方法。

### 5.4.6　顺序功能图语言（SFC）

SFC 是顺序功能图（Sequential Function Chart）的简称，是一种图形化的编程语言，用来描述程序中不同动作的时间顺序。可以在一个程序内按照时间顺序对动作进行编辑描述。这些动作可以作为独立的编程对象，用任意编程语言进行编写。

SFC 顺序功能图由一系列的步和转移组成，其主要组成元素由步、转移、动作、分支（可选）、分支（并行）、跳转、宏组成。

SFC 顺序功能图的编程方式的优点在于把很多不同功能的复杂程序分割为较小的可管理的单元，并管理和控制这些单元之间的执行。其最主要的特点就是控制结构非常清晰、执行的效率高。每一步都有自己单独的控制程序，这样管理和控制比较方便。而且每一步的控制程序都可以用其他的编程语言来实现。

1. SFC 语言的表示形式

图 5-106 所示为 SFC 语言的表示形式。

SFC 段是一个"状态机器"，即状态由活动步创建并且转换传递到切换/更改行为。步和转换通过方向链路相互链接在一起。两个步不得直接链接，必须始终由转换分隔。活动信号状态沿方向链路的方向进行处理，并通过切换转换进行触发。链处理的方向沿着方向链路的方向，并从前一步的末端运行到下一步的顶端。分支从左向右进行处理。每一步可以没有操作。

（1）活动步。如果它的步动作正在被执行，被叫做"活动"状态。在线模式下，活动步显示为蓝色。

（2）初始步。在一个 SFC 程序中被调用后的第一个周期内，初始步会自动被激活，并且其相关联的"步动作"被执行。

（3）IEC 动作。被至少执行两次：第一次执行是当它们被激活时，第二次执行是在下个周期，他们被禁止时。

（4）选择分支。如果选择分支的水平起始线前的步被激活，则将从左至右计算每个特定分支的首个转移。从最左侧开始，第一个转移条件为 TRUE 的分支将被执行，即此分支中后续的步将被激活。

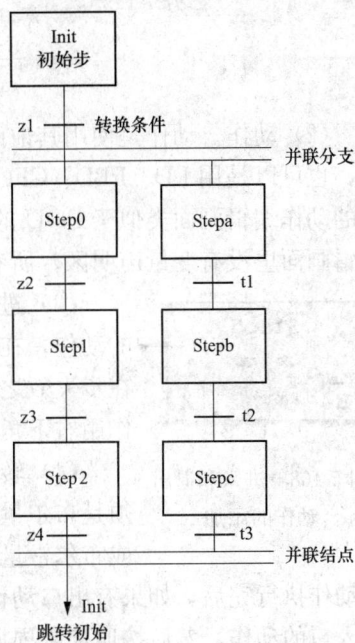

图 5-106　SFC 语言的表示形式

（5）并行分支。如果并行分支的起始双连线是活动的，并且前面的转换条件值为 TRUE，则在所有并行分支中的第一步都将被激活。这时这些分支会一个接一个地并行处理。当前面所有步都已激活，且双线后的转换条件值为 TRUE 时，分支结尾的双线后的步将被激活。

其编程的主界面如图 5-107 所示。

2. SFC 顺序功能图的基本概念

（1）步。顺序功能图编写的程序组织单元包含了一系列的步，这些步之间是通过定向连接（转换条件）实现的。每步包括一个动作和一个标记，这个标记用来表示此步是否激活。如果单步动作正在执行，那么此步就会变成蓝色的框。

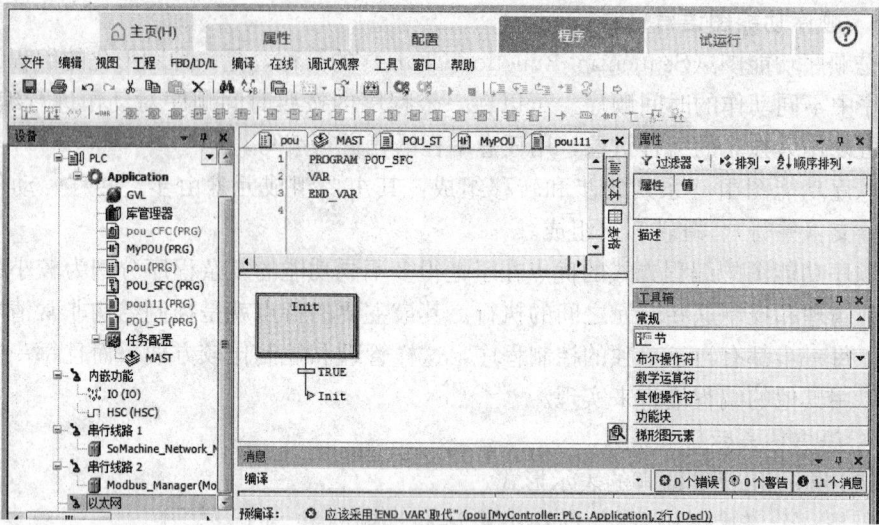

图 5-107　SFC 编程主界面

（2）动作。动作是使用其他语言实现的一系列指令，可以是用 IL 或 ST 语言实现的指令句，也可以是用 LD、FBD、CFC 或 SFC 来实现。用鼠标双击动作所属的步，进行编辑。各步的动作编辑画面类似于 POU 的编辑界面，各种语言的编辑界面均可用。所不同的是动作编辑画面里没有变量声明区，所有的局部变量都在总的 SFC 编辑界面里。

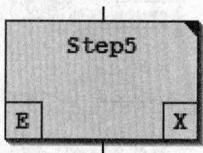

图 5-108　进入和退出
动作的添加

（3）进入和退出动作。可以额外的为一个步添加一个进入和退出的动作，在一个步激活后，一个进入动作只能执行一次。退出动作只在步失效之前执行一次。进入动作用左下角一个"E"来表示，退出动作用右下角的"X"表示，如图 5-108 所示。

（4）转换/转换条件。在步和步之间有条件转换。转换条件的值必须是布尔量 TRUE 或 FALSE。因而它可以是一个布尔变量、布尔地址或布尔常量。只有当步的转换条件为真时，步的转换才进行。即前步的动作执行完后，如果有出口动作则执行一次出口动作，后步如果有入口动作则执行一次后步入口的动作，然后按照控制周期执行该活动步的所有动作。

（5）激活步。在调用顺序功能图的 POU 后，初始化步的动作（被一个双边线包围）将首先执行。动作正在执行的步称为激活步。在线模式下，活动步以蓝色显示在一个控制循环中激活步的所有动作都将执行。所以，当激活步之后的转换条件是 TRUE 时，它之后的步被激活。当前激活的步将在下个循环中再执行，步激活如图 5-109 所示。

（6）限定符。为了关联动作和步，用到下面的限定词。限定词 L、D、SD、DS 和 SL 需要一个时间常量格式的时间值。时间格式为 T#（数值）（单位）。如 5s 表示为 T#5S。

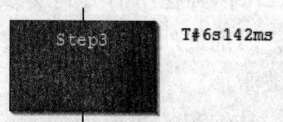

图 5-109　步激活示意图

（7）SFC 隐形变量。在 SFC 编程语言里有些隐形变量可以使用，正常情况下这些变量不显示出来。要使用这些变量需要对 SFC 属性做设置。右击使用 SFC 语言的 POU 属性，弹出属性对话框，点击 SFC 设置选项，在需要使用变量前打钩，如图 5-110 所示。

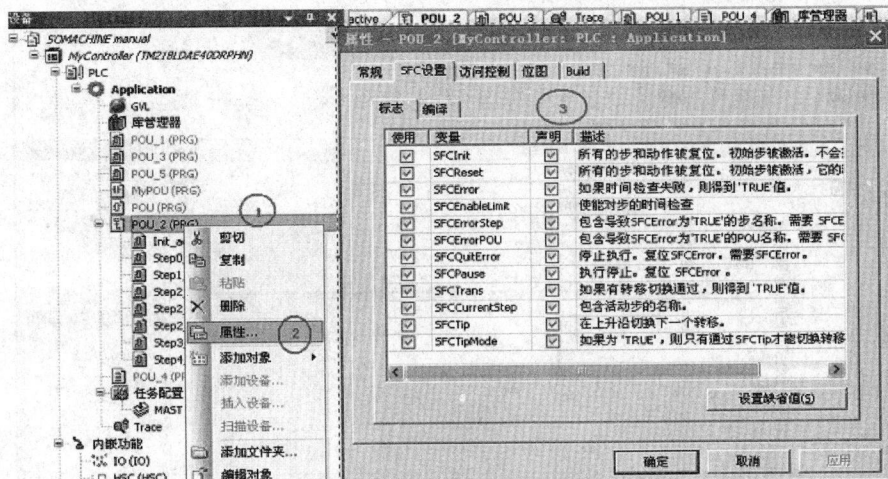

图 5-110　SFC 的隐形变量

3. 元素的处理顺序

（1）复位。IEC 动作的所有动作控制标志被复位（但是在动作内调用的 IEC 动作的标志则不会被复位）。

（2）步退出动作。所有的步将按照流程图中定义的顺序进行检查（从上到下，从左到右），来判断步退出动作的执行条件是否满足，如果满足，则其将被执行。如果步马上要被禁止，则会执行一个退出动作。即它的入口和步动作（如果存在）已经在上一个周期被执行了，并且下个步的转换条件为 TRUE。

（3）步入口动作。所有的步按照流程图中定义的顺序被测试，用来判断步的入口动作执行条件是否满足，如果满足，则其将被执行。如果步前的转移条件为 TRUE 并且步也已被激活，则一个入口动作将会被执行。

（4）超时检测，步激活动作。对于所有的步，下面内容将按照流程图中定义的顺序进行处理：

1）（尚未实现）适用情况下，一段时间后会被拷贝到对应的隐含步状态变量＜step-name＞. t 中。

2）（尚未实现）适用情况下，任何超时都可以被检测到，并且 SFC 错误标志会根据需要设定。

对于非 IEC 标准的步，相应的步活动动作被执行。

（5）IEC 动作。在流程图中使用的 IEC 动作，按照字母顺序执行。通过动作列表，有两种途径可以实现。第一种，所有在当前周期被禁止的 IEC 动作都将被执行。第二种，所有在当前周期被激活的 IEC 动作都将被执行。

（6）转移检测，激活下一步。转移被计算：如果当前周期的步是活动的，并且其后续转移返回 TRUE（并且如果已经超过了最小活动时间），则后续步被激活。

4. 顺序流程图 SFC 的基本编程设计

（1）新建"POU _ SFC"，会出现顺序流程图 SFC 的主编程界面，如图 5-111 所示。

（2）双击"Init 框"，可以"添加动作"对话框（可以设置编程语言），如图 5-112 所示。

（3）单击"打开"，会出现该步的编程主界面。

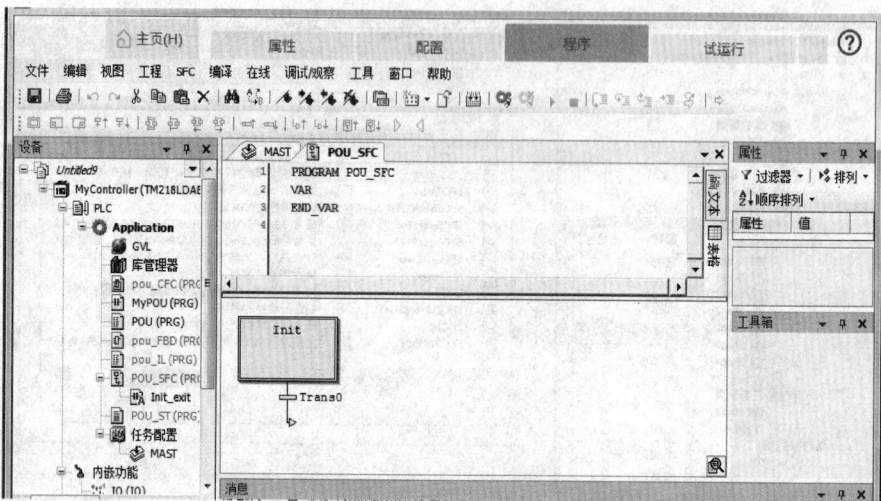

图 5-111　SFC 的主编程界面

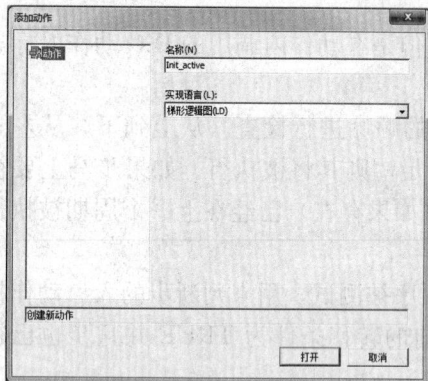

图 5-112　设置编程语言

（4）单击"Trans0"，可以设置转移的条件。

（5）右键单击"Init 框"可以插入分支和步，如图 5-113 所示。

【例 5.42】　控制要求：液体混合是按一定比例将两种液体进行混合的一种装置，设备启动前，混合器的容器是空的，搅拌器也没有工作，排放阀 Y3 也是关闭的，系统有自动和手动两种运行模式。手动运行时，可以通过拨动开关实现电磁阀的通断；自动运行时，当按下启动按钮时，接通电磁阀 Y1，向容器内注入第一种溶液 A，当液位到达 L2 时，断开电磁阀 Y1，接通电磁阀 Y2，停止注入第一种

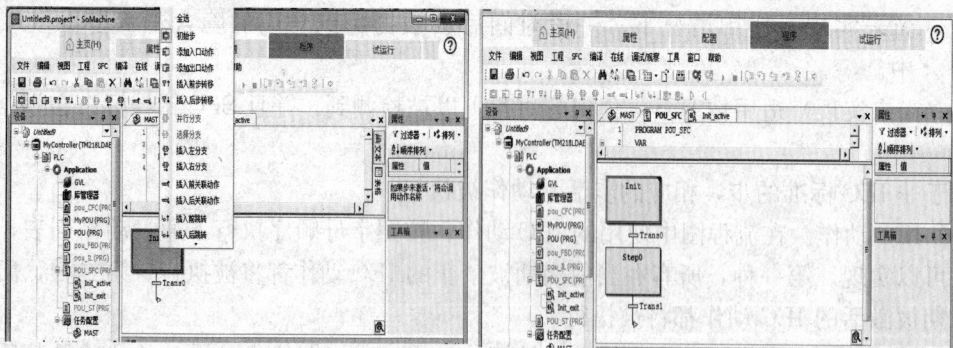

图 5-113　插入分支和步

液体 A 并向容器注入第二种液体 B，当液面位置到达 L1 时，停止注入第二种液体 B，接通搅拌器搅拌，当达到定时器预置的时间后，搅拌机停止搅拌，同时接通排放电磁阀 Y3，当液面位置到达 L3 时，关闭排放电磁阀，一个工作循环结束，即再次接通电磁阀 Y1，注入液体 A，依次循环。

液体混合器的系统如图 5-114 所示。

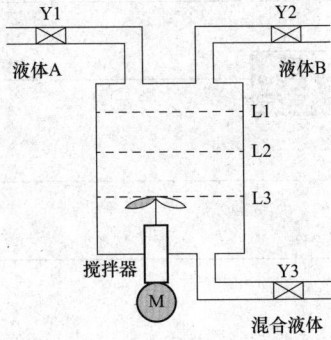

图 5-114　液体混合器的系统

参考程序如图 5-115 所示。

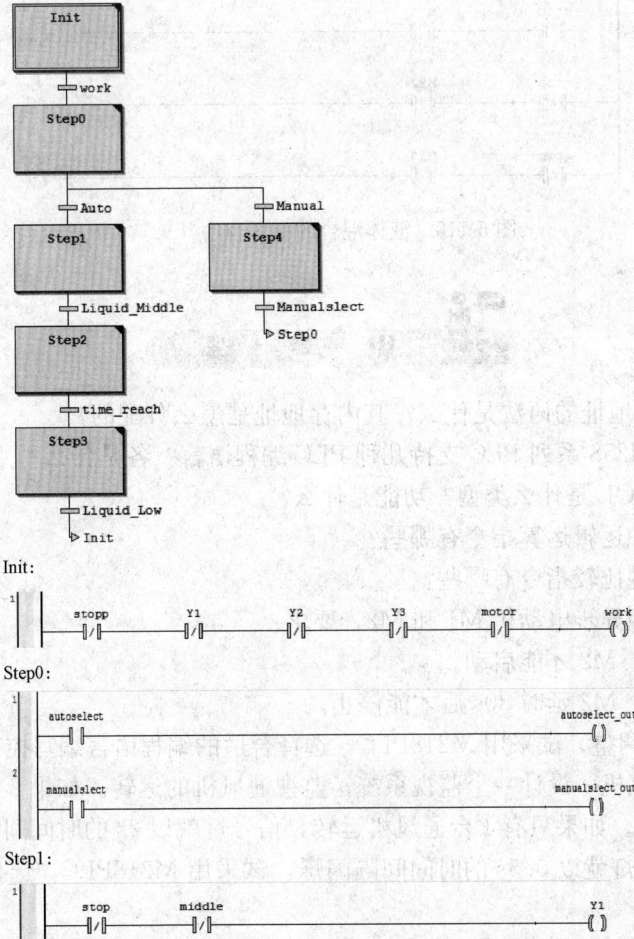

图 5-115　液体混合的参考程序（一）

Step2:

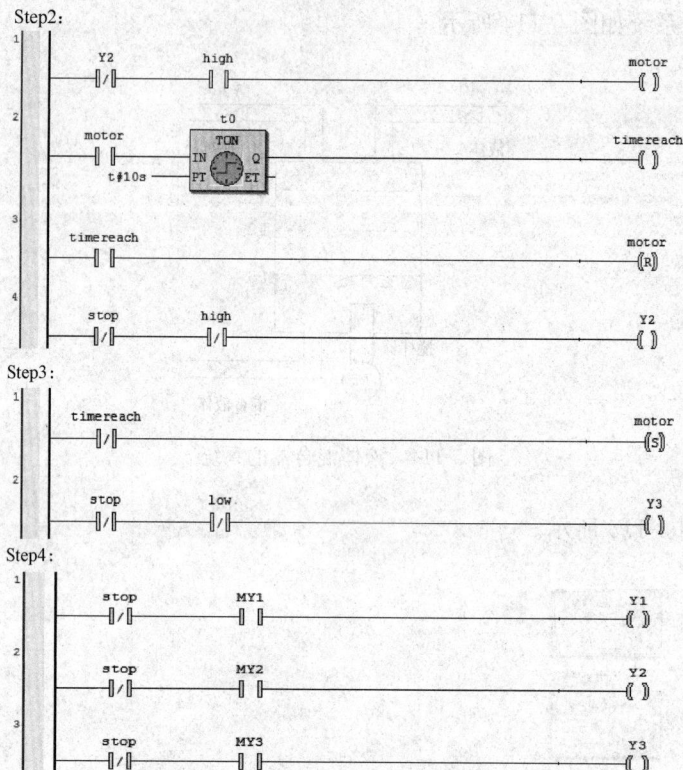

Step3:

Step4:

图 5-115　液体混合的参考程序（二）

## 思　考　题

5-1　M218 内存地址的语法是什么？其内存地址是怎么分配的？

5-2　M218 和 M258 系列 PLC 支持几种 PLC 编程语言？各是什么？

5-3　关键字 BOOL 是什么类型？功能是什么？

5-4　常用的几种逻辑运算指令有哪些？

5-5　常用的几种比较指令有哪些？

5-6　有两台三相异步电动机 M1 和 M2，要求：

（1）M1 启动后，M2 才能启动。

（2）M1 停止后，M2 延时 30s 后才能停止。

（3）M2 能点动调整。试采用 M218PLC，选择合适的编程语言编写控制程序。

5-7　有 3 台通风机，设计一个监视系统，监视通风机的运转。如果 2 台或 2 台以上在运转，信号灯持续发亮。如果只有 1 台通风机运转，信号灯就以 2s 的时间间隔闪烁。如果 3 台通风机都停转，信号灯就以 0.5s 的时间间隔闪烁。试采用 M218PLC，选择合适的编程语言编写控制程序。

5-8　设计抢答器 PLC 控制系统，控制要求：

（1）抢答台 A、B、C、D，分别有指示灯和抢答键。

（2）裁判员台，有指示灯和复位按键。

（3）抢答时，有 2s 声音报警。试采用 M218PLC，选择合适的编程语言编写控制程序。

5-9　设计彩灯 PLC 顺序控制系统。控制要求：

（1）A 亮 1s，灭 1s；B 亮 1s，灭 1s。

（2）C 亮 1s，灭 1s；D 亮 1s，灭 1s。

（3）A、B、C、D 亮 1s，灭 1s。

（4）循环 3 次。试采用 M218PLC，选择合适的编程语言编写控制程序。

# 第 6 章 SoMachine 编程软件使用

SoMachine 是一款专业、高效且开放的 OEM 软件，可以在单一的环境中进行开发，组态和调试整台设备，包括控制逻辑程序，电机控制，HMI 和相关的网络通信功能。它之所以被称为解决方案软件，是因为在逻辑控制器、传动控制器、运动控制器和人机界面这 4 个硬件平台下的所有控制器的编程都是由 1 个软件 SoMachine 完成的。在整个机器的调试过程中，用 1 根通信电缆，就可以完成所有控制器的以及人机界面的组态编程，下载时可以完成对所有控制器的程序 1 次下载。当连接多个控制器时，也不需要分别连接各自的编程口来编程，只要从 1 个编程口就可以对多个连接在网络上的控制器进行编程和调试。这样，就大大方便了编程操作，减少连接次数。SoMachine 允许在施耐德电气灵活的控制平台中编程和调试所有的设备。这个控制平台包含如下设备：

1. 控制器

（1）逻辑控制器：M218/M238/M258。

（2）运动控制器：LMC058。

（3）集成的控制器卡：ATV 和 IMC。

（4）HMI 控制器：XBTGC，XBT GT/GK CANopen。

2. 扩展/分布式 I/O

TM2/TM5/TM7

3. HMI

XBTGT，XBTGK，GXO

## 6.1 SoMachine 编程软件操作平台简介

1. SoMachine 编程软件的架构

（1）SoMachine 的程序结构。SoMachine 控制平台创建的项目中的任务类型，有自由运行任务、循环任务、事务任务和外部任务几种。每个任务都包含自己的程序组织单元（POU），每个程序组织单元（POU）包括程序、功能（FUN）和功能块（FB）、数据单元类型（DUT）等。另外，为了建立 PLC 与现场设备的联系，在程序中必须对逻辑输入、输出、高速输入、PTO 脉冲输出、通信等功能按照项目要求进行配置，这是在编制程序前要完成的重要的步骤。

1）任务。任务是 IEC 程序处理过程中的 1 个单元，任务通过名字、优先级以及触发条件的类型来定义。任务可以定义为时间（周期、非周期）或者触发该任务的内部或者外部事件，例如 PLC 的中断事件。每个任务都可以指定一系列由该任务触发的 POU。如果该任务在当前周期被执行，那么这些 POU 将在当前工作周期起作用的时间内被处理。

优先级和条件综合决定任务的执行顺序。每个任务都可以配置 1 个看门狗（时间控制），当超过看门狗时间，PLC 会停止运行并报警。

最常用的任务是 MAST 任务，MAST 任务缺省设置为周期性执行。任务配置下的 MAST 任务如图 6-1 所示。

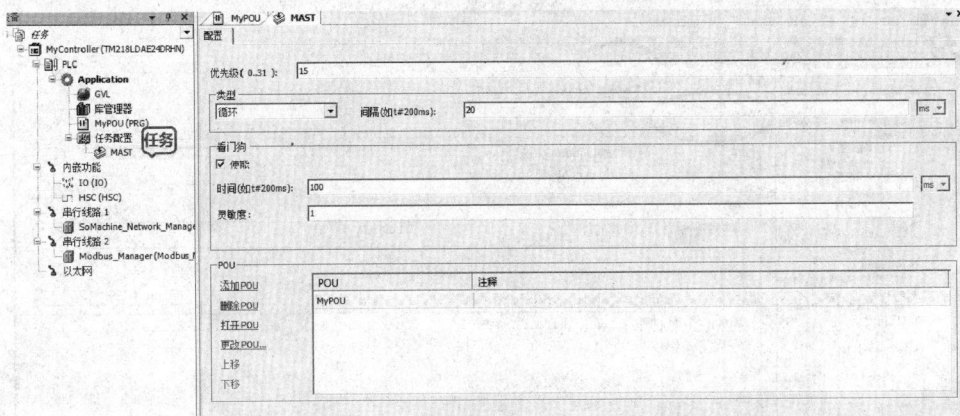

图 6-1　任务配置下的 MAST 任务

PLC 任务按工作类型可以分为循环任务、自由运行任务、事件任务和外部任务。

a. 循环任务。任务按照【间隔】里设定的时间执行循环。

b. 自由运行任务：程序一开始任务就被处理，1 个运行周期结束后，任务将在下 1 个循环中被自动重新启动。

c. 事件任务。如果在事件定义的变量为真时，任务将开始执行。

d. 外部任务。一旦外部事件区定义的系统事件产生，任务将被执行。

在 SoMachine 建立的任务中，每个任务必须设置优先级（0～31），0 是最高优先级，31 是最低优先级。

在 SoMachine 控制平台中，添加新的任务是在设备窗口中实现的，首先右键单击任务配置节点，从下拉菜单中选择【添加对象】→【任务…】，然后在弹出的【Add 任务】对话框的名称文本框中输入新的任务名称，这里输入 Task1 名称。注意任务的名称中不能包含任何空格，也不能超过 32 个字符，名称输入完成后单击【打开】按钮完成任务的添加，如图 6-2 所示。

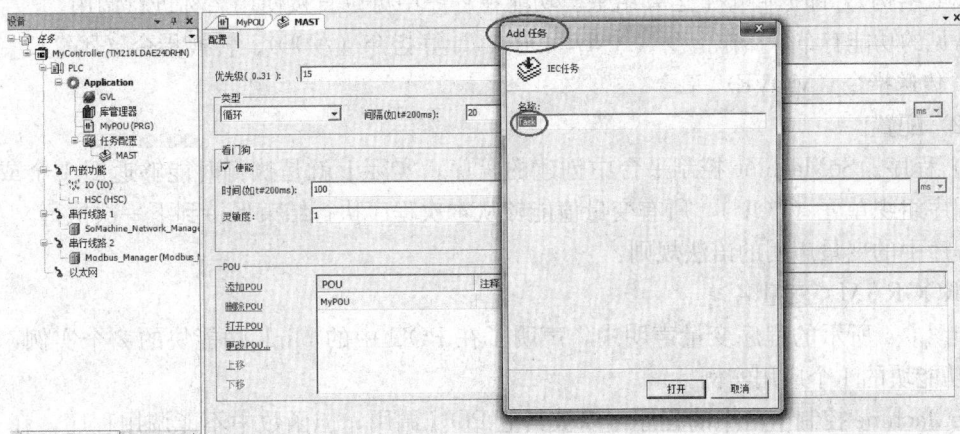

图 6-2　添加任务示意图

完成添加任务的程序选项卡如图 6-3 所示。

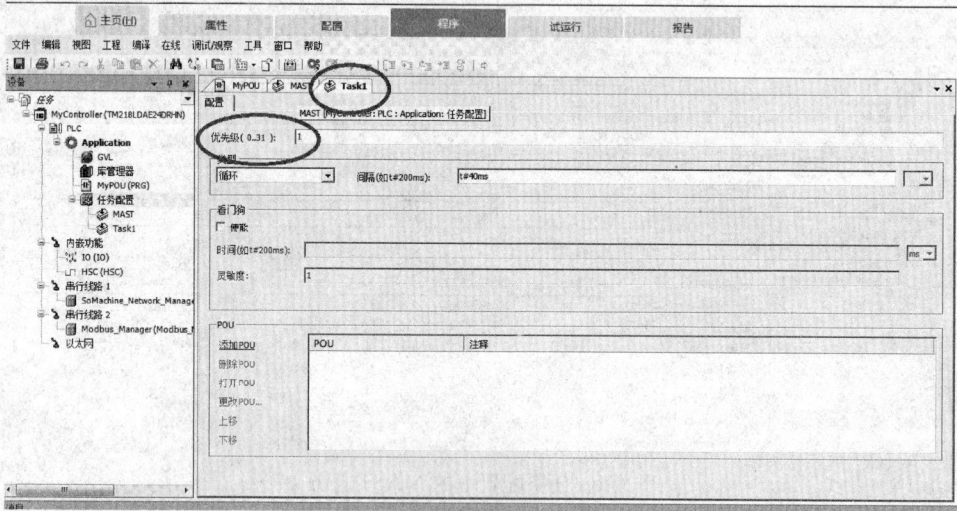

图 6-3　添加任务后的完成图

2）程序组织单元（POU）。在添加任务后的完成图中，可以看到新添加的任务 Task1 的配置中有 1 个程序组织单元 POU，程序组织单元 POU 有 3 个不同类型，即：程序、功能块和功能。

a. 程序。在操作期间返回 1 个或多个值。程序上次运行的所有值都会保留到程序的下一次运行，并且可以由另 1 个程序组织单元 POU 对其进行调用。

b. 功能块。在程序处理期间，功能块提供 1 个或多个值。与功能不同，执行功能块后，功能块输出的变量值和必要的内部变量值一直会持续到下次执行功能块，调用功能块时总是要先创建功能块的 1 个实例才能调用，并且同一个功能块的不同实例之间的变量值和内部的变量值互不影响。常见的功能块有 TON（延时闭合功能块）、加计数 CTU 等。

c. 功能。在程序处理功能时，功能只能产生单个的数据元素（可以包含多个变量类型，如字段或结构），即返回 1 个运算结果。功能在程序中可以直接使用名称进行调用。

常见的功能有布尔操作指令（AND，OR）、计算指令（ADD）、转换指令（BYTE_TO_INT），传送指令（MOVE）等。

（2）配置。

1）程序。SoMachine 控制平台中创建的程序，实际上就是执行时能够返回 1 个或多个值的程序组织单元（POU），所有变量值能够从本次程序执行结束保持到下一次执行。

程序中的变量声明的语法规则：

PROGRAM<变量名>

如图 6-4 所示的程序变量声明中，声明了在 POU 中的 blink 功能块的 2 个实例，以及 CTU 功能块的 1 个应用实例。

SoMachine 控制平台中的程序可以被其他 POU 调用，但函数中不能调用程序，在 POU 中调用程序如图 6-5 所示。

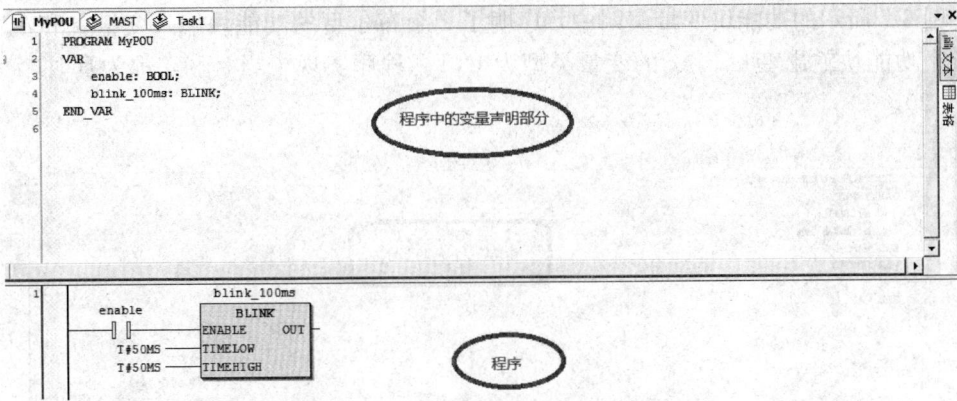

图 6-4　程序声明图

2）函数。程序中的函数只是返回 1 个值的
POU。通俗点说，就是只返回 1 个运算结果值的编
程单元，如 $A+B=C$，$C$ 就是返回的那个运算结
果。函数的声明可以自动声明，也可以手动声明。

函数中声明的变量的语法规则：

FUNCTION＜函数名＞：＜数据类型＞

在图 6-6 中所示的函数变量声明中，声明了 2 个布尔型的变量 $I_{00}$ 和 $Q_{00}$。

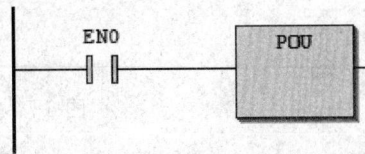

图 6-5　调用程序图

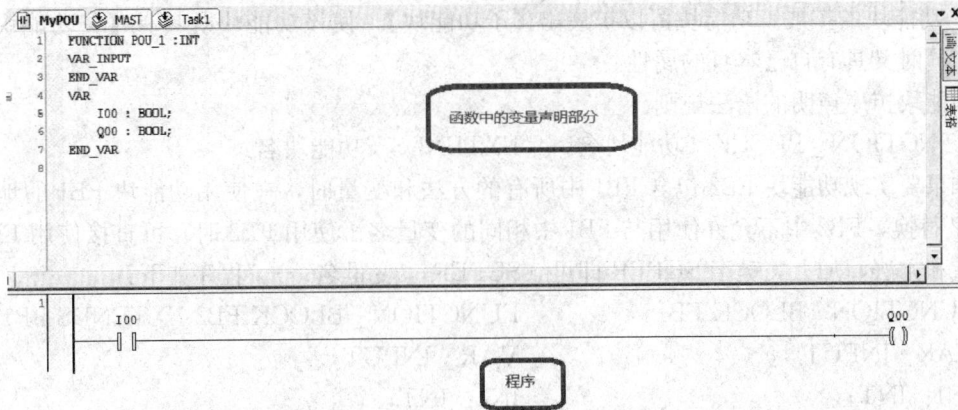

图 6-6　函数变量的声明图示

在 SoMachine 控制平台的程序中对函数进行调用时，是对函数内部变量值的改变，是不
会影响下一次调用的，即每次调用时输入参数相同，其返回值必定相同，调用函数时建议在
函数中不要使用全局变量和地址，在 ST 中可将函数返回值当作操作数来参与运算。

3）功能块。SoMachine 控制平台中的功能块是可返回 1 个或多个值的程序组织单元
POU，其输出变量值和内部变量值在每次调用后被保存下来，从而影响下一次的调用运算。

功能块中变量声明的语法规则：

FUNCTION＿BLOCK＜功能块名＞｜EXTENDS＜功能块名＞｜IMPLEMENTS＜接
口名＞

在图 6-7 所示的功能块变量声明中，声明了 2 个布尔型的功能块输入变量 $a$ 和 $b$，又声明了 1 个功能块输出变量 $c$，$c$ 的变量类型为 INT。程序实现了当 $a$ 和 $b$ 都为真时，$c=10$，否则 $c=20$。

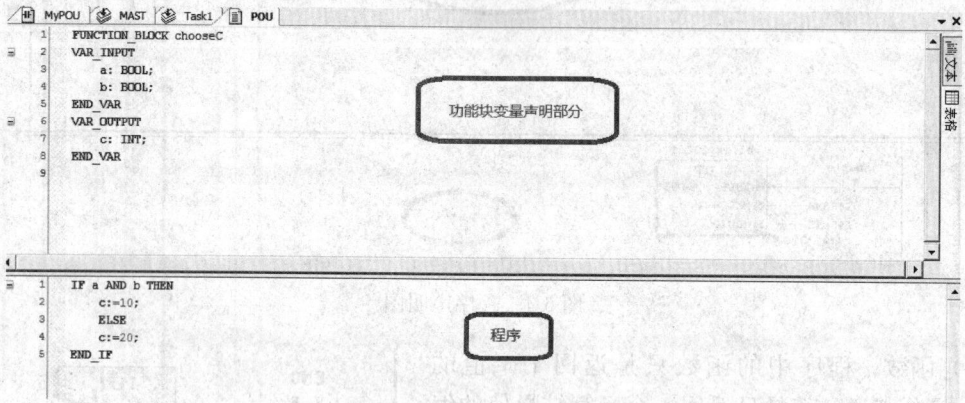

图 6-7　功能块变量的声明图示

功能块调用的原则是通过功能块实例的方式进行的，＜实例名＞，＜变量名＞；另外，从功能块实例的外部只能访问功能块的输入/输出参数，不能访问内部参数；声明为某个 POU 局部变量的实例时，也只能被该 POU 调用；只有声明为全局变量的实例时，才能被各 POU 调用。

a. 功能块的扩展。功能块可以扩展出【子功能块】，使该功能块既具有【父功能块】的属性，同时又具有自己本身的属性。

功能块扩展声明的语法规则：

FUNCTION_BLOCK＜功能块名＞｜EXTENDS＜功能块名＞

如果要实现功能块 FB2 包含 FB1 中所有的方法和变量时，在使用功能块 FB1 的地方可用 FB2 替换，FB2 中不允许使用与 FB1 中相同的变量名。使用 FB2 时，可直接使用 FB1 中的变量和方法，加上关键字 SUPER 即可（SUPER˄＜变量名＞）。程序如下：

| | |
|---|---|
| FUNCTION_BLOCK FB1 | FUNCTION_BLOCK FB2 EXTENDS FB1 |
| VAR_INPUT | VAR_INPUT |
| IN1：INT； | IN2：INT； |
| END_VAR | END_VAR |

b. 功能块的接口。实现接口的功能块必须包含该接口的所有方法，功能块和接口中对这些方法，输入和输出的定义必须相同。

功能块扩展声明的语法规则：

FUNCTION_BLOCK＜功能块名＞｜IMPLEMENTS＜接口 1 名称＞，…，＜接口 $n$ 名称＞

c. 实现功能块的接口。实现接口的功能块必须包含该接口的所有方法，功能块和接口中对这些方法，输入和输出的定义也必须相同。

功能块扩展声明的语法规则：

FUNCTION_BLOCK＜功能块名＞｜IMPLEMENTS＜接口 1 名称＞，…，＜接口 $n$

名称>

（3）属性。属性是一种对象，可通过【添加对象】命令插入到程序或功能块中，添加属性时，需要添加该属性的返回类型和实现语言。

1 个属性中包含 2 个特殊的【方法】，并将自动插入到该【属性】下。

当对该属性写操作时，调用【SET】方法，该属性名被用作输入，而当对该属性读操作时，调用【GET】方法，该属性名被用作输出。

1）动作。SoMachine 中可以对程序或功能块定义和配置动作，是其附加的实现部分，可以采用与实现部分不同的语言来实现，动作必须与所属的程序或功能块一起动作，动作中的数据要使用其定义的输入/输出数据。动作是没有自己的变量声明的。

2）全局服务。SoMachine 的全局服务包括用户权限和配置、项目文档打印、项目比较（控制）、基于发布/订购机制的变量共享和库版本管理。

2. SoMachine 的内置功能

SoMachine 控制平台中的内置功能包括 PLC 本体集成的 I/O 通用配置、HSC 功能组态和 PWM/PTO 功能组态，如图 6-8 所示。

为了方便编程，SoMachine 控制平台中针对 HSC、PWM/PTO 功能设置了专用的功能块库。

双击【设备】面板上的内嵌功能中的【I/O】，将弹出内置 I/O 表，表中有输入地址的【I/O 配置】选项卡和【I/O 映射】选项卡，如图 6-9 所示。其中，按钮【I/O 和摘要】调出的是当前 I/O 的使用情况汇总表。

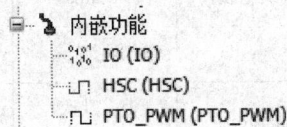

图 6-8　SoMachine 控制平台中的内置功能图示

图 6-9　I/O 内嵌功能

（1）内置 I/O 的组态参数。SoMachine 控制平台中内置 I/O 的组态参数如表 6-1 所示。

表 6-1　　　　　　　　　　　SoMachine 控制平台中内置 I/O 的组态参数表

| 参数名称 | 值 | 描述 | 限制 |
|---|---|---|---|
| Filter（滤波） | 无（默认）<br>1.5ms<br>4ms<br>12ms | 滤波时间系数，用于降低干扰的影响 | 除锁存和事件功能外有效 |
| Latch（缓存） | 否（默认）<br>有 | 捕捉和记录脉宽小于扫描周期的输入脉冲 | 仅对快速输入 I0～I7 有效，事件禁止时可用 |
| Event（事件） | 无（默认）<br>上升沿<br>下降沿<br>上升/下降沿 | 事件监测 | 仅对快速输入 I0～I7 有效，锁存禁止时可用 |
| Bounce Filter（跳跃滤波） | 无（默认）<br>0.04ms<br>0.4ms<br>1.2ms<br>4ms | 滤波时间系数，用于降低输入波形跳动的影响 | 锁存或事件功能有效时可用 |
| Run/Stop（运行/停止） | 否（默认）<br>有 | 用于运行或停止控制器程序 | 所有的输入都可组态为运行/停止功能，但同时仅有 1 个生效 |

（2）内置 I/O 的全局变量映射。在【I/O 映射】中的变量名区域，读者可以创建新的全局变量，用于在程序中通过该变量访问 I/O 地址。勾选【始终更新变量】后，所有变量无论是否被应用（或映射）到输入（或输出）上都会在每个周期中进行更新，如图 6-10 所示。

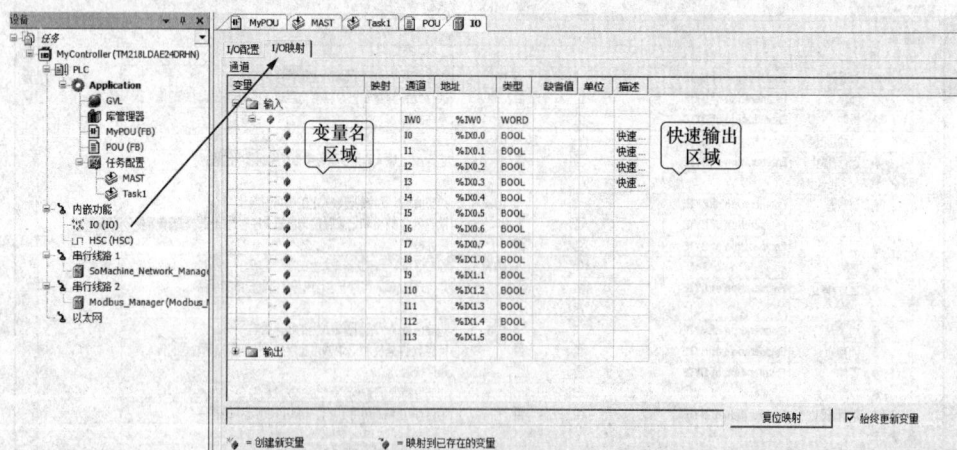

图 6-10　IO 映射图示

（3）内置的 HSC 功能。双击【设备】面板上的内嵌功能中的【HSC】，将弹出内置的 HSC 功能的选项卡，如图 6-11 所示。

选择 HSC 选项卡中要操作的子选项卡，图 6-11 所示中选择的是 HSC0，在【值】下打开 ▾，可以选择计数简化模式或主要模式的数据类型，也可以选择未使用选项卡。

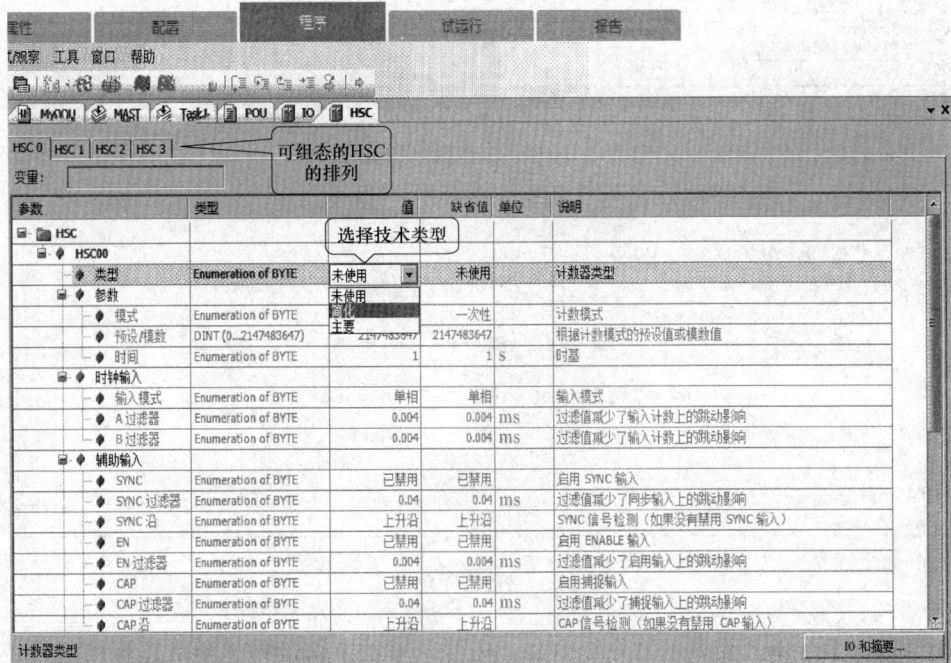

图 6-11　内置功能的 HSC 图示

1) 简化模式 Simple。

a. 单路计数模式，可接入速度传感器、接近开关等。

b. 支持加/减计数到预设值。

c. 支持单触发模式和模数回零模式。

d. 不支持事件触发。

2) 主要模式 Main。

a. 可接入增量编码器。

b. 根据阈值设定，可触发 2 个反射输出。

c. 支持单触发模式，模数回零模式，自由大型计数模式，事件计数模式及频率计。

HSC 的计数模式可以选择触发的模式，如单触发模式（One-shot）、模数回零计数模式（Modulo-loop）、自由大型模式（Free-large）、事件计数模式（Event）和频率计（Frequency meter）。如图 6-12 所示。

使用单触发计数器模式可对 1 组部件进行定量，当计数器接收到同步信号的上升沿后，开始从预设值递减直至 0，当计数值到达 0 时计数器停止计数，直至另一个同步沿的产生，进入下个工作循环。

模数回零模式多用于需要对一系列移动对象重复执行动作的包装和贴标等方面的应用。在加计数方向上计数器会递增，直到达到模数值（模数值是由用户定义的）。在计数方向上的下 1 个脉冲中，计数器将复位为 0 并继续执行计数，在减计数方向上计数器会递减，直到达到 0，在计数方向上的下 1 个脉冲中，计数器将复位为模数值（模数值是由用户定义的），然后减计数继续执行。

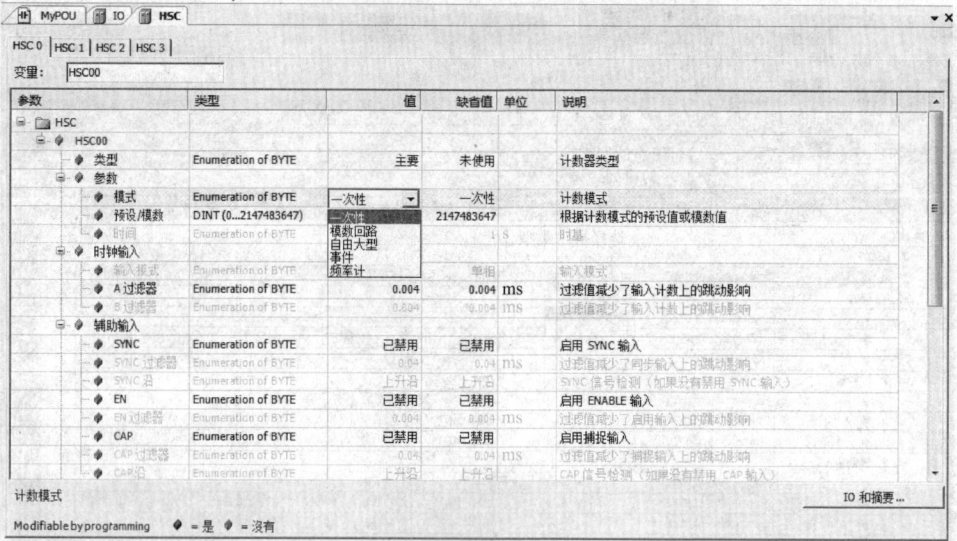

图 6-12　HSC 计数模式

使用自由大型计数器模式的常用场合是：需要了解轴工作部件的传入位置的场合或贴标操作的场合。

当寻原点功能完成，计数器就立即启动了。

使用事件计数模式可确定以分散方式接收到的事件数，在这个模式下，计数器按照用户定义的时间间隔评估应用到输入的脉冲数。在每个时间间隔的结束期用接收到的事件数更新计数寄存器。如果验证位设为1，则可以在时间间隔范围内使用输入 SYNC，这会重新启动事件计数，开始在新的预定义时间间隔内进行计数。根据用户做出的选择，时间间隔可从输入 SYNC 的上升沿或下降沿开始。

使用频率计模式可以测量事件频率、速度、速率和流速，在这个模式下，该模块监控只应用与输入 A 的脉冲，并以 1s 的时间间隔计算脉冲数，然后以每秒的事件数的形式显示当前的频率（Hz），每 10ms 的事件间隔结束时，会更新计数寄存器。计数模式输入模式如表 6-2 所示。

**表 6-2** 　　　　　　　　　　　　　**计 数 输 入 模 式 表**

| 工作模式 | 单计数 | A＝升；B＝降 | A＝脉冲；B＝方向 | A/B 相 |
|---|---|---|---|---|
| 单触发模式 | Simple/Main | Main | Main | Main |
| 模数回零模式 | Simple/Main | Main | Main | Main |
| 自由大型模式 | Main | | | |
| 事件计数模式 | Main | | | |
| 频率计 | Main | | | |

（4）内置 PWM/PTO 功能。通道分为脉冲序列输出 PTO、脉宽调制输出 PWM 和频率发生器 Frequency Generator3 种模式。

PTO 支持 4 种运动控制动作，包括以编程设定的速度移动 Move Velocity、以编程设定的位置相对移动 Move Relative、移动到参考位置 Homing 和停止移动 Stop，PTO 功能如

图 6-13 所示。

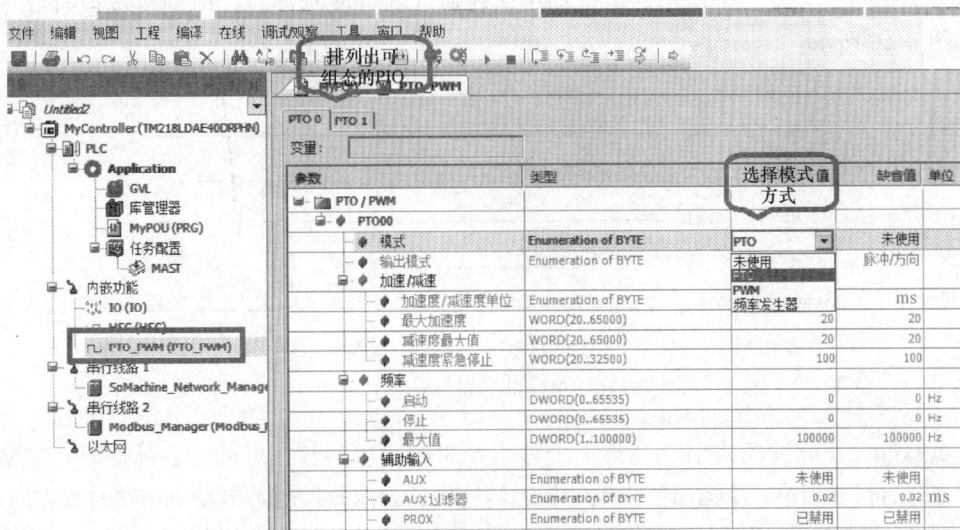

图 6-13　PTO 功能图示

1) 脉冲序列输出 PTO。脉冲序列输出 PTO，即 Pulse Train Output，提供方波输出用于产生固定数量和指定循环周期的脉冲。PTO 能够用于控制内置开放连接器输入和集成位置环的伺服驱动器。伺服驱动器的控制链如图 6-14 所示。

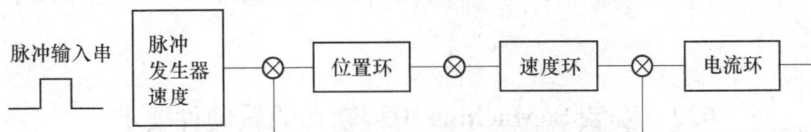

图 6-14　伺服驱动器的控制链示意图

脉冲序列输出 PTO 支持 4 种输出模式，即脉冲＋方向、方向＋脉冲、正脉冲＋负脉冲、负脉冲＋正脉冲。

脉冲＋方向模式由 PTO 2 个快速输出构成，即第 1 个输出用于产生电动机运转速度的方波脉冲，第 2 个输出用于生成电动机旋转方向的 0、1 电平。如图 6-15 所示

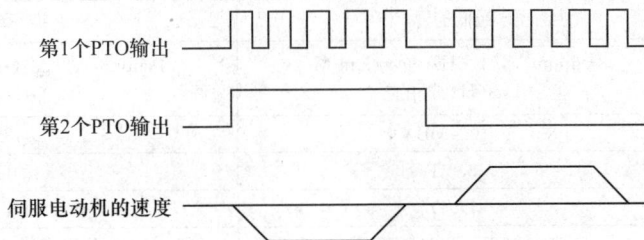

图 6-15　脉冲＋方向模式输出

方向＋脉冲模式与图 6-15 所示模式类似，将脉冲＋方向模式的 2 个 PTO 输出功能对调即第 1 个输出用于生成电动机旋转方向的 0、1 电平，第 2 个输出用于产生电动机运转速度的方波脉冲。

在正脉冲＋负脉冲模式下，当第 1 个输出产生电动机运转速度的方波脉冲时，电动机按顺时针方向运行。当第 2 个输出产生电动机运转速度的方波脉冲时，电动机按逆时针方向运行。如图 6-16 所示。

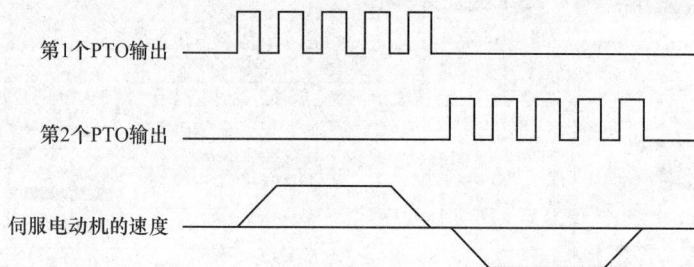

第1个PTO输出

第2个PTO输出

伺服电动机的速度

图 6-16　正脉冲＋负脉冲模式输出

在负脉冲＋正脉冲模式中，当第 1 个输出产生电动机运转速度的方波脉冲时，电动机按逆时针方向运行。当第 2 个输出产生电动机运转速度的方波脉冲时，电动机按顺时针方向运行。

2）脉宽调制输出 PWM。脉宽调制输出 PWM，即 Pulse Width Modulation，通过调制信号的占空比传输信息，或控制发送到设备的电量来调制输出。双字处理类型，在更改频率或占空比时，可以通过内部时钟发生器进行更改，频率的范围为 $0.1 \sim 20 \mathrm{kHz}$，占空比的范围为 $5\% \sim 95\%$。

3）频率发生器 Frequency Generator。频率发生器是以指定的频率直接产生可以在专用输出通道上输出的，具有固定占空比（50％）的方波信号的脉冲输出，通常用于控制电动机的速度。

## 6.2　安装 SoMachine 编程软件的软硬件要求

1. 安装 SoMachine 编程软件的硬件要求

（1）由于软件比较大，而且可以使用中文和英文，所以对计算机的配置有一些要求，计算机的硬件配置要求如表 6-3 所示。

表 6-3　　　　　　　　　　　　　　计算机的硬件配置要求

| 描述 | 最低配置 | 推荐配置 |
|---|---|---|
| 处理器 | Pentium V，1.8Hz，Pentium M，1.0GHz 或相应 | Pentium V，3.0GHz，Pentium M，1.5GHz 或相应 |
| RAM | 1024MB | 2048MB |
| 硬盘空间 | 3.5G | 4G |
| 光驱 | DVD | DVD |
| 显示 | 分辨率：1024×768 | 分辨率：1280×1024 |
| 外设 | USB 接口 | USB 接口 |
| 网络 | 以太网口 | 以太网口 |

（2）在安装 SoMachine 编程软件的新版本之前，需要卸载以前安装的 SoMachine 的旧版本，卸载之前要保存本地项目文件，以免丢失数据。

2. 安装 Somachine 控制平台的软件要求

操作系统可以采用 Microsoft Windows XP Professional SP3 和 Microsoft Windows 7 专业版、旗舰版 32 位。

3. 用户访问权限要求

在开始安装 SoMachine 控制平台之前，必须使用"管理员权限登录"，不得使用普通用户权限启动安装，也不能在安装过程中更改权限。如果要想在装有 Windows 7 的 PC 机上运行 SoMachine 编程软件，则必须具有管理员权限才能运行该程序，因为需要有管理员权限才能更改应用程序的用户界面语言。

4. SoMachine 控制平台的安装软件

SoMachine 控制平台的安装软件包括 2 部分，即"SoMachine 标准安装包"和"SoMachine Solution Extension 安装包"。

（1）SoMachine 标准安装包。SoMachine 标准安装包是用于安装基本功能的，适用于普通的 PLC。

（2）SoMachine Solution Extension 安装包。SoMachine Solution Extension 安装包是用于安装专用于特定解决方案的附加 SoMachine 功能的安装包，此安装包还包括行业的应用库、TVDA 等内容。

## 6.3　SoMachine 编程软件的安装和卸载

1. SoMachine 编程软件的安装

（1）普通 SoMachine3.1 编程软件的安装顺序。打开软件的安装包"SoMachine_V31"，然后按照 SoMachine V3.1＋SoMaV3.1 Libraries Update.exe＋SoMaV3.1add-on lexium23＋.exe＋SoMachine M218 v2.0.31.10＋VJD_V61SP1＋VJD_ADD_ON.ZIP 的顺序进行安装。

注意：安装时必须以"管理员身份"运行！

（2）激活。安装完成后需要激活部件号/序列号，如果读者没有有效的部件号/序列号，而希望以试用版的形式安装软件，则这 2 个字段保留为空白，试用版的期限为 30 天。

读者可以在将来获得授权的部件号/序列号后，卸载先前安装的试用版本，重新安装 SoMachine 软件，在安装过程中输入有效的部件号/序列号，将 SoMachine 从试用版本转到永久版本。

（3）扩展包的安装。当安装正式版本后，可安装 SoMachine 软件的扩展包，扩展包包括 IMC 扩展卡的编程和行业解决方案的功能块。

（4）注册空 U 盘。插入空 U 盘→打开 SoMachine 3.1 Extension auth 文件夹→打开 USB_Image_Tool_1.57 文件夹→双击 USB Image Tool.exe→在弹出的对话框中单击左上方刚刚插入的 U 盘之后单击下方的"恢复"→选择文件为 SoMachine 3.1 Extension auth 文件夹下的 Reg.img 文件。

2. SoMachine 编程软件的卸载

SoMachine 软件的卸载或修复请通过"开始→控制面板→添加/卸载程序"实施，如图 6-17 所示。

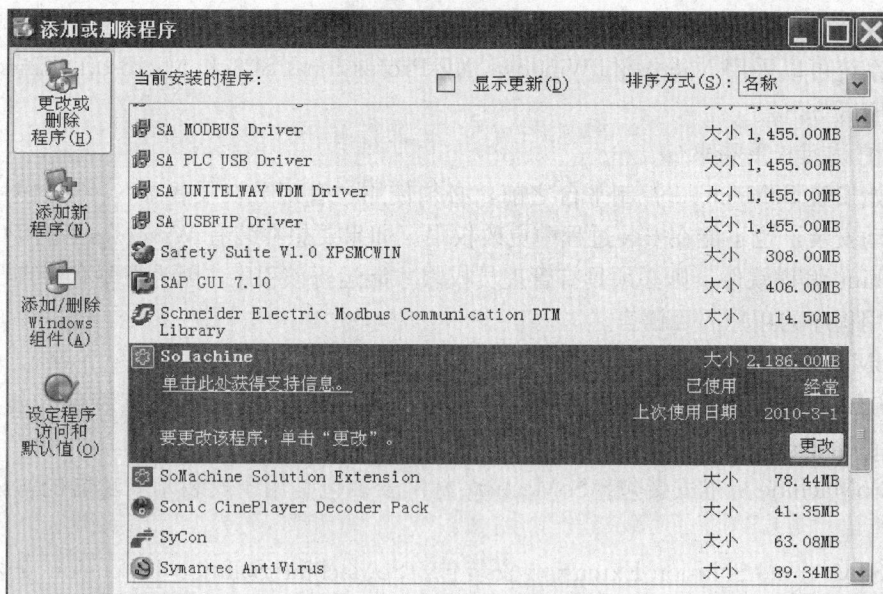

图 6-17　卸载 SoMachine

## 6.4　SoMachine 编程软件最基本的使用步骤

1. 启动软件 SoMachine

在已装有 SoMachine 编程软件的计算机中，单击图标就可以启动 SoMachine 编程软件，或者在 Windows 启动界面的所有程序中按照 "Schneider Electric" →SoMachine 的顺序启动 SoMachine 编程软件，SoMachine 编程软件主页图形界面如图 6-18 所示。

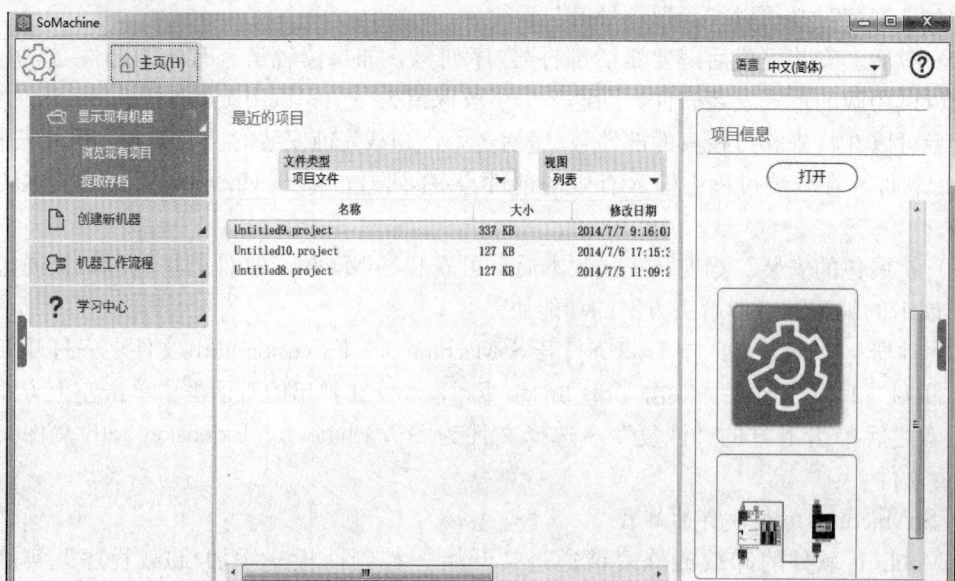

图 6-18　SoMachine 编程软件主页图形界面

2. 创建新机器

创建新机器，使用空项目启动，如图 6-19 所示。

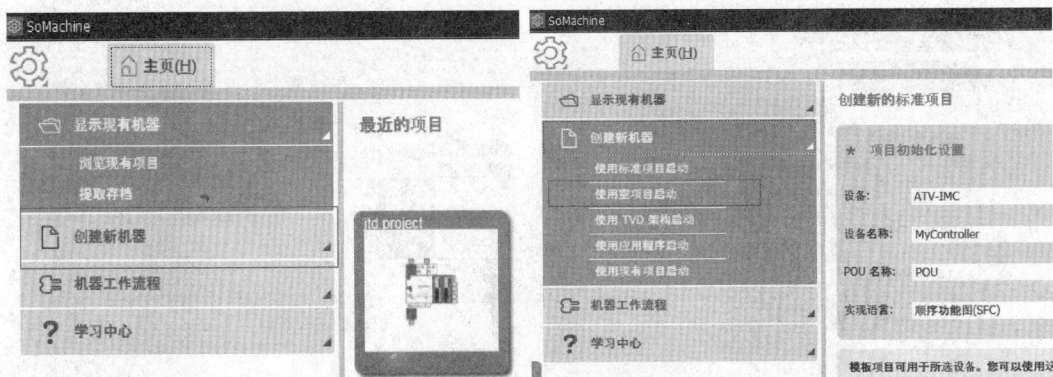

图 6-19　创建新机器，使用空项目启动

3. 保存新建项目

保存新建项目并命名，保存，如图 6-20 所示。

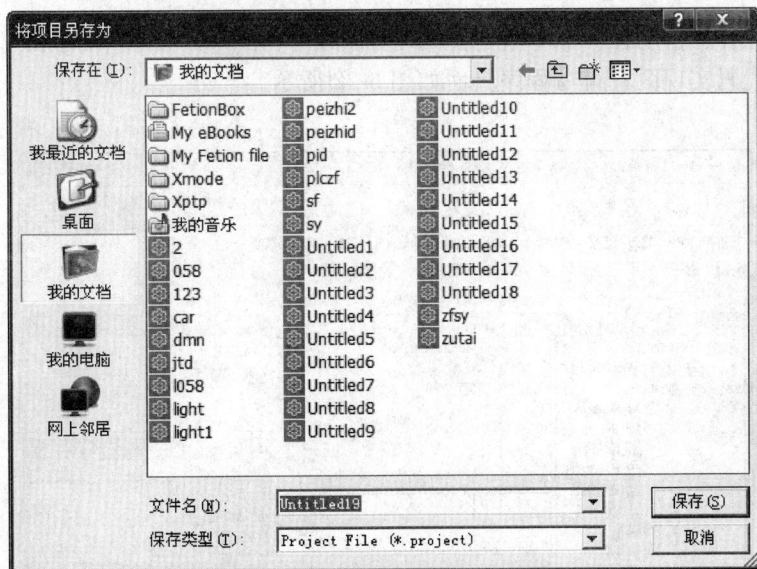

图 6-20　保存新建项目并命名

4. 配置

方法：在左侧目录中选择与项目有关的硬件设备，并将其拖到中间空白区域，如图 6-21 所示。

5. 编写程序

（1）创建 pou。可以直接在 MyPOU 中编写程序，"MyPOU"是 SoMachine 软件自动生

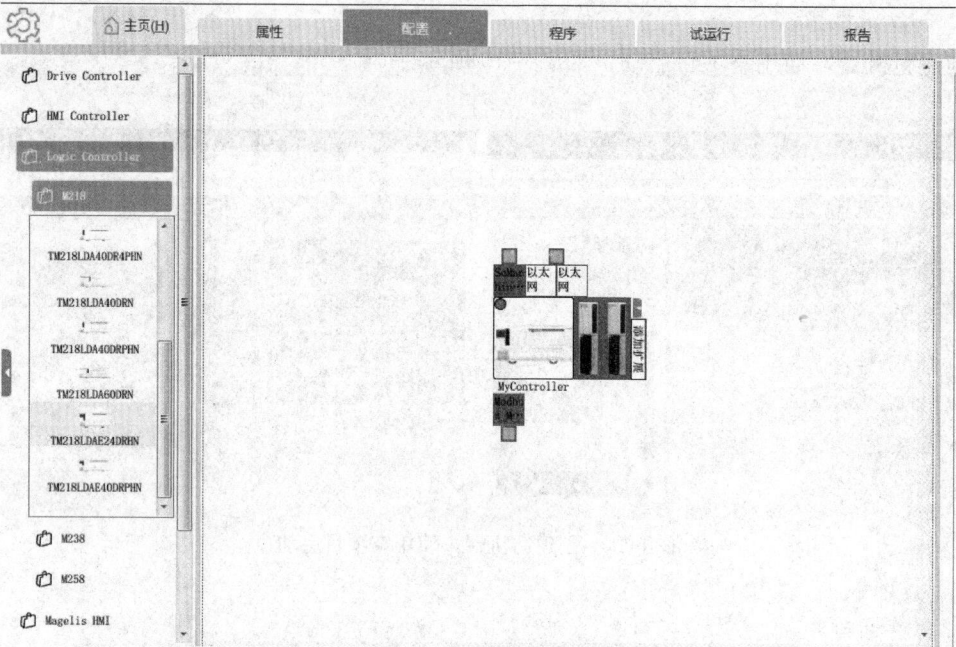

图 6-21　配置

成的程序，并且自动在 MAST 任务中调用该程序。"MyPOU"程序由 2 个部分组成：变量声明区和代码实现区，编写程序界面如图 6-22 所示。

图 6-22　编写程序界面

（2）同时也可以新建 pou 选择合适的编程语言，如图 6-23 和图 6-24 所示。

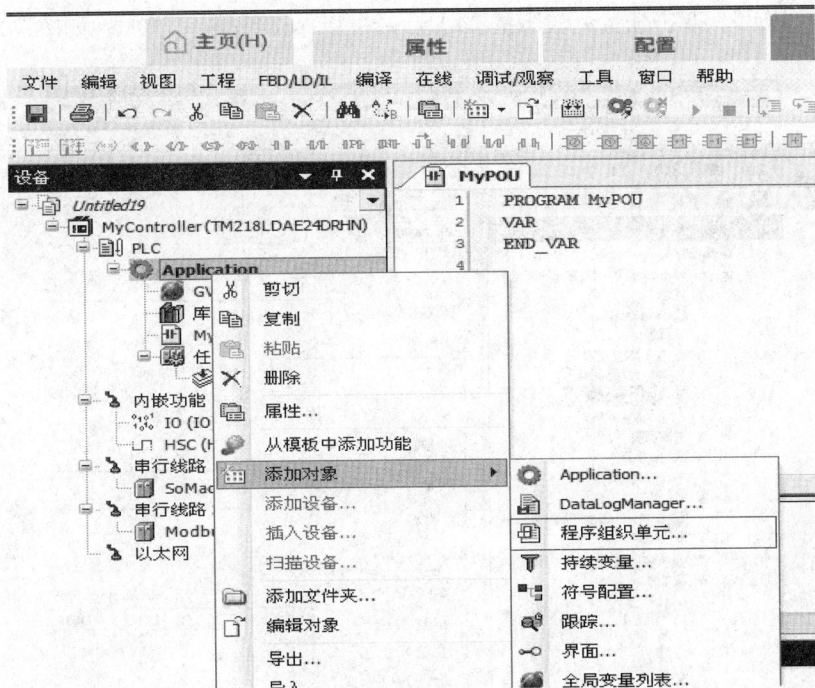

图 6-23　新建 POU

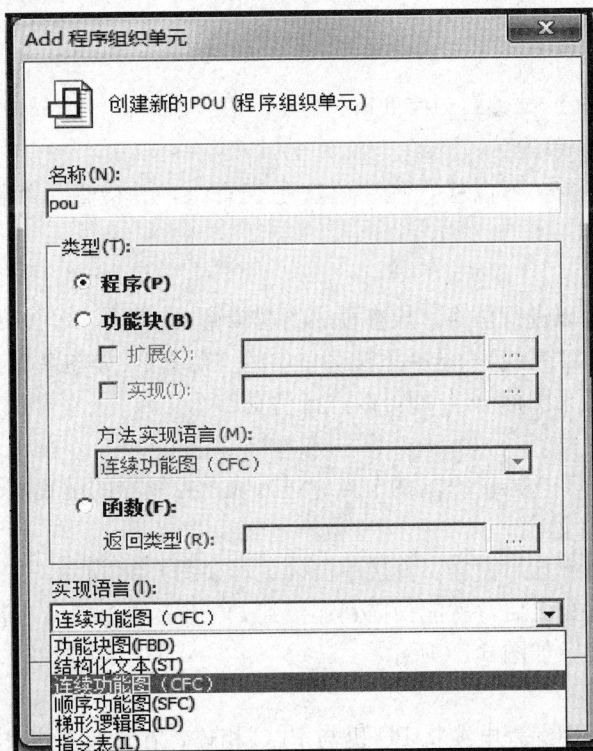

图 6-24　选择语言

（3）添加 POU。双击任务配置下的 MAST，可以添加或删除 POU。如图 6-25 所示。

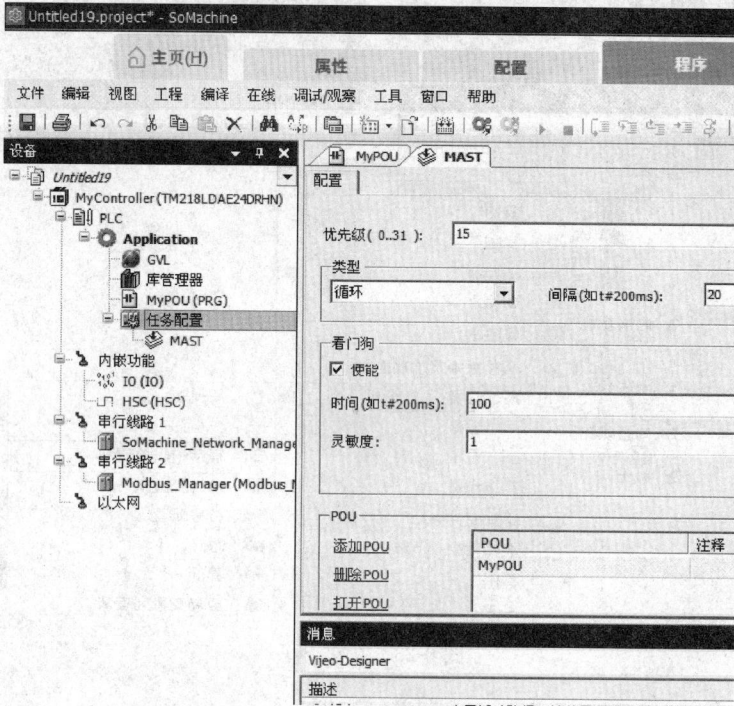

图 6-25　添加或删除 POU

（4）返回新建的 POU，编写程序即可。

6. 编译

单击"编译"图标 ▦ 可以检查程序语法是否有错，并检查是否将已编写单元添加至 MAST 当中。

7. 仿真

如果不与硬件连可以进行仿真，检查程序的逻辑错误。

（1）单击菜单栏中"在线"，选择下拉菜单中的"仿真"，如图 6-26 所示。

（2）然后再单击登录图标 ☞ ，即可以进行仿真。

8. 配置网关

（1）在 Devices 窗口中双击 PLC 的节点。进入显示控制器的配置窗口。第 1 个选项卡定义通信设置，如图 6-27 所示。

（2）添加网关，弹出如下窗口，直接单击确定，如图 6-28 所示。

（3）扫描网络，片刻之后，就能扫描到连接到 PC 机上的 M218，请单击该 PLC。

（4）设置通信路径，如图 6-29 所示。

9. 下载程序

网关配置完毕后，用编程电缆将 PC 机与 PLC 相连，在软件中单击登录图标 ☞ ，即可把程序下载到 PLC 中。

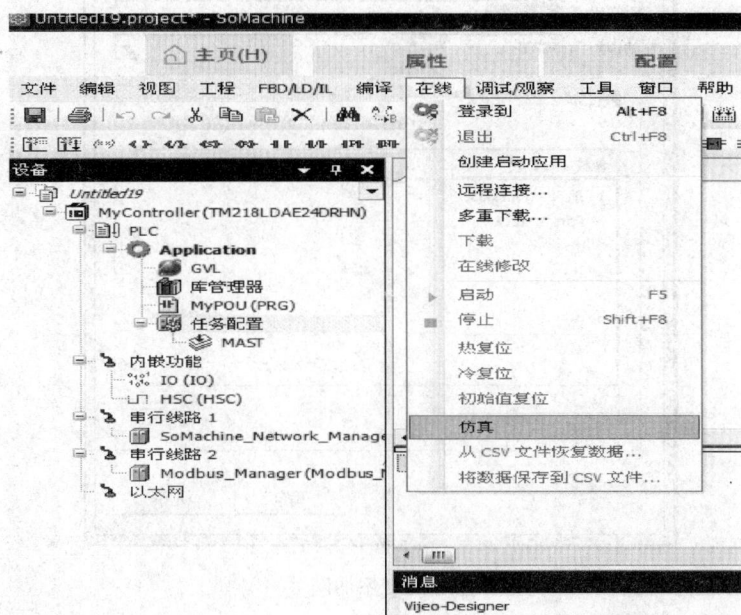

图 6-26　仿真

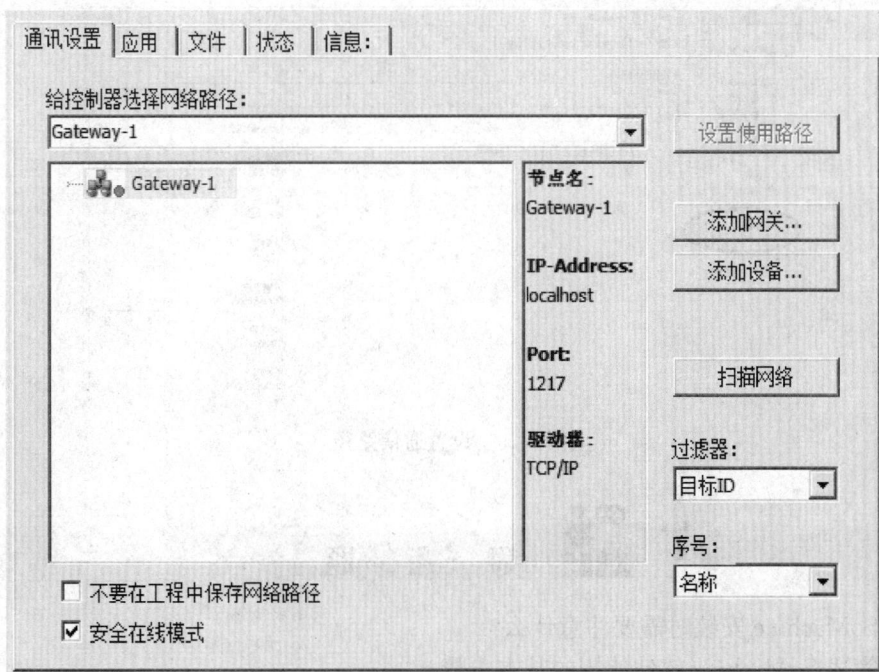

图 6-27　配置下载通信路径界面

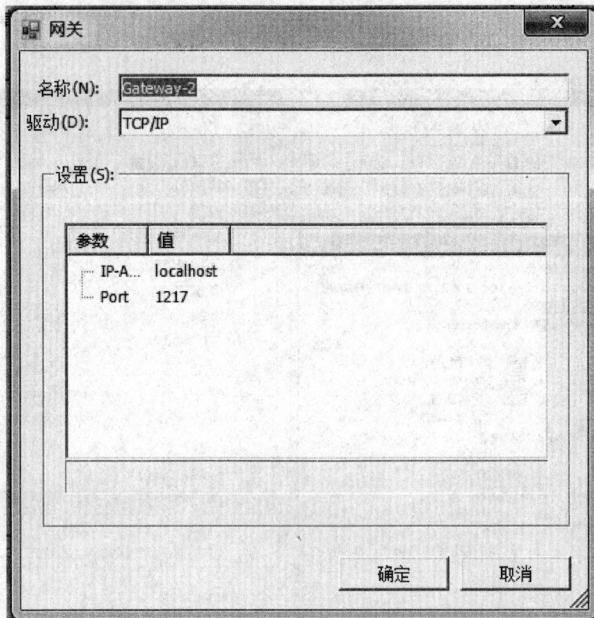

图 6-28　添加网关

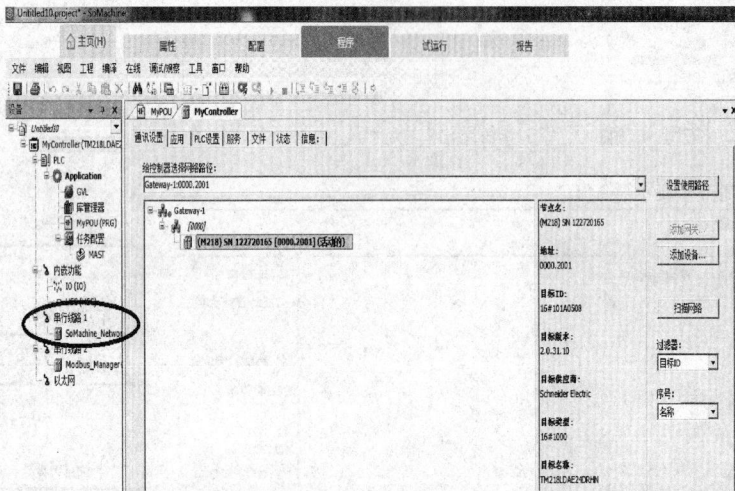

图 6-29　设置通信路径

思　考　题

6-1　SoMachine 安装时需要注意什么？

6-2　简述 SoMachine 软件使用的基本步骤。

# 第 7 章 触摸屏及变频器的使用

触摸屏（HMI）是实现人机交互的数字设备。它主要用于连接可编程逻辑控制器（PLC）、直流调速器、变频器、仪表等工业设备，使用显示屏进行显示，并通过触摸屏、键盘、鼠标等输入单元输入工作参数或操作命令。

随着科技的进步，以触摸屏技术为交互窗口的公共信息传输系统，通过采用先进的计算机技术，运用文字、图像、录像、解说、动画、音乐等多种形式，直观而又形象地呈现各种各样的信息，十分方便。在我们的生活中触摸屏已得到了广泛推广和应用，如触摸式手机、银行的交互式存储机、学校图书馆的图书阅览器、触摸式平板电脑、工业应用的各种触摸屏等。其中，工业触摸屏具有易于使用、坚固耐用、反应速度快、节省空间等优点。

变频器是新型的对交流电动机进行变频调速的装置。变频技术随着计算机技术、电力电子技术、微电子技术、微处理器以及自动控制理论的发展而不断发展，现阶段的变频器具有调速精度高、响应速度快、保护功能完善、智能化程度高、维护方便和节能等特点。目前变频器正向着小型化、智能化、功能多、大容量、低价格的方向发展，在工业自动化方向和节能方面都广泛使用变频器进行调速控制，因此具有广阔的应用前景。

## 7.1 触 摸 屏

### 7.1.1 触摸屏分类

触摸屏系统一般包括 2 个部分：触摸检测装置和触摸屏控制器。触摸检测装置安装在显示器屏幕前面，用于检测用户触摸位置，接收后传送到触摸屏控制器；触摸屏控制器的主要作用是从触摸点检测装置上接收触摸信息，并将其转换成触点坐标，再送给 CPU，同时能接收 CPU 发来的命令并加以执行。

触摸屏是一种绝对坐标系统，每次触摸的数据通过校准后直接转化为屏幕上的坐标，其特点是当前定位坐标与上一次定位坐标无关。触摸屏工作时，上下导体层相当于电阻网络，当某一层电极加上电压时，会在该网络上形成电压梯度。当有外力使得上下两层在某一点接触，则在触摸屏未加电压的另一层可以测得接触点处的电压，从而获得接触点处的坐标。

触摸屏的主要 4 大种类是：电阻式触摸屏、电容式触摸屏、红外线式触摸屏和表面声波式触摸屏。

1. 电阻式触摸屏

电阻式触摸屏的触摸屏体部分是 1 块多层的复合薄膜，基层一般设计成 1 层玻璃或有机玻璃，在基层的表面涂有 1 层透明的导电层 ITO 膜，上面再盖有 1 层外表面经过硬化处理的塑料层，这个塑料层要做得光滑并且进行防刮处理，它的内表面也要涂有 1 层 ITO 膜，在 2 个层导电层之间有许多很小的透明隔离点把它们隔开。当手指或操作笔接触屏幕时，电阻将在 2 层 ITO 膜接触时发生变化，控制器就是根据检测到的电阻值发生的变化来计算接触点处的坐标，再根据这个坐标来进行相应的处理。电阻屏根据引出线数多少，分为 4 线、5 线等类型。5 线电阻触摸屏的外表面是导电玻璃而不是导电涂覆层，这种导电玻璃的寿命较长，透光率也较高。

电阻式触摸屏最大的特点是不怕油污、灰尘和水，质量稳定并且具有较高的环境适应能力，尤其在工控领域内，在同类触摸屏产品中市场的占有量达到了 90%。

2. 电容式触摸屏

电容式触摸屏的原理是在触摸屏的 4 个边都镀上了细长的电极，这样在它的内部就形成了 1 个低电压交流电场。然后在触摸屏上贴上 1 层透明的涂有特殊的金属导电物质的薄膜层，当用户触摸电容屏时，用户手指和工作面形成 1 个耦合电容，因为工作面上接有高频信号，于是手指会吸走 1 个很小的电流，这个电流分别从屏的 4 个角上的电极中流出且理论上流经 4 个电极的电流与手指到 4 角的距离是成比例的，控制器通过对 4 个电流比例的精密计算，即可得出接触点的位置。

电容式触摸屏灵敏度极高，能感知轻微快速的触碰（响应时间最快为 3ms），即使屏幕上沾有污秽、尘埃或油渍，电容式触摸屏依然能准确计算出触摸位置。缺点是外界的强电场对电容式触摸屏有干扰作用，并且因为电容会随温度、湿度或接地情况的不同而发生变化，其稳定性较差，所以往往会产生漂移现象。

3. 红外线式触摸屏

在红外线式触摸屏的四边布满了红外线发射管和红外线接收管，形成了 1 个一一对应横竖交叉的红外矩阵。在触摸屏幕时，手指会挡住经过该位置的横竖 2 条红外线，控制器就是通过计算被挡住的红外线来算出触摸点的位置所在的。

红外线式触摸屏是不受电流、电压和静电干扰的，比较适合在较为恶劣的环境中工作。其主要优点是价格低廉、安装方便，可以用在各档次的计算机上。此外，由于没有电容式触摸屏中电容的充放电过程，所以响应速度比电容式的触摸屏要快一些，缺点是它的分辨率较低。

4. 表面声波触摸屏

表面声波是超声波的 1 种，它是在玻璃或金属等刚性材料的表面浅层传播的机械能量波。通过根据表面波的波长设计出的楔形三角基座，能够做到定向、小角度的表面声波能量发射。表面声波的性能比较稳定、易于分析和处理，在横波传递过程中具有非常尖锐的频率特性，近年来在无损探伤和造影等行业中应用广泛。

这种表面声波触摸屏的显示屏 4 角分别设有超声波发射换能器及接受换能器，能发出一种超声波并覆盖屏幕表面。当手指碰触显示屏时就会吸收一部分声波能量，使接收波形发生相应变化，即某 1 时刻波形有 1 个衰减缺口，控制器依据衰减的信号从而计算出触摸点的位置。

根据目前市场的应用需求，施耐德电气提供了多种型号的人机界面产品，触摸屏型号如表 7-1 所示。

表 7-1　　　　　　　　　　　　　施耐德电气触摸屏型号

| 多功能合一 | 小型面板 | Magelis STO/STU、XBT N/R/RT |
|---|---|---|
| | 高级面板 | Magelis XBT OT/GT/GK/GTW/GH |
| | 人机界面控制器 | Magelis XBTGC |
| | PC 面板 | Magelis Smart iPC；Magelis Compact iPC |

续表

| BOX | 嵌入式 BOX | Magelis Smart BOX |
|---|---|---|
| | PC BOX | Magelis Compact PC BOX |
| | | Magelis Flex PC BOX |
| 显示屏 | 工业触摸显示屏 | MagelisiDisplay |
| 配置软件 | Vijeo Designer Lite；Vijeo Designer | |

### 7.1.2　触摸屏的开发软件 Vijeo-Designer

1. 概括

不同品牌的触摸屏开发软件各不相同，施耐德触摸屏的开发软件是 Vijeo-Designer 和 SoMmachine 编程软件。其中，Vijeo-Designer 用于开发面向目标机器的触摸屏用户应用程序，而 SoMachine 编程软件主要用于为 M218、M238、M258 可编程逻辑控制器编写应用程序。

Vijeo-Designer 软件可以为 Magelis STO/STU、XBTGT、GK、GTW、GH 终端和 Smart 及 Compact iPC 和 PC BOX 创建自动化控制系统操作员对话应用程序。它还可以管理 XBT GTW 和 Smart 及 Compact iPC 的多媒体功能（视频和音频），并通过 Web 浏览器向用户提供以太网终端和 iPC 远程访问（WEB Gate 功能）。应用 Vijeo-Designer，可以创建出具有功能化图形和动画的高级画面，以满足从简单到复杂的工程需求。Vijeo-Designer 在人机界面设计和运行方面所采用的独特方法将开发的工作量降到了最低。

2. Vijeo-Designer 的配置

Vijeo-Designer 的配置软件提供了全面的应用程序管理工具，主要包括：

（1）工程创建。包含 1 个或多个目标的工程（终端或 iPC）。

（2）配方编辑器（32 组，每组 256 个配方，每个配方最多 1024 种成分）。

（3）用户操作列表（如脚本），用以提高应用程序的适应能力。

（4）应用程序变量交叉引用。

（5）矢量图形库，用以使图形屏幕更具吸引力。

（6）应用程序框图文档记录。

（7）仿真模式，用于实现简单的设计室应用程序测试。

（8）高性能图形编辑器，用于实现简单框图创建（超过 30 种动画式预配置通用对象）。

（9）支持图层和遮盖，以实现更快速的开发。

（10）数据共享（最多可共享 8 个终端上的 300 个变量）。

（11）管理 40 种字符（包括简体中文、朝鲜语、阿拉伯语和希伯来语），且每个应用程序和动态变量可以有 15 种语言。

（12）可编程控制器数据库共享，过程变量或操作员操作。

（13）高级追溯功能（周期性、发生事件时应需进行）。

（14）在终端上进行项目备份，以进行简单维护。

（15）对用户友好的数据恢复工具。

（16）支持标准 USB 外设。

（17）支持外接 USB 键盘和鼠标。

（18）与施耐德电气设备集成（缓冲区对话框、变量访问、Unity DDT 和未定位变量）。

（19）事件触发式电子邮件功能。

（20）超过 35 种第三方协议。

（21）多语言软件。英语、法语、德语、意大利语、西班牙语、葡萄牙语和简体中文。

（22）打印功能。

3. 触摸屏使用

Vijeo-Designer 软件的编辑主页面，如图 7-1 所示。

图 7-1　Vijeo-Designer 软件的编辑主页面

（1）M218PLC 与 HMI 通信方式概述。

1）M218 PLC 可以经由 Modbus 通信网络与 HMI 通信，用户可通过如下 2 种方式映射 M218 PLC 与 HMI 之间的变量：

a. 传统的地址映射方式（Modbus 协议）。

b. 变量配置表的映射方式（SoMachine 协议）。

2）M218 PLC 内置的 2 个串行通信端口 SL1 和 SL2，物理介质接口为 RS485，SL1 为 RJ45 水晶头，SL2 为端子连接方式。根据规定或接线的方便性考虑，建议 SL1 用于 HMI 的连接，SL2 用于变频器或第三方设备的通信，通信协议为如下几种：

a. Modbus Manager。

b. ASCII Manager。

c. SoMachine-Network Manager。

以上 3 种协议中，Modbus Manager 和 SoMachine-NetworkManager 都可用于 M218 PLC 与 HMI 的串行通信，其中 Modbus Manager 适用于传统的地址映射方式；SoMachine-Network Manager 可用于变量共享的方式（PLC 编程与 HMI 只需要变量导入即可），用户可根据需要选择合适的串行通信协议。SL1 和 SL2 的接口类型不同，其具体的引脚分配如表 7-2 所示。

| 表 7-2 | | SL1、SL2 的引脚分配 | | | |
| --- | --- | --- | --- | --- | --- |
| SL1 的引脚分配 | | | SL2 的引脚分配 | | |
| 针角 | 说明 | | 针角 | 说明 | |
| 1 | NC | | 1 | D1 | |
| 2 | NC | | 2 | D0 | |
| 3 | NC | | 3 | 屏蔽 | |
| 4 | D1（A＋） | | 4 | 公共端 | |
| 5 | D0（B－） | | | | |
| 6 | NC | | | | |
| 7 | NC | | | | |
| 8 | 公共端 | | | | |

（2）M218 PLC 与 HMI 通信的内存地址映射方式。

1）M218 PLC 的内置串口支持标准的 Modbus RTU/ASCII 通信协议，由于 SoMachine 软件中没有固定的位址区，所以用户可通过访问从站设备的内部字寄存器区来实现位或字的读写，所以用户需要在 SoMachine 软件和 Vijeo-Designer 软件中对串行端口进行参数配置，具体配置步骤如下。

第 1 步：将原有的串行线路 1 下的 SoMachine 协议删除（右击，删除），并右击"串行线路 1"，重新添加通信协议"Modbus Manager"，如图 7-2 所示。

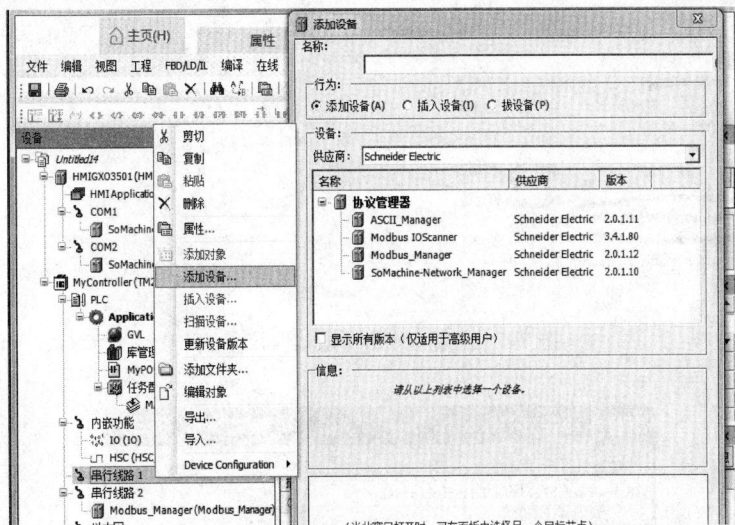

图 7-2　添加通信协议"Modbus Manager"

第 2 步：配置端口的物理通信参数，如波特率、数据位、校验位和停止位。双击选择"串行线路 1"，弹出配置菜单，如图 7-3 所示。

第 3 步：配置 Modbus 通信协议参数，如传输模式、寻址模式、站地址和帧间时间。配置方式如图 7-4 所示，双击选择"Modbus_Manager"，弹出协议参数配置菜单。

第 4 步：建立需要映射给 HMI 的变量，需要指定寄存器地址。

第 5 步：打开 Vijeo-Designer 软件，新建工程，添加 Modbus RTU 驱动，如图 7-5 所示。

图 7-3　物理通信参数设置

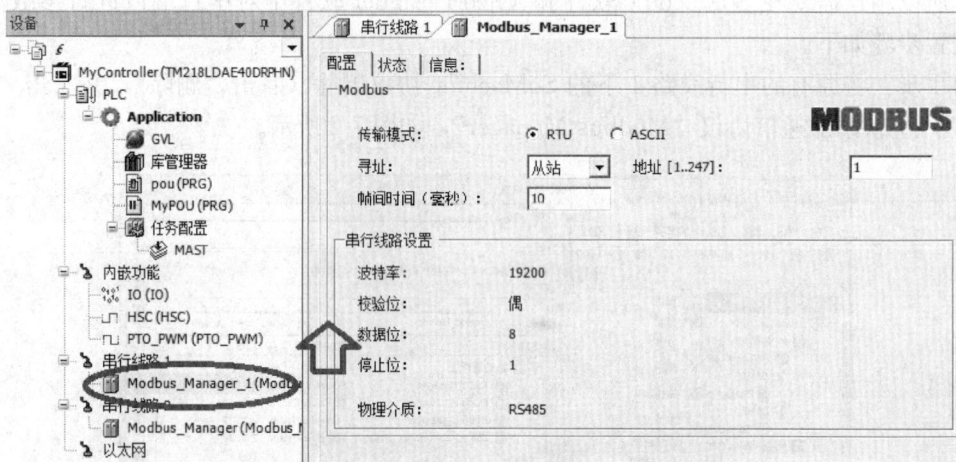

图 7-4　配置 Modbus 通信协议参数

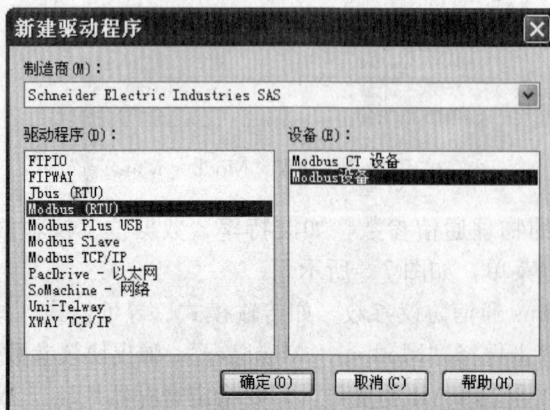

图 7-5　添加 Modbus RTU 驱动

第 6 步：Vijeo-Designer 中配置 Modbus 驱动参数，如图 7-6 所示。

注意：确保参数与 M218 的串行通信参数一致！

图 7-6　Vijeo-Designer 中配置 Modbus 驱动参数

第 7 步：Vijeo-Designer 中配置从站设备的参数，包括从站地址、数据帧长度和变量高低字节的排序，如图 7-7 所示。

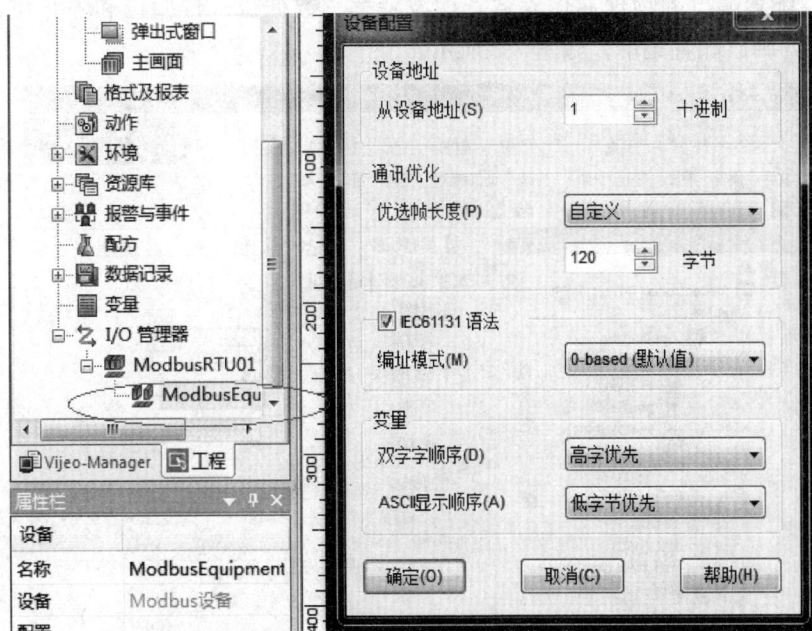

图 7-7　配置从站设备的参数

第 8 步：在 Vijeo-Designer 中"变量"里新建与 M218 相映射的变量。注意：SoMachine 中变量地址与 Vejio-Designer 中变量地址的对应关系，如图 7-8 所示。

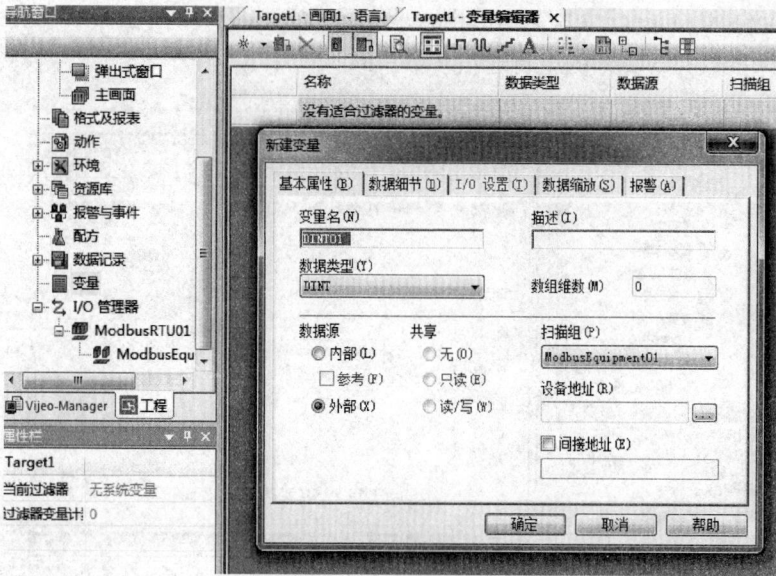

图 7-8　映射变量

2) M218 PLC 支持 SoMachine-Network 协议，用户可在 SoMachine 编程软件中配置此协议，实现 M218 PLC 与 HMI 共享同 1 个变量，节省了大量新建变量及映射地址的时间。用户需要在 SoMachine 软件和 Vijeo-Designer 软件中对串行端口进行参数配置，具体配置步骤如下所示：

第 1 步：配置端口的物理通信参数，如波特率、数据位、校验位和停止位，双击选择"串行线路 1"，弹出配置菜单，如图 7-9 所示。

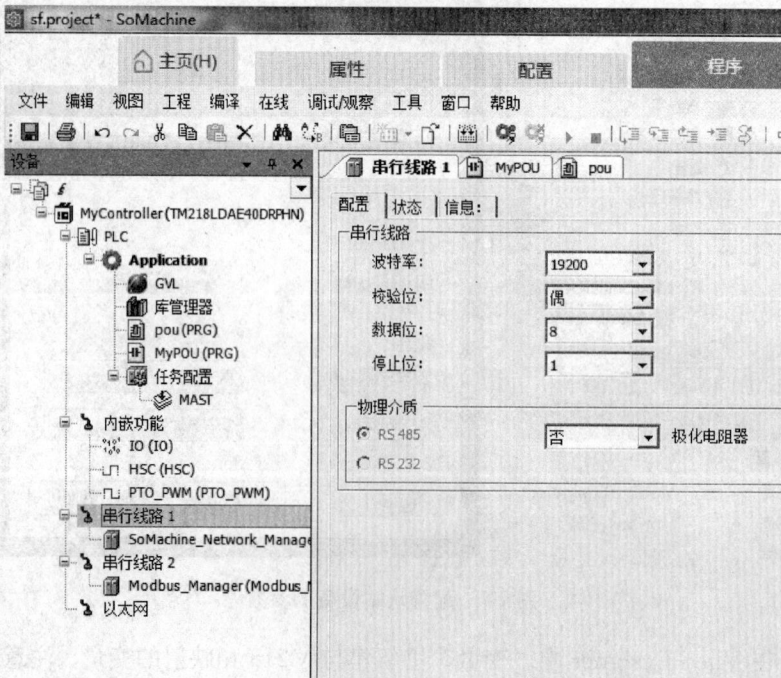

图 7-9　配置物理通信参数

第 2 步：右键单击项目名称，选择"添加设备"，把 HMI GXO3501 添加到项目中，如图 7-10 所示。

第 3 步：建立需要共享给 HMI 的变量，示例如图 7-11 所示。

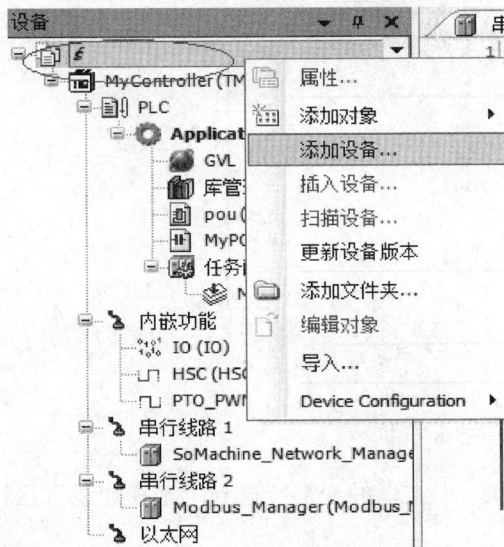

图 7-10　添加设备

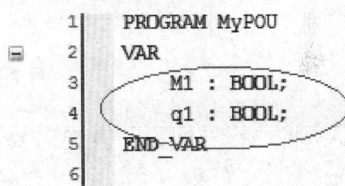

图 7-11　共享给 HMI 的变量

第 4 步：右键单击"Application"，选择"添加对象"，将"符号配置"加入到程序中，如图 7-12 所示。

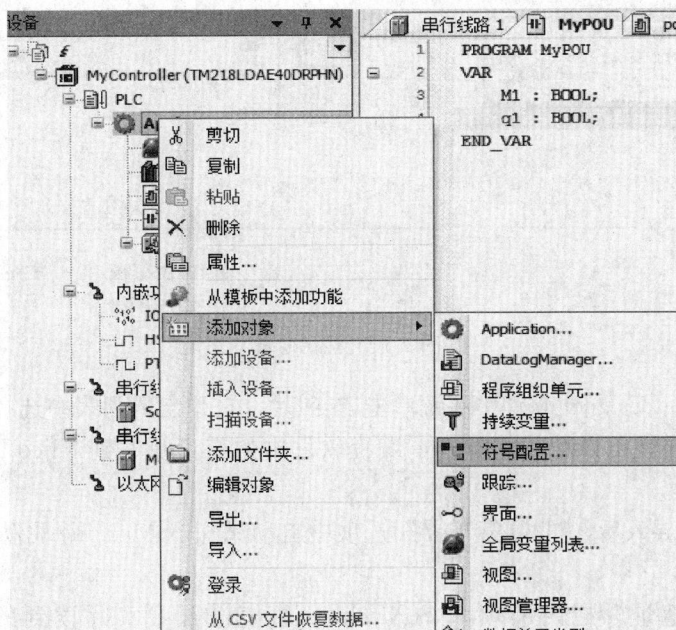

图 7-12　符号配置

第 5 步：组态"符号配置"表，单击"刷新"，会更新程序中可供共享的变量标签，如

图 7-13 所示。注意：必须将共享变量放到程序中进行调用，而程序需放入到 MAST 任务中进行循环扫描。

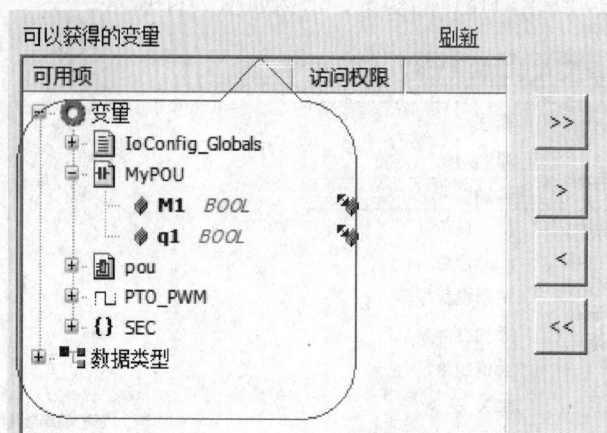

图 7-13　可供共享的变量

第 6 步：将"符号配置"表中需要给 GXO3501 共享的变量传送到"选择变量"区，如图 7-14 所示。

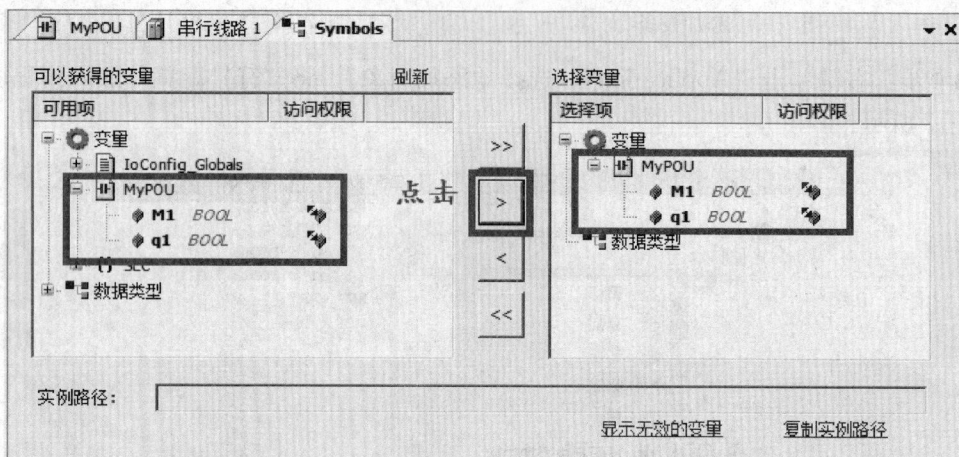

图 7-14　共享变量

第 7 步：Vijeo-Designer 软件中右键单击"变量"，在弹出的列表中选择"从 SoMachine 中导入变量"，这样就可以把 SoMachine 编程软件中的变量映射到 Vijeo-Designer 软件中，如图 7-15 所示。

第 8 步：变量导入后，"I/O 管理器"选项中自动添加 SoMachine 驱动，配置网络设备参数。

注意："设备地址"栏内请填入 SoMachine 通信设置中实际读到的 PLC 地址，如（M218）SN366，如图 7-16 所示。

### 7.1.3　利用触摸屏控制直流电机正反转

第 1 步：编写电动机正反转参考程序，如图 7-17 所示。

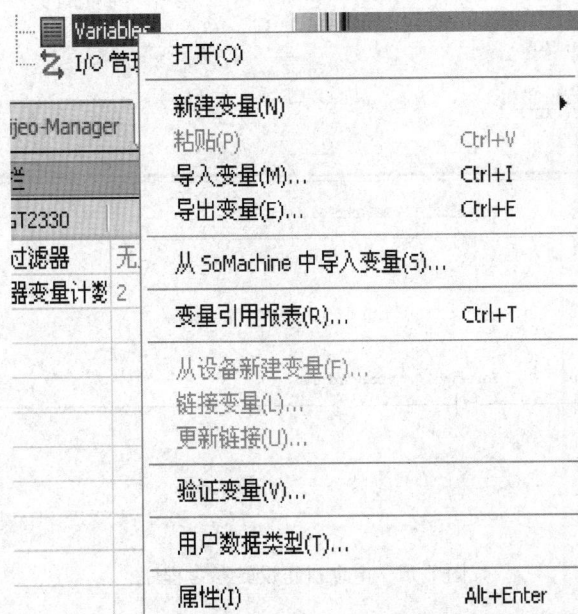

图 7-15　从 SoMachine 中导入变量

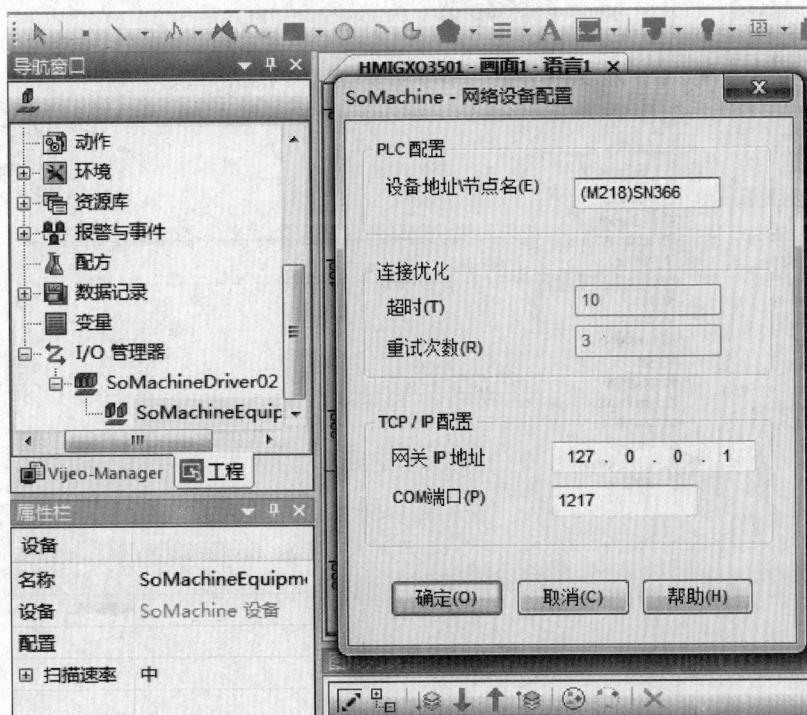

图 7-16　PLC 型号配置

```
1    PROGRAM test
2    VAR
3        Foreward AT %MX0.0: BOOL;
4        Foreward_out AT %QX0.4: BOOL;
5        Stop AT %MX0.2: BOOL;
6        Rollback AT %MX0.1: BOOL;
7        Rollback_out AT %QX0.5: BOOL;
8    END_VAR
```

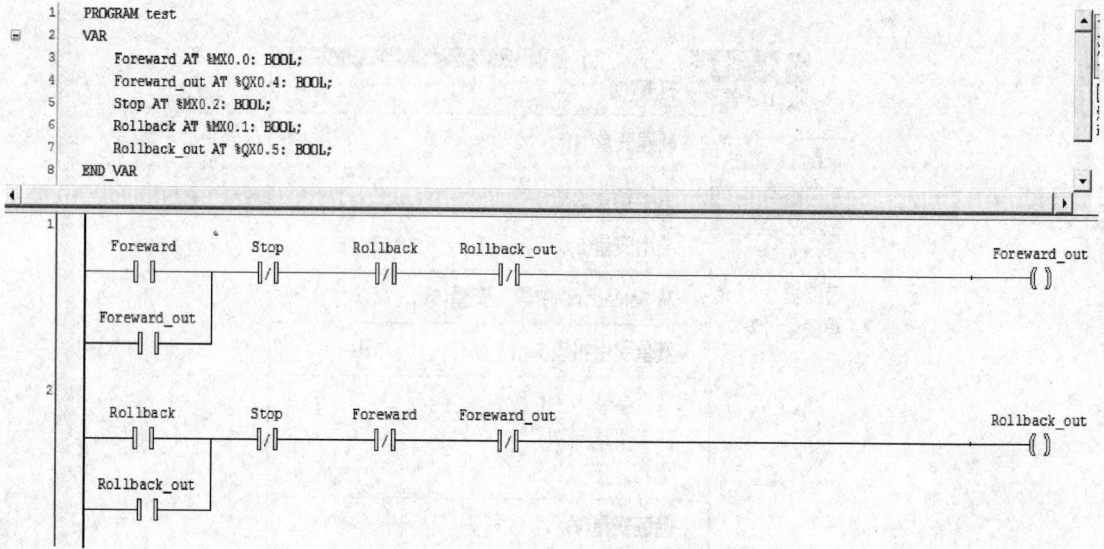

图 7-17　电动机正反转参考程序

第 2 步：在 SoMachine 编程软件中变量配置，如图 7-18～图 7-20 所示。

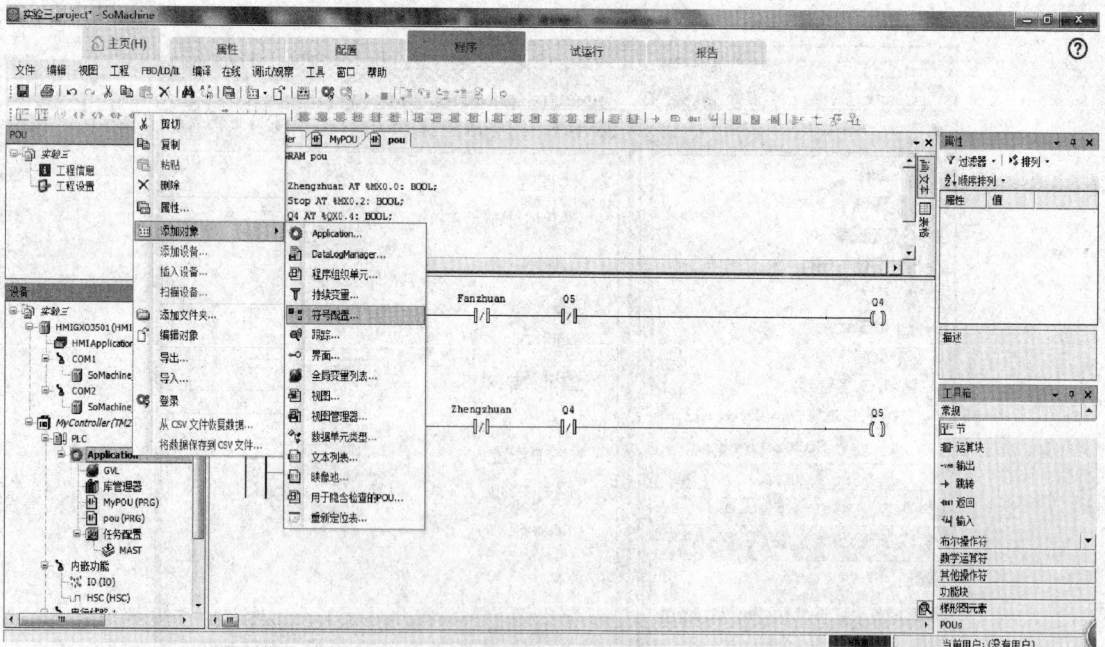

图 7-18　配置步骤 1

注：如果变量底下没有下拉菜单，单击"刷新"按钮。

第 3 步：变量导入，如图 7-21 所示。

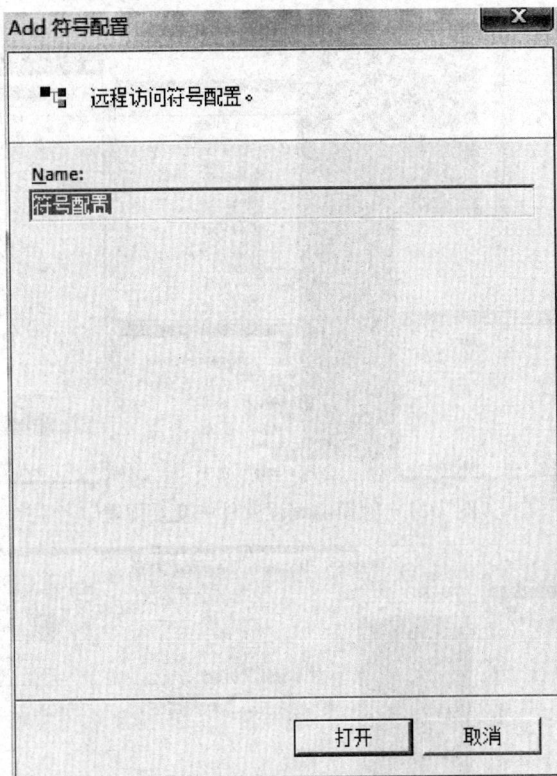

图 7-19　配置步骤 2

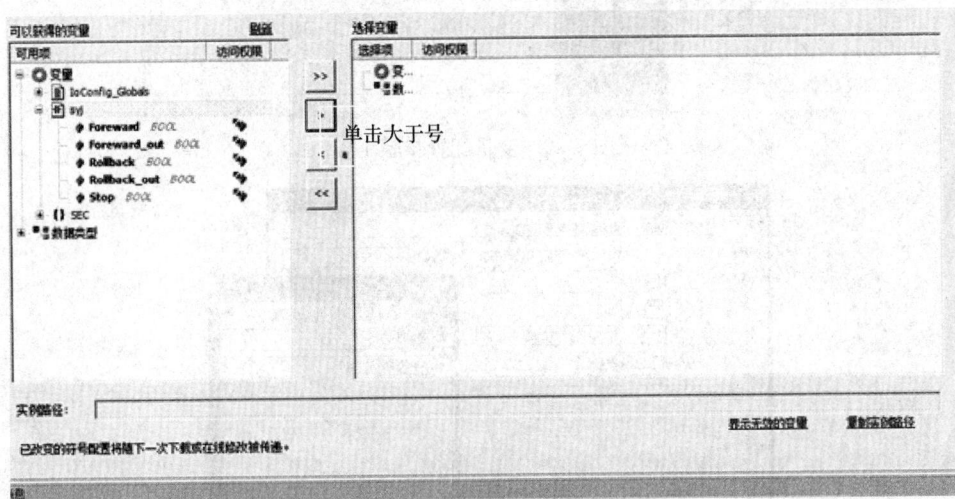

图 7-20　配置步骤 3

第 4 步：电动机正反转控制触摸屏界面设计。

（1）按钮及变量配置。一共设置 3 个按钮，正转、反转、停止。每个按钮的设置过程都是一样的，下面以正转按钮为例来说明设置过程，如图 7-22～图 7-24 所示。

图 7-21  触摸屏编程软件中变量配置

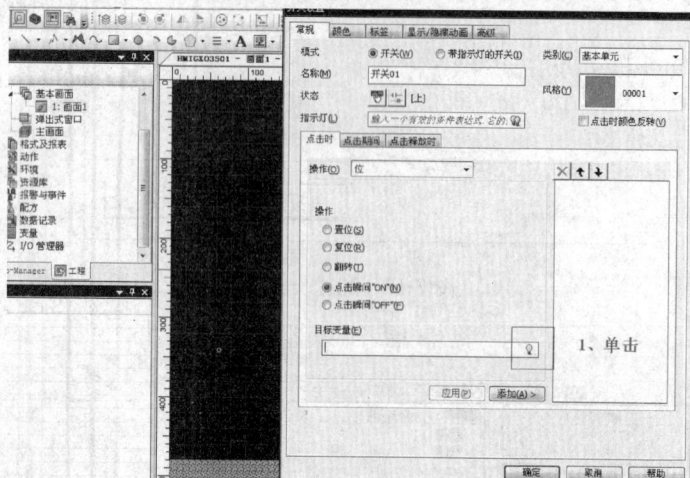

图 7-22  变量配置步骤 1

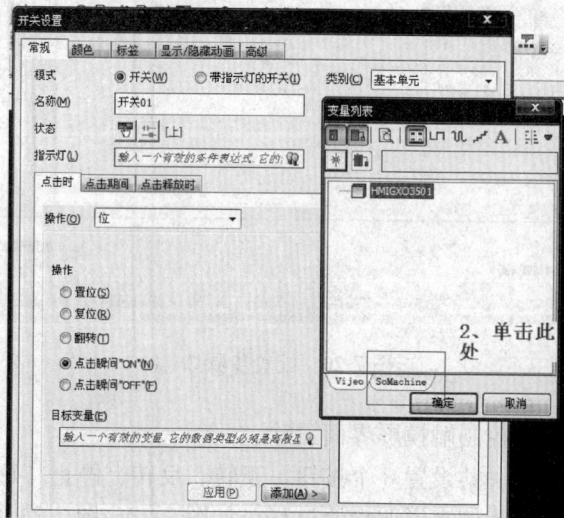

图 7-23  变量配置步骤 2

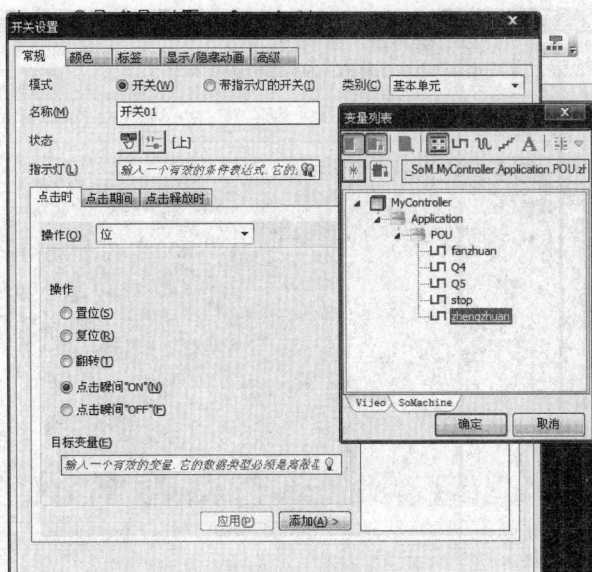

图 7-24　变量配置步骤 3

单击"添加"按钮，然后单击"确定"按钮。

正转按钮已设置好，可根据自己的喜好选择按钮的颜色、形状等。

（2）各个按钮的设置，如图 7-25 所示。

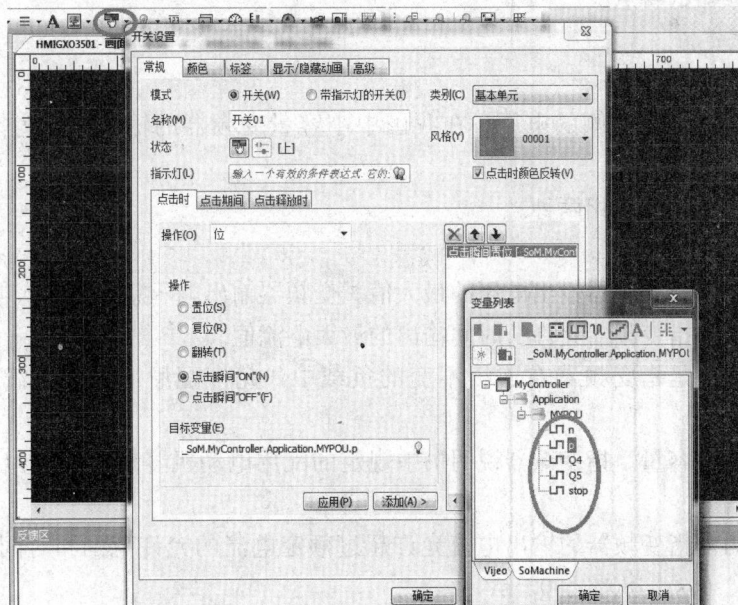

图 7-25　按钮设置

（3）电动机正反转的触摸屏界面，如图 7-26 所示。

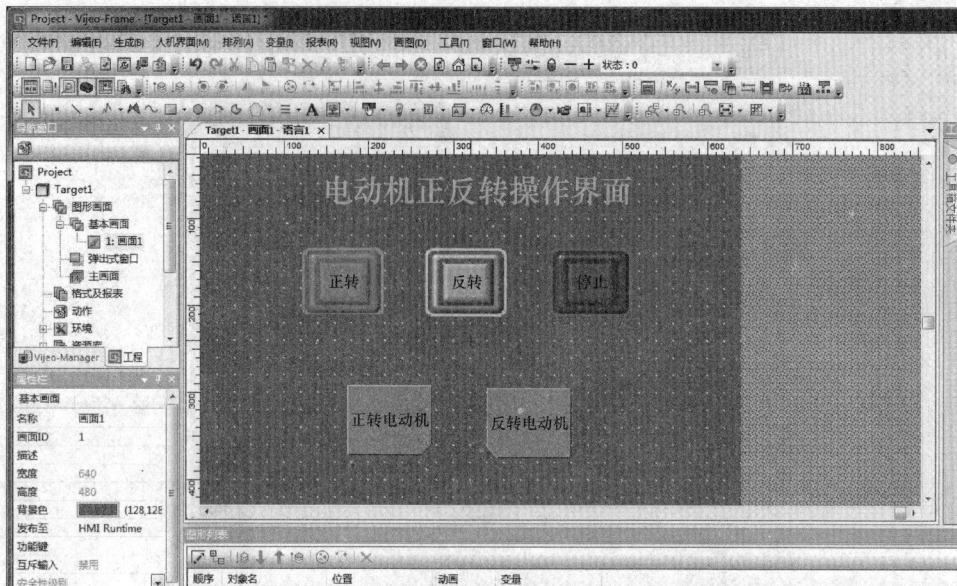

图 7-26　电动机正反转的触摸屏界面

## 7.2　变　频　器　的　概　述

### 7.2.1　变频器的特点

1. 变频器额定值

(1) 输入侧的额定值。

1) 输入电压：指电源侧的电压。在我国中小容量变频器的输入电压为 380V/50Hz 和 220～230V/50Hz 或 60Hz。

2) 相数：有单相和三相两种。

(2) 输出侧额定值。

1) 额定电压。指变频器输出电压的最大值。变频器输出电压总是与输入电压相等。

2) 额定电流。指变频器允许长时间输出的最大电流值。

3) 额定容量。是指变频器在连续不变的负载中，允许配用的最大负载容量。其单位为 kVA。

4) 配用电动机容量。指变频器说明书中规定的配用电动机容量（单位为 kW），仅适合于长期连续负载。

5) 过载能力。指变频器的输出电流允许超过额定电流的允许范围和时间。大多数变频器都规定 150％、60s；180％、0.5s。

(3) 额定频率。变频器的额定频率是指电源的额定频率（即工频），我国的工业频率为 50Hz。

2. 变频器的结构

变频器主要由主电路和控制电路组成，其中主电路包括整流电路、直流中间电路、逆变电路 3 部分，主电路主要用来完成对逆变电路的开关控制，对整流器的电压控制以及各种保护作用。变频器的结构图如图 7-27 所示。

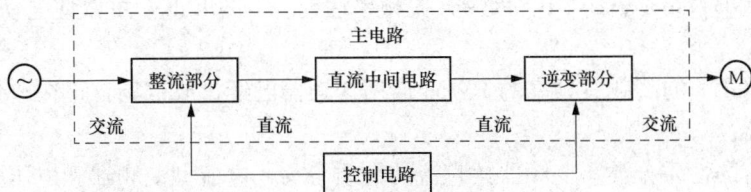

图 7-27  变频器的结构图

整流电路、直流中间电路、逆变电路 3 部分的作用如下：

(1) 整流电路的作用是将交流电整为直流电。

(2) 直流中间电路具有储能和平稳直流电压的作用，主要是因为变频器的负载一般是电动机，而电动机属于感性负载，运行时储能电路和电动机之间会有无功功率。

(3) 逆变电路的作用是通过三相桥式逆变电路将直流电转化成任意频率的三相交流电。

3. 变频器的分类

变频器的种类繁多，应用广泛。变频器按不同的角度可分为不同的种类。

(1) 按变频环节分类。变频器按变频环节分为交—交变频器和交—直—交变频器。

1) 交—交变频器直接将电网频率和电压都固定的交流电源转换成频率和电压都连续可调的交流电源。其主要的优点是没有中间环节，变换效率高；其缺点就是连续可调的频率范围比较窄，且只能在电网的固定频率以下变化，一般为电网的固定频率，主要用于电力牵引等容量较大的低速拖动系统中。

2) 交—直—交变频器先把频率固定的交流电整流成直流电，再把直流电逆变成频率可调的三相交流电。此类变频器主要使用不可控整流，输入功率不变；如用 PWM 逆变，则输出谐波可以减小。PWM 逆变器需要全控式电力电子器件，其输出谐波减小的程度取决于 PWM 的开关频率，而开关频率则受器件开关时间限制。目前广泛采用的一般都是交—直—交变频。结构图如图 7-27 所示。

(2) 按输出电压调节方式分类。变频调速时，需要同时调节变频器的输出电压和频率，以保证电动机主磁通的恒定。对输出电压的调节主要有两种方式：PAM 方式和 PWM 方式。

1) PAM 方式。脉冲幅度调制 (Pulse Amplitude Modulation) 方式，简称 PAM 方式，是通过改变直流电压的幅值进行调压的方式。在变频器中，逆变器只负责调节输出的频率，而输出电压的调节则由相控整流器或直流斩波器通过调节直流电压实现。采用相控整流器调压时，网侧的功率因数随调节深度的增加而变低。而采用直流斩波器调压时，网侧功率因数在不考虑谐波影响时，可以达到 $\cos\varphi_1\approx 1$。

2) PWM 方式。脉冲宽度调制 (Pulse Width Modulation) 方式，简称 PWM 方式。变频器中的整流器采用不可控的二极管整流电路，变频器的输出频率和输出电压的调节均由逆变器按 PWM 方式来完成。利用参考电压波 $u_R$ 与载频三角波 $u_c$ 互相比较来决定主开关器件的导通时间而实现调压。利用脉冲宽度的改变来得到幅值不同的正弦基波电压。这种参考信号为正弦波输出电压波形近似为正弦波的 PWM 方式称为正弦 SPWM (Sinusoidal Pulse Width Modulation) 方式。通用变频器中，采用 SPWM 方式调压是一种最常采用的方案。

3) 高载波频率的 PWM 方式。这种方式与上面所述的 PWM 方式的区别仅在于调制频率有很大的提高。主开关器件的工作频率较高，普通的功率晶体管已经不能适应，常采用开关频率较高的 IGBT 或 MOSFET。因为开关频率达到 10～20kHz，可以使电动机的噪声大幅度降低。

这种采用 IGBT 的高载波频率的 PWM 通用变频器已经投放市场，正在取代以 BJT 为开关器件的变频器。

（3）按直流的性质分类。变频器按直流的性质分为：电流型变频器和电压型变频器。

1）电流型变频器。电流型变频器是将电流源的直流变换为交流的变频器。其直流回路的滤波是电感。

2）电压型变频器。电压型变频器是将电压源的直流变换为交流的变频器。其直流回路的滤波是电容。

（4）按控制方式分类。变频器按控制方式分为 $U/f$ 控制变频器、转差率控制变频器、矢量控制变频器、矢量转矩控制变频器和直接转矩控制变频器。

1）$U/f$ 控制变频器。$U/f$ 控制变频器的方法是在改变频率的同时控制变频器的输出电压。通过使 $U/f$（电压和频率的比）保持一定或按一定的规律变化而得到所需要的转矩特性。采用 $U/f$ 控制的变频器结构简单、成本低，多用于要求精度不是太高的通用变频器。

2）转差频率控制变频器。转差频率控制方式是对 $U/f$ 控制的一种改进：这种控制需要由安装在电动机上的速度传感器检测出电动机的转速，构成速度闭环。速度调节器的输出为转差频率，而变频器的输出频率则有电动机的实际转速与所需转差频率之和决定。由于通过控制转差频率来控制转矩和电流，与 $U/f$ 控制相比，其加减速特性和限制过电流的能力得到提高。

3）矢量控制变频器。矢量控制是一种高性能异步电动机控制方式。它的基本思路是将电动机的定子电流分为产生磁场的电流分量（励磁电流）和与其垂直的产生转矩的电流分量（转矩电流），并分别加以控制。由于在这种控制方式中必须同时控制异步电动机定子电流的幅值和相位，即定子电流的矢量，因此这种控制方式被称为矢量控制方式。

4）直接转矩控制变频器。直接转矩控制与矢量控制不同，它不是通过控制电流、磁链等量来间接控制转矩，而是把转矩直接作为被控矢量来控制。其特点为转矩控制是控制定子磁链，并能实现无传感器测速。

4．变频器的应用

变频器在运输业、石油化工、家用电器、造纸、纺织、军事方面都得到了广泛的应用，具体的应用主要体现在高速铁路、电动汽车、变频空调、变频洗衣机等。主要是因为它有一些不可替代的优点：

（1）平滑软启动，降低启动冲击电流，减少变压器占有量，确保电机安全。

（2）在机械允许的情况下可通过提高变频器的输出频率提高工作速度。

（3）无级调速，调速精度大大提高。

（4）电机正反向无须通过接触器切换。

（5）具有多种信号输入输出端口，非常方便接入通信网络控制，实现生产自动化控制。

（6）节能，对风机、泵类负载，通过调节电动机的转速改变输出功率，不仅能做到流量平稳，减少启动和停止次数，节能率可达到 20％～60％，节能效果显著，经济效益可观。

### 7.2.2　变频器的调速

变频器是将固定频率（50Hz）的交流电转化为频率连续可调的交流电的装置，电压和频率配合调整是变频器最基本的原理。变频器主要用来通过调整频率而改变电动机转速，因此也叫变频调速器。

三相异步电动机的转速公式为：

$$n = n_0(1-s) = \frac{60f(1-s)}{p} \tag{7-1}$$

式中　$n$——电动机的转速；

　　　$n_0$——电动机的同步转速（r/min）；

　　　$s$——感应电动机的转差率；

　　　$f$——定子频率或电源频率（Hz）；

　　　$p$——磁极对数。

从式（7-1）可知：改变电动机的转差率、改变电动机的磁极对数 $p$ 及改变电动机的定子频率 $f$ 可实现调速。因此，异步电动机调速的基本方法有：变极调速（即改变电动机的磁极对数 $p$）、变转差率调速（即改变电动机的转差率 $s$）、变频调速（即改变电动机的定子频率 $f$）。

由式（7-1）可知，改变三相异步电动机的电源频率 $f$，可以改变旋转磁场的同步转速 $n_0$，从而实现异步电动机无级调速的目的。

从表面上看来，只要改变电源的频率 $f$，就可以调节电动机的转速大小，但实际上仅仅改变电动机的频率并不能获得良好的特性。如果电源电压不变，只改变电源的频率 $f$，当频率从基频（50Hz）往下调节，会使电动机的磁通 $\Phi_m$ 增大，超过额定值而饱和，这样励磁电流急剧升高，使电动机定子铁芯损耗急剧增加，引起电动机发热，甚至烧坏电动机绕组。反之，当频率从基频（50Hz）往上调节，会使电动机磁通 $\Phi_m$ 减弱，同时电磁转矩减小，电动机的拖动能力跟着减小，电动机得不到充分利用。

三相异步电动机定子绕组每相电动势的有效值为

$$E_1 = 4.44fN_1\Phi_m \tag{7-2}$$

式中　$f$——电源频率（Hz）；

　　　$N_1$——定子绕组有效匝数；

　　　$\Phi_m$——每极磁通量（Wb）。

从式（7-2）中可知，$\Phi_m$ 的值由 $E_1$ 和 $f$ 共同决定，对 $E_1$ 和 $f$ 进行适当控制，就可以使磁通 $\Phi_m$ 保持不变。

采用变频对异步电动机进行调速，具有调速范围广、静态稳定性好、运行效率高、使用方便、可靠性高、节能效果明显等优点。

### 7.2.3　变频器 ATV312

1. 面板结构

施耐德电气变频器 ATV312 的面板结构如图 7-28 所示，功能描述如表 7-3 所示。

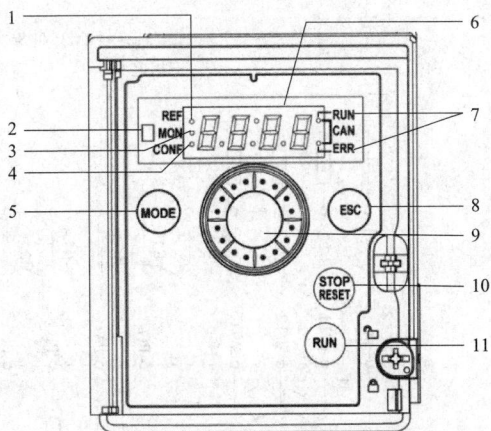

图 7-28　变频器 ATV312 的面板结构

1—REF LED；2—负载 LED；3—MON LED；4—CONF LED；5—模式按钮；6—4×7 段显示器；7—2 个 CANopen 状态 LED；8—退出；9—导航按钮；10—停止/复位按钮；11—运行按钮

| 表 7-3 | 功 能 描 述 |
|---|---|
| 编号 | 描述 |
| 1 | 如果［速度给定］(rEF-)菜单有效，该灯就会亮起 |
| 2 | LED 指示灯 |
| 3 | 如果［监控］·2 个 CANopen 状态 LED (SUP-)菜单有效，该灯就会亮起 |
| 4 | 如果［设置］(SEt-)，［电动机控制］(drC-)，［输入/输出配置］(I-O-)，［命令］(CtL-)，［应用功能］(FUn-)，［故障管理］(FLt-)或［通信］(COM-)菜单有效，该灯就会亮起 |
| 5 | 如果显示［速度给定］(rEF-)，则会进入［设置］(SEt-)菜单，否则进入［速度给定］(rEF-)菜单 |
| 6 | 显示器 |
| 7 | LED 指示灯 |
| 8 | 用来退出一个菜单或参数或删除当前显示的数值，以便返回到存储器中保存的数值 |
| 9 | 可以通过顺时针或逆时针旋转来导航，如果按下导航按钮，那么用户可以选择或确认信息 |
| 10 | • 允许复位检测到的故障<br>• 在如下情况下可以控制电动机停止功能<br>• 如果［2/3 线控制］(tCC)没有设置为［本地］(LOC)，自由停车<br>• 如果［2/3 线控制］(tCC)设置为［本地］(LOC)，在直流注入制动过程中在斜坡上停止或自由停车 |
| 11 | 如果［输入/输出配置］(I-O-)中的［2/3 线控制］(tCC)参数设置为［本地］(LOC)，则控制电动机得加电启动以便实现正向运行 |

2. 接线方式

变频器 ATV312 的接线图如图 7-29 所示。

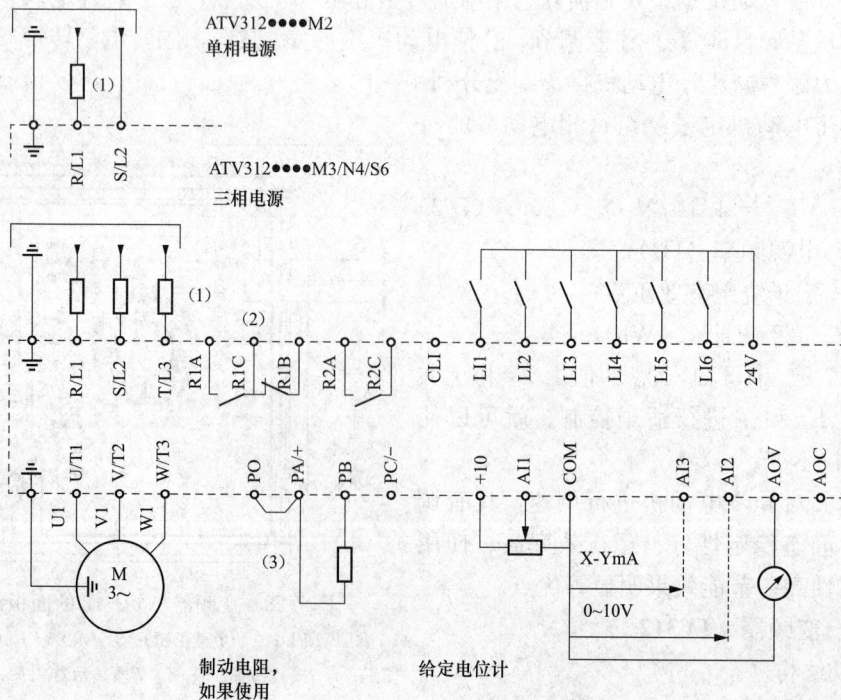

图 7-29　变频器 ATV312 的接线图

3. 参数设置

变频器的菜单设置分为一级菜单和二级菜单，菜单后面是参数。

(1) 初始参数设置。变频器 ATV312 初始菜单参数设置如图 7-30 所示。

注意：参数 bFr、Fr1、tCC 仅首次上电显示，在菜单中也可以进行修改！

标准电机频率：bFr。

参数：50Hz 或 60Hz。

此参数不会直接影响电动机的性能，只能设置频率参数 FrS（电动机额定频率）和 tFr（最大频率）。

给定通道 1：Fr1。

2/3 线控制：tCC。

(2) 主要的一级菜单。主要的一级菜单如图 7-31 所示。

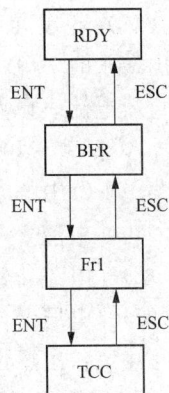

图 7-30 初始菜单
参数设置

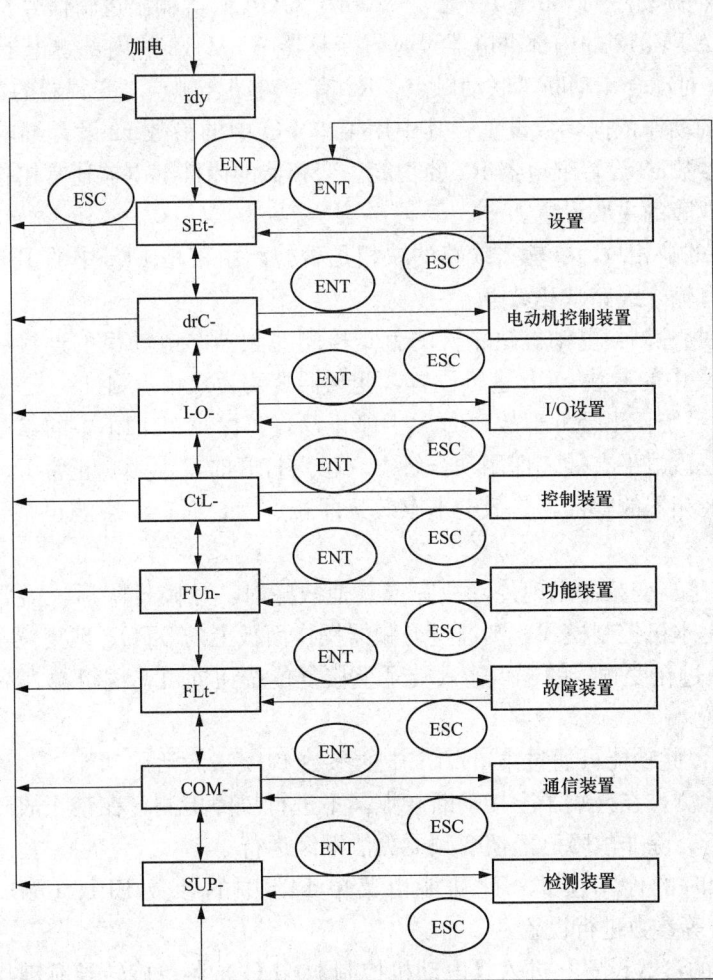

图 7-31 主要的一级菜单

（3）变频器 ATV312 的模拟输出设置。变频器 ATV312 的电流输出端子时 AOC，电压输出端子时 AOV，公共端是 COM。AOC 和 AOV 的作用是便于远程监控，通常情况下接的是直流电流表以及直流电压表。也可以用该信号控制小型继电器或电子线路，用于监护和控制。AOV 和 AOC 只能有 1 个端子输出，既可以输出模拟信号，也可以输出逻辑信号。可以用菜单 I-O 中的参数设置是哪个端子输出，具体的参数设置说明如下：

1）［电流］（0A）：0～20mA 配置（使用终端 AOC）。

2）［电流 4-20］（4A）：4～20mA 配置（使用终端 AOC）。

3）［电压］（10V）：0～10V 配置（使用终端 AOV）。

注意：出厂设置为 0A，在将一个通信卡连接到产品的情况下，这个参数不可见！

AOC 和 AOV 究竟是模拟信号还是逻辑信号以及这些参数与变频器或电动机的哪个参数相对应，是由菜单 I-O 中的参数 dO 进行设置。电机电流（OCr）、电机频率（OFr）、电机转矩（Otr）、提供的频率（OPr）等输出模拟信号；变频器故障（FLt）、变频器正在运行（rUn）、频率限值（FtA）、HSP 限值（FLA）、达到的电流（CtA）、频率给定（SrA）、变频器热效应（tSA）、制动序列（bLC）、无 4～20mA（APL）等输出逻辑信号。

（4）变频器 ATV312 的内部继电器设置。变频器 ATV312 的内部继电器有 R1 和 R2 两个，其中 R1 有一对动合、动断、联动触点，R2 有一对动合触点。变频器的内部继电器的线圈不外接，触点的动作依据参数设置，其中用菜单 I-O 中的参数 r1 设置继电器 R1 的功能，用菜单 I-O 中的参数 r2 设置继电器 R2 的功能。变频器的内部继电器通常用作显示和保护。

（5）变频器故障的主要设置。

1）输入线路的缺相故障：输入线路的缺相是否检测由菜单 FLt-中的 IPL 进行设置，单相输入变频器没有输入线路缺相故障。

2）电动机缺相检测：电动机缺相检测就是检测变频器与电动机的连接线是否完好，是否检测由菜单 FLt-中的参数 OPL 进行设置，变频器默认为缺相检测。

3）外部故障系统：出现外部故障时用于停止运行，由菜单 FLt-中的参数分配逻辑输入端子，故障停车位该电平有效，即用动合触点。触点打开时，不影响正常开停，触点闭合时停车。但是有的变频器故障停车是低电平有效，即触点闭合时，不影响正常开停，触点打开时停车。

4）故障复位是当变频器出现外部故障或其他故障时，故障排除后，需要复位变频器才能重新运行。若是本机控制模式，则通过变频器操作面板上的 STOP 键复位，而若是 2 线或 3 线控制模式，通过在变频器的逻辑输入端子上接复位按钮即可，逻辑输入端子由 FLt-中的参数 rSF 进行设置。

5）禁止故障：此功能可通过菜单 FLt-中的参数 InH 来激活此功能，在该端子上接动合触点，进行故障检测，在该端子上接动断触点，不进行故障检测。在禁止故障后，变频器出现故障后继续运行，除非故障已经使变频器无法继续运行。

6）出现故障时的停车模式：此功能由菜单 FLt-中的参数 EPI、OHL、OLL、SLL、COL、tnL、LFL 等参数进行设置。

7）恢复出厂的参数设置。进入【电动机控制】（drC-）菜单旋转导航键找到 FCS；进入 FCS，此时显示为 NO；旋转导航键找到 rECl，长按 rECl 2s（变频器改参数时必须长按 2s 才能生效）重启变频器设置生效变频器恢复出厂设置，操作者可按自己的要求进行参数设置。

4. 变频器正常工作控制方式

要使变频器正常工作，就必须解决两个问题：一是变频器如何启动和停止；二是变频器如何升速和降速。

(1) 变频器的启动和停止控制方式。变频器的启动和停止控制方式分为本机控制和外部端子控制，其中外部端子控制可以分为 2 线控制和 3 线控制。而大多数变频器的外部端子有确定的控制端子，不需要设置。

1) 本机控制。

本机控制是通过变频器操作面板上的"RUN"和"STOP"键控制变频器的运行和停止，通过 ctL-菜单中的参数 cd1 设置为 LOC 来激活此功能。

具体操作步骤：

打开变频器操作面板显示屏会显示 rdy 字样，按 1 次导航键并旋转导航键找到命令 (ctL-) 菜单，按下导航键找到访问等级 (LAC)，旋转导航键找到 L3 长按 2s 将访问等级设定为 L3 级，按操作面板上 ESC 键退到上 1 级菜单旋转导航键找到给定通道 1 (Fr1)，设定为 ALVL 终端控制模式，此时导航键用作 1 个电位计，退出，找到组合模式 (CHCF) 并设定为分离 (SEP) 模式，退出，找到命令 cd1 设定为本地 (LOC) 模式。上电重启，按下操作面板上绿色按钮 (RUN) 电机启动。

特殊情况处理：

电动机缺相报警 (OPF) 处理方法：进入故障管理菜单 (FLt) 找到 OPL 将其原来的 yes 改为 no，上电重启。

2) 外部端子控制。外部端子控制方式主要分为：2 线控制和 3 线控制。

a. 2 线控制。2 线控制主要是通过变频器的端子 LI1 和 LIX (X=2~6) 来控制变频器的启动和停止。参数的设置是通过一级菜单 I-O-中的参数 tCC 设置成 2C 即可激活 2 线控制模式，其接线方式如图 7-32 所示。

在 2 线控制方式中，LI1 为正转控制端子，若接入 24V 直流电源，变频器正转运行。断开 24V 电源，变频器停止，不需要设置；LIX 为反转控制端子，接入 24V 电源，变频器反转运行，断开 24V 电源，变频器停止，变频器的默认值为 LI2，一般使用默认设

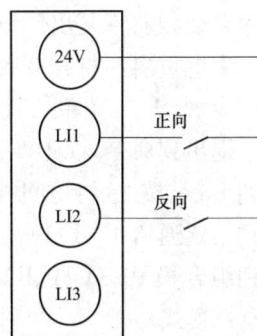

图 7-32　2 线控制的接线图

置。若只需要电动机正转运行，反转控制线不用接线。2 线控制是用得最多的一种控制方式，一般的控制电路都采用 2 线控制。

具体操作：

进入【电机控制】(drC-) 菜单旋转导航键找到 FCS；进入 FCS，此时显示为 NO；旋转导航键找到 rECl,，长按 rECl 2s（变频器改参数时必须长按 2s 才能生效）重启变频器设置生效，变频器恢复出厂设置。

上电重启，打开变频器操作面板显示屏会显示 rdy 字样，按 1 次导航键并旋转导航键找到命令 (ctL-) 菜单，找到 2/3 线控制 (tCC)，选择 2 线控制 (2C)。

上电重启，打开变频器操作面板显示屏会显示 rdy 字样，按 1 次导航键并旋转导航键找

到命令（ctL-）菜单，按下导航键找到访问等级（LAC）按下导航键，旋转导航键找到 L3 长按 2s 将访问等级设定为 L3 级，按操作面板上 ESC 键退到上 1 级菜单旋转导航键找到给定通道 1（Fr1），设定为 ALVL 终端控制模式，此时导航键用作 1 个电位计，退出，找到组合模式（CHCF）并设定为分离（SEP）模式，退出，找到命令 cd1 设定为终端（tEr）模式。

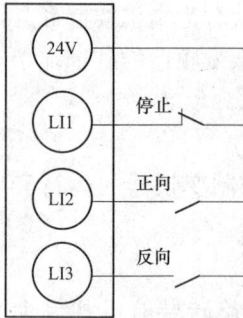

图 7-33　3 线控制的接线图

b. 3 线控制。3 线控制是通过变频器端子 LI1、LI2 和 LIX（X＝3～6）控制变频器的启动和停止。参数的设置是通过一级菜单 I-O- 中的参数 tCC 设置成 3C 即可激活 3 线控制模式，其接线方式如图 7-33 所示。

在 3 线控制方式中，LI1 为停止端子，接入 24V 直流电源，为变频器运行做准备；断开 24V 电源，变频器会停止运行，LI1 端子的功能不需要设置，LI1 一般接动断触点。

LI2 为正转控制控制端子，接入 24V 电源，变频器运行，变频器运行后，无论信号是否存在，变频器都将继续运行，此端子的功能不需要设置，LI2 一般接动合触点。

LIX 为反转控制端子，接入 24V 电源，变频器运行，变频器运行后，无论该信号是否存在，变频器都继续运行，变频器的默认值为 LI3，一般接动合触点。若只需电动机正转运行，反转控制端则不需要接线。

具体操作：

进入【电动机控制】（drC-）菜单旋转导航键找到 FCS；进入 FCS，此时显示为 NO；旋转导航键找到 rECl，长按 rECl 2s（变频器改参数时必须长按 2s 才能生效）重启变频器设置生效，变频器恢复出厂设置。

上电重启，打开变频器操作面板显示屏会显示 rdy 字样，按 1 次导航键并旋转导航键找到命令（ctL-）菜单，找到 2/3 线控制（tCC），选择 3 线控制（3C）。

退出到命令（ctL-）菜单，按下导航键找到访问等级（LAC）按下导航键，旋转导航键找到 L3 长按 2s 将访问等级设定为 L3 级，按操作面板上 ESC 键退到上 1 级菜单旋转导航键找到给定通道 1（Fr1），设定为 ALVL 终端控制模式，此时导航键用作 1 个电位计，退出，找到组合模式（CHCF）并设定为分离（SEP）模式，退出，找到命令 cd1 设定为终端（tEr）模式。

（2）变频器的频率给定方式。变频器 ATV312 的常用的频率给定方式有 3 种：本机给定、模拟量输入端子给定和逻辑输入端子给定。

1）本机给定方式

本机给定方式就是通过变频器的操作面板来控制电动机的升速和降速，变频器 ATV312 的本机给定是将一级菜单 CtL- 中的参数 Fr1 和 Fr2 设置为 ALVL，通过变频器的导航键即可改变变频器的频率，此时导航键是作为 1 个电位计。

操作方式，接线方式同上述 2、3 线控制。

2）模拟输入端子给定

变频器 ATV312 有 3 个模拟量端子，即 AI1、AI2、AI3，公共端为 COM。

a. AI1 端子给定。AI1 端子给定就是通过变频器的控制端子 AI1 给定，给定信号为 0～10V 的电压信号，其中 0V 对应最低速（SEt-LSP 参数），10V 对应最高速（SEt-HSP 参数），此功能可通过将 1 级菜单 CtL-中的参数 Fr1 设置为 AI1 即可激活此功能。若需 2 个给定通道切换，通过将 1 级菜单 CtL-中的参数 Fr2 设置为 AI1 可激活此功能。

具体操作：

进入【电动机控制】（drC-）菜单旋转导航键找到 FCS；进入 FCS，此时显示为 NO；旋转导航键找到 rECl，长按 rECl 2s（变频器改参数时必须长按 2s 才能生效）重启变频器设置生效变频器恢复出厂设置。

上电重启，打开变频器操作面板显示屏会显示 rdy 字样，按一次导航键并旋转导航键找到命令（ctL-）菜单，按下导航键找到访问等级（LAC）按下导航键，旋转导航键找到 L3 长按 2 秒钟将访问等级设定为 L3 级，按操作面板上 ESC 键退到上一级菜单旋转导航键找到给定通道 1（Fr1），设定为 AI1 终端控制模式，此时导航键用作 1 个电位计，退出，找到组合模式（CHCF）并设定为分离（SEP）模式，退出，找到命令 cd1 设定为终端（tEr）模式。

接线方式（2、3 线）如图 7-34 所示。

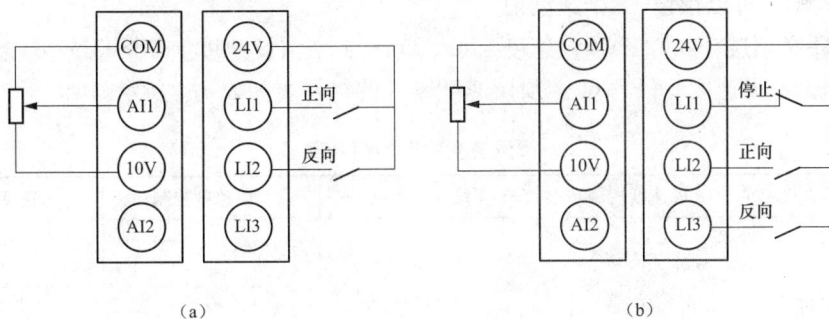

图 7-34　2、3 线接线方式
(a) 2 线接线方式；(b) 3 线接线方式

b. AI2 端子给定　AI2 端子给定就是通过变频器的控制端子 AI2 给定，给定信号为 0～10V 的电压信号，其中，"＋"电压表示电动机正转，"－"电压表示电动机反转，此功能可通过将 1 级菜单 CtL-中的参数 Fr1 设置为 AI2 即可激活此功能。若需 2 个给定通道切换，通过将 1 级菜单 CtL-中的参数 Fr2 设置为 AI2 可激活此功能。

c. AI3 端子给定　AI3 端子给定就是通过变频器的控制端子 AI3 给定，给定信号为 4～20mA 的电流信号，此功能可通过将 1 级菜单 CtL-中的参数 Fr1 设置为 AI3 即可激活此功能。若需 2 个给定通道切换，通过将 1 级菜单 CtL-中的参数 Fr2 设置为 AI3 可激活此功能。

d. 逻辑输入端子给定逻辑输入端子给定也就是通过外部的逻辑输入来升降速，它是变频器的高级功能，必须将功能访问等级 CtL-LAC 设置为 L3，才能进行设置。

如图 7-35 所示，上电之后，开始升速，按下降速按钮 SB2 开始降速，松开按钮 SB2 停止降速，开始升速。

具体操作：

进入【电动机控制】（drC-）菜单旋转导航键找到 FCS；进入 FCS，此时显示为 NO；旋转导航键找到 rECl，长按 rECl 2s

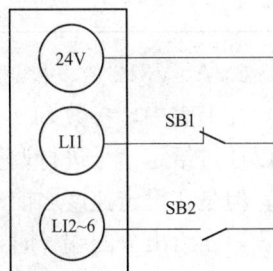

图 7-35　升速降速

（变频器改参数时必须长按 2s 才能生效）重启变频器设置生效变频器恢复出厂设置。

上电重启，打开变频器操作面板显示屏会显示 rdy 字样，按 1 次导航键并旋转导航键找到命令（ctL-）菜单，按下导航键找到访问等级（LAC）按下导航键，旋转导航键找到 L3 长按 2s 将访问等级设定为 L3 级，按操作面板上 ESC 键退到上一级菜单旋转导航键找到给定通道 2（Fr2），设定为 UPdt 控制模式，退出，找到 rFC 并设定为 Fr2，退出，找到功能（FUn），按下导航键找到 UPd 模式，选择 USP 里的 LI1，设置升速逻辑输入端子为 LI1，同理找到降速模式 dSP，设定 LI2 或者其他的几个逻辑输入端子位置。

### 7.2.4 变频器的多段速度运行

变频器的多段速度就是通过变频器参数来设定其运行频率，最后通过变频器的多个逻辑量输入端子来执行相关参数所设定的运行频率。

1. 预设速度组合

通常情况下，变频器 ATV312 可以预设定 16 个速度值。1 个逻辑输入端子可以预设 2 个速度值，2 个逻辑输入端子可以预设 4 个速度值，3 个逻辑输入端子可以预设 8 个速度值，4 个逻辑输入端子可以预设 16 个速度值。

分配顺序必须遵守：[2 个预设速度]（PS2)→[4 个预设速度]（PS4)→[8 个预设速度]（PS8)→(16 个预设速度)（PS16)。预设速度输入的组合表如表 7-4 所示。

表 7-4　　　　　　　　　　　　　预设速度输入的组合表

| 16 段速度控制 | 8 段速度控制 | 4 段速度控制 | 2 段速度控制 | 速度给定值 |
|---|---|---|---|---|
| 0 | 0 | 0 | 0 | SP1（给定值） |
| 0 | 0 | 0 | 1 | SP2 |
| 0 | 0 | 1 | 0 | SP3 |
| 0 | 0 | 1 | 1 | SP4 |
| 0 | 1 | 0 | 0 | SP5 |
| 0 | 1 | 0 | 1 | SP6 |
| 0 | 1 | 1 | 0 | SP7 |
| 0 | 1 | 1 | 1 | SP8 |
| 1 | 0 | 0 | 0 | SP9 |
| 1 | 0 | 0 | 1 | SP10 |
| 1 | 0 | 1 | 0 | SP11 |
| 1 | 0 | 1 | 1 | SP12 |
| 1 | 1 | 0 | 0 | SP13 |
| 1 | 1 | 0 | 1 | SP14 |
| 1 | 1 | 1 | 0 | SP15 |
| 1 | 1 | 1 | 1 | SP16 |

2. ATV312 的多段速度参数设置

在上表中，参数 SP1 是第一段速度，该速度是通过 Fr1 和 Fr2 的设定值给定，该给定值可以通过给定信号进行调整。SP2-SP16 通过 SEt-菜单或 FUn-中的参数 PSS-进行速度的预设定，但是在设定速度之前必须先给出速度控制的分配端子，否则 SP 参数不出现，无法进行设置，在给出分配端子时，不能使用其他功能已经使用的端子。变频器 ATV312 最多可以设置 16 种速度，下面以 4 段速为例。

（1）变频器的参数设定。

1) 打开电源,变频器出现 rdy(变频器就绪)字样,此时按下导航键找到应用功能菜单 Fun-。

2) 将功能菜单 Fun-中的求和输入(SA1-)的参数 SA2(给定 2 求和)、SA3(给定 3 求和)都设置为 ALVL(导航按钮)。

3) 按下导航键找到 PSS-(预设速度)菜单。

4) 按下导航键找到 PS2(2 个预设速度)并将其设置为 LI1(逻辑输入 LI1),退出找到 PS4(4 个预设速度)并将其设置为 LI2(逻辑输入 LI2),退出找到 PS8(8 个预设速度)并将其设置为 LI3(逻辑输入 LI3)。

5) 退出,找到 SP2(预设速度 2)设置第 1 段速度,找到 SP4 设置第 2 段速度,找到 SP8 设置第 3 段速度,找到 SP6 设置第 4 段速度。预设速度输入的组合表如表 7-4 所示。

6) 退出,将命令菜单 CtL-中的参数 cd1(命令通道 1)的本地 LOC(通过键盘控制)模式通过终端控制改为 tEr(通过终端控制)。

(2) 用 M218 控制 ATV312 多段调速外部接线如图 7-36 所示。

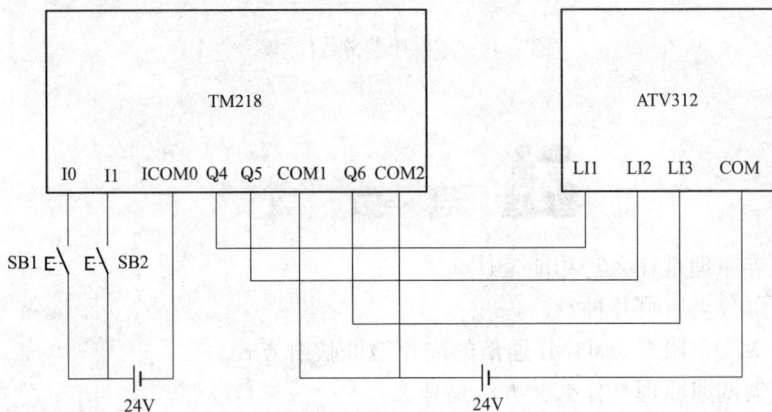

图 7-36 外部接线

(3) 多段速度参考程序如图 7-37 所示。

(a)

图 7-37 多段速参考程序(一)

(a) 地址分配

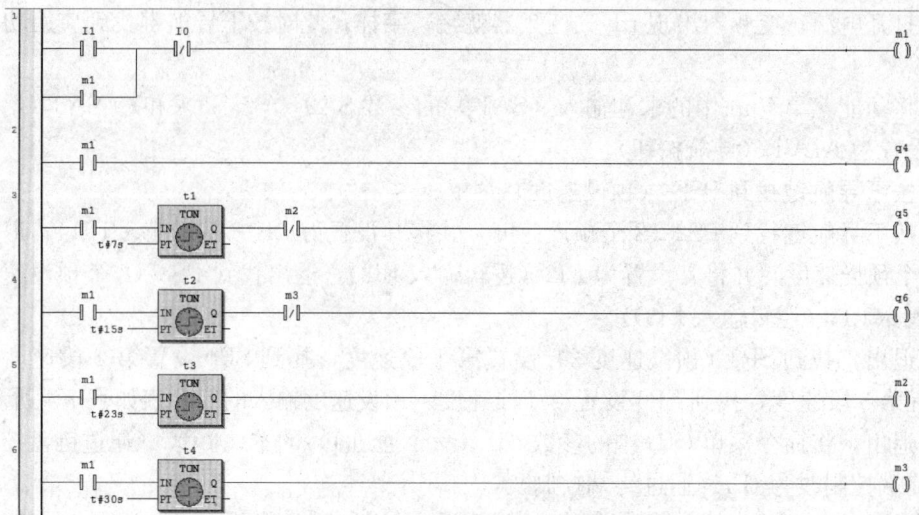

（b）

图 7-37　多段速参考程序（二）

（b）程序

# 思　考　题

7-1　触摸屏原理是什么？功能是什么？

7-2　触摸屏分类有哪几种？

7-3　简述 M218 PLC 与 HMI 通信的内存地址映射方式。

7-4　变频器调速原理是什么？方法是什么？

7-5　变频器的分类有几种？

7-6　简述你了解的变频器 ATV312。

7-7　2 线控制/3 线控制内容是什么？区别是什么？

# 第 8 章 现 场 总 线 控 制

## 8.1 现 场 总 线 技 术

### 8.1.1 现场总线概述

1. 现场总线概念

现场总线（Field Bus）是用于过程自动化、制造自动化、楼宇自动化等领域的现场智能设备互连通信网络。它是一个基层通信网络，是一种开放式、新型全分布控制系统。现场总线可实现整个企业的信息集成，实施综合自动化，形成工厂底层网络，完成现场自动化设备之间的多点数字通信，实现底层现场设备之间以及生产现场与外界的信息交换。

根据国际电工委员会 IEC 标准和现场总线基金会（Fieldbus Foundation）FF 的定义，现场总线是一种应用于现场，在现场设备之间、现场设备与控制装置之间实行双向、串行、多节点通信的通信网络。多节点指的是现场设备或仪表装置，如传感器、变送器、执行器和现场智能 I/O 等，不是传统的接收或传送信号的现场仪表，而是具有综合功能的智能仪表。

2. 现场总线的通信协议

现场总线技术的核心是它的通信协议，这些协议必须根据国际标准化组织（ISO）的开放式互连（OSI）参考模型来判定，它是一种开放的七层网络协议标准。与其比较，现场总线物理结构没有网络层到表示层（即第 3～6 层），只有物理层、数据链路层和应用层，如图 8-1 所示，除此之外，考虑到现场装置的测试功能与互操作性，现场总线基金会（FF）还增加了用户层。

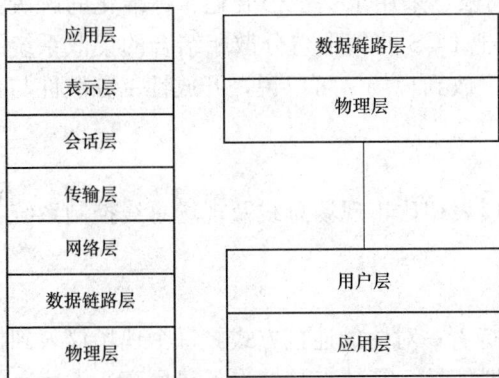

图 8-1　现场总线通信协议物理结构图

物理层提供机械的、电气的功能性和规范性，用以在数据链路实体间建立、维护和拆除物理连接。物理层包含报文传输的物理介质，一般是导线。物理层定义了数据通信信号的大小、波形、最大节点数量、所用导线的类型和数据传输速率。数据链路层的功能是保证数据的完整性并决定何时与谁对话，数据链路并不解释传输的数据，它仅仅在物理层和它的上一层之间传递数据。

应用层的主要任务是实现现场总线的命令、响应、数据或事件信息的控制。它分为 2 个子层，一个为用户层提供服务，由现场总线信息规范所定义；一个与数据链路层连接，称为现场总线访问子层（FAS），它弥补了被省略的网络层到表示层中的某些通信服务。

用户层位于应用层之上，是一些数据或信息查询的应用软件，它将通信命令传送到应用层。在用户层，规定了标准的"功能模块"，并使用设备描述语言为用户组态提供接口。

3. 发展历史

现场总线的概念是随着微电子技术的发展，数字通信网络延伸到工业过程现场成为可能后，于1984年左右提出的。当时美国 Inter 公司提出一种计算机分布式控制系统-位总线（BIT BUS），它主要是将低速的面向过程的输入输出通道与高速的计算机多总线（MULTI-BUS）分离，形成了现场总线的最初概念。

80年代中期，美国 Rosemount 公司开发了一种可寻址的远程传感器（HART）通信协议。在 4～20mA 模拟量上叠加了一种频率信号，用双绞线实现数字信号传输。HART 协议已是现场总线的雏形。

1985年由 Honeywell 和 Bailey 等大公司发起，成立了 World FIP，制订了 FIP 协议。

1987年，以 Siemens、Rosemount 和横河等几家著名公司为首也成立了一个专门委员会，制定了 PROFIBUS 协议。

后来美国仪器仪表学会也制定了现场总线标准 IEC/ISA SP50。随着时间的推移，世界逐渐形成了两个针锋相对的互相竞争的现场总线集团：一个是以 Siemens、Rosemount 和横河为首的 ISP 集团；另一个是由 Honeywell、Bailey 等公司牵头的 WorldFIP 集团。

1994年，两大集团宣布合并，融合成现场总线基金会（Fieldbus Foundation）简称 FF。

对于现场总线的技术发展和制定标准，基金委员会取得以下共识：共同制定遵循 IEC/ISASP50 协议标准；商定现场总线技术发展阶段时间表。

一般把现场总线系统称为第五代控制系统，也称作 FCS——现场总线控制系统。人们一般把20世纪50年代前的气动信号控制系统 PCS 称作第一代，把 4～20mA 等电动模拟信号控制系统称为第二代，把数字计算机集中式控制系统称为第三代，而把20世纪70年代中期以来的集散式分布控制系统 DCS 称作第四代。现场总线控制系统 FCS 作为新一代控制系统，一方面，突破了 DCS 系统采用通信专用网络的局限，采用了基于公开化、标准化的解决方案，克服了封闭系统所造成的缺陷；另一方面，把 DCS 的集中与分散相结合的集散系统结构，变成了新型全分布式结构，把控制功能彻底下放到现场。可以说，开放性、分散性与数字通信是现场总线系统最显著的特征。

### 8.1.2　现场总线技术特点

与传统的模拟仪表控制系统及其他现场总线仪表相比，现场总线及现场总线控制系统在以下几方面具有极大的优势。

1. 系统结构大大简化，降低系统及工程成本

传统的控制系统（如 DCS）与模拟仪表间保持着一对一的连接方式，每个现场仪表到控制系统都需要使用一对传输线，单向传输一个模拟信号。其缺点是：设备费用高，占用空间大，接线庞杂，安装费用高，工程周期长，维护困难。

现场总线仪表与控制系统之间采用的是一对 N 的连接方式，一对传输线可接 N 台设备，双向传输多个信号。设备占用空间小，安装费用低，工程周期短，维护方便，系统扩展容易。

传统模拟仪表控制系统与现场总线仪表成本比较如图 8-2 所示。

2. 真正的分散控制

现场总线控制系统将传统控制系统的控制功能分散到现场仪表模块中，现场设备和仪表就地构成控制回路，自动控制结构不再以 DCS 为中心，不依赖于控制室，取消了 I/O 单元与控制站，实现彻底的分散。这样提高系统的可靠性、自治性和灵活性。

3. 系统的开放性

开放系统是指通信协议公开，不同厂家的设备之间可进行互连并实现信息交换。现场总线开发者就是要致力于建立统一工厂底层网络的开放系统。这里的开放是指对相关标准的一致性、公开性，强调对标准的共识与遵从。

4. 互可操作性与互用性

互可操作性，是指实现互联设备间、系统间的信息传送与沟通，可实行点对点，一点对多点的数字通信。而互用性则意味着不同生产厂家的性能类似的设备可进行互换而实现互用。

5. 对环境的高度适应性

现场总线是专为工业现场设计的，它可以使用双绞线、同轴电缆、光缆、电力线和无线的方式来传送数据，具有很强的抗干扰能力。常用的数据传输线是廉价的双绞线，并允许现场设备利用数据通信线进行供电，还能满足安全防爆要求。

6. 规模可变的控制系统和灵活的网络拓扑结构

现场总线控制系统采用完全分散式结构，系统功能单元模块化，功能块内嵌于现场总线设备和仪表或控制器中，现场设备和仪表作为节点平等地挂接在现场总线上。增加控制回路或单元，只需将设

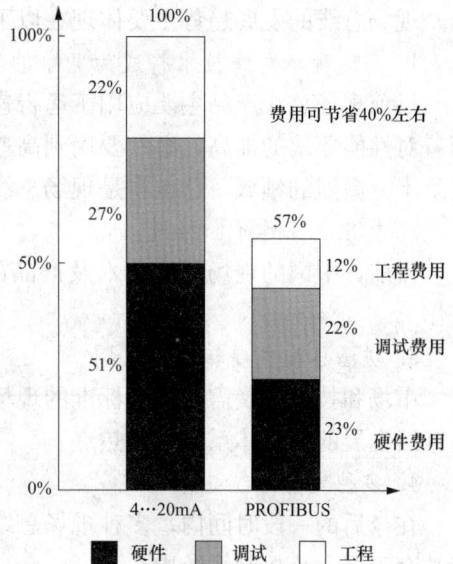

图 8-2　传统模拟仪表控制系统
与现场总线仪表成本比较

备挂接到网络节点上，功能强大的软件可帮我们迅速组态现场设备，并投入运行，系统扩展十分简单，故被称为规模可变的控制系统。现场总线控制系统可以根据复杂的现场情况组成不同的网络拓扑结构，如树型、星型、总线型和层次化网络结构等。

### 8.1.3　现场总线技术的现状

由于现场总线所具有的本质技术特点和一系列优点，以及所呈现的诱人的发展前景，也由于现场总线的产生和发展过程中人们对现场总线的理解有所不同，现场总线出现了多种总线并存的局面。虽然早在 1984 年国际电工技术委员会/国际标准协会（IEC/ISA）就开始制定现场总线的标准，至今统一的标准仍未完成。很多公司也推出其各自的现场总线技术，但彼此的开放性和互操作性还难以统一。现场总线市场现状如下：

1. 多种现场总线并存。

目前世界上存在着大约四十余种现场总线，如英国的 ERA，德国 Siemens 的 ProfiBus，RobertBosch 公司的 CAN，Rosemount 公司的 HART，PeterHans 公司的 F-Mux 以及 ASI（ActraturSensorInterface），ModBus，SDS，Arcnet，国际标准组织基金会现场总线 FF，美国的 DeviceNet 与 ControlNet 等。这些现场总线大都用于过程自动化、医药领域、加工制造、交通运输、国防、航天、农业和楼宇等领域。由于竞争激烈，还没有哪一种或几种总线能一统市场，很多重要企业都力图开发接口技术，使自己的总线能和其他总线相连，在国际标准中也出现了协调共存的局面。

2. 各种总线都有其应用的领域。

每种总线大都有其应用的领域，比如：FF、ProfiBus-PA 适用于石油、化工、医药、冶

金等行业的过程控制领域；LonWorks、ProfiBus-FMS、DevieceNet 适用于楼宇、交通运输、农业等领域；DeviceNet、ProfiBus-DP 适用于加工制造业。这些划分也不是绝对的，每种现场总线都力图将其应用领域扩大，彼此渗透。

### 8.1.4　现场总线的发展趋势

现场总线的发展趋势主要体现在以下几个方面。

1. 高速现场总线技术将成为竞争的焦点

目前现场总线产品主要应用于运行速率较低的领域，对网络的性能要求不是很高。未来随着对性能要求的提高，必然要用到高速现场总线。因此，高速现场总线的设计、开发将是竞争十分激烈的领域，这也将是现场总线技术实现统一的重要机会。

2. 标准化工作不断推进

目前，中国的现场总线技术及产品的开发工作已经起步，应积极按照 IEC 的标准展开工作。

3. 现场总线主要转向以太网

市场和技术发展需要统一标准的现场总线。整合了 Ethernet 和 TCP/IP 技术的现场总线是今后发展的主流体系和应用热点。

4. 多种现场总线共存

在今后的一段时间内，多种现场总线既相互竞争又相互共存，同时，多种现场总线也可以共存于同一个控制系统中。

5. 网络新技术的融入

现在网络技术发展十分迅猛，一些具有重大影响的网络新技术必将进一步融合到现场总线技术之中，这些具有发展前景的现场总线技术有：智能仪表与网络设备开发的软硬件技术；组态抗术（包括网络拓扑结构、网络设备、网段互连等）；网络管理技术，包括网络管理软件、网络数据操作与传输；人机接口、软件技术；现场总线系统集成技术。

6. 管控一体化

从现场控制层到管理层全面的无缝信息集成（即管控一体化）能给企业带来整体效益。

## 8.2　典型现场总线介绍

### 8.2.1　Modbus 总线

1. Modbus 协议简介

Modbus 协议是工业控制器网络协议中的一种，此协议定义了一个控制器能识别的消息结构，描述了一个控制器请求访问其他设备、回应来自其他设备的请求以及侦测错误并记录的过程。通过此协议，控制器相互之间、控制器经由网络（例如以太网）和其他设备之间可以通信。它已经成为一种通用工业标准，可以将不同厂商生产的控制设备（例如：变频器、伺服驱动器、智能仪表、信号采集卡等）连成工业网络，进行集中监控。

2. Modbus 协议技术原理

（1）Modbus 主/从协议原理。Modbus 串行链路协议是一个主-从协议。在同一时间，只能将一个主站连接到总线，将一个或多个从站（最大数量为 247）连接到相同串行总线。Modbus 通信总是由主站发起。

当从站没有收到来自主站的请求时，将不会发送数据。从站之间不能相互通信。主站同时只能启动一个 Modbus 事务处理。主站用两种模式向从站发出 Modbus 请求，分别为单播模式和广播模式。

单播模式工作方式：由主站寻址单个从站，从站接收并处理完请求之后，向主站返回一个报文（一个应答）。在这种模式下，一个 Modbus 事务处理包含两个报文：一个是主站的请求，另一个是从站的应答。每个从站必须有唯一的地址（从 1~247），这样才能区别于其他站被独立地寻址。

广播模式工作方式：主站可以向所有的从站发送请求。对于主站广播的请求没有应答返回，广播请求必须是写命令，所有设备必须接收写功能的广播，地址 0 被保留用来识别广播通信。

（2）Modbus 寻址原则。Modbus 寻址空间由 256 个不同地址组成。地址 0 为广播地址，所有从站必须识别广播地址。Modbus 主站没有特定地址，只有从站有一个地址，在 Modbus 串行总线上，这个地址必须是唯一的。如表 8-1 所示。

**表 8-1**                                 **Modbus 寻址空间分配**

| 0 | 1-127 | 248-255 |
|---|---|---|
| 广播地址 | 从站某个地址 | 保留 |

（3）查询-回应周期。查询-回应周期表如图 8-3 所示。

1）查询。主设备查询消息中的功能代码告之被选中的从设备要执行何种功能。数据段包含了从设备要执行功能的任何附加信息。例如：功能代码 03 是要求从设备读保持寄存器并返回它们的内容。数据段必须包含要告之从设备的信息：从何寄存器开始读及要读的寄存器数量。错误检测域为从设备提供了一种验证消息内容是否正确的方法。

2）回应。如果从设备产生一个正常的回应，在回应消息中的功能代码是在查询消息中的功能代码的回应。数据段包括了从设备收集的数据（例如寄存器值

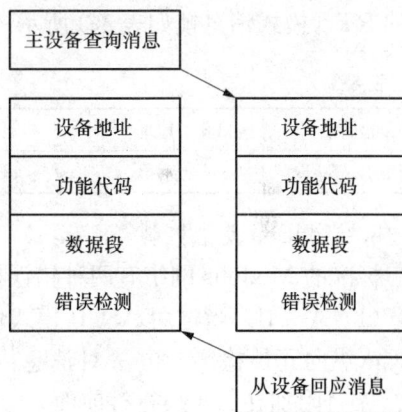

图 8-3 主-从查询-回应周期表

或状态）。如果有错误发生，功能代码将被修改以用于指出回应消息是错误的，同时数据段包含了描述此错误信息的代码。错误检测域允许主设备确认消息内容是否可用。

（4）传输方式。控制器能设置为两种传输模式（ASCII 或 RTU）中的任何一种在标准的 Modbus 网络通信。用户可以选择想要的模式，包括波特率、校验方式等串口通信参数，在配置每个控制器的时候，一个 Modbus 网络上的所有设备都必须选择相同的传输模式和串口参数。

1）ASCII 模式。当控制器设为在 Modbus 网络上以 ASCII（美国标准信息交换代码）模式通信时，在消息中的每个字节（8Bit）都作为两个 ASCII 字符发送。这种方式的主要优点是字符发送的时间间隔可达到 1s 而不产生错误。

2）RTU 模式。当控制器设为在 Modbus 网络上以 RTU（远程终端单元）模式通信时，在消息中的每个字节（8Bit）包含两个 4Bit 的十六进制字符。这种方式的主要优点是：在同样的波特率下，可比 ASCII 方式传送更多的数据。

（5）Modbus 消息帧。

1）ASCII 帧。使用 ASCII 模式，消息以冒号"："字符（ASCII 码 3AH）开始，以回车换行符结束（ASCII 码 0DH，0AH）。其他域可以使用的传输字符是十六进制的 0…9，A…F。网络上的设备不断侦测"："字符，当有一个"："接收到时，每个设备都解码下个域（地址域）来判断是否发给自己的。消息中字符间发送的时间间隔最长不能超过 1s，否则接收的设备将认为是传输错误。一个典型的 ASCII 模式消息帧如表 8-2 所示。

表 8-2  ASCII 消息帧

| 起始位 | 设备地址 | 功能代码 | 数据 | LRC 校验 | 结束符 |
|---|---|---|---|---|---|
| 1 个字符 | 2 个字符 | 2 个字符 | $n$ 个字符 | 2 个字符 | 2 个字符 |

2）RTU 帧。使用 RTU 模式，消息发送至少要以 3.5 个字符时间的停顿间隔开始。在网络波特率下多样的字符时间，这是最容易实现的（如表 8-3 所示的 T1-T2-T3-T4 所示）。传输的第一个域是设备地址，可以使用的传输字符是十六进制的 0…9，A…F。网络设备不断侦测网络总线，包括停顿间隔时间。当第一个域（地址域）接收到，每个设备都进行解码以判断是否发往自己的。如果发送完一个数据帧，间隔时间小于 3.5 个字符时间又发送第二个数据帧，那么接收站点就会误认为它们是同一个数据帧，从而造成接收数据混乱。一个典型的 RTU 模式消息帧如表 8-3 所示。

表 8-3  RTU 消息帧

| 起始位 | 设备地址 | 功能代码 | 数据 | CRC 校验 | 结束符 |
|---|---|---|---|---|---|
| T1-T2-T3-T4 | 8Bit | 8Bit | $n$ 个 8Bit | 16Bit | T1-T2-T3-T4 |

**3. ModBus 差错控制**

标准的 Modbus 网络有两种错误检测方法。错误检测域的内容视所选的检测方法而定。

（1）ASCII。当选用 ASCII 模式作字符帧，错误检测域包含两个 ASCII 字符。这是使用 LRC（纵向冗长检测）方法对消息内容计算得出的，不包括开始的冒号符及回车换行符。LRC 字符附加在回车换行符前面。

（2）RTU。当选用 RTU 模式作字符帧，错误检测域包含一个 16Bits 值（用两个 8 位的字符来实现）。错误检测域的内容是通过对消息内容进行 CRC（循环冗长检测）方法得出的。CRC 域附加在消息的最后，添加时先是低字节然后是高字节，故 CRC 的高位字节是发送消息的最后一个字节。

**4. Modbus 功能码与数据类型**

Modbus 网络是一个工业通信系统，由带智能终端的可编程序控制器和计算机通过公用线路或局部专用线路连接而成，其系统结构既包括硬件亦包括软件。它可应用于各种数据采集和过程监控。表 8-4 所示是 Modbus 的功能码定义。

表 8-4  Modbus 功能码

| 功能码 | 名称 | 作用 |
|---|---|---|
| 01 | 读取线圈状态 | 取得一组逻辑线圈的当前状态（ON/OFF） |
| 02 | 读取输入状态 | 取得一组开关输入的当前状态（ON/OFF） |

| 功能码 | 名称 | 作用 |
|---|---|---|
| 03 | 读取保持寄存器 | 在一个或多个保持寄存器中取得当前的二进制值 |
| 04 | 读取输入寄存器 | 在一个或多个输入寄存器中取得当前的二进制值 |
| 05 | 强置单线圈 | 强置一个逻辑线圈的通断状态 |
| 06 | 预置单寄存器 | 把具体二进值装入一个保持寄存器 |
| 07 | 读取异常状态 | 取得 8 个内部线圈的通断状态，这 8 个线圈的地址由控制器决定，用户逻辑可以将这些线圈定义，以说明从机状态，短报文适宜于迅速读取状态 |
| 08 | 回送诊断校验 | 把诊断校验报文送从机，以对通信处理进行评鉴 |
| 09 | 编程（只用于 484） | 使主机模拟编程器作用，修改 PC 从机逻辑 |
| 10 | 控询（只用于 484） | 可使主机与一台正在执行长程序任务从机通信，探询该从机是否已完成其操作任务，仅在含有功能码 9 的报文发送后，本功能码才发送 |
| 11 | 读取事件计数 | 可使主机发出单询问，并随即判定操作是否成功，尤其是该命令或其他应答产生通信错误时 |
| 12 | 读取通信事件记录 | 可使主机检索每台从机的 ModBus 事务处理通信事件记录。如果某项事务处理完成，记录会给出有关错误 |
| 13 | 编程（184/384 484 584） | 可使主机模拟编程器功能修改 PC 从机逻辑 |
| 14 | 探询（184/384 484 584） | 可使主机与正在执行任务的从机通信，定期控询该从机是否已完成其程序操作，仅在含有功能 13 的报文发送后，本功能码才得发送 |
| 15 | 强置多线圈 | 强置一串连续逻辑线圈的通断 |
| 16 | 预置多寄存器 | 把具体的二进制值装入一串连续的保持寄存器 |
| 17 | 报告从机标识 | 可使主机判断编址从机的类型及该从机运行指示灯的状态 |
| 18 | （884 和 MICRO 84） | 可使主机模拟编程功能，修改 PC 状态逻辑 |
| 19 | 重置通信链路 | 发生非可修改错误后，使从机复位于已知状态，可重置顺序字节 |
| 20 | 读取通用参数（584L） | 显示扩展存储器文件中的数据信息 |
| 21 | 写入通用参数（584L） | 把通用参数写入扩展存储文件，或修改之 |
| 22～64 | 保留作扩展功能备用 | |
| 65～72 | 保留以备用户功能所用 | 留作用户功能的扩展编码 |
| 73～119 | 非法功能 | |
| 120～127 | 保留 | 留作内部作用 |
| 128～255 | 保留 | 用于异常应答 |

Modbus 网络只是一个主机，所有通信都由它发出。网络可支持 247 个的远程从属控制器，但实际所支持的从机数要由所用通信设备决定。采用这个系统，各 PC 可以和中心主机交换信息而不影响各 PC 执行本身的控制任务。表 8-5 所示为 Modbus 各功能码对应的数据类型。

**表 8-5**             **Modbus 功能码与数据类型对应表**

| 代码 | 功能 | 数据类型 |
|---|---|---|
| 01 | 读 | 位 |
| 02 | 读 | 位 |

续表

| 代码 | 功能 | 数据类型 |
|---|---|---|
| 03 | 读 | 整型、字符型、状态字、浮点型 |
| 04 | 读 | 整型、状态字、浮点型 |
| 05 | 写 | 位 |
| 06 | 写 | 整型、字符型、状态字、浮点型 |
| 08 | N/A | 重复"回路反馈"信息 |
| 15 | 写 | 位 |
| 16 | 写 | 整型、字符型、状态字、浮点型 |
| 17 | 读 | 字符型 |

5. Modbus 通信实例

本案例主要详细介绍施耐德 PLC（TM258LF42DT）与 HMI（XBTGT7340）利用 RJ45 通信电缆通过 Modbus 协议通信配置的具体操作步骤。方便读者熟悉相关操作，可以应用到其他相关施耐德产品上。

Modbus 通过内存地址映射的方式进行通信，它的特点为 PLC 程序与 HMI 界面分别下载，互不干扰，直接编程即可。下面具体介绍操作。

（1）编写程序。如图 8-4 所示。

备注：此处只是选取一个程序举例，具体程序及模块功能介绍在 8.2.2 节。

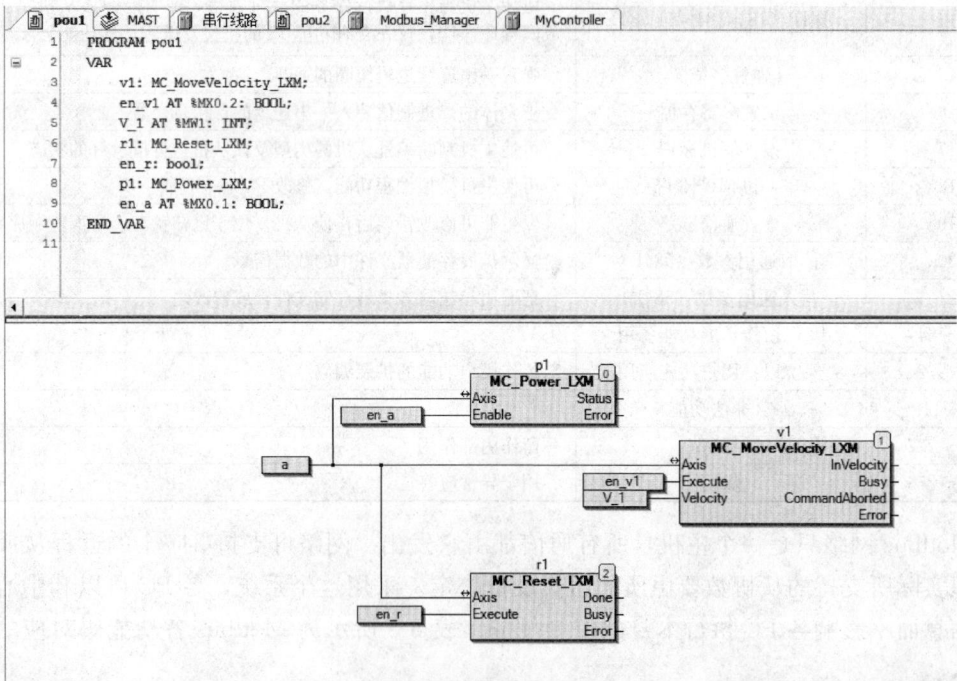

图 8-4　变量编址

（2）SoMachine 软件初始操作界面串行线路的通信为内置的 SoMachine-Network 协议，如图 8-5 所示。

将原有串行线路下的 SoMachine-Network 协议删除并右键单击"串行线路"重新添加 Modbus-Manager，如图 8-6 所示。

（3）配置端口的物理通信参数，如波特率、数据位、校验位、停止位。如图 8-7 所示，双击选择"串行线路"，弹出配置菜单。

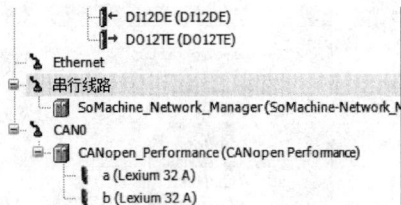

图 8-5 串行线路下的默认参数

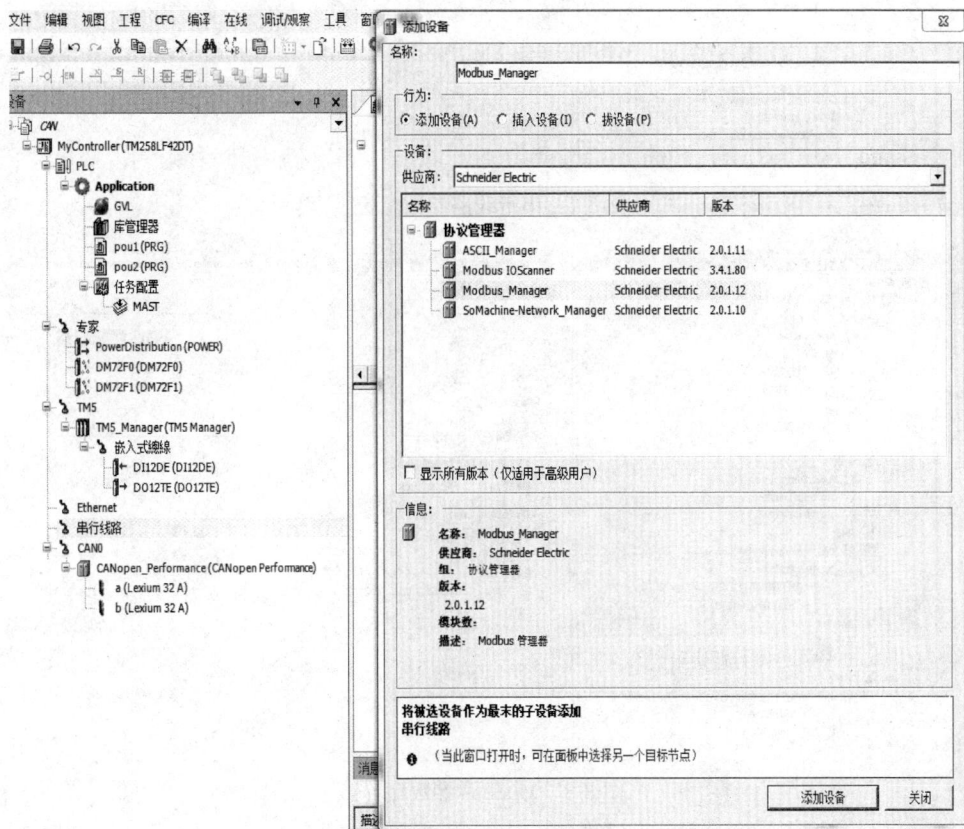

图 8-6 添加 Modbus 协议

（4）配置 Modbus 通信协议参数，如传输模式、寻址模式、站地址、帧间时间。如图 8-8 所示，双击选择"Modbus-Manager"，弹出参数配置菜单。

（5）配置完 SoMachine 后，打开 HMI（Vijeo-Designer）软件，新建工程，添加 ModbusRTU 驱动，如图 8-9 所示。

（6）在 Vijeo-Designer 中配置 Modbus 驱动参数，如图 8-10 所示。注意：确保参数与 PLC 内的程序的串行通信参数一致！

（7）配置 Modbus 从站参数。注意：勾选 IEC 语法，如图 8-11 所示。

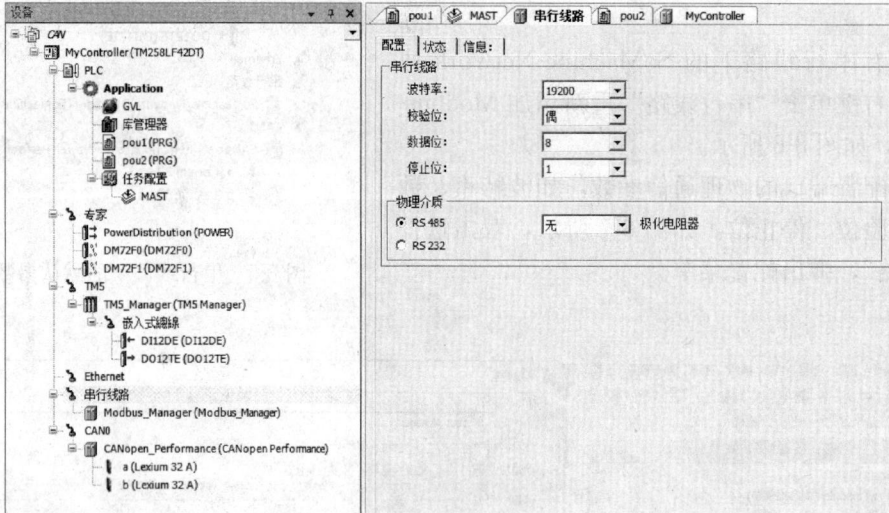

图 8-7　串行线路参数配置

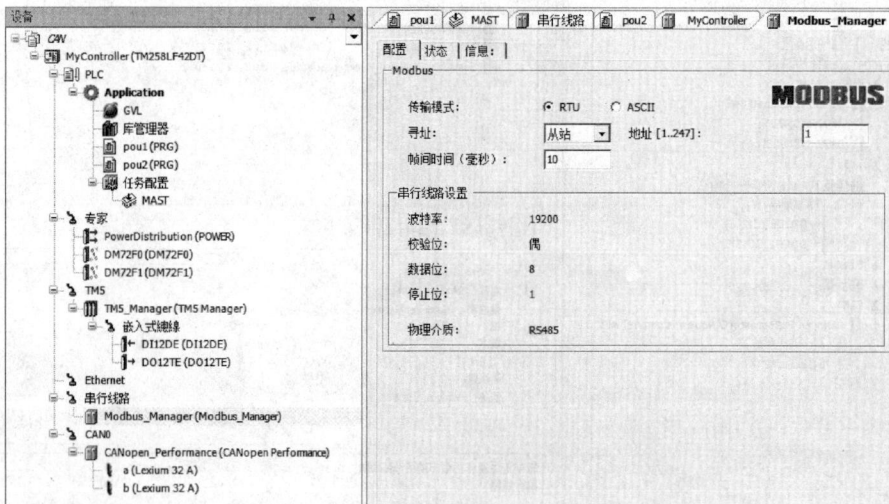

图 8-8　Modbus 参数配置

图 8-9　添加 Modbus 驱动

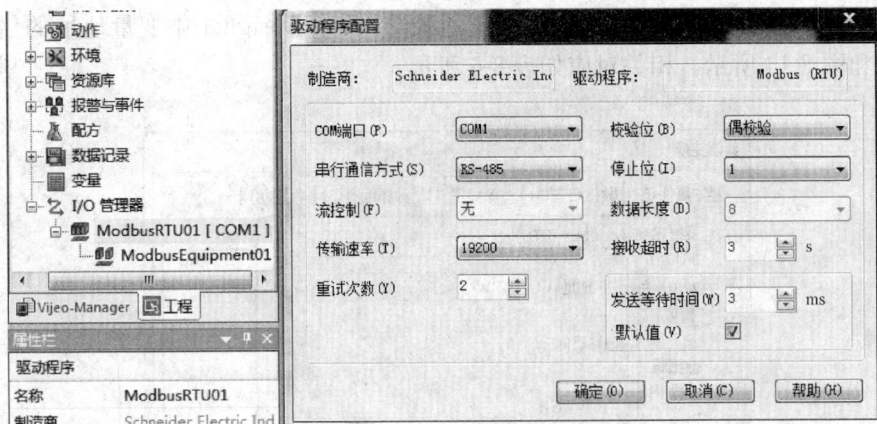

图 8-10　配置 Modbus 驱动参数

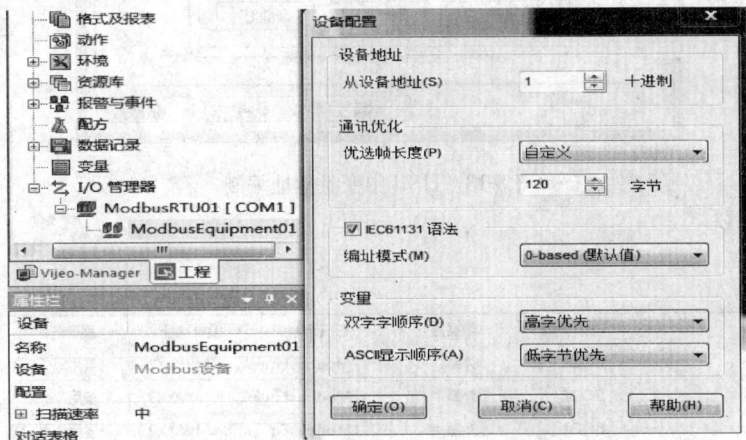

图 8-11　Modbus 从站配置

（8）创建变量。右键单击"变量"进行"新建变量"，如图 8-12 所示，此变量需要与
PLC 中变量形成映射关系，故变量名、类型、地址都要与之对应。

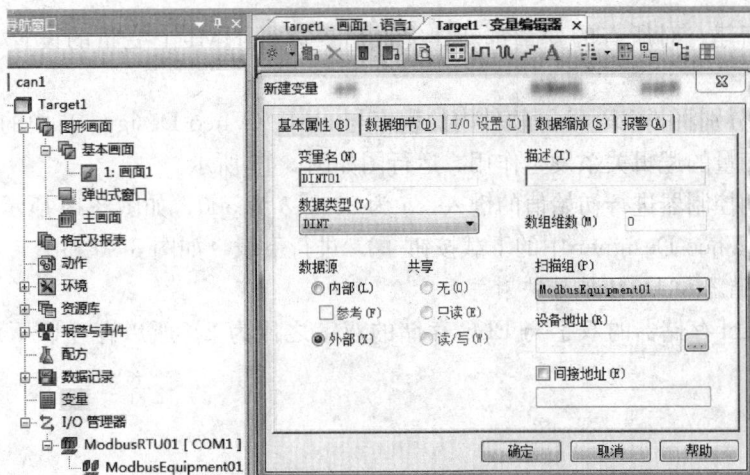

图 8-12　新建变量

地址对应时，要注意 SoMachine 中变量地址与 Vijeo-Designer 中变量地址的倍数关系。如图 8-13 和图 8-14 所示，相关对应如表 8-6 所示。

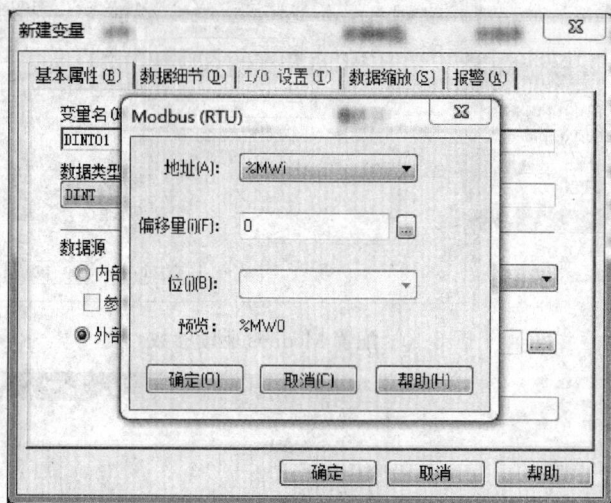

图 8-13　HMI 中变量地址编制

| | 名称 | 数据类型 | 数据源 | 扫描组 | 设备地址 | 报警组 | 记录组 |
|---|---|---|---|---|---|---|---|
| 1 | en_a | BOOL | 外部 | ModbusEquip... | %MW0:X1 | 禁用 | 无 |
| 2 | en_b | BOOL | 外部 | ModbusEquip... | %MW0:X3 | 禁用 | 无 |
| 3 | en_v1 | BOOL | 外部 | ModbusEquip... | %MW0:X2 | 禁用 | 无 |
| 4 | en_v2 | BOOL | 外部 | ModbusEquip... | %MW0:X4 | 禁用 | 无 |
| 5 | V_1 | INT | 外部 | ModbusEquip... | %MW1 | 禁用 | 无 |
| 6 | V_2 | INT | 外部 | ModbusEquip... | %MW2 | 禁用 | 无 |

图 8-14　新建完成的全部变量

（9）如此新建，对所有的变量都新建完成后，进行 HMI 上变量的设置，如图 8-15～图 8-17 所示。

（10）最后分别将 SoMachine 软件内的程序与 HMI（Vijeo-Designer）内的操作界面进行下载，使各个变量的逻辑关系发生作用，运行图如图 8-18 所示。

对每个运动控制器进行初始值的键入，$a$ 为 300，$b$ 为 500，如图 8-19 所示。

（11）点击 Vijeo-Designer 中的下载按钮，进行下载。如图 8-20 和图 8-21 所示。

6. PLC 存储器和 HMI 地址映射关系

HMI Control 存储器的双字与 PLC 存储的双字之比为 2。所以存在以下对应关系，如表 8-6 所示。

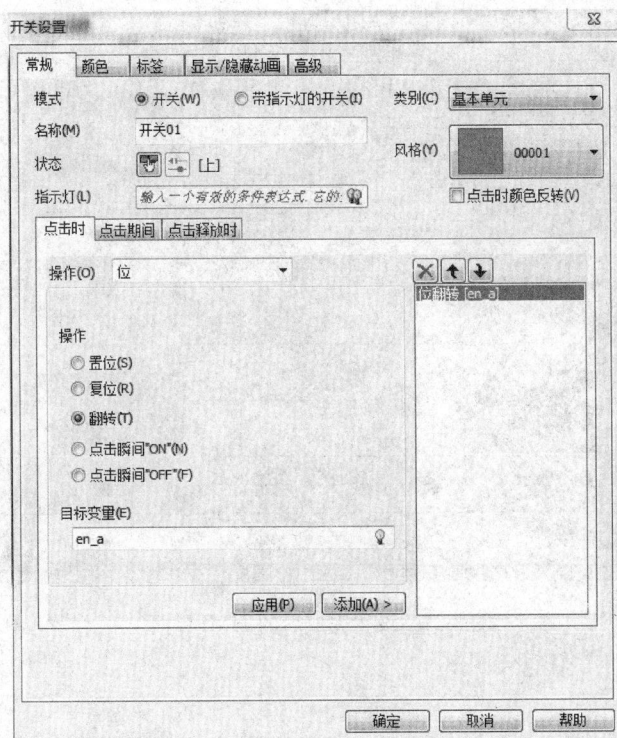

图 8-15　HMI 上使能按钮的设置

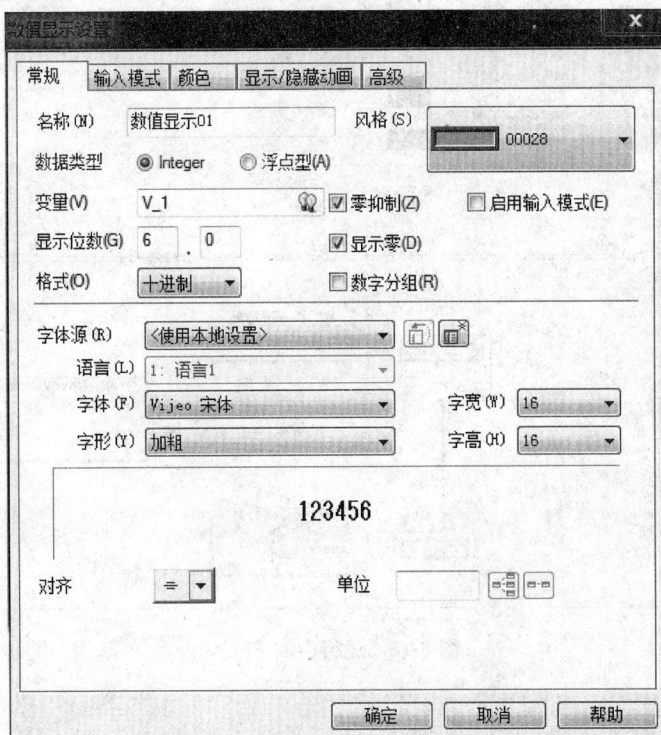

图 8-16　HMI 上数码显示的设置

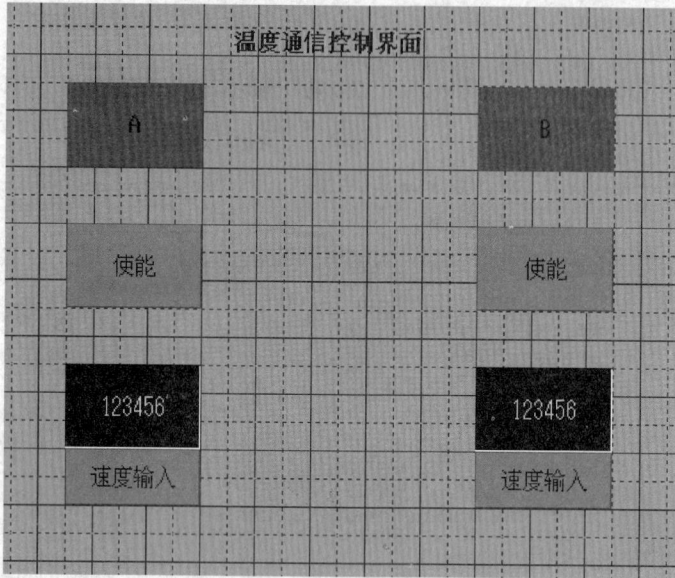

图 8-17  设置完成后的 HMI 界面

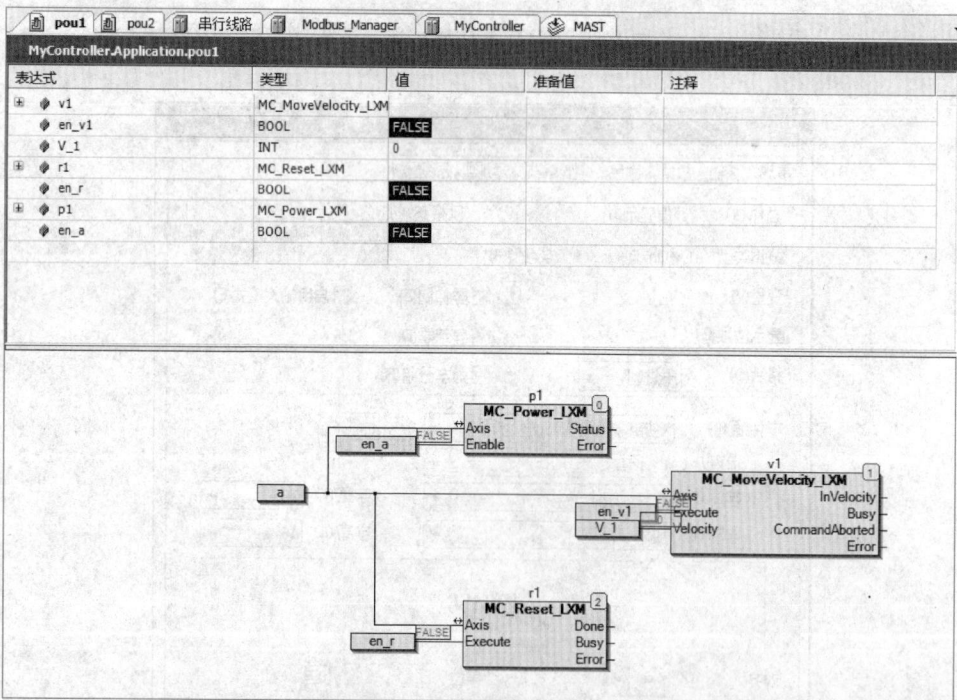

图 8-18  运行中的 PLC

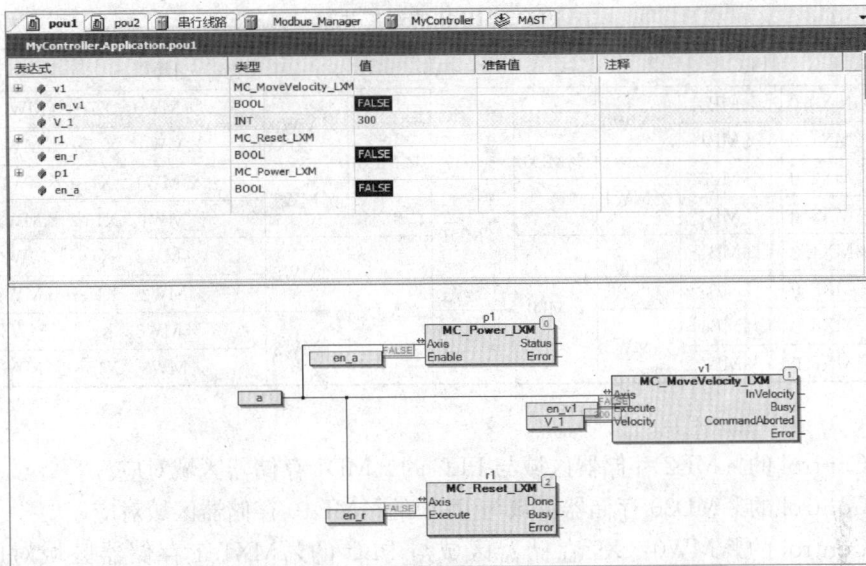

图 8-19 键入 a 的预设速度

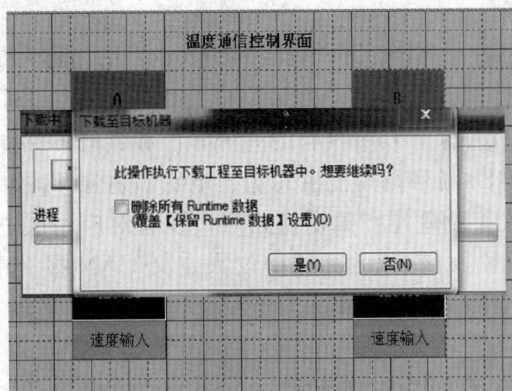

图 8-20 下载中的 Vijeo-Designer

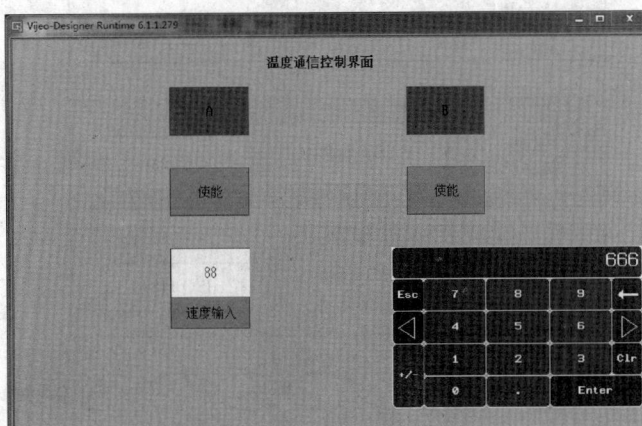

图 8-21 触摸屏操作：速度输入

表 8-6           **PLC 和 HMI 的对应关系**

| PLC | | | | | HMI | | |
|---|---|---|---|---|---|---|---|
| %MX0.7···%MX0.0 | %MB0 | %MW0 | | | %MD0 | %MW0 | %MW0：X7···%MW0：X0 |
| %MX1.7···%MX1.0 | %MB1 | | %MD0 | | | | %MW0：X15···%MW0：X8 |
| %MX2.7···%MX2.0 | %MB2 | %MW1 | | | | %MW1 | %MW1：X7···%MW1：X0 |
| %MX3.7···%MX3.0 | %MB3 | | | %MD1 | %MD1 | | %MW1：X15···%MW1：X8 |
| %MX4.7···%MX4.0 | %MB4 | %MW2 | | | | %MW2 | %MW2：X7···%MW2：X0 |
| %MX5.7···%MX5.0 | %MB5 | | %MD1 | | %MD2 | | %MW2：X15···%MW2：X8 |
| %MX6.7···%MX6.0 | %MB6 | %MW3 | | | | %MW3 | %MW3：X7···%MW3：X0 |
| %MX7.7···%MX7.0 | %MB7 | | | | | | %MW3：X15···%MW3：X8 |

如：

HMI Control 的%MD2 存储器区域与 PLC 的%MD1 存储器区域对应。

HMI Control 的%MD20 存储器区域与 PLC 的%MD10 存储器区域对应。

HMI Control 的%MW0：X9 存储器区域与 PLC 的%MX1.1 存储器区域对应，因为 PLC 存储器中的简单字分为 2 个不同的字节。

### 8.2.2 CANopen 总线

**1. CAN 总线协议简介**

CAN 是控制器局域网络（Controller Area Network）的简称，是由研发和生产汽车电子产品著称的德国 BOSCH 公司开发了的，并最终成为国际标准（ISO11898）。是国际上应用最广泛的现场总线之一。近年来，其所具有的高可靠性和良好的错误检测能力受到重视，被广泛应用于汽车计算机控制系统和环境温度恶劣、电磁辐射强和振动大的工业环境。

但 CAN 总线只是定义了物理层和数据链路层，没有对应用层进一步规范，本身并不完善，因此需要一个更开放的、标准化的高层协议来定义 CAN 报文中的标识符和字节数据。在此背景下，由 CIA（CAN In Automation）组织监督在 CAN 基础上开发了 CANopen 高层协议。

CANopen 与 CAN 的关系如图 8-22 所示。

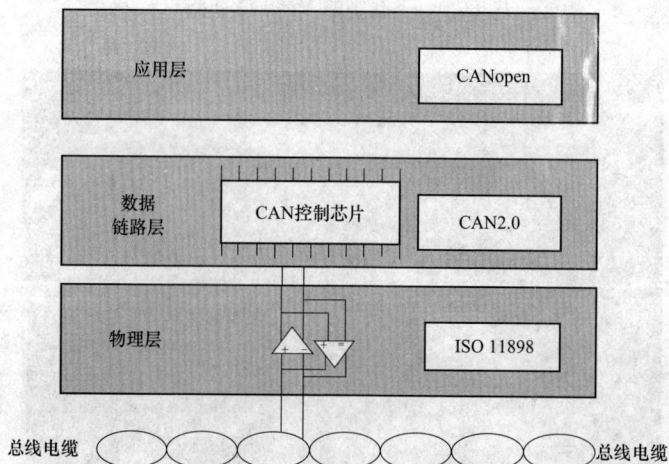

图 8-22   CAN 和 CANopen 标准在 OSI 网络中的位置关系

2. CAN open 协议简介

CANopen 总线协议是架构在 CAN 总线上的一种高层通信协议，是基于 CAN 总线的应用层协议，已被接收为 CAN 高层协议的标准之一。经过对 CANopen 协议规范文本的多次修改，使得 CANopen 协议的稳定性、实时性、抗干扰性都得到了进一步的提高。并且 CIA 在各个行业不断推出设备子协议，使 CANopen 协议在各个行业得到更快的发展与推广，在 2002 年，已经形成欧洲标准 EN50325-4。目前 CANopen 协议已经在运动控制、车辆工业、电机驱动、工程机械、船舶海运等行业得到广泛的应用。

实现较为简单是 CANopen 的优点之一。CANopen 协议是基于 CAN 串行总线系统和应用层 CAL 的高层协议，也是一种针对行业的标准化的协议。CANopen 协议为分布式控制及嵌入式系统的应用提供了必要的实现方法，包括：

(1) 不同 CAN 设备间的互操作性、互换性；

(2) 标准化、统一的系统通信模式；

(3) 设备描述方式和网络功能；

(4) 网络节点功能的任意扩展。

3. CANopen 总线协议设备模型

CANopen 协议通常分为用户应用层、对象字典、以及通信三个部分。如图 8-23 所示。通信接口和协议软件用于提供在总线上收发通信对象的服务；不同 CANopen 设备间的通信都是通过交换通信对象来完成的，这一部分直接面向 CAN 控制器进行操作。对象字典描述了设备使用的所有数据类型、通信对象和应用对象；对象字典位于通信程序和应用程序之间，用于向应用程序提供接口。应用程序对对象字典进行操作，即可实现 CANopen 通信。它包括通信部分和功能部分，通信部分通过对象字典进行操作实现 CANopen 通信；而功能部分则根据应用要求来实现。

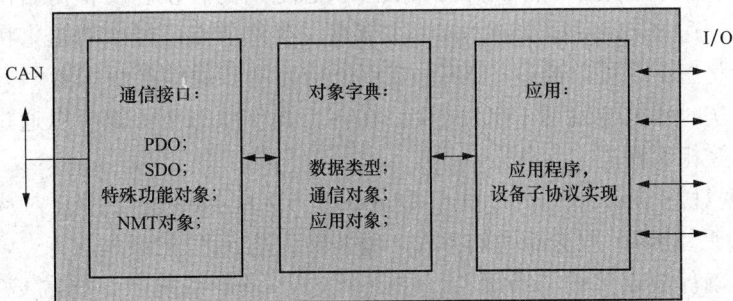

图 8-23　CANopen 设备模型

(1) 对象字典。CANopen 对象字典（OD：Object Dictionary）是 CANopen 协议最为核心的概念。所谓的对象字典就是一个有序的对象组，每个对象采用一个 16 位的索引值来寻址，这个索引值通常被称为索引，其范围在 0x1000 到 0x9FFF 之间。为了允许访问数据结构中的单个元素，同时也定义了一个 8 位的索引值，这个索引值通常被称为子索引。

每个 CANopen 设备都有一个对象字典，对象字典包含了描述这个设备和它的网络行为的所有参数，对象字典通常用电子数据文档（EDS：Electronic Data Sheet）来记录这些参数，而不需要把这些参数记录在纸上。对于 CANopen 网络中的主节点来说，不需要对 CANopen 从节点的每个对象字典项都访问。

CANopen 对象字典中的项由一系列子协议来描述。子协议为对象字典中的每个对象都描述了它的功能、名字、索引、子索引、数据类型，以及这个对象是否必需、读写属性等等，这样可保证不同厂商的同类型设备兼容。

CANopen 协议包含了许多的子协议，其主要划分为以下 3 类：

1）通信子协议（Communication Profile）。通信子协议，描述对象字典的主要形式和对象字典中的通信对象以及参数。这个子协议适用所有的 CANopen 设备，其索引值范围为 0x1000～0x1FFF。

2）制造商自定义子协议（Manufacturer-specific Profile）。制造商自定义子协议，对于在设备子协议中未定义的特殊功能，制造商可以在此区域根据需求定义对象字典。因此这个区域对于不同的厂商来说，相同的对象字典项其定义不一定相同，其索引值范围为 0x2000～0x5FFF。

3）设备子协议（Device Profile）。设备子协议，为各种不同类型的设备定义对象字典中的对象。目前已有十几种为不同类型的设备定义的子协议，例如 DS401、DS402、DS406 等，其索引值范围为 0x6000～0x9FFF。

（2）CANopen 通信。在 CANopen 协议中主要定义了管理报文对象 NMT（Network Management）、服务数据对象 SDO（Service Data Object）、过程数据对象 PDO（Process Data Object）、预定义报文或特殊功能对象等 4 种对象。

1）管理报文对象 NMT。CANopen 网络管理是面向节点的，并且采用主、从通信方式。只允许主节点发起通信，从节点永远等待主节点的请求。每个 CANopen 从节点都有初始化、预操作、操作和停止 4 个状态。

NMT 网络管理负责由主节点控制从节点各状态之间的转换。设备初始化结束，自动进入预操作状态，发送 Boot-up 报文向 NMT 主节点说明该节点已经由初始化状态进入预操作状态。在预操作状态下，可以通过 SDO 对节点进行控制和通信参数配置。只有在操作状态下，能发送用于实时数据传输的 PDO 报文。在各个操作状态下，都可以通过发送 NMT 报文实现操作状态互相切换。

2）服务数据对象 SDO（Service Data Object）。SDO 主要用于主节点对从节点的参数配置。SDO 的传输采用客户/服务器通信方式，服务确认是 SDO 的最大的特点，为每个消息都生成一个应答，确保数据传输的准确性。在一个 CANopen 系统中，通常 CANopen 从节点作为 SDO 服务器，CANopen 主节点作为客户端。客户端通过索引和子索引，能够访问数据服务器上的对象字典。这样 CANopen 主节点可以访问从节点的任意对象字典项的参数，并且 SDO 也可以传输任何长度的数据（当数据长度超过 4 个字节时就拆分成多个报文来传输）。

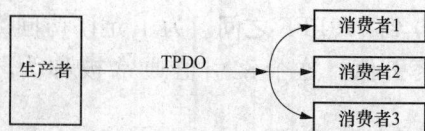
图 8-24　生产者消费者模型

3）过程数据对象 PDO（Process Data Object）。PDO 通信对象具有如下的特点：PDO 用来传输实时数据，其传输模型为如图 8-24 所示的生产者消费者模型，数据长度被限制为 1～8 字节。

PDO 通信没有协议规定，PDO 数据内容由它的

CAN-ID（也可称为 COB-ID）来定义。每个 PDO 在对象字典中用通信参数和映射参数这两个对象描述。PDO 通信参数定义了该设备所使用的 COB-ID、传输类型、定时周期；PDO 映射参数包含了一个对象字典中的对象列表，这些对象映射到相应的 PDO，其中包括数据的长度（位），对于生产者和消费者都必须要知道这个映射参数，才能够正确的解释 PDO 内容。

PDO 消息内容是预定义的，如果 PDO 支持可变 PDO 映射，那么该 PDO 是可以通过 SDO 进行配置的。

PDO 的传送模式分为同步传送和异步传送。触发方式有：事件触发、定时器触发和远程帧请求触发。报文可通过节点内部的定时器以固定的时间间隔来发送，也可以通过主节点发送同步对象或远程帧来触发从节点发送 PDO 报文。

4) 预定义报文或特殊功能对象。为 CANopen 设备提供特定的功能，方便 CANopen 主站对从站进行管理。主要的特殊报文有：

a. 同步对象。该报文对象主要实现整个网络的同步传输。

b. 时间标记对象。为各个节点提供时间参考。

c. 紧急时间对象。当设备内部发生错误时触发该对象，发送错误代码。

d. 节点/寿命保护。主节点可通过节点保护方式获取从节点的状态，从节点可通过寿命保护方式获取主节点的状态。

启动报文对象：从节点初始化完成后向网络中发送该对象，并进入到与操作状态。

4. CANopen 总线的网络结构

如图 8-25 所示为 CANopen 典型的网络结构，该网络中有一个主节点，三个从节点以及一个 CANopen 网关挂接的其他设备。由于 CANopen 是基于 CAN 总线，因此其也属于总线型网络，在布线和维护等方面非常方便，可最大限度的节约组网成本。

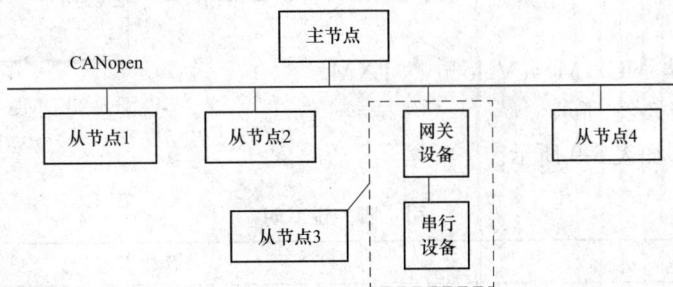

图 8-25 CANopen 网络结构

5. CANopen 通信实例

本案例主要详细介绍施耐德 PLC（TM258LF42DT 以下简称 M258）与伺服驱动器（LXM32AU45M2 以下简称 LXM32A），利用通信电缆通过 CANopen 协议通信配置的具体操作步骤。方便读者熟悉相关操作，可以应用到其他相关施耐德产品上。

（1）首先了解相关通信模块。

1）通信功能块-MC_Power_LXM

a. 图标：如图 8-26 所示

b. 引脚说明：如表 8-7 所示。

图 8-26 MC_Power_LXM 图标

**表 8-7** 引 脚 说 明

| 输入 | | 输出 | |
|---|---|---|---|
| 引脚 | 引脚定义 | 引脚 | 引脚定义 |
| Axis | 定义伺服轴 | Status | 值域：FALSE，TRUE 初始值：FALSE<br>FALSE：输出级已禁用。TRUE：输出级已启用 |
| Enable | 使能端 | Error | 错误提示 |

　　c. 功能说明：功能块激活或关闭输出级。使用输入 Enable 的 TRUE 激活输出级。只要激活了输出级，则设置输出 Status。使用输入 Enable 的 FALSE 关闭输出级。只要关闭了输出级，则输出 Status 被复位。如果在执行时识别出错误，则设置输出 Error。

图 8-27　MC_Reset_LXM 图标

　　2）通信功能块-MC_Reset_LXM。
　　a. 图标：如图 8-27 所示。
　　b. 引脚说明：如表 8-8 所示。

**表 8-8** 引 脚 说 明

| 输入 | | 输出 | |
|---|---|---|---|
| 引脚 | 引脚定义 | 引脚 | 引脚定义 |
| Axis | 定义伺服轴 | Done | 功能块完成后 Done 设置为 True |
| | | Busy | 功能块在执行，Busy 引脚为 True |
| Execute | 使能端 | Error | 错误提示 |

　　c. 功能说明：功能块用于停止当前的运动。通过功能块停止运行模式。
　　3）通信功能块-MC_MoveVelocity_LXM。
　　a. 图标：如图 8-28 所示
　　b. 引脚说明：如表 8-9 所示。

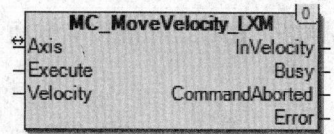

图 8-28　MC_MoveVelocity_
LXM 图标

**表 8-9** 引 脚 说 明

| 输入 | | 输出 | |
|---|---|---|---|
| 引脚 | 引脚定义 | 引脚 | 引脚定义 |
| Axis | 定义伺服轴 | InVelocity | BOOL 型；值域：FALSE，TRUE<br>初始值：FALSE<br>FALSE：尚未达到目标速度。<br>TRUE：已达到目标速度 |
| Execute | 使能端 | Busy | 功能块在执行，Busy 引脚为 TRUE |
| Velocity | DINT 型；值域<br>初始值：0；目标速度 | Error | 错误提示 |
| | | CommandAborted | 当为 TRUE 时表示该命令因另一个移动命令而中止。功能块执行结束 |

　　c. 功能说明：功能块以速度 Velocity 启动运行模式 Profile Velocity（速度运行图形）。如果达到了目标速度，则设置为 InVelocity。

（2）案例内容。

1）创建一个新案例。如图 8-29 所示。

2）案例配置。如图 8-30～图 8-32 所示。

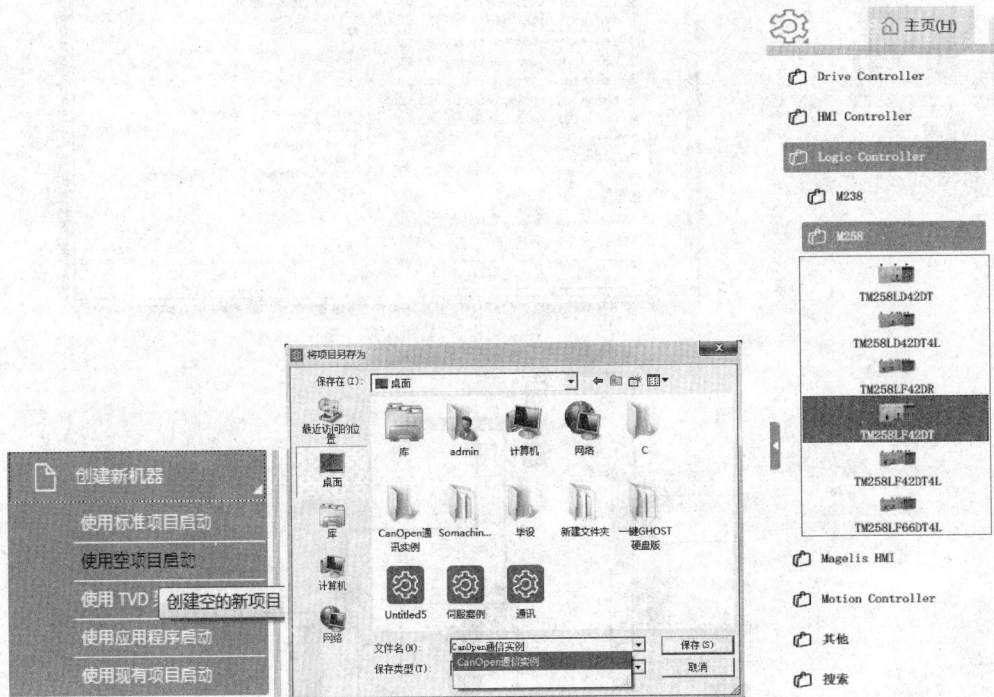

图 8-29　案例创建

8-30　M258 型号选择

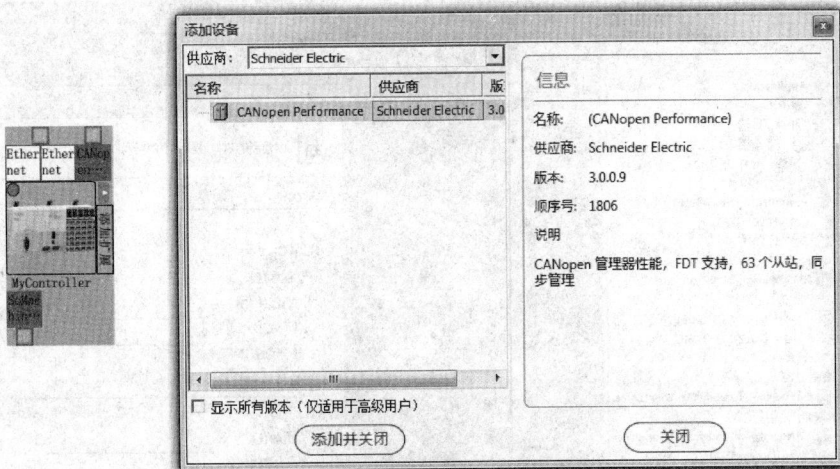

图 8-31　CANopen 总线选择

3）编制编程。

a. 创建程序组织单元 pou1（选择顺序功能图 CFC）：如图 8-33 所示。

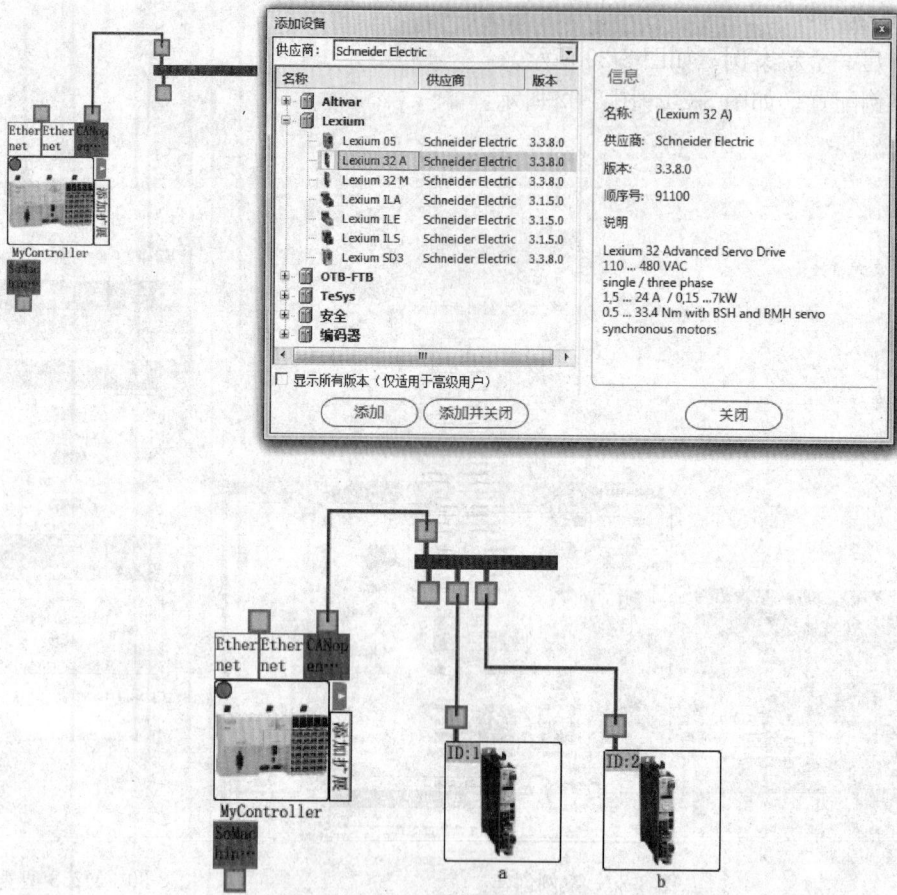

图 8-32 LXM32A 与 LXM32B 选配

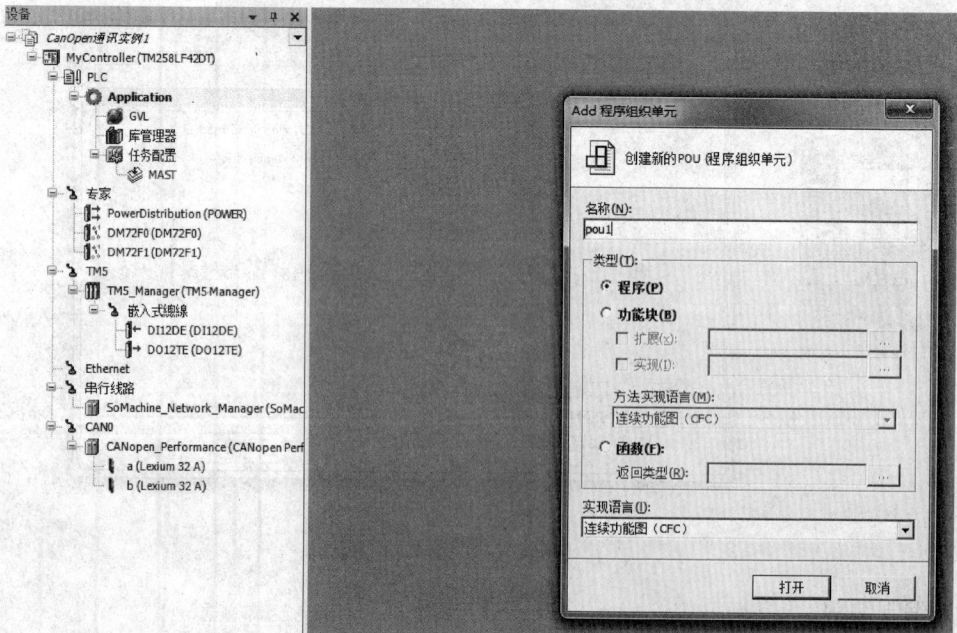

图 8-33 pou1

b. 用功能块进行编程：如图 8-34 和图 8-35 所示。

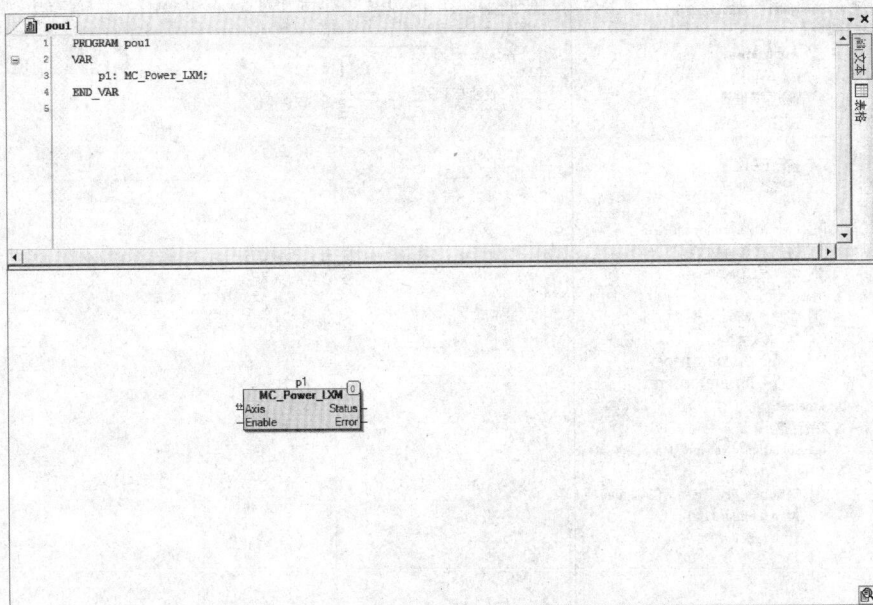

图 8-34　拖拽功能块进行编程

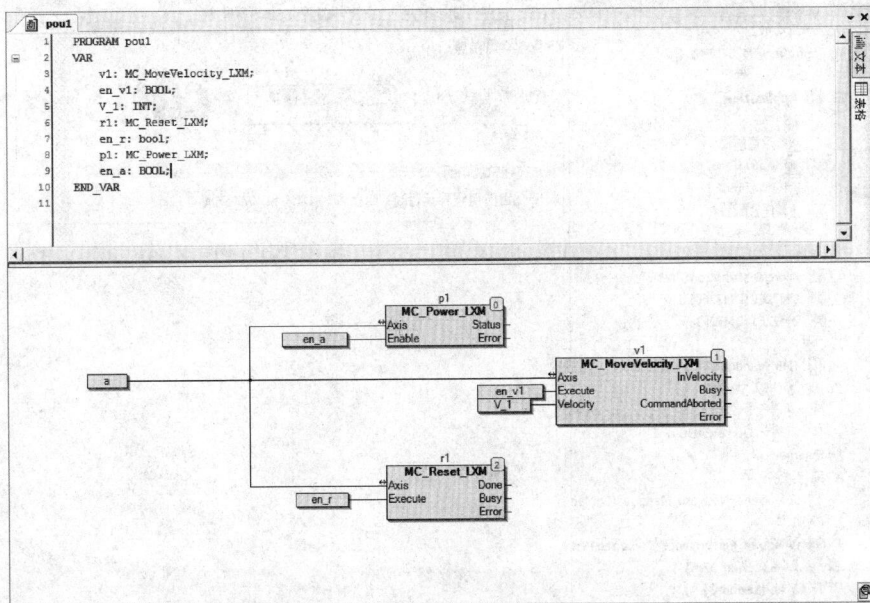

图 8-35　程序

c. 节点设置：双击设备下的 a，出现设置界面。如图 8-36 所示。

d. 对 CANopen 进行波特率设置。双击设备下的 CAN0，出现设置界面。如图 8-37 所示。

e. SoMachine 中设置之后，与之对应，对 LXM32A 运动控制器进行相同的设置。步骤为：

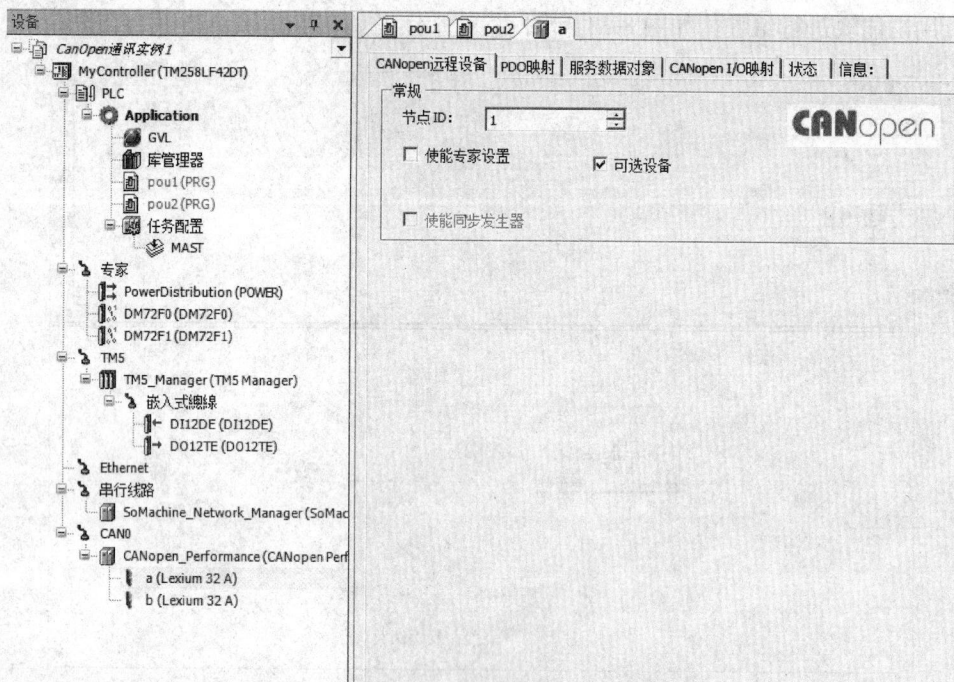

图 8-36 设置 LXM32A 为节点 1

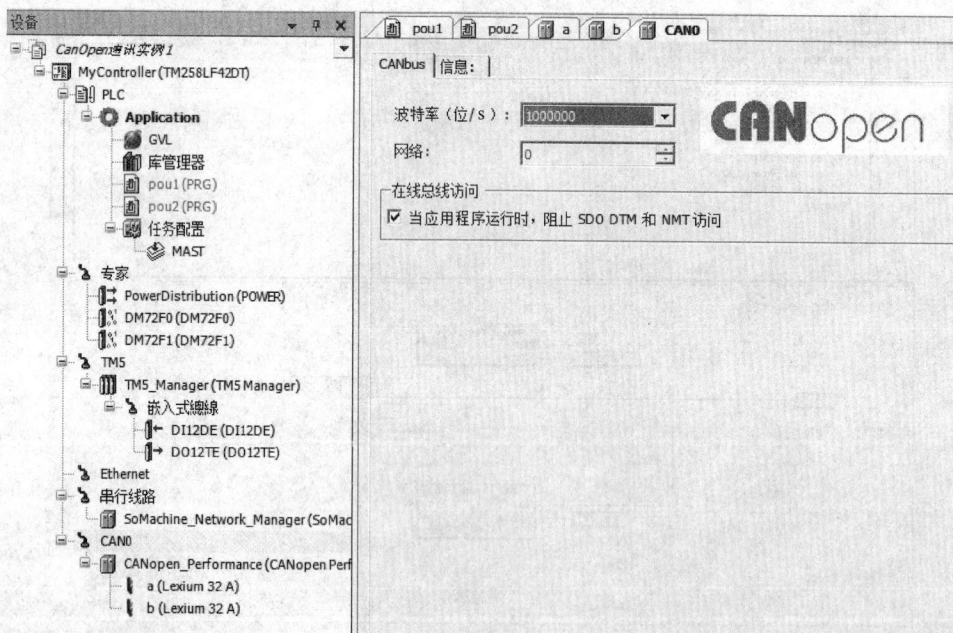

图 8-37 设置 CANopen 波特率

打开 LXM32A 操作面板显示屏会显示 rdy 字样，按一次导航键并旋转导航键找到 CAN-open 设置（ConF）菜单，按下导航键找到 CAN 设置（CoN-）菜单，按下导航键，旋转导航键找到 CAN 地址设置（CoAd），按下导航键进行节点设置，默认为 1，按两下导航键确认即可。按下 Esc 退出到上层菜单，旋转导航键找到 CAN 波特率设置菜单（Cobd），按下导航键，旋转导航键进行波特率设置，设置为 1000，代表波特率为 1000000bps。多台伺服驱动器按照此步骤设置。

之后，对程序进行下载。对 LXM32A 进行使能。如图 8-38 所示。

| 表达式 | 类型 | 值 | 准备值 | 注释 |
|---|---|---|---|---|
| ⊞ ◈ v1 | MC_MoveVelocity_LXM | | | |
| ◈ en_v1 | BOOL | FALSE | | |
| ◈ V_1 | INT | 0 | | |
| ⊞ ◈ r1 | MC_Reset_LXM | | | |
| ◈ en_r | BOOL | FALSE | | |
| ⊞ ◈ p1 | MC_Power_LXM | | | |
| ◈ en_a | BOOL | FALSE | TRUE | |

图 8-38　使能 *a*

通过速度的写入，对伺服电机旋转的快慢进行控制。如图 8-39～图 8-41 所示。

| 表达式 | 类型 | 值 | 准备值 | 注释 |
|---|---|---|---|---|
| ⊞ ◈ v1 | MC_MoveVelocity_LXM | | | |
| ◈ en_v1 | BOOL | FALSE | TRUE | |
| ◈ V_1 | INT | 0 | 15 | |
| ⊞ ◈ r1 | MC_Reset_LXM | | | |
| ◈ en_r | BOOL | FALSE | | |
| ⊞ ◈ p1 | MC_Power_LXM | | | |
| ◈ en_a | BOOL | TRUE | | |

图 8-39　对 *a* 写入速度

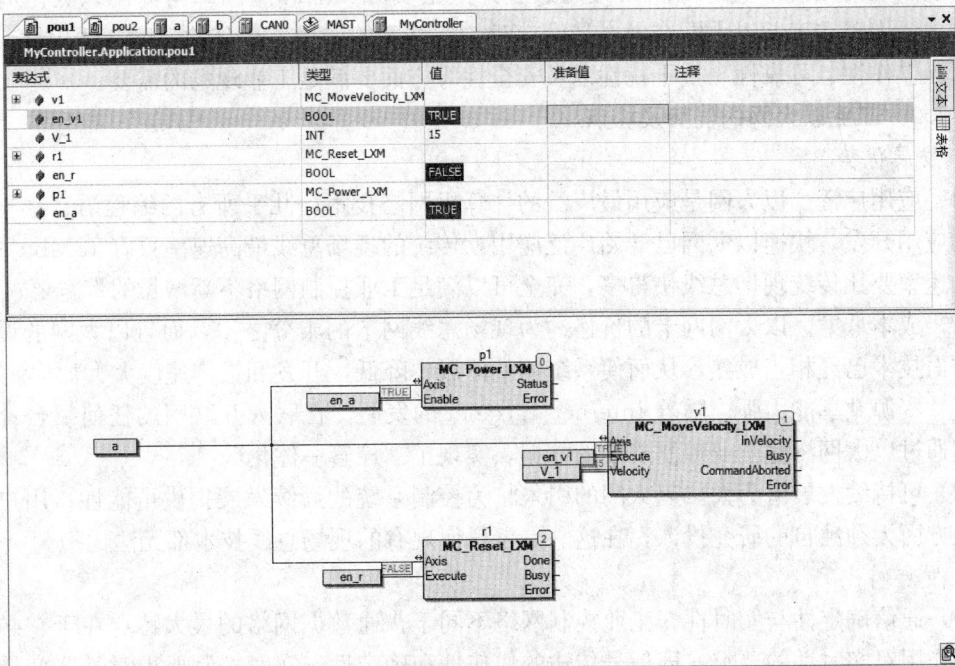

图 8-40　活动中的 *a*

图 8-41　运行中的 LXM32A

## 8.3　工　业　以　太　网

### 8.3.1　工业以太网概述

在办公和商业领域，以太网是当今最流行、应用最广泛的通信技术。以太网是指遵循 IEEE 802.3 标准，可以在光缆和双绞线上传输的网络。它最早出现在 1972 年，由 Xerox-PARC 所创建。当前以太网采用星型和总线型结构，传输速率为 10、100、1000Mbit/s 及 10Gbit/s，甚至更高。

工业以太网就是在以太网技术和 TCP/IP 技术开发出来的一种工业网络，它的重点在于利用交换式以太网技术，为控制器、操作站等各种工作站之间的相互协调合作提供一种交互机制，并与上层信息网络进行无缝集成。目前工业以太网在工业监控中逐渐占据主导位置。

工业以太网在技术上与商用以太网兼容，但是实际产品和应用却与商用以太网有所不同。这主要表现在工业以太网在做产品设计时，在材质的选用、产品的强度、适用性、实时性、可互操作性、可靠性、抗干扰性以及安全性等方面要满足工业现场的需要。

### 8.3.2　工业以太网的优势及特点

1. 发展优势

（1）应用广泛。以太网是应用最广泛的计算机网络技术，几乎所有的编程语言都支持以太网的应用开发。快速以太网已开始广泛应用，传统的现场总线最高速率只有 12Mbit/s，以太网的速率要比传统现场总线快得多，完全可以满足工业控制网络不断增长的带宽要求。

（2）成本低廉。以太网网卡的价格约为现场总线网卡的十分之一，而且以太网的设计应用等方面技术已经相当成熟，从而使系统的整体成本降低，开发和推广速度大大加快。

（3）资源共享能力强。随着 Internet/Intranet 的发展，在联入互联网的任何一台计算机上都能通过以太网浏览工业控制现场的数据，实现了"控管一体化"。

（4）可持续发展潜力大。以太网的引入将为控制系统的后续发展提供可能性，用户在技术升级方面无须独自的研究投入，在这一点上任何现有的现场总线技术都无法比拟。

2. 发展特点

（1）通信确定性与实时性。工业控制网络不同于普通数据网络的最大特点在于它必须满足控制作用对实时性的要求，即信号传输的快速性和确定性。实时控制要求对某些变量数据准确定时刷新，以太网技术的发展使这一应用成为可能。

（2）稳定性与可靠性。传统以太网并不是为工业应用而设计，没有考虑工业现场环境的适应性需要。由于工业现场的机械、气候、尘埃等恶劣条件，对设备的工业可靠性提出了更高的要求。在工业环境中，工业网络必须具备较好的可靠性、可恢复性及可维护性。

（3）安全性。工业以太网可以将企业传统的信息管理层、过程监控层、现场设备层合成一体，使数据的传输速率更快、实时性更高，并可与网络无缝集成，实现数据的共享，提高工厂的运作效率。但同时也引入了一系列的网络安全问题，工业网络可能会受到包括病毒感染、黑客的非法入侵与非法操作等网络安全威胁。

### 8.3.3　工业以太网的应用现状

工业以太网技术是当前工业控制领域中的研究热点，多家自动化公司已推出了自己的工业以太网解决方案，并开发了适当的应用层协议，使以太网和 TCP/IP 技术延伸至现场层，目前典型的工业以太网协议有 EtherNet/IP、HSE、PROFINET、ModbusTCP/IP 等。

工业以太网与现场总线相比，它能提供一个开放的标准，使企业从现场控制到管理层实现全面的无缝信息集成，解决了由于协议的不同导致的"自动化孤岛"问题，从目前的发展看，工业以太网在控制领域的应用主要体现在以下几种形式：

1. 混合 Ethernet/Fieldbus 的网络结构

这种结构实际上就是信息网络和控制网络的一种典型的集成形式。以太网正在逐步向现场设备级深入发展，并尽可能地和其他网络形式走向融合，但以太网和 TCP/IP 原本不是面向控制领域的，在体系结构、协议规则、物理介质、数据、软件、实验环境等方面并不成熟，而现场总线能完全满足现代企业对底层控制网络的基本要求，实现真正的全分布式系统。因此，需要在企业信息层采用以太网，而在底层设备级采用现场总线，通过通信控制器实现两者的信息交换。

2. 专用工业以太控制网络

如何利用工业以太网单独作为控制网络是工业以太网的发展方向之一，也是工业控制领域的研究热点。如德国 Jetter AG 公司的新一代控制系统 JetWeb，是将现场总线技术、100Mb/s 以太网技术、CNC 技术、PLC 技术、可视化人机接口技术和全球化生产管理技术融为一体的工业自动化控制系统，具有广泛的兼容性。

这种工业控制网络是将以太网贯穿于整个网络各层次，使它成为透明的覆盖整个企业范围的应用实体。它实现了办公自动化与工业自动化的无缝结合，实质上是一个单层的扁平结构，其良好的可扩展性和互连性，使之成为真正意义上的全开放网络体系结构。

3. 基于 Web 的网络监控平台

最近，嵌入式以太网是网络应用热点，能够通过 Internet 使所有连接网络的设备彼此互通（计算机、PDA、通信设备、仪器仪表、家用电器等）。在企业内部，采用以太网控制器，连接具有 TCP/IP 界面的控制主机以及具有 RS232 或 RS485 接口的现场设备，可以进行工厂实时运行数据的发布和显示，管理者可以通过 Web 浏览器对现场工况进行实时远程监控、远程设备调试和远程设备故障诊断和处理。

4. 基于施耐德 PLC 的以太网通信案例

本案例主要详细介绍施耐德两台（A、B 台）PLC（TM218LDAE24DRHN）利用通信电缆通过以太网协议通信配置的具体操作步骤。方便读者熟悉相关操作，可以应用到其他施耐德相关产品上。

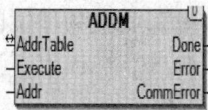

图 8-42　ADDM 图标

（1）首先了解以太网的相关通信模块。

1）通信功能块-ADDM。

a. 图标：如图 8-42 所示。

b. 引脚说明：如表 8-10 所示。

表 8-10　　　　　　　　　　　　引　脚　说　明

| 输入引脚 | 类型 | 引脚说明 |
|---|---|---|
| AddrTable | ADDRESS | 这是由功能块填充的 ADDRESS 结构 |
| Execute | BOOL | 启动引脚，上升沿触发（注意：如果在冷复位、热复位的第一个任务运行周期中将 Execute 置位 True，则检测不到上升沿） |
| Addr | STRING | 要转换为 ADDRESS 类型的 STRING 类型地址 |
| 输出引脚 | 类型 | 引脚说明 |
| Done | BOOL | 功能成功完成后，Done 设置为 True |
| Error | BOOL | 功能块出错标志位，终止正在执行的操作 |
| CommError | BYTE | CommError 为通信错误代码 |

c. 功能说明：将字符串地址转换为 ADDRESS。

2）通信功能块-READ _ VAR。

a. 图标：如图 8-43 所示。

b. 引脚说明：如表 8-11 所示。

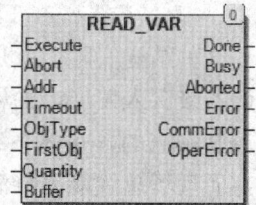

图 8-43　READ _ VAR 图标

表 8-11　　　　　　　　　　　　引　脚　说　明

| 输入 | 类型 | 注释 |
|---|---|---|
| Execute | BOOL | 启动引脚，上升沿触发（注意：如果在冷复位、热复位的第一个任务运行周期中将 Execute 置位 True，则检测不到上升沿） |
| Abort | BOOL | 终止正在执行的操作 |
| Addr | ADDRESS | 目标设备的地址（ADDM 功能块的输出） |
| Timeout | WORD | 超时时间为 100ms 的倍数（0 表示无限） |
| ObjType | ObjectType | 接收数据类型（0-MW 保持寄存器，1-I 数字量输入，2-Q 内部位或数字量输出，3-IW 输入寄存器） |
| FirstObj | DINT | FirstObj 为要写入的第一个对象的索引 |
| Quantity | UINT | 读取对象的数量<br>1-125 寄存器（MW，IW 类型）1-2000 位（I，Q 类型） |
| Buffer | POINTER TO BYTE | Buffer 为要发送数据的缓冲区地址。用户可以通过 ADR 标准功能指令获取缓冲区的地址（详见下面示例）。缓冲区是一个表，用户要发送的数据写入缓冲区中。例如，4 个寄存器的写入值存储在包含 4 个字的表中，而 32 位的写入值则需要包含 2 个字或 4 个字节的表中，其中每个位都设置为对应值 |
| Done | BOOL | 功能块完成后 Done 设置为 True |
| Busy | BOOL | 功能块在执行，Busy 引脚为 True |
| Aborted | BOOL | 当 Abort 输入终止操作后，终止操作完成 Aborted 设置为 True |

续表

| 输入 | 类型 | 注释 |
|---|---|---|
| Error | BOOL | 当功能块检测到错误的时候，Error 引脚设置为 True，同时 CommError 和 OperError 包含相应的错误信息 |
| CommError | BYTE | 通信错误代码 |
| OperError | DWORD | 操作错误代码 |

c. 功能说明：读取从站设备数据。

3）通信功能块-WRITE_VAR。

a. 图标：如图 8-44 所示。

b. 引脚说明：如表 8-12 所示。

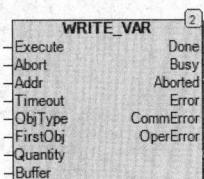

图 8-44 WRITE_VAR 图标

表 8-12　　　　　　　　　　引 脚 说 明

| 输入 | 类型 | 注释 |
|---|---|---|
| Execute | BOOL | 启动引脚，上升沿触发（注意：如果在冷复位、热复位的第一个任务运行周期中将 Execute 置位 True，则检测不到上升沿） |
| Abort | BOOL | 终止正在执行的操作 |
| Addr | ADDRESS | 目标设备的地址（ADDM 功能块的输出） |
| Timeout | WORD | 超时时间为 100ms 的倍数（0 表示无限） |
| ObjType | ObjectType | 发送数据类型（0-MW 保持寄存器，16Bit；1-I 数字量输入，1Bit；2-Q 数字量输出，1Bit；3-IW 输入寄存器，16Bit） |
| FirstObj | DINT | FirstObj 为要写入的第一个对象的索引 |
| Quantity | UINT | 写入对象的数量 1-123 寄存器（MW 类型）1-1968 位（Q 类型） |
| Buffer | POINTER TO BYTE | Buffer 为要发送数据的缓冲区地址。用户可以通过 ADR 标准功能指令获取缓冲区的地址。缓冲区是一个表，用户要发送的数据写入缓冲区中。例如，4 个寄存器的写入值存储在包含 4 个字的表中，而 32 位的写入值则需要包含 2 个字或 4 个字节的表中，其中每个位都设置为对应值 |
| Done | BOOL | 功能块完成后 Done 设置为 True |
| Busy | BOOL | 功能块在执行，Busy 引脚为 True |
| Aborted | BOOL | 当 Abort 输入终止操作后，终止操作完成 Aborted 设置为 True |
| Error | BOOL | 当功能块检测到错误的时候，Error 引脚设置为 True，同时 CommError 和 OperError 包含相应的错误信息 |
| CommError | BYTE | 通信错误代码 |
| OperError | DWORD | 操作错误代码 |

c. 功能说明：将用户数据写入到用户指定的从站的设备中。

（2）如图 8-45 所示，设置以太网的 IP 地址。

A 台参考程序：如图 8-46 所示。

B 台参考程序：如图 8-47 所示。

运行结果如图 8-48 所示。

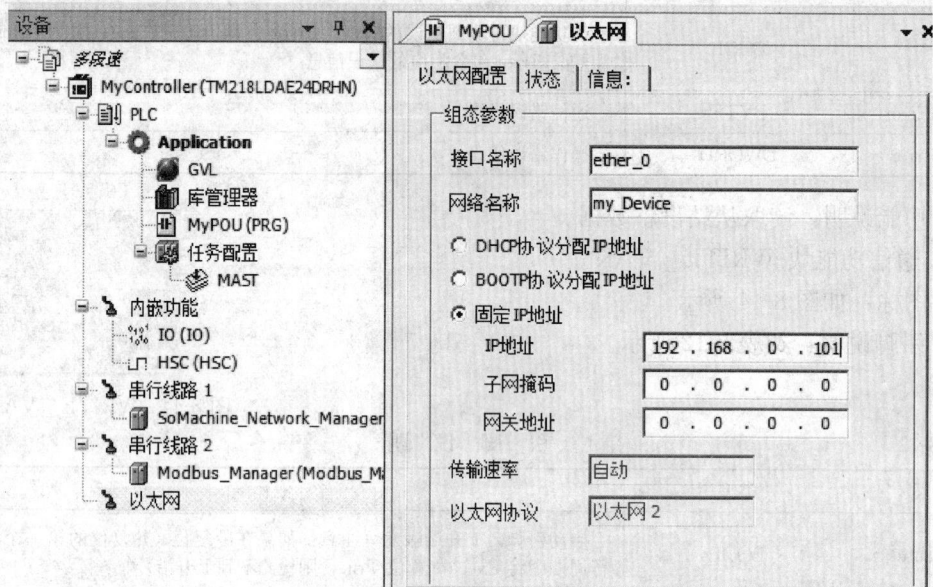

图 8-45　IP 地址设置

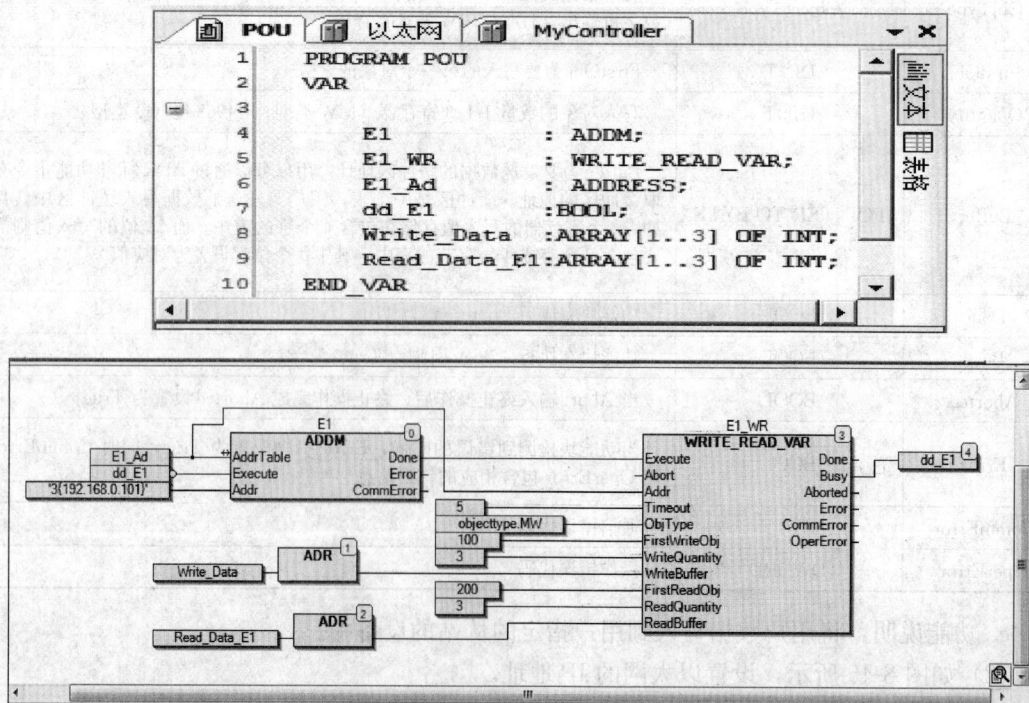

图 8-46　A 台参考程序

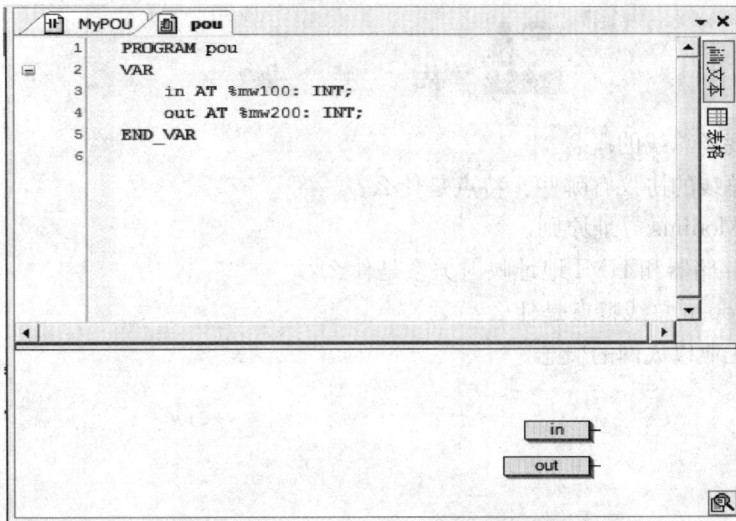

图 8-47 B 台参考程序

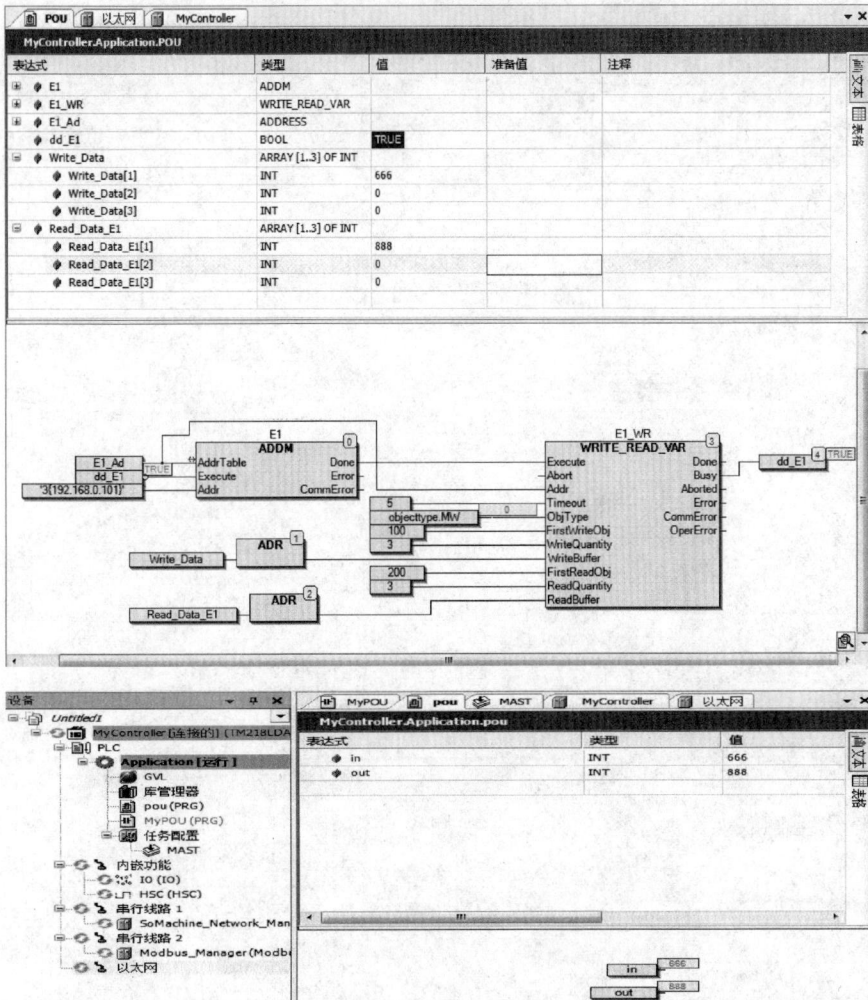

图 8-48 运行结果

思　考　题

8-1　简述现场总线的概念。

8-2　现场总线的协议有哪些？特点是什么？

8-3　简述 Modbus 寻址原则。

8-4　PLC 存储器和 HMI 地址映射关系是什么？

8-5　CAN open 总线特点是什么？

8-6　简述工业以太网的概念。

# 第 9 章 应 用 实 例

## 9.1 可编程控制器控制系统设计方法

可编程控制器技术最主要是应用于工业自动化控制系统工程中，如何综合地运用前面学过知识点，根据实际工程要求合理组合成控制系统，在此介绍组成可编程控制器控制系统的一般方法。

### 9.1.1 可编程控制器控制系统设计的基本步骤

1. 系统设计的主要内容

（1）拟定控制系统设计的技术条件。技术条件一般以设计任务书的形式来确定，它是整个设计的依据。

（2）选择电气传动形式和电动机、电磁阀等执行机构。

（3）选定 PLC 的型号。

（4）编制 PLC 的输入/输出分配表或绘制输入/输出端子接线图。

（5）根据系统设计的要求编写软件规格说明书，然后再用相应的编程语言进行程序设计。

（6）了解并遵循用户要求，重视人机界面的设计。

（7）设计操作台、电气柜。

（8）编写设计说明书和使用说明书。

根据具体任务，上述内容可适当调整。

2. 系统设计的基本步骤

可编程控制器应用系统设计与调试的主要步骤，如图 9-1 所示。

（1）深入了解和分析被控对象的工艺条件和控制要求。

1）被控对象就是受控的机械、电气设备、生产线或生产过程。

2）控制要求主要指控制的基本方式、应完成的动作、自动工作循环的组成、必要的保护和联锁等。对较复杂的控制系统，还可将控制任务分成几个独立部分，化繁为简，有利于编程和调试。

（2）确定 I/O 设备。根据被控对象对 PLC 控制系统的功能要求，确定系统所需的用户输入、输出设备。常用的输入设备有按钮、选择开关、行程开关、传感器等，常用的输出设备有继电器、接触器、指示灯和电磁阀等。

（3）选择合适的 PLC 类型。根据已确定的用户 I/O 设备，统计所需的输入信号和输出信号的点数，选择合适的 PLC 类型，包括厂家、机型选择、容量选择、I/O 模块选择和电源模块的选择等。

（4）分配 I/O 点。分配 PLC 的输入输出点，编制出输入/输出分配表或者画出输入/输出端子的外部接线图。接着就可以进行 PLC 程序设计，同时可进行控制柜或操作台的设计和现场施工。

```
                              ┌──────────┐
                              │   开始    │
                              └────┬─────┘
                              ┌────┴─────┐
                              │ 分析控制要求 │
                              └────┬─────┘
                              ┌────┴──────┐
                              │确定用户I/O设备│
                              └────┬──────┘
                              ┌────┴──────┐
                              │PLC硬件系统设置│
                              └────┬──────┘
                              ┌────┴─────┐
                              │  分配I/O点  │
                              └────┬─────┘
                    ┌──────────────┴──────────────┐
              ┌─────┴─────┐                  ┌─────┴──────┐
              │  编制流程图  │                  │ 设计安装控制柜 │
              └─────┬─────┘                  └─────┬──────┘
              ┌─────┴──────┐                       │
              │ 编制PLC程序  │                       │
              └─────┬──────┘                       │
  ┌────────┐  ┌─────┴──────┐                 ┌─────┴──────┐
  │ 修改程序 │  │ 程序输入PLC  │                 │ 现场施工连线 │
  └────┬───┘  └─────┬──────┘                 └─────┬──────┘
       │      ┌─────┴─────┐                        │
       │      │  软件测试   │                        │
       │      └─────┬─────┘                        │
       │      ┌─────┴─────┐                        │
       └──────│  测试正常?  │                        │
              └─────┬─────┘                        │
                    │      ┌──────────┐            │
                    └──────│  整体测试   │────────────┘
                           └────┬─────┘
                           ┌────┴─────┐
                           │  满足要求   │
                           └────┬─────┘
                           ┌────┴──────┐
                           │ 编制技术文件 │
                           └────┬──────┘
                           ┌────┴─────┐
                           │  交付使用   │
                           └──────────┘
```

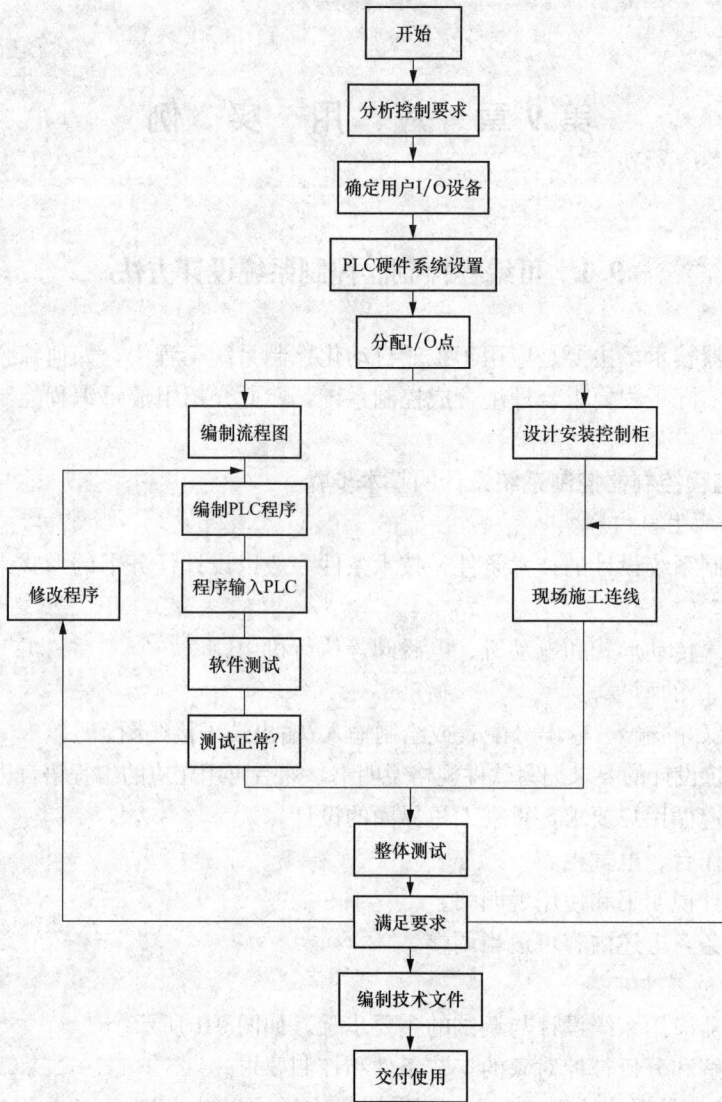

图 9-1　可编程控制器应用系统设计与调试的主要步骤

（5）编制 PLC 程序。根据工作要求选择合适的 PLC 编程语言进行编程。这一步是整个应用系统设计的最核心工作，也是比较困难的一步，要编制好 PLC 程序，首先要十分熟悉控制要求，同时还要有一定的电气设计的实践经验。

（6）将程序下载到 PLC。

（7）进行软件测试。程序下载到 PLC 后，应先进行测试工作。因为在程序设计过程中，难免会有疏漏的地方。因此在将 PLC 连接到现场设备上去之前，必须进行软件测试，以排除程序中的错误，同时也为整体调试打好基础，缩短整体调试的周期。

（8）应用系统整体调试。在 PLC 软硬件设计和控制柜及现场施工完成后，就可以进行整个系统的联机调试，如果控制系统是由几个部分组成，则应先作局部调试，然后再进行整体调试；如果控制程序的步序较多，则可先进行分段调试，然后再连接起来总调。调试中发现的问题，要逐一排除，直至调试成功。

（9）编制技术文件。系统技术文件包括说明书、电气原理图、电器布置图、电气元件明细表和 PLC 程序。

3. PLC 硬件系统设计

（1）PLC 型号的选择。在做出系统控制方案的决策之前，要详细了解被控对象的控制要求，从而决定是否选用 PLC 进行控制。

在控制系统逻辑关系较复杂（需要大量中间继电器、时间继电器、计数器等）、工艺流程和产品改型较频繁、需要进行数据处理和信息管理（有数据运算、模拟量的控制、PID 调节等）、系统要求有较高的可靠性和稳定性、准备实现工厂自动化联网等情况下，使用 PLC 控制是很必要的。

目前，国内外众多的生产厂家提供了多种系列功能各异的 PLC 产品，需要全面权衡利弊、合理地选择合适的机型才能达到经济实用的目的。一般选择机型要以满足系统功能需要为宗旨，不要盲目贪大求全，以免造成投资和设备资源的浪费。机型的选择可从以下几个方面来考虑。

（2）对输入/输出点的选择。盲目选择点数多的机型会造成一定浪费。

要先弄清楚控制系统的 I/O 总点数，再按实际所需总点数的 15%～20% 留出备用量（为系统的改造等留有余地）后确定所需 PLC 的点数。

另外要注意，一些高密度输入点的模块对同时接通的输入点数有限制，一般同时接通的输入点不得超过总输入点的 60%；PLC 每个输出点的驱动能力（A/点）也是有限的，有的 PLC 其每点输出电流的大小还随所加负载电压的不同而异；一般 PLC 的允许输出电流随环境温度的升高而有所降低等。在选型时要考虑这些问题。

PLC 的输出点可分为共点式、分组式和隔离式几种接法。隔离式的各组输出点之间可以采用不同的电压种类和电压等级，但这种 PLC 平均每点的价格较高。如果输出信号之间不需要隔离，则应选择前两种输出方式的 PLC。

（3）对存储容量的选择。对用户存储容量只能做粗略的估算。在仅对开关量进行控制的系统中，可以用输入总点数乘 10 字/点＋输出总点数乘 5 字/点来估算；计数器/定时器按 3～5 字/个估算；有运算处理时按 5～10 字/量估算；在有模拟量输入/输出的系统中，可以按每输入/输出一路模拟量约需 80～100 字左右的存储容量来估算；有通信处理时按每个接口 200 字以上的数量粗略估算。最后，一般按估算容量的 50%～100% 留有裕量。对缺乏经验的设计者，选择容量时留有裕量要大些。

（4）对 I/O 响应时间的选择。PLC 的 I/O 响应时间包括输入电路延迟、输出电路延迟和扫描工作方式引起的时间延迟（一般在 2～3 个扫描周期）等。对开关量控制的系统，PLC 和 I/O 响应时间一般都能满足实际工程的要求，可不必考虑 I/O 响应问题。但对模拟量控制的系统、特别是闭环系统就要考虑这个问题。

（5）根据输出负载的特点选型。不同的负载对 PLC 的输出方式有相应的要求。例如，频繁通断的感性负载，应选择晶体管或晶闸管输出型的，而不应选用继电器输出型的。但继电器输出型的 PLC 有许多优点，如导通压降小，有隔离作用，价格相对较便宜，承受瞬时过电压和过电流的能力较强，其负载电压灵活（可交流、可直流）且电压等级范围大等。所以动作不频繁的交、直流负载可以选择继电器输出型的 PLC。

（6）对在线和离线编程的选择。离线编程是指主机和编程器共用一个 CPU，通过编程器的方式选择开关来选择 PLC 的编程、监控和运行工作状态。编程状态时，CPU 只为编程器服务，而不对现场进行控制。专用编程器编程属于这种情况。在线编程是指主机和编程器各有一个 CPU，主机的 CPU 完成对现场的控制，在每一个扫描周期末尾与编程器通信，编程器把修改的程序发给主机，在下一个扫描周期主机将按新的程序对现场进行控制。计算机辅助编程既能实现离线编程，也能实现在线编程。在线编程需购置计算机，并配置编程软件。采用哪种编程方法应根据需要决定。

（7）根据是否联网通信选型。若 PLC 控制的系统需要联入工厂自动化网络，则 PLC 需要有通信联网功能，即要求 PLC 应具有连接其他 PLC、上位计算机及 HMI 等的接口。大、中型机都有通信功能，目前大部分小型机也具有通信功能。

（8）对 PLC 结构形式的选择。在相同功能和相同 I/O 点数的情况下，整体式比模块式价格低。但模块式具有功能扩展灵活，维修方便（换模块），容易判断故障等优点，要按实际需要选择 PLC 的结构形式。

4. 分配输入/输出点

一般输入点和输入信号、输出点和输出控制是一一对应的。

分配好后，按系统配置的通道与接点号，分配给每一个输入信号和输出信号，即进行编号。

在个别情况下，也有两个信号用一个输入点的，那样就应在接入输入点前，按逻辑关系接好线（如两个触点先串联或并联），然后再接到输入点。

（1）确定 I/O 通道范围。不同型号的 PLC，其输入/输出通道的范围是不一样的，应根据所选 PLC 型号，查阅相应的编程手册和有关操作手册。

（2）内部辅助继电器。内部辅助继电器不对外输出，不能直接连接外部器件，而是在控制其他继电器、定时器/计数器时作数据存储或数据处理用。

从功能上讲，内部辅助继电器相当于传统电控柜中的中间继电器。

未分配模块的输入/输出继电器区以及未使用 1∶1 链接时的链接继电器区等均可作为内部辅助继电器使用。根据程序设计的需要，应合理安排 PLC 的内部辅助继电器，在设计说明书中应详细列出各内部辅助继电器在程序中的用途，避免重复使用，参阅有关操作手册。

（3）分配定时器/计数器。PLC 的定时器/计数器数量分别见有关操作手册，不同厂家的 PLC 的定时器和计数器的数量及地址分配均不同。

### 9.1.2　可编 PLC 软件系统设计方法及步骤

1. PLC 软件系统设计的方法

在了解了 PLC 程序结构之后，就要具体地编制程序了。编制 PLC 控制程序的方法很多，这里主要介绍几种典型的编程方法。

（1）图解法编程。图解法是靠画图进行 PLC 程序设计。常见的主要有梯形图法、逻辑流程图法、时序流程图法和步进顺控法。

1）梯形图法。梯形图法是用梯形图语言去编制 PLC 程序。这是一种模仿继电器控制系统的编程方法。其图形甚至元件名称都与继电器控制电路十分相近。这种方法很容易地就可以把原继电器控制电路移植成 PLC 的梯形图语言。这对于熟悉继电器控制的人来说，是最方便的一种编程方法。

2）逻辑流程图法。逻辑流程图法是用逻辑框图表示 PLC 程序的执行过程，反应输入与输出的关系。逻辑流程图法是把系统的工艺流程，用逻辑框图表示出来形成系统的逻辑流程图。这种方法编制的 PLC 控制程序逻辑思路清晰、输入与输出的因果关系及联锁条件明确。逻辑流程图会使整个程序脉络清楚，便于分析控制程序，便于查找故障点，便于调试程序和维修程序。有时对一个复杂的程序，直接用语句表和用梯形图编程则可以先画出逻辑流程图，再为逻辑流程图的各个部分用不同的编程语言编制 PLC 应用程序。

3）时序流程图法。时序流程图法是首先画出控制系统的时序图（即到某一个时间应该进行哪项控制的控制时序图），再根据时序关系画出对应的控制任务的程序框图，最后把程序框图写成 PLC 程序。时序流程图法很适合于以时间为基准的控制系统。

4）步进顺控法。步进顺控法是在顺控指令的配合下设计复杂的控制程序。一般比较复杂的程序，都可以分成若干个功能比较简单的程序段，一个程序段可以看成整个控制过程中的一步。从整个角度去看，一个复杂系统的控制过程是由这样若干个步组成的。系统控制的任务实际上可以认为在不同时刻或者在不同进程中去完成对各个步的控制。为此，不少 PLC 生产厂家在自己的 PLC 中增加了步进顺控指令或 SFC 指令。在画完各个步进的状态流程图之后，可以利用步进顺控指令方便地编写控制程序。

（2）经验法编程。经验法是运用自己的或别人的经验进行设计。多数是设计前先选择与自己工艺要求相近的程序，把这些程序看成是自己的"试验程序"。结合自己工程的情况，对这些"试验程序"逐一修改，使之适合自己的工程要求。这里所说的经验，有的是来自自己的经验总结，有的可能是别人的设计经验，就需要日积月累，善于总结。

（3）计算机辅助设计编程。计算机辅助设计是通过 PLC 编程软件在计算机上进行程序设计、离线或在线编程、离线仿真和在线调试等等。使用编程软件可以十分方便地在计算机上离线或在线编程、在线调试，使用编程软件可以十分方便地在计算机上进行程序的存取、加密以及形成 EXE 运行文件。

2. PLC 软件系统设计的步骤

在了解了程序结构和编程方法的基础上，就要实际地编写 PLC 程序了。编写 PLC 程序和编写其他计算机程序一样，都需要经历如下过程。

（1）对系统任务分块。分块的目的就是把一个复杂的工程，分解成多个比较简单的小任务。这样就把一个复杂的大问题化为多个简单的小问题。这样可便于编制程序。

（2）编制控制系统的逻辑关系图。从逻辑关系图上，可以反映出某一逻辑关系的结果是什么，这一结果又因此导出哪些动作。这个逻辑关系可以是以各个控制活动顺序为基准，也可能是以整个活动的时间节拍为基准。逻辑关系图反映了控制过程中控制作用与被控对象的活动，也反映了输入与输出的关系。

（3）绘制各种电路图。绘制各种电路的目的，是把系统的输入输出所设计的地址和名称联系起来。这是很关键的一步。在绘制 PLC 的输入电路时，不仅要考虑到信号的连接点是否与命名一致，还要考虑到输入端的电压和电流是否合适，也要考虑到在特殊条件下运行的可靠性与稳定条件等问题。特别要考虑到能否把高压引导到 PLC 的输入端，把高压引入 PLC 输入端，会对 PLC 造成比较大的伤害。在绘制 PLC 的输出电路时，不仅要考虑到输出信号的连接点是否与命名一致，还要考虑到 PLC 输出模块的带负载能力和耐电压能力。此外，还要考虑到电源的输出功率和极性问题。在整个电路的绘制中，还要考虑设计的原则努力提高其稳定性和可靠性。虽然用 PLC 进行控制方便、灵活。但是在电路的设计上仍然需要谨慎、全面。因此，在绘制电路图时要考虑周全，何处该装按钮，何处该装开关，都要一丝不苟。

（4）编制 PLC 程序并进行模拟调试。在绘制完电路图之后，就可以着手编制 PLC 程序了。当然可以用上述方法编程。在编程时，除了要注意程序要正确、可靠之外，还要考虑程序要简捷、省时、便于阅读、便于修改。编好一个程序块要进行模拟实验，这样便于查找问题，便于及时修改，最好不要整个程序完成后一起算总账。

（5）制作控制台与控制柜。在绘制完电器、编完程序之后，就可以制作控制台和控制柜了。在时间紧张的时候，这项工作也可以和编制程序并列进行。在制作控制台和控制柜的时候要注意选择开关、按钮、继电器等器件的质量、规格必须满足要求。设备的安装必须注意安全、可靠。比如说屏蔽问题、接地问题、高压隔离等问题必须妥善处理。

（6）现场调试。现场调试是整个控制系统完成的重要环节。任何程序的设计不经过现场调试就能使用是很困难的。只有通过现场调试才能发现控制回路和控制程序不能满足系统要求之处；只有通过现场调试才能发现控制电路和控制程序发生矛盾之处；只有进行现场调试才能最后实地测试和最后调整控制电路和控制程序，以适应控制系统的要求。

## 9.2　十字路口交通信号灯控制设计

1. 功能要求

（1）当按下开始按钮时，南北绿灯亮 8s 后灭，接着南北黄灯亮 2s 后灭，红灯亮 10s，绿灯亮…循环，对应南北方向的绿黄红灯亮时东西方向的红灯亮 10s，绿灯亮 8s，黄灯亮 2s，红灯又亮…循环，开始按钮和停止按钮使用同一按钮。

（2）通过上位机控制交通灯的启停，并演示交通灯的工作情况。

2. 十字路口交通灯示意图

十字路口交通灯示意图如图 9-2 所示。

3. 采用施耐德系列 PLC 编程

（1）选择 PLC 型号：TM218LDAE24DRHN。

（2）十字路口交通信号灯施耐德 M218 系列 PLC 控制 I/O 口分配表如表 9-1 所示。

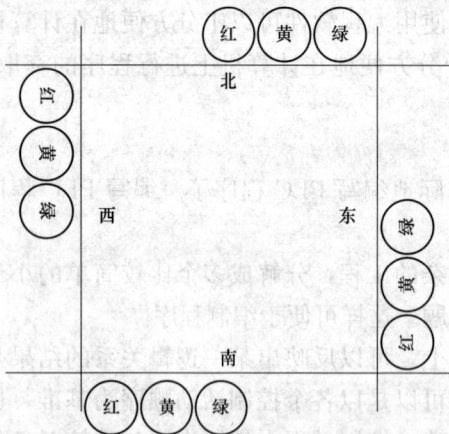

图 9-2　十字路口交通灯示意图

表 9-1　　　　　十字路口交通信号灯施耐德 M218 系列 PLC 控制 I/O 口分配表

| 中间变量 | | 输出变量 | | | |
|---|---|---|---|---|---|
| Start | 开始按钮、停止按钮 | Yellow _ S _ N | 南北黄灯 | Yellow _ E _ W | 东西黄灯 |
| Indirect1～3 | 中间变量 1～3 | Red _ S _ N | 南北红灯 | Red _ E _ W | 东西红灯 |
| | | Green _ S _ N | 南北绿灯 | Green _ E _ W | 东西绿灯 |

（3）人机界面与施耐德 TM218LDAE24DRHN 的接线。如图 9-3 所示，使用串口端的 RJ45（RS485 串行通信）将 PLC 与人机界面进行连接，通信协议采用 SoMachine 协议。

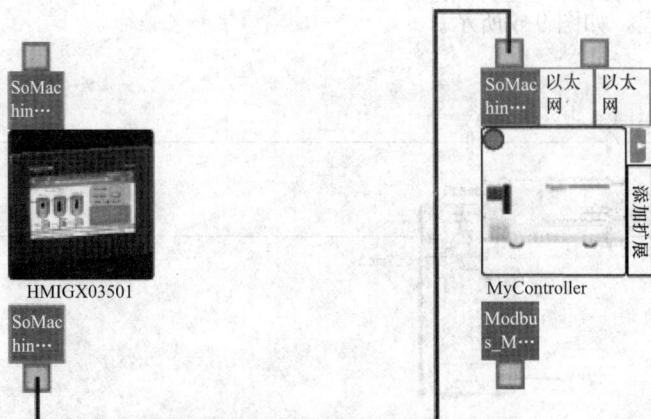

图 9-3　通信接线

备注：M218 PLC 的串行链路端口 1 是 RJ45 接口，是用于与支持 Modbus 协议（作为主站或从站）、ASCII 协议（打印机、调制解调器等）和 SoMachine 协议（HMI 等）的设备进行通信的。

RJ45 接口的引脚与以太网连接器引脚都是 8 脚的接口，但引脚定义不同，RJ45 的示意图如图 9-4 所示。其中，4 号引脚：D1；5 号引脚：D0；8 号引脚：公共端。串行链路 1 的 SL1 黄色 LED 灯点亮时，指示的是串行线路 1 有数据交换，熄灭时表示没有数据交换。

（4）十字路口交通灯控制程序。十字路口交通灯控制程序采用 6 种语言编写，依次为 LD、FBD、IL、SFC、CFC、ST。

变量声明：如图 9-5 所示。

```
1    PROGRAM MyPOU
2    VAR
3        Start: BOOL;
4        Red_S_N: BOOL;
5        Green_S_N: BOOL;
6        Yellow_S_N: BOOL;
7        Yellow_E_W: BOOL;
8        Red_E_W: BOOL;
9        Green_E_W: BOOL;
10       Indirect1: BOOL;
11       Indirect2: BOOL;
12       Indirect3: BOOL;
13       Timer1: TON;
14       Timer2: TON;
15       Timer3: TON;
16       Timer4: TON;
17       Timer5: TON;
18       Timer6: TON;
19       time1: TIME;
20       time2: TIME;
21       time3: TIME;
22       time4: TIME;
23       time5: TIME;
24       time6: TIME;
25   END_VAR
```

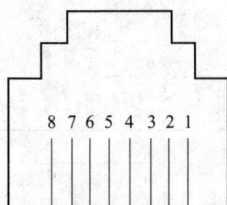

图 9-4　RJ45 示意图　　　　　　图 9-5　变量声明

1）LD 语言编程，如图 9-6 所示。

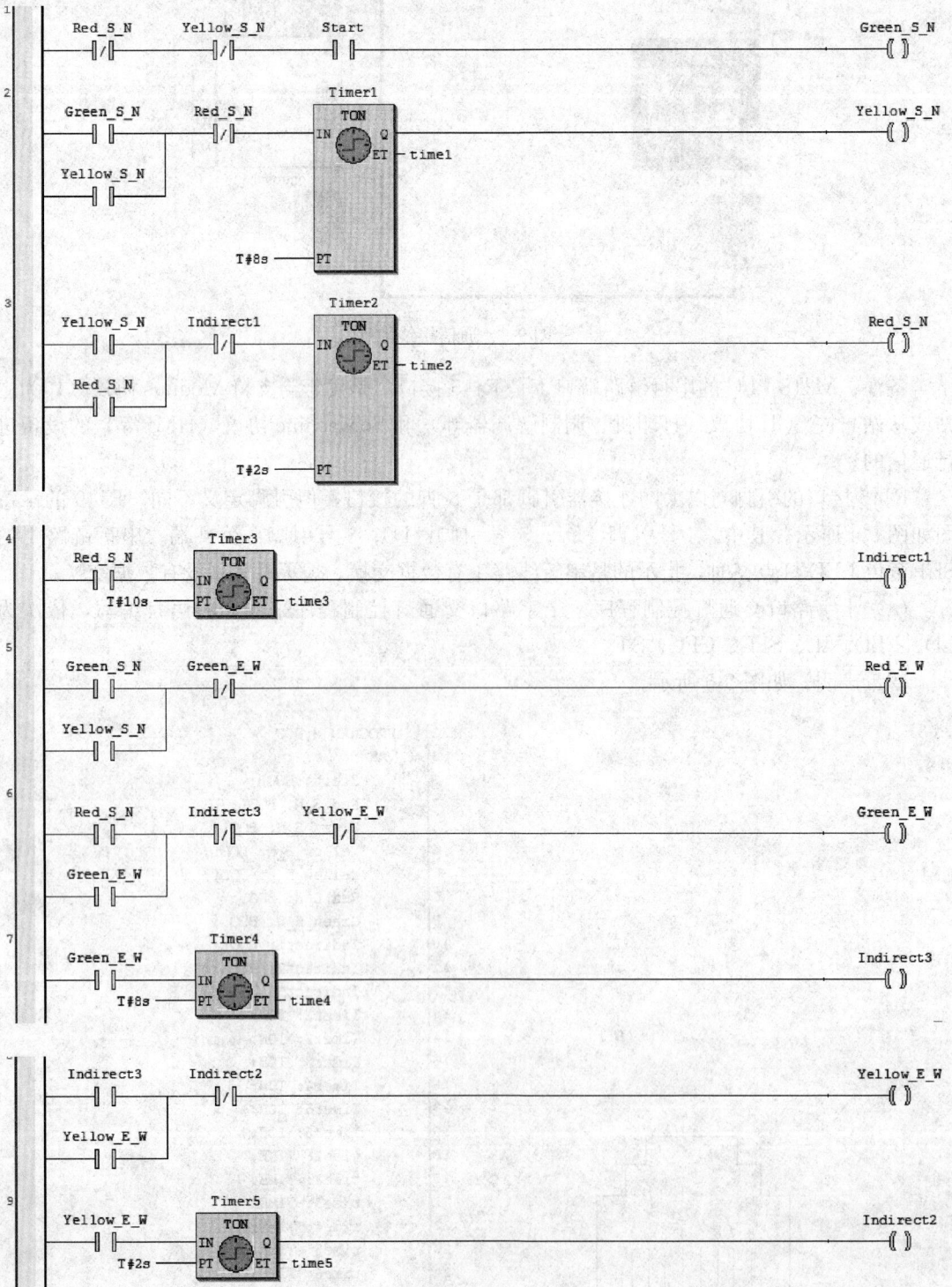

图 9-6　LD 程序

2）FBD 语言编程，如图 9-7 所示。

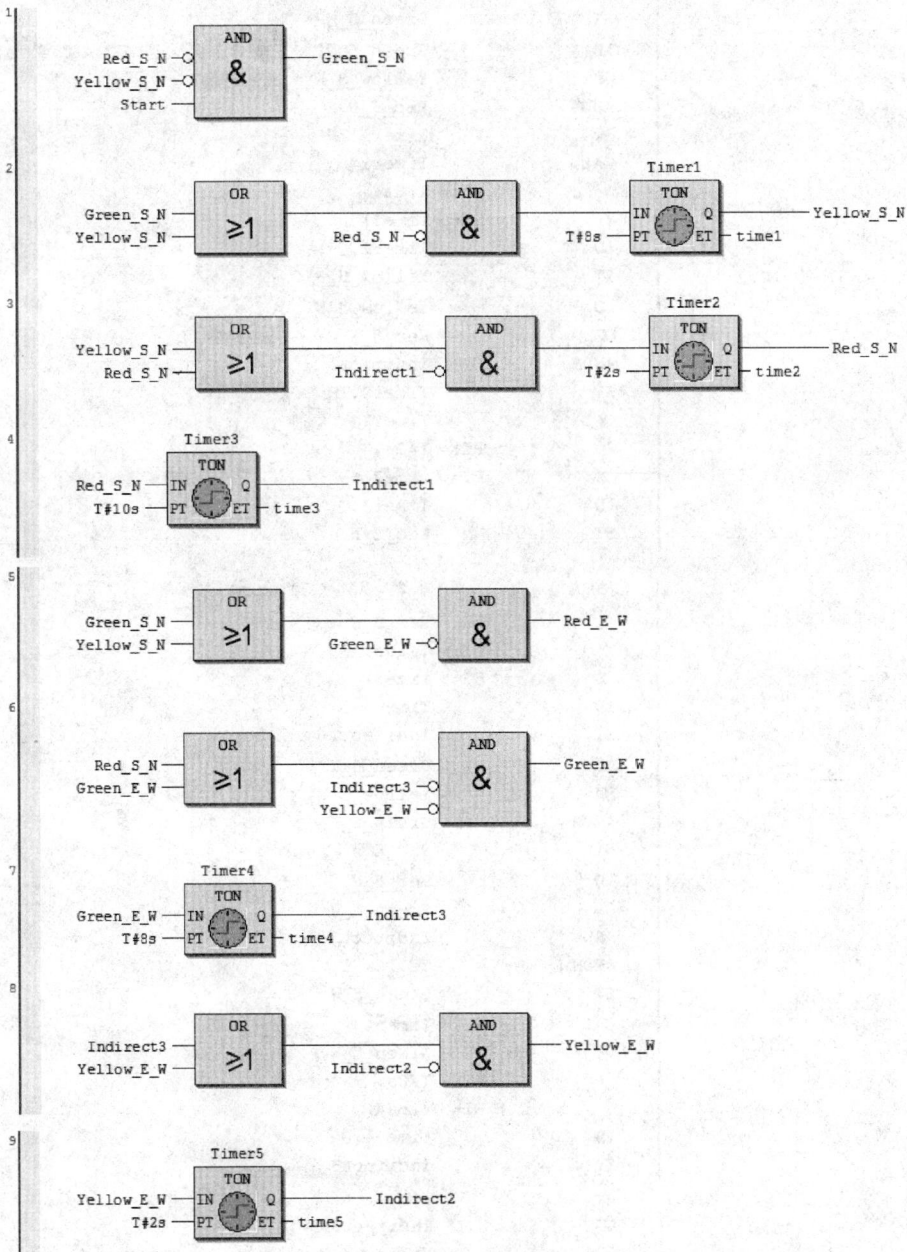

图 9-7 FBD 程序

3）IL 语言编程，如图 9-8 所示。

4）SFC 语言编程，如图 9-9 所示。

```
1   LDN              Red_S_N
    ANDN             Yellow_S_N
    AND              Start
    ST               Green_S_N
2   LD               Green_S_N
    OR               Yellow_S_N
    ANDN             Red_S_N
    ST               Timer1.IN
    CAL              Timer1(
                 PT:= T#8s,
                 ET=> time1)
    LD               Timer1.Q
    ST               Yellow_S_N
3   LD               Yellow_S_N
    OR               Red_S_N
    ANDN             Indirect1
    ST               Timer2.IN
    CAL              Timer2(
                 PT:= T#2s,
                 ET=> time2)
    LD               Timer2.Q
    ST               Red_S_N

4   CAL              Timer3(
                 IN:= Red_S_N,
                 PT:= T#10s,
                 ET=> time3)
    LD               Timer3.Q
    ST               Indirect1
5   LD               Green_S_N
    OR               Yellow_S_N
    ANDN             Green_E_W
    ST               Red_E_W
6   LD               Red_S_N
    OR               Green_E_W
    ANDN             Indirect3
    ANDN             Yellow_E_W
    ST               Green_E_W
7   CAL              Timer4(
                 IN:= Green_E_W,
                 PT:= T#8s,
                 ET=> time4)
    LD               Timer4.Q
    ST               Indirect3

8   LD               Indirect3
    OR               Yellow_E_W
    ANDN             Indirect2
    ST               Yellow_E_W
9   CAL              Timer5(
                 IN:= Yellow_E_W,
                 PT:= T#2s,
                 ET=> time5)
    LD               Timer5.Q
    ST               Indirect2
```

图 9-8　IL 程序

```
1    PROGRAM SFC
2    VAR
3        START: BOOL;
4        Red_S_N: BOOL;
5        Green_S_N: BOOL;
6        Yellow_S_N: BOOL;
7        Yellow_E_W: BOOL;
8        Red_E_W: BOOL;
9        Green_E_W: BOOL;
10       T1: TON;
11       M1: BOOL;
12       M11: BOOL;
13       T2: TON;
14       M2: BOOL;
15       M22: BOOL;
16       T3: TON;
17       M3: BOOL;
18       M33: BOOL;
19       T4: TON;
20       M4: BOOL;
21       M44: BOOL;
22       T5: TON;
23       M5: BOOL;
24       M55: BOOL;
25       T6: TON;
26       M6: BOOL;
27       M66: BOOL;
28   END_VAR
```

(a)

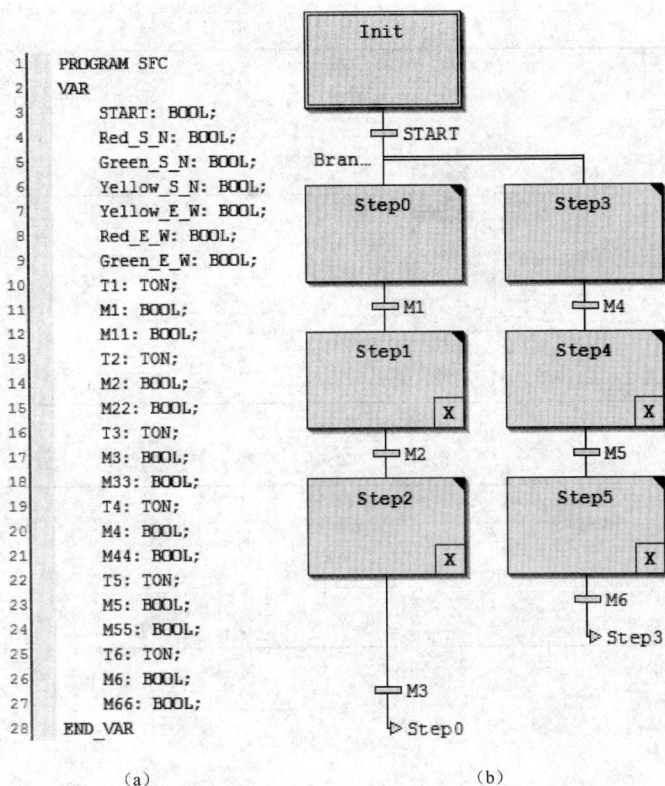

(b)

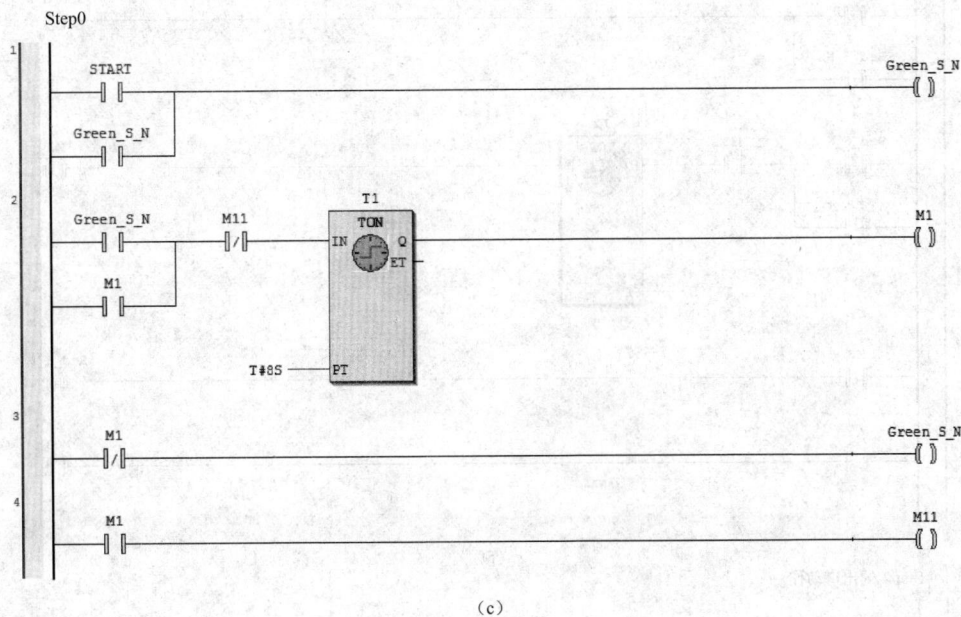

(c)

图 9-9  SFC 程序（一）

(a) 地址分配；(b) 主程序；(c) Step0

Step1

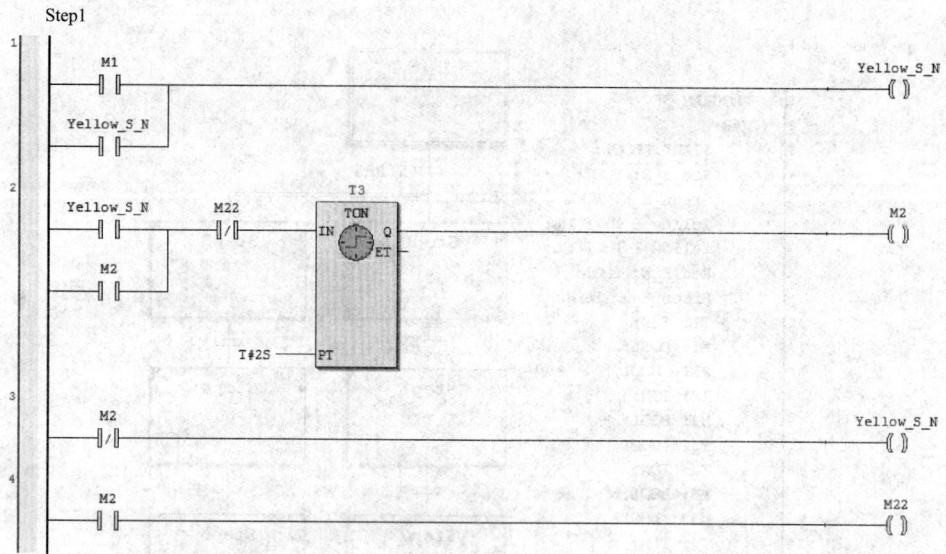

(d)

Step1 出口动作

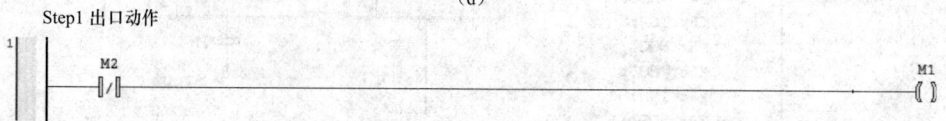

(e)

Step2

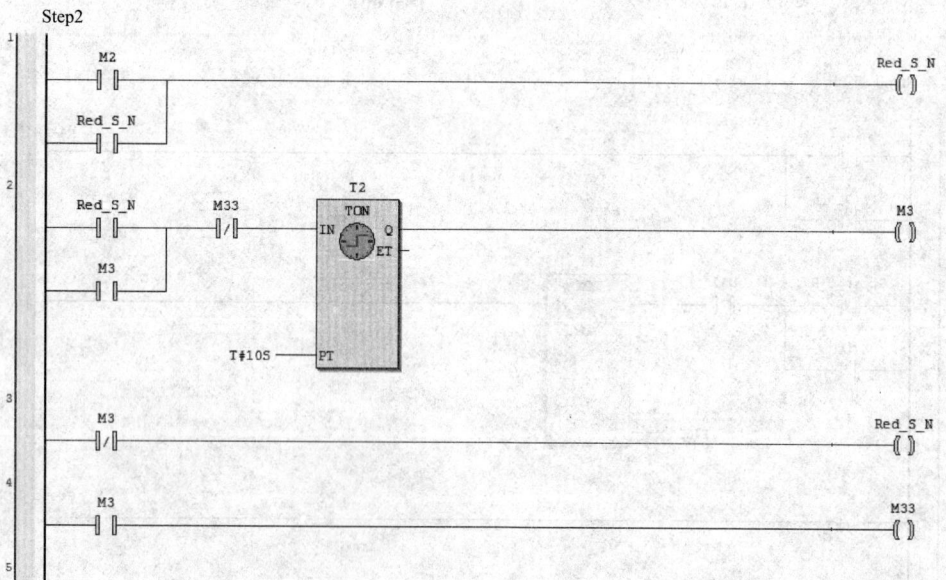

(f)

Step2 的出口动作

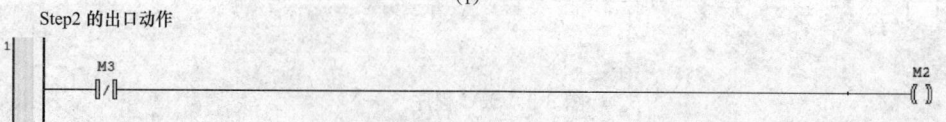

(g)

图 9-9　SFC 程序（二）

（d）Step1；（e）Step1 出口动作；（f）Step2；（g）Step2 出口动作

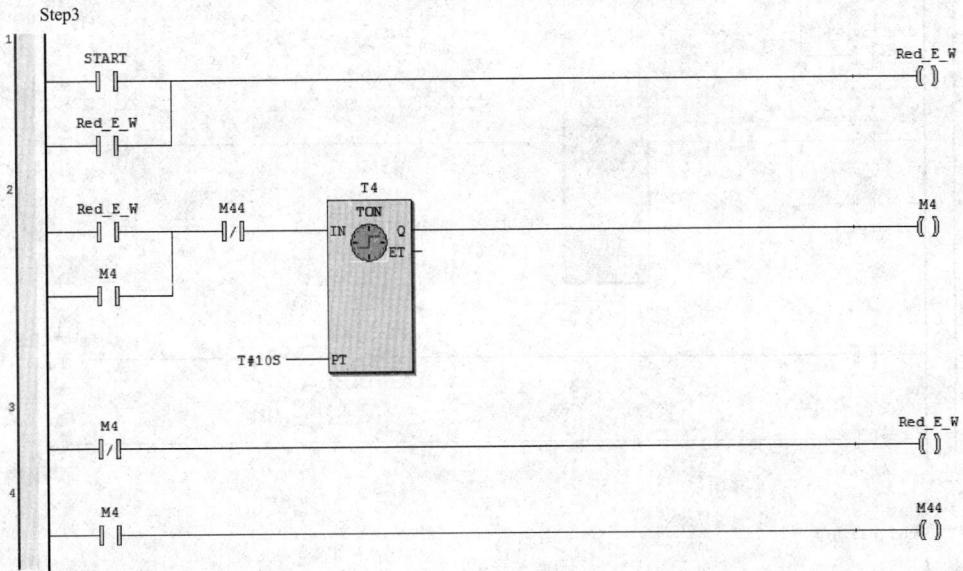

(h)

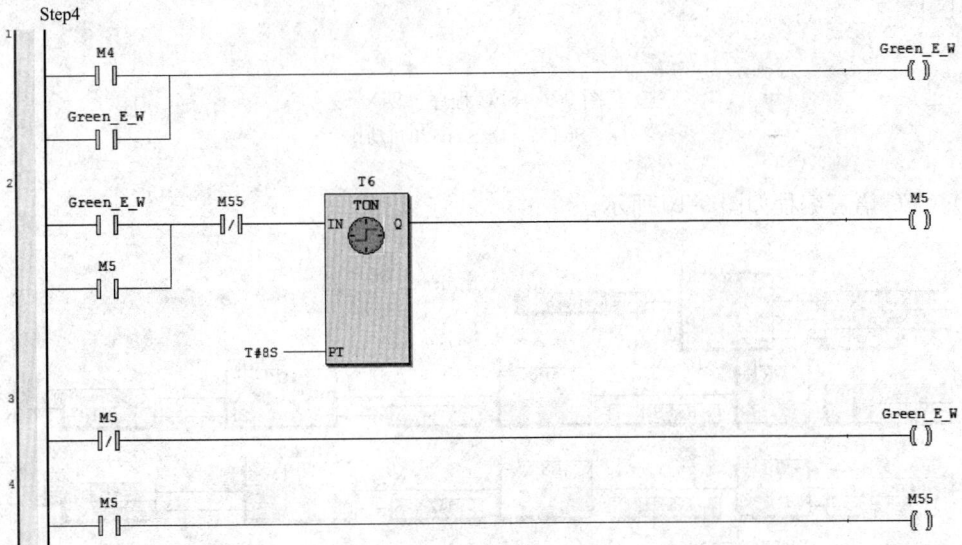

(i)

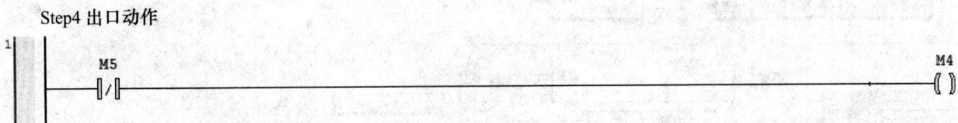

(j)

图 9-9  SFC 程序（三）
(h) Step3；(i) Step4；(j) Step4 出口动作

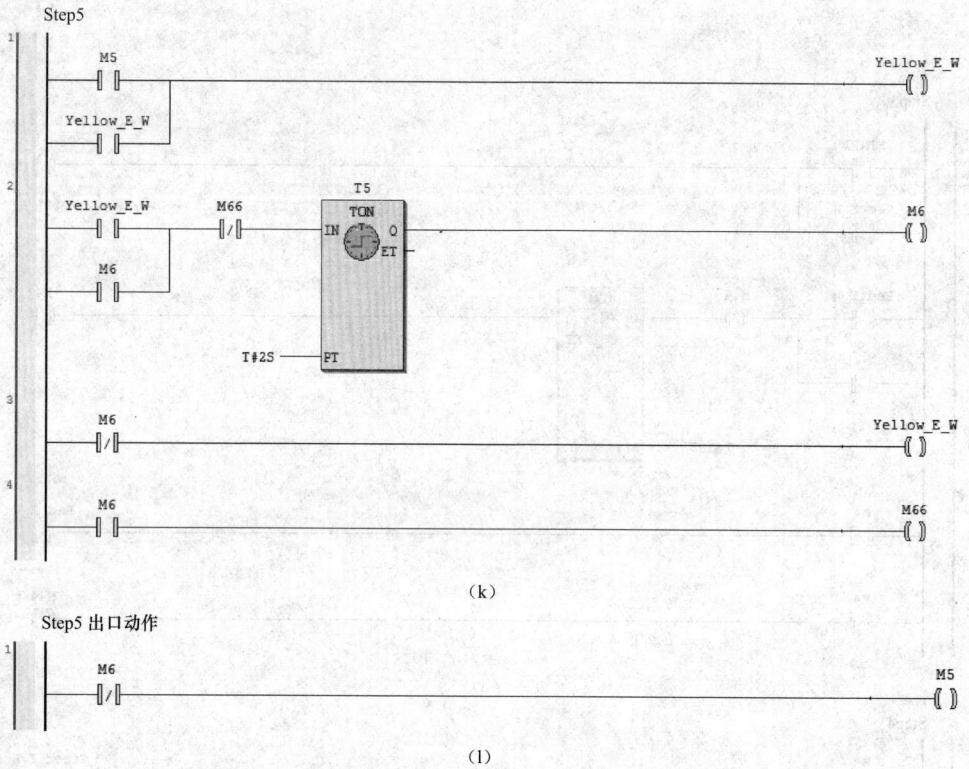

图 9-9　SFC 程序（四）

（k）Step5；（l）Step5 出口动作

5）CFC 语言编程如图 9-10 所示。

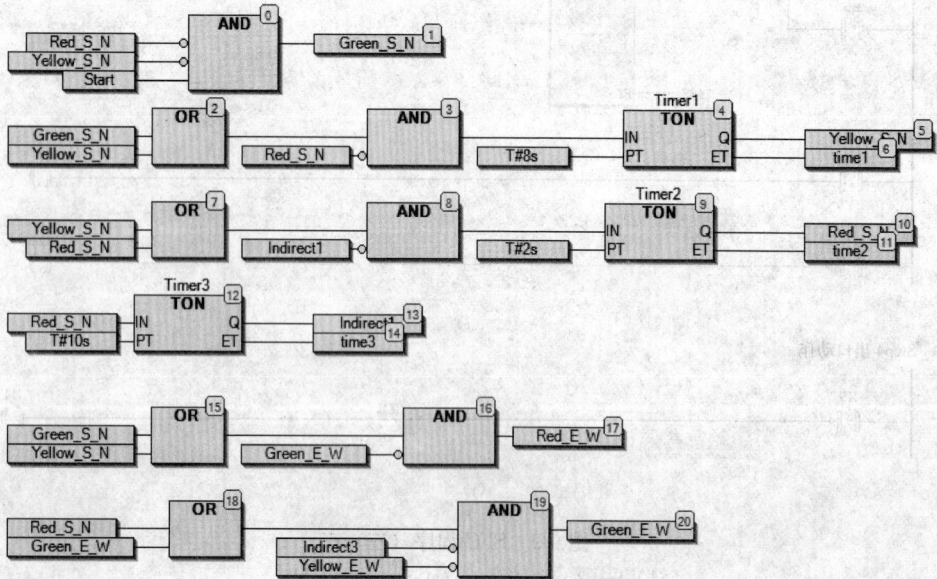

图 9-10　SFC 程序（一）

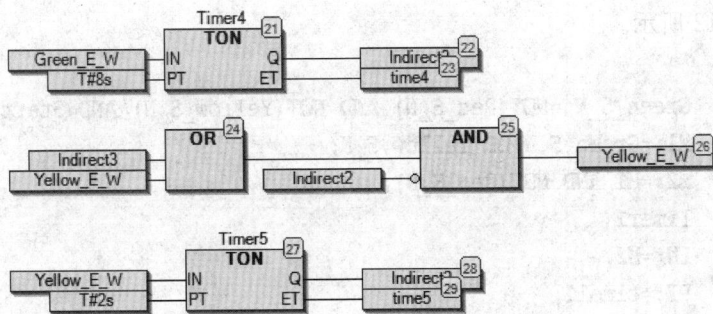

图 9-10　SFC 程序（二）

6）ST 语言编程。声明如图 9-11 所示。

```
1    PROGRAM pou
2    VAR
3        Start: BOOL;
4        Red_S_N: BOOL;
5        Green_S_N: BOOL;
6        Yellow_S_N: BOOL;
7        Yellow_E_W: BOOL;
8        Red_E_W: BOOL;
9        Green_E_W: BOOL;
10       Indirect1: BOOL;
11       Indirect2: BOOL;
12       Indirect3: BOOL;
13       M1: BOOL;
14       M2: BOOL;
15       M3: BOOL;
16       M4: BOOL;
17       M5: BOOL;
18       M6: BOOL;
19       M7: BOOL;
20       Timer1: TON;
21       Timer2: TON;
22       Timer3: TON;
23       Timer4: TON;
24       Timer5: TON;
25       time1: TIME;
26       time2: TIME;
27       time3: TIME;
28       time4: TIME;
29       time5: TIME;
30       time11: TIME := T#8S;
31       time22: TIME := T#2S;
32       time33: TIME := T#10S;
33       time44: TIME := T#8S;
34       time55: TIME := T#2S;
35   END_VAR
36
```

图 9-11　变量声明

程序如图 9-12 所示。

```
1    Green_S_N:=NOT(Red_S_N) AND NOT(Yellow_S_N) AND Start;
2    M1:=Green_S_N OR Yellow_S_N;
3    M2:=M1 AND NOT(Red_S_N);
4    Timer1(
5    IN:=M2,
6    PT:=time11,
7    Q=>Yellow_S_N,
8    ET=>time1);
9    M3:=Yellow_S_N OR Red_S_N;
10   M4:=M3 AND NOT(Indirect1);
11   Timer2(
12   IN:=M4,
13   PT:=time22,
14   Q=>Red_S_N,
15   ET=>time2);
16   Timer3(
17   IN:=Red_S_N,
18   PT:=time33,
19   Q=>Indirect1,
20   ET=>time3);
21   M5:=Green_S_N OR Yellow_S_N;
22   Red_E_W:=M5 AND NOT(Green_E_W);
23   M6:=Red_S_N OR Green_E_W;
24   Green_E_W:=M6 AND NOT(Indirect3) AND NOT(Yellow_E_W);
25   Timer4(
26   IN:=Green_E_W,
27   PT:=time44,
28   Q=>Indirect3,
29   ET=>time4);
30   M7:=Indirect3 OR Yellow_E_W;
31   Yellow_E_W:=M7 AND NOT(Indirect2);
32   Timer5(
33   IN:=Yellow_E_W,
34   PT:=time55,
35   Q=>Indirect2,
```

图 9-12　ST 程序

4. 十字路口交通灯人机界面

十字路口交通灯人机界面如图 9-13 所示。

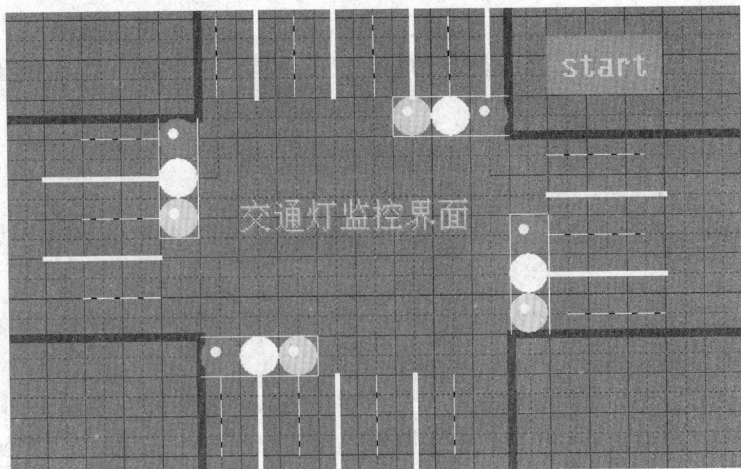

图 9-13　人机界面

## 9.3　温度采集系统设计

1. 设计工艺要求及器材

利用温度传感器 Pt100 并结合模拟输入模块 TM2AMI2HT 和模拟量输入输出模块 TM2ALM3LT 对温度信号进行实时模拟采集。

所需器材：施耐德 PLC（TM218LDAE24DRHN）、扩展模块 TM2ALM3LT、TM2AM-I2HT、配套通信线、跨接线若干、温度传感器和变送器各一个。

2. 设计相关知识

（1）国际通用标准信号。在电力电子技术和计算机技术快速发展的今天，常常需要将工程中检测的传感器信号进行远距离传送，但是纷繁复杂的物理量信号直接传送会大大降低仪表的适用性，而且大多传感器属于弱信号型，远距离传送很容易出现衰减、干扰的问题，这就是二次变送器和标准的电传送信号产生的推动力。

二次变送器的作用就是将传感器的信号放大成为符合工业传输标准的电信号，如 0～5V、0～10V 或 4～20mA，其中用得最多的是 4～20mA。而变送器通过对放大器电路的零点迁移以及增益调整，可以将标准信号准确的对应于物理量的被检测范围，如 0～100℃ 等，也就是用硬件电路对物理量进行数学变换。中央控制室的仪表将这些电信号驱动机械式的电压表、电流表就能显示出被测的物理量。

在实际的工程应用中，对于不同的量程范围，只要更换指针后面的刻度就可以了。更换刻度不会影响仪表的根本性质，这就实现了仪表的标准化、通用性和规模化生产。

所谓标准信号，是指物理量的形式和数值范围都符合国际标准的信号值，信号是信息的载体，它表现了物理量的变化。国际通用标准信号是连接仪表、变送设备、控制设备、计算机采样设备的一种标准信号。

这些标准信号包括：电流信号 4～20mA、0～10mA 和电压信号 0～5V、0～10V 等。

1）变送器。在实际的工程应用中，需要测量各类电量与非电物理量，例如电流、电压、功率、频率、位置、压力、温度、重量、转速、角度和开度等，都需要转换成可接收的直流模拟量电信号才能传输到几百米外的控制室或显示设备上。这种将被测物理量转换成可传输直流电信号的设备称为变送器。根据测量的物理量的不同，变送器有温度变送器、压力变送器、差压变送器等变送器。

变送器的传统输出直流电信号有 $0\sim5V$、$0\sim10V$、$1\sim5V$、$0\sim20mA$、$4\sim20mA$ 等。

变送器一般分为两线制、三线制和四线制。

a. 四线制。四线制变送器是变送器需要两根电源线，加上两根电流输出线，总共要接 4 根线。

b. 三线制。三线制变送器在设计时电流输出可以与电源公用一根线，即节省了一根线，这种变送器称为三线制变送器。

c. 两线制。采用 $4\sim20mA$ 电流本身为变送器供电时，变送器在电路中相当于一个特殊的负载，变送器的耗电电流在 $4\sim20mA$ 根据传感器输出而发生变化，这种变送器只需外接两根线，因而被称为两线制变送器。

2) 标准信号 $4\sim20mA$ 变送器和 PLC/DCS 接口连接的应用方法。模拟传感器检测信号输入 PLC 和 PLC 输出的模拟控制信号都要进行电气屏蔽和隔离。

电缆一定要采用屏蔽电缆，并且传感器侧、PLC 侧要实现远端一点接地。标准信号 $4\sim20mA$ 变送器的接线如图 9-14 所示。

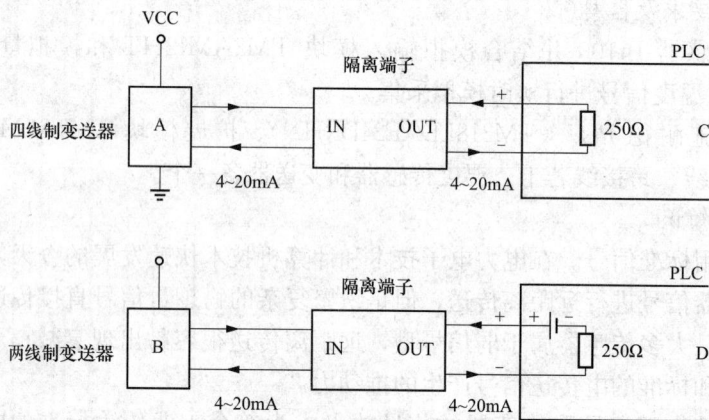

图 9-14　标准信号 $4\sim20mA$ 变送器的接线

A—输出 $4\sim20mA$ 标准电流信号的仪表（仪表有外接电源）；B—两线制变送器，它需要隔离端子供电；
C—接口方式为电阻负载，其典型值为 $250\Omega$；D—24V 电源和取样电阻构成的两线制回路供电接线方式

3) 国际通用标准电流信号与电压信号的转换。标准电流信号 $4\sim20mA$ 是变送器的输出信号，相当于一个受输入信号控制的电流源，如在实际应用中需要的是电压信号而不是电流信号，则转化即可，电流信号 $4\sim20mA$ 转换为电压信号的方法是加带 $250\Omega$ 精密电阻，即可转为 $1\sim5V$ 电压。

另外，变送器输出的 $4\sim20mA$ 电流对应的电压与所连接的负载电阻息息相关，如果所带的负载是 $250\Omega$，则转换的电压是 $1\sim5V$，如果负载是 $500\Omega$，转化的电压则是 $2\sim10V$。

4) 远距离传输模拟信号。在工业应用中，测量点一般在现场，而显示设备或者控制设备一般都在控制室或控制柜上，两者之间的距离可能达数十至数百米，这就需要远距离传输模拟信号。

在传输中因为有线路消耗的影响存在压降,所以在远距离传输模拟信号时一般不采用电压传输的方式。当只能采用电压方式传输时,就必须以高传输阻抗的方式来减小传输电流对于压降的影响,方法是采用将电缆加粗的方法,但这样做成本太高,因此电压模拟量信号在工程应用中基本没有采用长距离传输的。

将敏感器件的信号转换成电流信号来进行传输是可以消除传输线带来的压降误差的,线路阻值很小,抗干扰能力强,所以远距离传输模拟信号时一般使用电流信号来实现模拟量的远程传输。但是现场如有强电干扰,最好将现场采集信号后转换为光信号,通过光来传输。国内现在已经可以购买到这样的模块,缺点是成本高。

5) 标准信号与工程量的对应转换。在实际工程应用中,我们往往应用的是标准信号所对应的工程量,这就需要进行标准信号与工程量的转换。

输入时,如果工程量是温度传感器,则按照传感器定义出的对应范围去转换即可。例如:$4\sim20mA$ 对应的温度范围是 $0\sim200℃$,当温度传感器反馈到 PLC 的标准信号是 $4mA$ 时,所对应的是 $0℃$,而 $20mA$ 时对应的就是 $200℃$,同理,$12mA$ 对应的就是 $100℃$。

相反,在输出时,如果标准信号 $4\sim20mA$ 对应的工程量是变频电动机的转速,而此时变频电动机的额定转速是 $1480r/min$,那么对应的变频器的频率是 $50Hz$,控制转速大小的 PLC 输出 $20mA$,变频电动机按额定转速运行。如按照工艺的要求需降速在额定转速一半运行时,PLC 就编程设置输出 $12mA$,此时,变频电动机将会按照 $740r/min$ 的工艺要求的转速运行了。

也就是说,我们可以按照设备提供的标准信号与工程量的对应关系换算出工程量,用于实际的工程设计和应用当中,灵活而且方便。

(2) 有源与无源的概念。有源是指工作时设备或器件需要外部的能量源,通俗点说,有源就是设备或器件需要连接合适的电源,有源的设备或器件配备了输出端口,这个输出端口的输出信号是输入信号的一个函数。四线制有源热电偶连接到 PLC 的模拟量输入模块的接线图如图 9-15 所示。

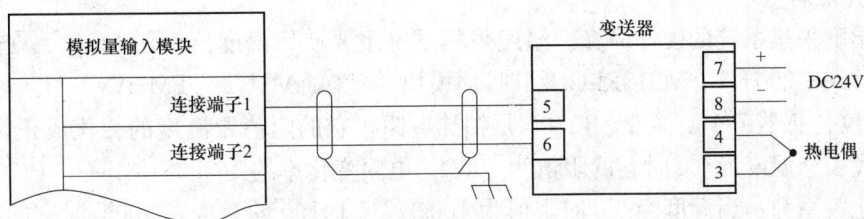

图 9-15  四线制有源热电偶的接线

反之,无源就是指在不需要外加电源的条件下,就可以显示其特性的电子器件或设备,两线制无源热电偶连接到 PLC 的模拟量输入模块的接线图。如图 9-16 所示,热电偶是不需要外接电源的。

(3) 常用的测量传感器。工业生产中常用的测量传感器有电流测量传感器、电压测量传感器、热电偶、热电阻、电阻和隔离/非隔离型测量传感器。其中,电流测量传感器,分有源(四线制)和无源(两线制)两种。

四线制测量传感器具有一个独立的供电电源和两根分别连接模拟模块的 M+和 M-端的测量电缆,也称为有源测量传感器。两线制测量传感器也称为无源测量传感器,因为它们一般通过模拟量模块进行供电。

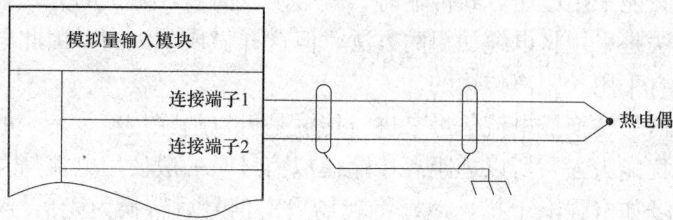

图 9-16　两线制无源热电偶的连接

（4）温度传感器。

1）热电偶。工业用热电偶作为测量温度的传感器，通常和显示仪表、记录仪和电子调节器配套使用，热电偶可以直接测量各种生产过程中不同范围的温度。配接变送器后输出在 4～20mA、0～10V 等标准信号源的热电偶，在工程中使用起来更加方便。

热电偶电效应的工作原理是将两种不同成分的导体的两端进行焊接，从而形成回路，直接测量端成为热端，是工作端，接线端子那端叫冷端。当热端和冷端在测量过程中存在温差时，就会在回路里产生热电流，这种现象称为热电效应。这样，接上显示仪表后，仪表上就会指示热电效应所产生的热电动势的对应温度值，这个电动势随温度的升高而增长。值得注意的是，热电动势的大小只和热电偶的材质以及两端的温度有关，与热电偶的长度和粗细是无关的。

2）热电阻。热电阻是中低温区最常用的一种温度测量元件。热电阻是基于金属导体的电阻值随温度的增加而增加这一特性来进行温度测量的。当电阻值变化时，二次仪表就可以显示出电阻值所对应的温度值，其中铂热电阻测量精度最高，性能也相对稳定。

铂热电阻的工作原理是，在测量温度时，铂热电阻丝的电阻值随温度变化而变化，并且，电阻与温度的关系符合 IEC 标准。Pt100 的含义是在 0℃时的电阻值定义为 100Ω。

3. 设计内容

（1）温度采集系统的硬件简介。温度采集系统主要使用温度传感器 Pt100、变送器（测温范围：$-50$～200℃）、M218PLC 及其扩展模块 TM2ALM3LT、TM2AMI2H。

1）温度传感器 Pt100 简介。Pt100 是铂热电阻，它的阻值跟温度的变化成正比。Pt100 后的 100 代表当温度为 0℃时它的阻值为 100Ω。电阻变化率约为 0.3815Ω/℃。Pt100 的阻值与温度变化关系为：当温度为 0℃时阻值为 100Ω，当 Pt100 的温度在 100℃时它的阻值约为 138.5Ω。它的工业原理：当 Pt100 在 0℃的时候阻值为 100Ω，而且它的阻值会随着温度上升而成近似匀速增长。

a. Pt100 温度传感器的测温原理。Pt100 温度传感器一般都是采用三线式接法来消除引线线路电阻带来的测量误差。

其基本的测温原理如下：Pt100 引出的 3 根导线截面积和长度均相同（即 $r_1 = r_2 = r_3$），测量铂电阻的电路一般是不平衡电桥，铂电阻（Pt100）作为电桥的一个桥臂电阻，将一根导线（$r_1$）接到电桥的电源端，其余两根（$r_2$、$r_3$）分别接到铂电阻所在的桥臂及其相邻的桥上，这样两桥臂都引入了相同阻值的引线电阻，电桥处于平衡状态，引线电阻的变化对测量结果没有任何的影响，Pt100 原理图如图 9-17 所示。

当 $R_1 \times (R_x + r_2 + r_3) = R_2 \times (R_{pt100} + r_2 + r_1)$
时，电桥平衡，$U = 0$；

当 $R_{Pt100}$ 受温度影响变化后，电桥不平衡，$U \neq 0$；

b. Pt100 温度传感器接线图。Pt100 温度传感器接线图如图 9-18 所示。

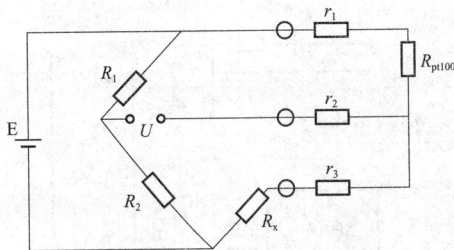

2）扩展模块 TM2ALM3LT 简介。

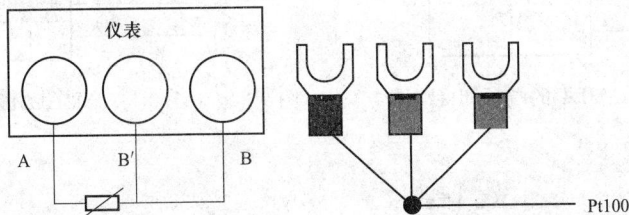

图 9-17　Pt100 的测温原理

图 9-18　Pt100 接线图

a. 扩展模块 TM2ALM3LT 的主要特性如表 9-2 所示。

表 9-2　　　　　　　　　　　　　　主　要　特　性

| I/O 通道数 | 2 路模拟量输入（RTh-Th） | | 1 路模拟量输出 | |
|---|---|---|---|---|
| 信号/传感器类型 | 热电偶 | 测温器 | 电压 | 电流 |
| 输入类型 | J、K 和 T 型 | PT100 | 0～10V | 4～20mA |
| 精度 | 12 位（4096 点） | | | |
| 连接方式 | 可插拔螺钉端子块 | | | |

备注：在模拟量 I/O 模块中处理的 12 位数据（0～4095）和 10 位数据（0～1023）可以线性转换为 -32768 到 32767 的值。使用分配给模拟量 I/O 模块的数据寄存器可以选择可选范围标记与模拟量 I/O 数据的最小值和最大值。

b. 扩展模块 TM2ALM3LT 的接线图。连接 Pt100 测温器时，将电线分别连接到通道 0 或 1 的端子 A、B' 和 B，具体的端子和接线图如图 9-19 所示。

c. 设计举例。

（a）接线图。当只利用模拟量输入输出模块 TM2ALM3LT 时，我们只需要将温度传感器 Pt100 与扩展模块 TM2ALM3LT 的通道 1 或通道 2 的相关端子相接，具体的接线如图 9-20 所示。

a）连接符合电压和最大电流要求的合适的熔断器，位置如图 9-17 所示。

b）连接 Pt100 测温器时，将电线分别连接到输入通道 0 或 1 的端子 A、B'、B。

c）连接热电偶时，将两根电线分别连接到输入通道 0 或 1 的端子 B'、B。

（b）配置：选择 PLC 和添加扩展模块 TM2ALM3LT。

（c）添加程序组织，编写相关程序（程序与实验一的程序相同），并在"MAST"中添加新建的程序。

（d）扩展模块 TM2ALM3LT 通道的 I/O 配置，如图 9-21 所示。

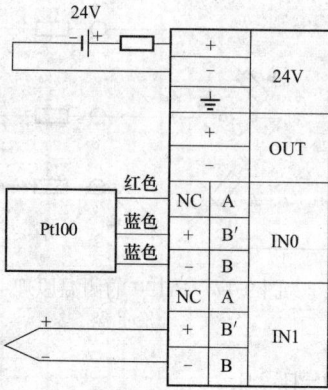

图 9-19　TM2ALM3LT 的端子和接线图

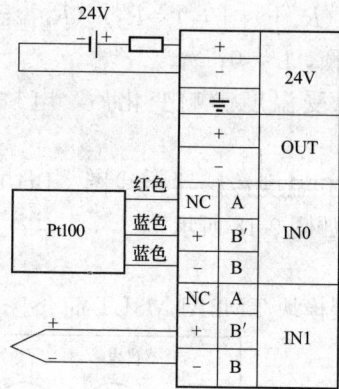

图 9-20　Pt100 与 TM2ALM3LT 的接线方式

图 9-21　通道的 I/O 配置

（e）配置扩展总线 I/O 映射，如图 9-22 所示。

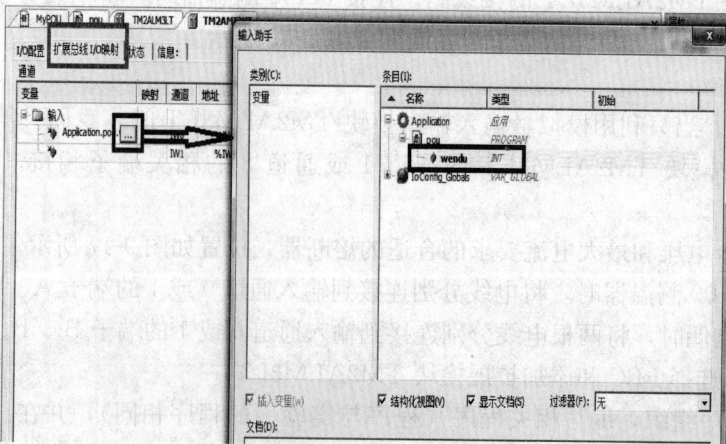

图 9-22　配置扩展总线 I/O 映射

（f）编译，下载程序。

3）扩展模块 TM2AMI2H 简介。

a. 扩展模块 TM2AMI2H 的主要特性如表 9-3 所示。

表 9-3　　　　　　　　　　　　主 要 特 性

| I/O 通道数 | 2 路模拟量输入 | |
|---|---|---|
| 信号类型 | 电压 | 电流 |
| 输入类型 | 0～10V | 4～20mA |
| 精度 | 12 位（4096 点） | |
| 连接方式 | 可插拔螺钉端子块 | |

b. 扩展模块 TM2AMI2H 的端子和接线如图 9-23 所示。

备注：

（a）由于扩展模块 TM2ALM3LT 是 2 路模拟量输入，1 路模拟量输出，并且它的输入信号的类型可以是温度传感器，所以我们可以将温度传感器 Pt100 的正、负以及 NC 端分别接入扩展模块 TM2ALM3LT 通道 0 或通道 1 的 A，B′ 和 B 端来采回温度值。

（b）扩展模块 TM2AMI2H 是 2 路模拟量输入，它的输入信号的类型是 0～10V 或 4～20mA 的模拟量，所以要将温度传感器接收到的信号送给变送器，然后经变送器将信号送至扩展模块 TM2AMI2H 的通道 0 或通道 1 来采回温度值。

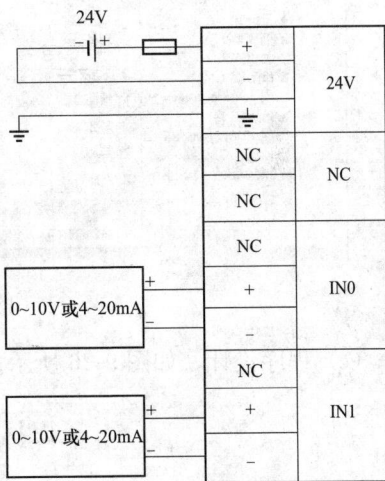

图 9-23　TM2AMI2H 的接线图

c. 设计举例。

（a）模拟量输入输出 TM2ALM3LT、模拟量输入模块 TM2AMI2HT 的添加，如图 9-24 所示。

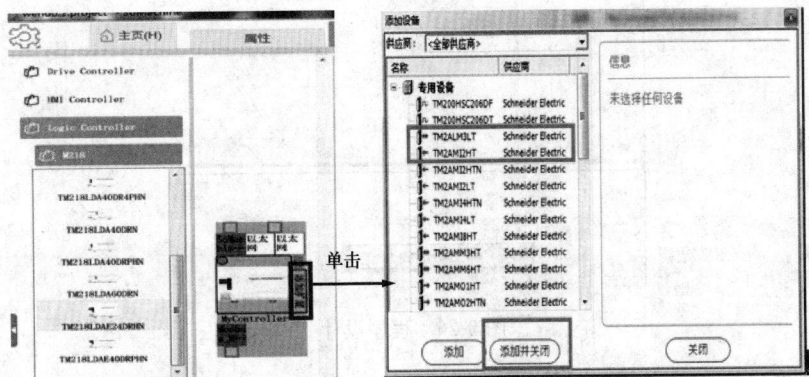

图 9-24　模拟量输入输出 TM2ALM3LT、模拟量输入模块 TM2AMI2HT 的添加

备注：在添加扩展模块时顺序不能颠倒，必须先添加扩展模块 TM2ALM3LT，而后再添加扩展模块 TM2AMI2HT。扩展模块 TM2ALM3LT 的作用为供电，扩展模块

TM2AMI2HT 作用为采集模拟量的输入输出。

（b）添加程序组织单元，如图 9-25 所示。

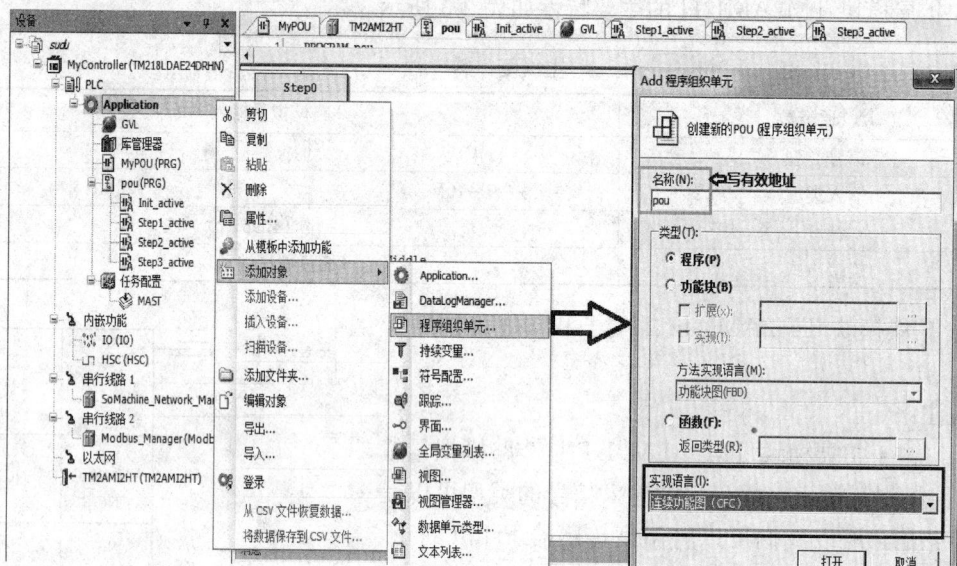

图 9-25　添加程序组织单元

（c）程序设计，如图 9-26 所示。

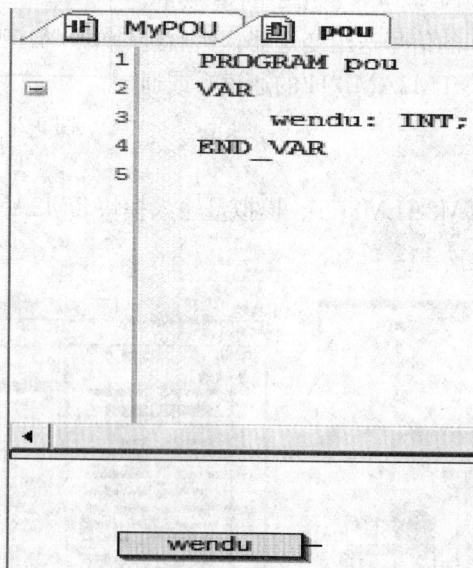

图 9-26　程序设计

（d）模拟量输入模块"TM2AMI2HT"的 I/O 配置，如图 9-27 所示。

备注：要使最终的温度输出值显示"小数"时，则可以把最小值和最大值各扩大 10 倍（即最小值为-500，最大值为 2000），但最终的显示值需要除以 10，这种情况下的参考程序如图 9-28 所示。

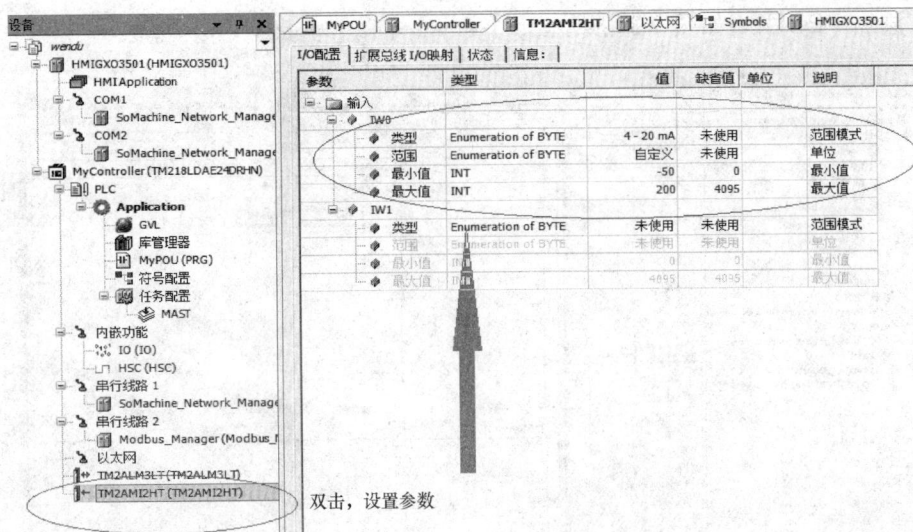

图 9-27 拓展模块"TM2AMI2HT"的 I/O 配置

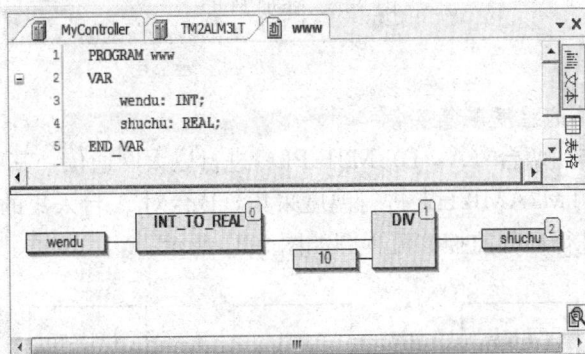

图 9-28 能显示小数的参考程序

（e）模拟量输入模块"TM2AMI2HT"的拓展总线 I/O 映射，如图 9-29 所示。

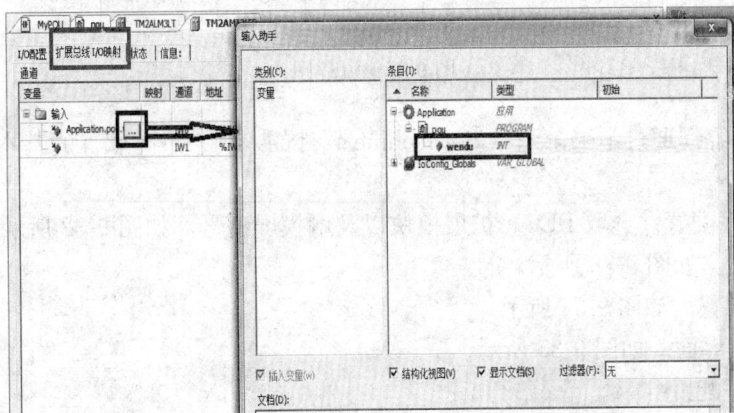

图 9-29 拓展模块"TM2AMI2HT"的拓展总线 I/O 映射

（f）添加"POU"，如图 9-30 所示。

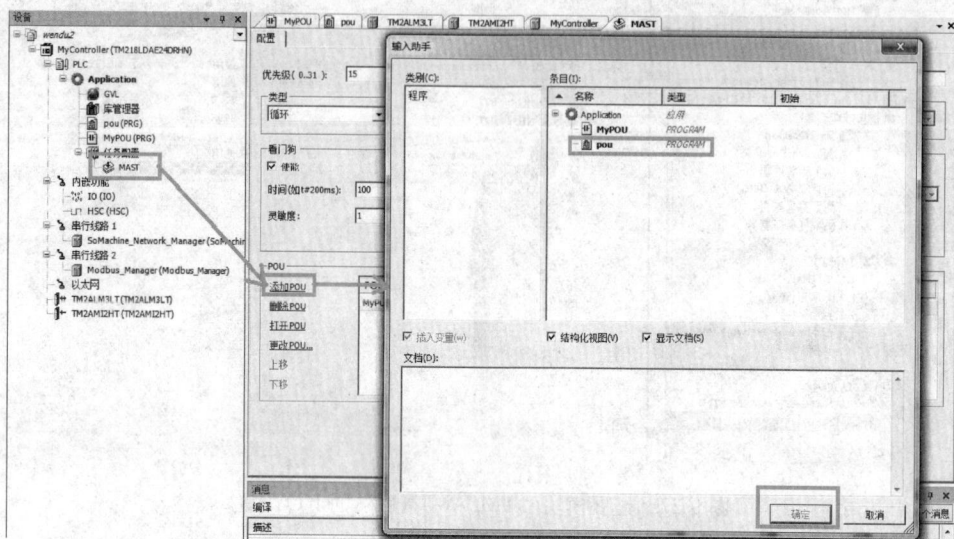

图 9-30　添加 POU

（g）登录下载。

4. 基于以太网通信的温度采集实例

（1）设计工艺。利用两台（A、B）M218PLC 进行以太网通信，其中 A 台利用温度传感器和 PLC 的扩展模块 TM2AMI2HT 进行温度采集，B 台对 A 台采集的温度通过以太网进行读取，并利用触摸屏进行远程监控。流程图如图 9-31 所示。

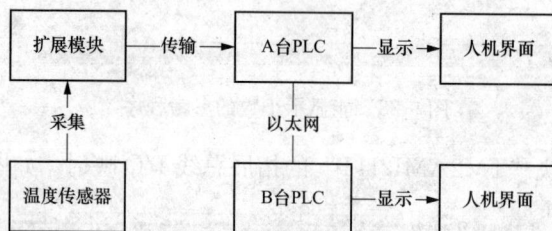

图 9-31　流程图

（2）设计内容。通过本书第六章 SoMachine 软件的入门来进行软件的基本配置（本处不再详细说明）。

1）A 台程序配置。选取 PLC、扩展模块以及触摸屏型号。如图 9-32 所示。

a. 程序说明。如图 9-33 所示。

b. 以太网配置。如图 9-34 所示。

c. 人机运行界面。如图 9-35 所示。

2）B 台程序配置。

a. 选取 PLC 以及触摸屏型号。如图 9-36 所示。

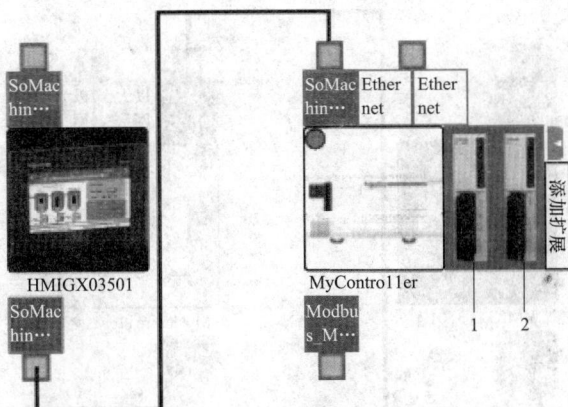

图 9-32 配置

1—TM2ALM3LT；2—TM2AMI2HT

图 9-33 程序说明

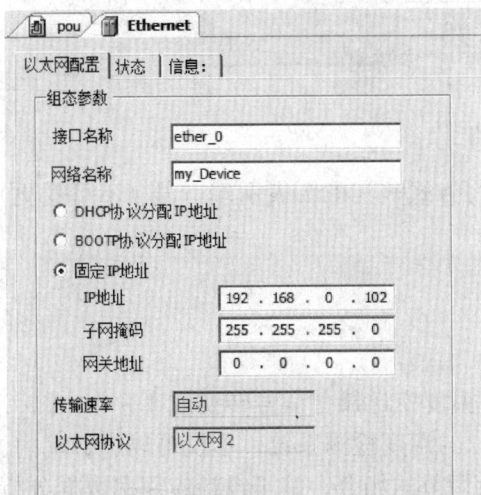

图 9-34 以太网配置

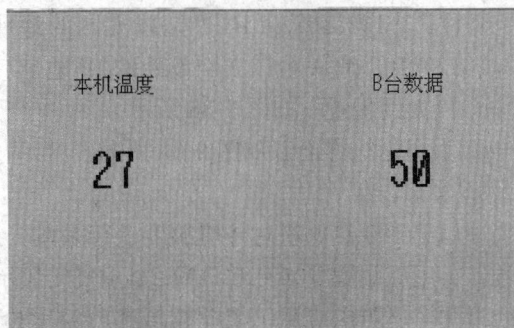

图 9-35 人机运行界面

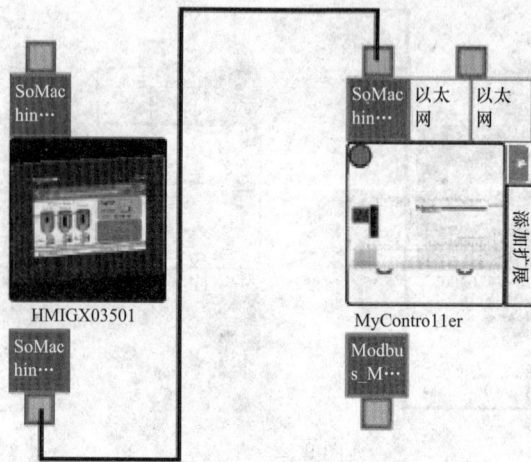

图 9-36  配置

b. 程序说明。如图 9-37 所示。

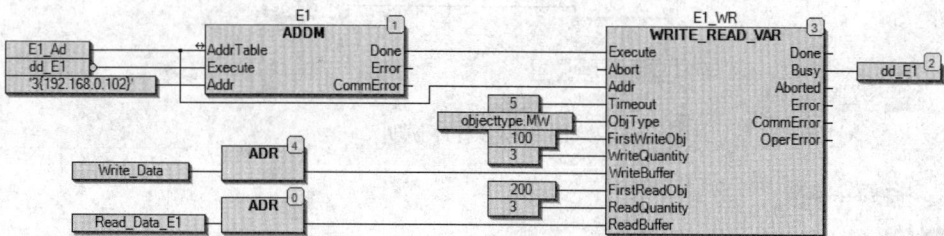

图 9-37  程序说明

备注：′3{192.168.0.102}′是以太网的地址书写方式，其中 3 表示端口号（不可变更）。192.168.0.102 是 A 台以太网设备的 IP 地址。

c. 以太网配置。如图 9-38 所示。

d. 人机运行界面。如图 9-39 所示。

5. 结论

采用 Pt100 热电阻对环境温度进行采集，通过温度变送器把信号转换成 4～20mA 标准信号，再用施耐德 TM218LDAE24DRHN 显示设计的温度检测系统，不仅可以进行室内温度的检测，还可以应用于工业领域进行温度检测及调节的场合。基于设计应用和数据分析，可验证该系统具有易控制、工作可靠、确度高、可读性强和流程清晰等优点。

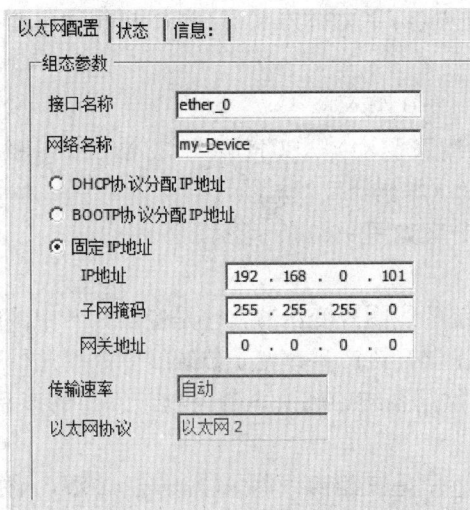

图 9-38　以太网配置

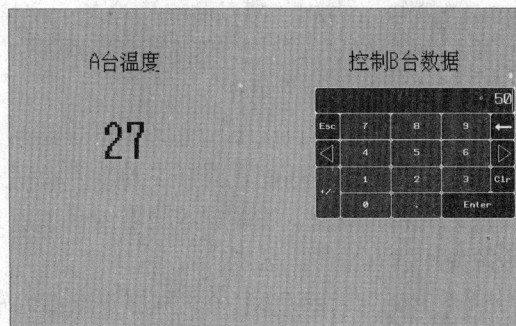

图 9-39　人机运行界面

## 9.4　高速全自动纸杯冲切机控制系统设计

1. 设计工艺要求

（1）高速全自动纸杯冲切机电气控制系统简介。纸杯杯壁和杯底的大小和形状是纸杯成型技术的关键，如果纸杯容器的杯壁和杯底的大小和形状不合理，将会对纸杯的后续加工工艺造成麻烦。所以纸杯的杯壁、杯底大小和形状的冲切精度是非常重要。本项目主要目的是高速精确地裁剪出所需要纸杯壁的大小和形状。

高速全自动纸杯冲切机控制系统主要是以施耐德电气 M218 PLC 可编程控制器（TM218LDD24DUPHN）及其模拟量扩展模块（TM2AMM3HT）、变频控制单元、伺服控制单元、触摸屏监控单元作为解决方案，实现了冲切机工作过程的全自动化，具有控制精度高、可靠性强、经济性良好的优点。

（2）高速全自动纸杯冲切机电气控制系统关键工艺要求。

1）控制系统要有自动、点动运行模式，其中自动运行模式主要包括定长模式、对标模式和寻标模式，而点动运行模式主要包括点动送纸和送纸伺服点动模式。

2）系统无论定长模式还是对标模式，送纸伺服均为相对位置控制。

3）定长模式 length 保持不变化，而对标模式 length 会随着对标的状态改变而改变，控制精度达到 0.01mm。

2. 设计硬件配置

高速全自动纸杯冲切机控制系统主要包括 PLC 可编程逻辑控制单元、触摸屏远程监控系统、变频控制系统、伺服控制系统，所有的硬件配置均采用施耐德电气的相关设备。

（1）PLC 可编程逻辑控制单元：TM218LDD24DUPHN（M218PLC）＋TM2AMM3HT（模拟量输入输出模块）。

（2）触摸屏远程监控系统：HMIGXO3502（触摸屏）＋XBTZ9008（PLC 和触摸屏通信电缆）。

（3）变频控制系统：ATV312HU40N4＋ATV312HU15N4。

（4）伺服控制系统：LXM23DU30M3X（23D 伺服驱动）＋BCH1802N32A1C（伺服电机）＋VW3M5123R70（动力电缆）＋VW3M8122R70（编码器反馈电缆）。

高速全自动纸杯冲切机控制系统整体硬件配置方案如图 9-40 所示。

3．设计相关电气原理图

（1）电子变压器接线图。电子变压器代替了传统的线圈式变压器，它是专门针对中国电网与伺服电机系统不匹配，而开发的电子式伺服变压器，该产品改变了传统线圈式变压器体积笨重，发热、耗电、安装难等问题。是工业运动控制系统中解决电源问题最理想的产品，与传统变压器有本质上区别。

SYT-045（4.5kW）电子式伺服变压器的输入电压是三相四线制 AC 380～420V，输出电压是三相三线制 AC 200～220V，这样可以方便给伺服驱动器供电，接线方式如图 9-41 所示。

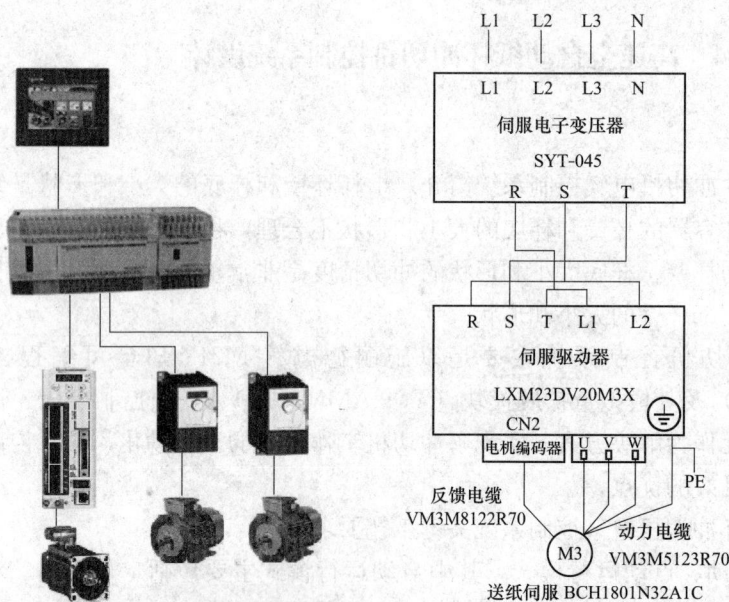

图 9-40　控制系统整体硬件配置方案　　　图 9-41　电子变压器接线图

（2）M218 PLC 与触摸屏通信接线方式。在该设计中可编程逻辑控制器 TM218LDD-24DUPHN 与触摸屏 HMIGXO3502 之间的通信协议是 Modbus RTU 协议，采用通信电缆 XBTZ9008，使触摸屏的 COM2 和 PLC 的串行口 1 进行连接，M218 PLC 与触摸屏通信接线图如图 9-42 所示。

（3）变频器接线图。ATV312 变频器主要用于功率范围在 0.18～15kW 的三相异步电机，同时拥有 6 个逻辑输入、3 个模拟量输入、1 个逻辑/模拟量输出和 2 个继电器输出，可实现电机的多段速控制（可预设 16 段速）、PID 调节等，同时集成了 Modbus、CANopen 通信协议，可将变频器连接至工业通信总线和网络。变频器接线图如图 9-43 所示。

4. 伺服控制系统接线图

伺服驱动器 LXM23D 内置 8 个运动任务，可通过脉冲、模拟量和 I/O 信号控制、8 路数字输入、4 路数字输出、2 路模拟输出和 2 路模拟输出。

LXM23D 交流伺服驱动器可以与外界的多种设备进行连接和通信，在设备的外部有多种接线接口（如 CN1、CN2、CN3），其中端口 CN1 可以与可编程控制器（PLC）或是控制 I/O 连接；端口 CN2 可以与伺服电机检测器（Encoder）或编码器连接；端口 CN3 是 RS-485/232 连接器，可与个人电脑或控制器连接。

为了更有弹性与上位控制器互相沟通，

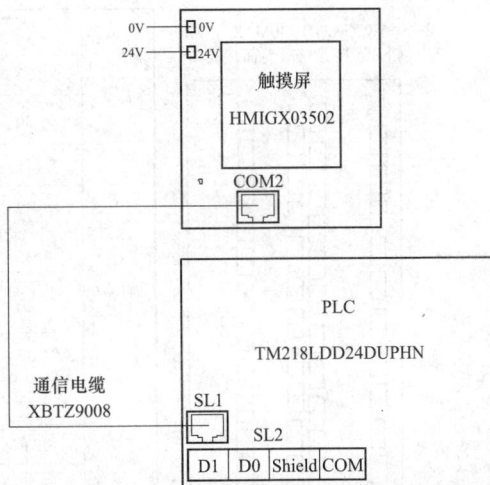

图 9-42　M218 PLC 与触摸屏通信接线图

LXM23D 交流伺服驱动器提供可任意规划的 5 组输出及 8 组输入。控制器提供的 8 个输入设定与 5 个输出分别为参数 P2-10 到 P2-17 与参数 P2-18 到 P2-22。除此之外，还提供差动输出的编码器 A＋，A－，B＋，B－，Z＋，Z－信号，以及模拟转矩命令输入和模拟速度/位置命令输入及脉冲位置命令输入。在高速全自动无间隙冲切机控制系统中使用了 CN1 的相关引脚如图 9-44 所示。

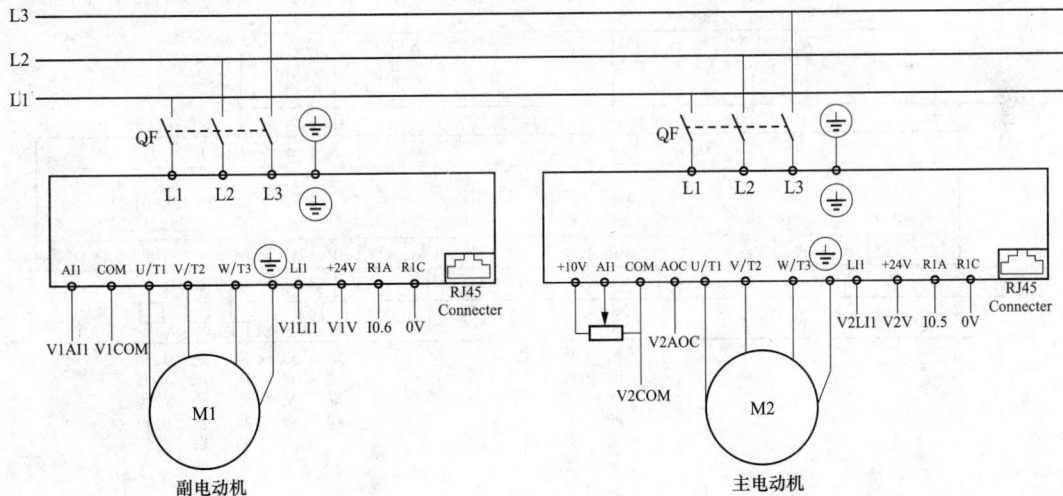

图 9-43　变频器接线图

5. 系统 I/O 变量在 M218 PLC 上的分配

在控制系统中都有很多输入输出变量，而这些输入输出变量往往都接在 PLC 的 I/O 点上，这样就可以控制一些指示灯和机械部件等。高速纸杯冲切机控制系统中的 I/O 变量在 M218 PLC 上的分配情况如图 9-45 所示。

在 PLC 扩展模块 TM2AMM3HT 上的模拟量端子主要用来控制变频器的频率，变量在扩展模块上的分配情况如图 9-46 所示。

LXM23DU20M3X
CN1连接器（公）背面接线图

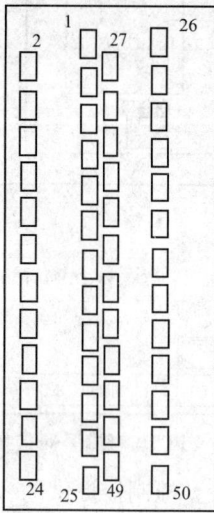

| CN1 | 10 | DI2- | 接出备用D2- |
|---|---|---|---|
| | 33 | DI5- | 送纸伺服故障复位 D15- |
| | 30 | DI8- | 急停按钮 I0.7 |
| | 11 | COM+ | DI公共端 +24V |
| | 49 | COM- | 接出备用COM- |
| | 35 | PULL-HI-S | 伺服方向信号 +24V |
| | 39 | PULL-HI-P | 伺服脉冲信号 +24V |
| | 37 | SIGN- | 伺服方向信号 Q0.1 |
| | 41 | PULSE- | 伺服脉冲信号 Q0.0 |
| | 1 | DO4+ | 接出备用D04+ |
| | 26 | DO4- | 接出备用D04- |
| | 28 | DO5+ | 送纸伺服故障 I1.5 |
| | 27 | DO5- | 送纸伺服故障 0V |

图 9-44　伺服控制器 CN1 端子接线图

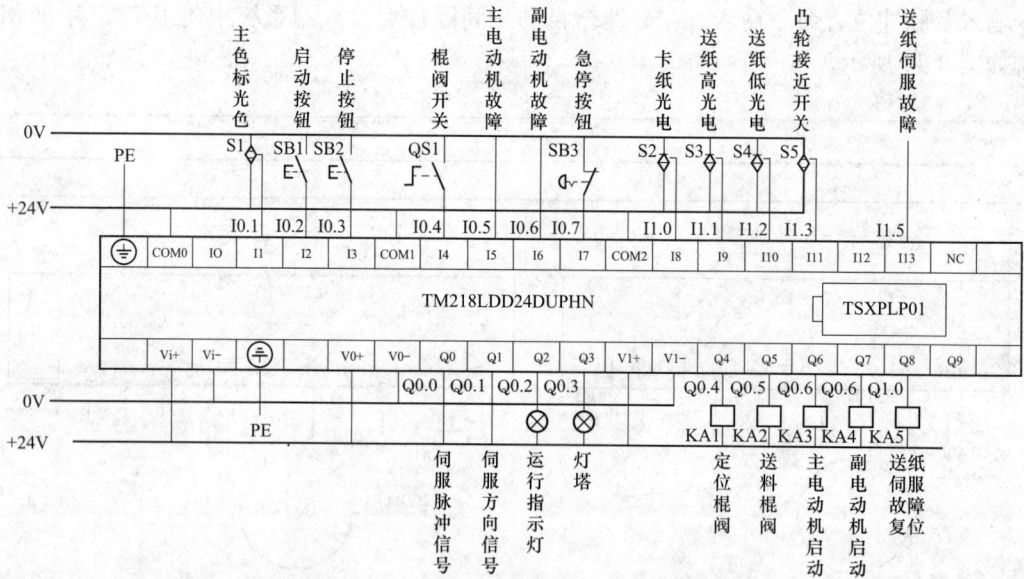

图 9-45　I/O 变量在 M218 PLC 上的分配情况

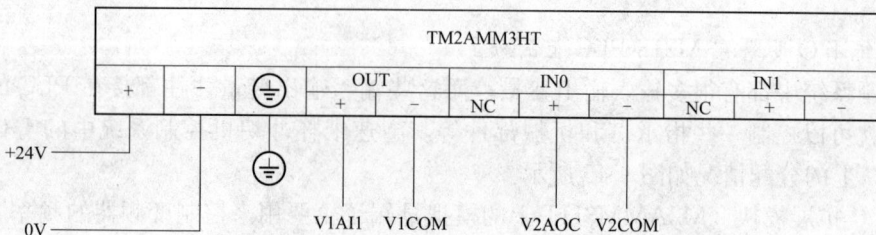

图 9-46　变量在扩展模块上的分配情况

控制系统中的 I/O 变量的地址分配和变量声明情况如表 9-4 所示。

表 9-4　　　　　　　　　　　　　　　　I/O 变量的地址分配和变量声明情况

| 输入变量 | 地址 | 声明 | 输出变量 | 地址 | 声明 |
|---|---|---|---|---|---|
| iSeBiao | %IX0.1 | 主色标光电 | qQDLED | %QX0.2 | 运行指示灯 |
| iStart | %IX0.2 | 启动按钮 | qTDLED | %QX0.3 | 灯塔 |
| iQiGang | %IX0.4 | 棍阀开关 | qDingWei | %QX0.4 | 定位棍阀 |
| iMainErr | %IX0.5 | 主电动机故障 | qSongLiao | %QX0.5 | 送料棍阀 |
| iAuxErr | %IX0.6 | 副电动机故障 | qMainMoter | %QX0.6 | 主电动机启动 |
| iEstop | %IX0.7 | 急停按钮 | qAuxMoter | %QX0.7 | 副电动机启动 |
| iKaZhi | %IX1.0 | 卡纸光电 | qServoErrRst | %QX1.0 | 送纸伺服故障复位 |
| iSZhigh | %IX1.1 | 送纸高光电 | qW1 _ Aux _ motor _ LFR | %QW1 | 副电动机频率给定 |
| iSZlow | %IX1.2 | 送纸低光电 | | | |
| iSZnow | %IX1.3 | 凸轮接近开关 | | | |
| iServoErr | %IX1.5 | 送纸伺服故障 | | | |
| iW1 _ Main _ motor _ RFR | %IW1 | 主电动机频率输出 | | | |

6. 设计软件编程

高速全自动纸杯冲切机控制系统的软件编程部分主要包括软件程序编程部分和触摸屏监控界面设计部分。

（1）控制系统程序编程部分。

1）控制原理。高速全自动纸杯冲切机的控制部分主要由以下几部分组成：

a. 伺服控制系统（控制精度高）来定长，主要采用 PTO 脉冲控制方式。

b. 由变频器控制异步电动机（副电动机）带动送纸机构工作。

c. 由变频器控制异步电动机（主电动机）带动刀具裁剪纸张。

d. 和 c. 部分的变频器控制主要是模拟量输出控制方式。下面对 PTO 脉冲控制原理和模拟量输出控制变频器的控制原理进行详细讲解。控制系统的控制流程图如图 9-47 所示。

2）程序编程。

a. 模拟量输出控制变频器程序设计。控制系统中的变频器的频率主要是由 PLC 的扩展模块的模拟量控制。控制系统在自动工作模式下，根据送纸高光电、送纸低光电的工作状态，通过主电动机的输出频率来给定副电动机的工作频率；手动工作模式下，用户可以自己根据需要设定电动机的转速。变量声明如表 9-5 所示，参考程序如图 9-48 所示。

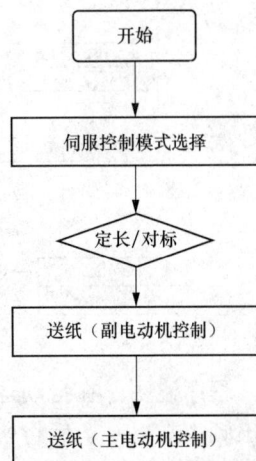

图 9-47　控制系统的
控制流程图

表 9-5　　　　　　　　　　　　　　　　变　量　声　明

| 变量名 | 含义 | 变量名 | 含义 |
|---|---|---|---|
| Mi_SZhigh | 送纸高光电 | MqW1_Aux_motor_LFR | 副电动机的给定频率 |
| Mi_SZlow | 送纸低光电 | MiW1_Main_motor_RFR | 主电动机的输出频率 |
| AUTO_Mode | 自动运行 | HMI_Fast：=70 | 快速比 |
| HMI_SZJog | 点动送纸 | HMI_Slow：=30 | 慢速比 |

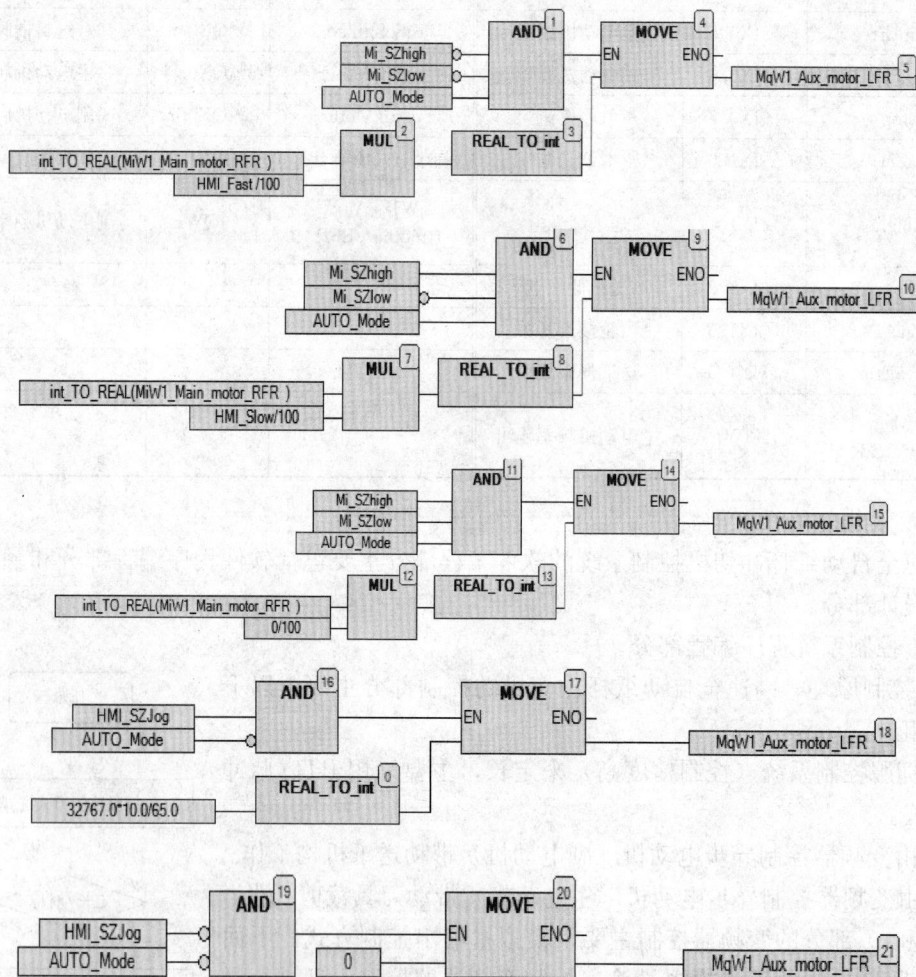

图 9-48　模拟量输出控制变频器参考程序

程序说明：在自动运行模式下，当送纸高光电和送纸低光电都不动作时，将主电动机的输出频率乘以 0.7 后将所得结果转换为整数型，并把转换值作为副电动机的输入频率；当送纸高光电动作而送纸低光电不动作时，将主电动机的输出频率乘以 0.3 后将所得结果转换为整数型，并把转换作为副电动机的输入频率；当送纸高光电和送纸低光电同时动作时，副电动机的输入频率为 0。

在手动工作模式下，如果点动送纸按钮动作，此时把 32767×10/65 所得值转化为整型，并把转换结果作为副电动机的输入频率；如果在手动工作模式下，点动送纸按钮不动作，副电动机的输入频率为 0，电动机不动作。

b. PTO 脉冲控制伺服驱动器程序设计。本项目主要通过 PTO 脉冲输出控制伺服驱动器达到纸张长度的精确控制，PTO 脉冲控制伺服驱动器主要包括运行模式、手动模式和停止模式，其中运行模式包括定长模式、对标模式和寻标模式。

（a）运行模式程序设计。程序设计思路：PTO（脉冲串输出）通过实施数字技术来精确执行定位任务。

脉冲串输出（PTO）功能用于控制步进器或伺服电机，为指定的脉冲数和频率提供方波输出，其加速度和减速度可以控制。在 SoMachine 编程软件中实现 PTO 脉冲控制，就要使用软件功能库提供的功能块 PTOSimple、PTOMoveRelative 和 PTOStop。其中功能块 PTOSimple 主要用于管理 PTO（相当于电源的作用），每个 PTO 脉冲控制系统首先必须调用功能块 PTOSimple；功能块 PTOMoveRelative 用来表示相对于当前位置移动一定的距离（一般用 PTO 脉冲数表示），通常也被称为相对位置控制模式，此功能块可以设置运动的速度、运动的距离、运动加速度和减速度。

在 PTO 脉冲控制方式中，相对于当前位置的移动距离（即引脚 PTO 的脉冲数的设置）是一个比较重要的参数，它是由 PTO 的脉冲数给定，在默认情况下电机正转一圈需要 100000 个脉冲，高速全自动无间隙冲切机控制系统脉冲数的算法：

length：＝REAL_TO_DWORD[（HMI_length＋HMI_deviation）×50.00/3.1415926]

控制系统运行模式变量声明如表 9-6 所示，参考程序如图 9-49 所示。

表 9-6　　　　　　　　　控制系统运行模式变量声明

| 变量名 | 含义 | 变量名 | 含义 |
| --- | --- | --- | --- |
| DingChang_Exe | 定长模式使能 | HMI_length | 设置长度 |
| DuiBiao_Exe | 对标模式使能 | HMI_deviation | 偏差补偿 |
| XunBiao_Exe | 寻标使能 | Length | 系统所需的脉冲数 |

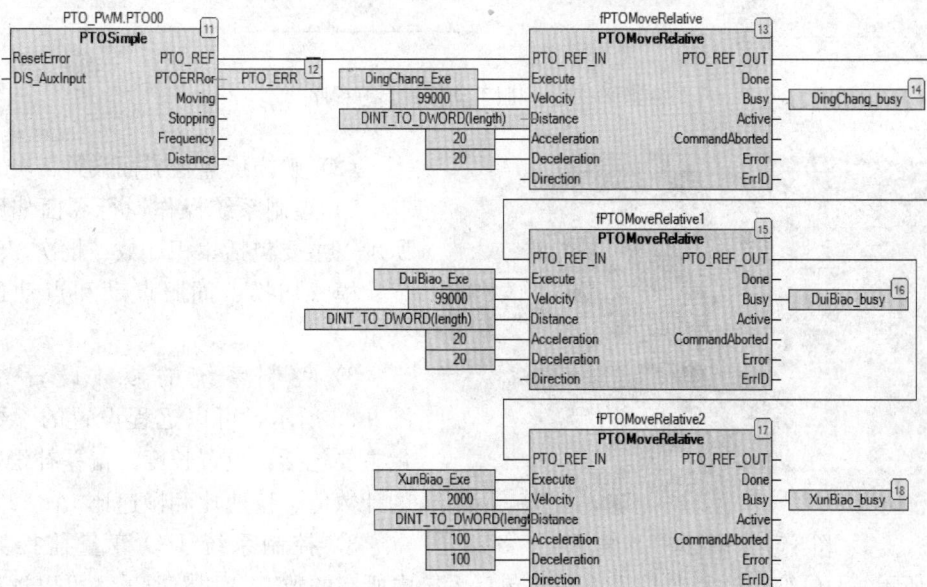

图 9-49　PTO 运行模式参考程序

（b）伺服手动模式程序设计。手动操作伺服的模式主要有伺服点动正转模式和反转模式，伺服点动模式也是由 PTO 脉冲控制伺服驱动器，变量声明如表 9-7 所示，参考程序如图 9-50 所示。

表 9-7　　　　　　　　　　　　　　伺服手动模式程序变量声明

| 变量名 | 含义 | 变量名 | 含义 |
|---|---|---|---|
| HMI_SevJogR | 伺服点动正转使能 | HMI_SevJogL | 伺服点动反转使能 |

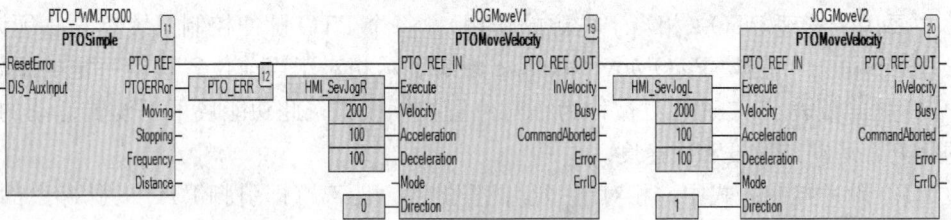

图 9-50　伺服手动模式参考程序

（c）PTO 停止工作模式程序设计。功能块 PTOStop 主要用于终止当前的 PTO 控制模式，一但功能块 PTOStop 的使能端使能后，整个 PTO 运动模式不论处于哪种运动状态，都会终止当前的运动，参考程序如图 9-51 所示。

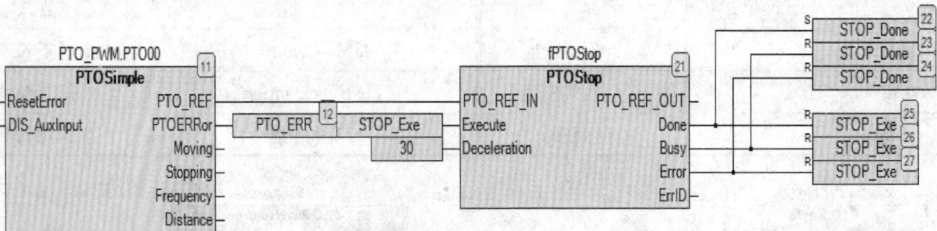

图 9-51　伺服手动模式参考程序

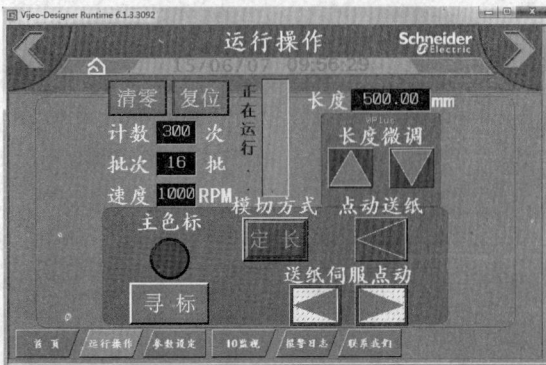

图 9-52　系统操作界面

（2）触摸屏监控界面设计部分。

1）控制系统操作运行界面如图 9-52 所示，主要包括累积计数、批次、当前速度、模式切换、伺服点动和点动送纸等变量。

2）控制系统的参数设置界面如图 9-53 所示，可以远程设置的参数和变量主要包括：设置长度、偏差补偿、每批的计数值、快速比和慢速比。

3）控制系统 I/O 变量监控界面如图 9-54 所示，I/O 变量远程监控界面主要包括系统中所有的数字量和模拟量，可以远程监控系统的运行状态及故障变量。

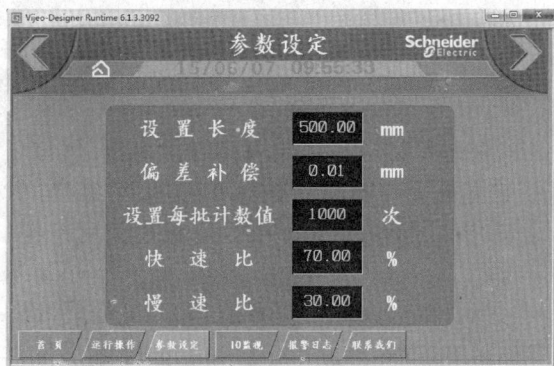

图 9-53　控制系统的参数设置界面　　　　　　图 9-54　控制系统 I/O 变量监控界面

## 9.5　三轴机械臂的高精度运动轨迹控制设计

1. 设计背景

（1）对于现代工业控制，无论是包装、物料运输、纺织、起重还是其他行业，对于系统运动轨迹的精确控制变得尤为重要。

（2）工业控制系统自动化水平不高，尤其是手动操作在操作时很不方便。

（3）采用可编程终端、PLC、运动控制单元、伺服驱动系统等成熟的控制部件构建运动轨迹控制系统可大大提高自动化水平及控制精度。

2. 设计要求

（1）通过上位机对运动参数进行设置与监控。

（2）主要实现目标为原点回归，水平横移轴（X）、垂直横移轴（Y）、轨迹运动轴（Z）的手动操作、自动操作及设定轨迹的精确运行，使定位精度精确至 0.1mm，重复定位精度至 0.1mm。摇臂式机械臂、龙门式机械臂如图 9-55 所示。

图 9-55　摇臂式机械臂、龙门式机械臂

3. 三轴机械臂高精度运动轨迹控制总体框架

三轴机械臂运动轨迹控制系统的硬件配置主要是由上位机、施耐德运动控制（LMC058）、配有 CAN 总线接口的伺服驱动器（LXM32AU45M2）、伺服电动机、编码线及触摸屏（HMI）监控系统等构成，其核心部分是运动控制器（LMC058）和配有 CAN 总线

接口的伺服驱动器（LXM32AU45M2）。

为了使整个运动控制系统硬件配置的各部分形成一个统一的整体，通信方式及相关的通信协议是不可缺少的。

（1）上位机 PC 与运动控制器（LMC058）主要通过 TCP/IP 协议构成的以太网通信方式来进行数据的传输，同样可以在此以太网上挂接更多甚至不同型号的运动控制器，在访问各个运动控制器时只需要通过设置不同的 IP 地址来进行访问，这样既实现了远程的网络控制，又可以实现既集中又分散的控制系统。

（2）运动控制器（LMC058）与伺服驱动器（LXM32AU45M2）之间采用目前通用、开放的总线技术 CANMotion 总线通信方式，可以只用一根电缆控制三个机械轴的同步动作，实现三轴地点动、原点回归、相对与绝对定位的精确控制等功能，控制精度可达 0.1mm，可实时获取当前的位置、速度、加速度等工作状态的信息，保证不同轴之间的同步动作以及多轴的运动插补功能。同时并通过编码线与三台伺服电动机相连，使得三轴机械臂运动控制系统以很高的定位精度、无超调的定位过程和很好的动态响应实现联动动作。

（3）人机界面 HMI 与运动控制（LMC058）之间采用了以太网通信方式，与运动控制器的通信一样可以通过不同的 IP 地址来进行数据的传输，可以实现对整个运动控制系统的远程监控和调试。

4. 程序设计

在设计程序时使用 SoMachine 编程软件中的连续功能块图（CFC）和结构化文本（ST）两种编程语言，使得比较复杂的控制程序简单化。控制系统的程序设计部分总体上分为单轴垂直运动和二维插补运动。

（1）读取 G 代码。控制系统运动轨迹的生成主要采用具有极高加工精度的数控技术，通过编写 CNC 程序（G 代码）来生成所需要的运动轨迹。在 SoMachine 编程软件中可以添加已编写好的 CNC 程序，并且可以看到机械臂预期的运动轨迹轮廓，圆形轨迹的和六边形轨迹的 CNC 程序（G 代码）。在此只需要把编写好的文本格式的 CNC 程序改为 .nc 格式后再导入 SoMachine 编程软件中即可。读取 G 代码功能图如图 9-56 所示。

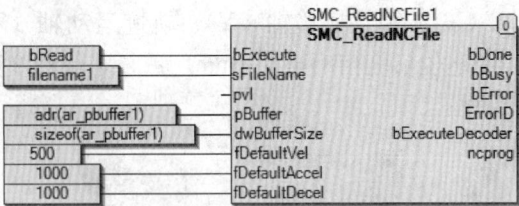

图 9-56　读取 G 代码

（2）CNC 程序的解码和预处理程序设计。在 CNC 程序的解码和预处理单元调用了 SMC_NCDecoder、SMC_ToolCorr、SMC_CheckVelocities 三个功能块。其中功能块 SMC_NCDecoder 的功能是将创建的 CNC 程序转化为 SoftMotion-GEOINFO 结构对象的表；功能块 SMC_ToolCorr 是将文件的读入路径进行预处理；功能块 SMC_CheckVelocities 用来检查特殊轨迹段的轨道速度。如图 9-57 所示。

备注：数控 CNC 控制系统的平面轨迹实现原理是利用插补器对两个方向轴的运动轨迹坐标进行插补。设计数控 CNC 控制系统的第一步就是系统运动轨迹的描述，即首先要建立一个运动轨迹。G 代码是一种在数控领域被广泛应用的符合国际标准 DIN66025 的运动轨迹代码。G 代码用简单的语言描述了整个运动轨迹的详细坐标信息，占用空间小又符合行业标准，因此可以方便地进行存储和转移，并可以在多种数控设备上实现解码控制。

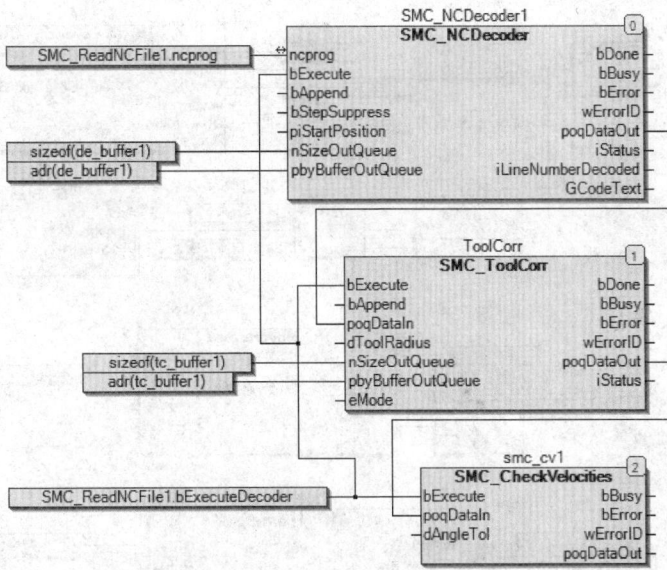

图 9-57　CNC 程序的解码

（3）三个机械轴运动程序设计。下面是以机械轴的一个轴为例：

在机械轴的运动控制中采用 CAN Motion 控制方式，程序中调用了 SoMachine 编程软件功能库中的 MC ＿ Power、MC ＿ reset、MC ＿ MoveVelocity3 个功能块。其中功能块 MC ＿ Power 的主要功能是使轴 Axis1 得电；功能块 MC ＿ MoveVelocity 主要使轴 Axis1 运行速度模式，这样轴的速度、加速度和运动方向可以精确控制，而功能块 MC ＿ MoveRelative 使轴 Axis1 走相对位置模式；功能块 MC ＿ Reset 和 MC ＿ Stop 可以使轴 Axis1 复位和停止运动。在整个运动控制系统中，要使某个机械轴启动，只需要使能功能块 MC ＿ Power 的引脚 Enable。如图 9-58 所示。

备注：上述实例只是单轴的运动控制程序，控制系统中的其他两个机械轴的运动程序控制同轴 Axis1。

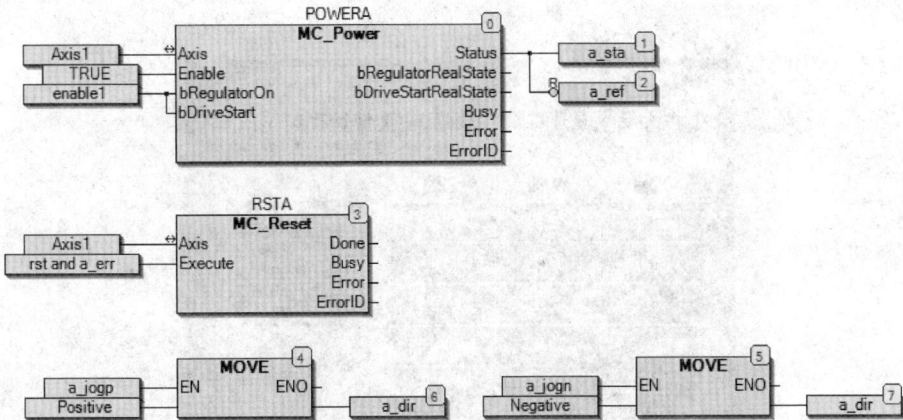

图 9-58　单轴运动程序（一）

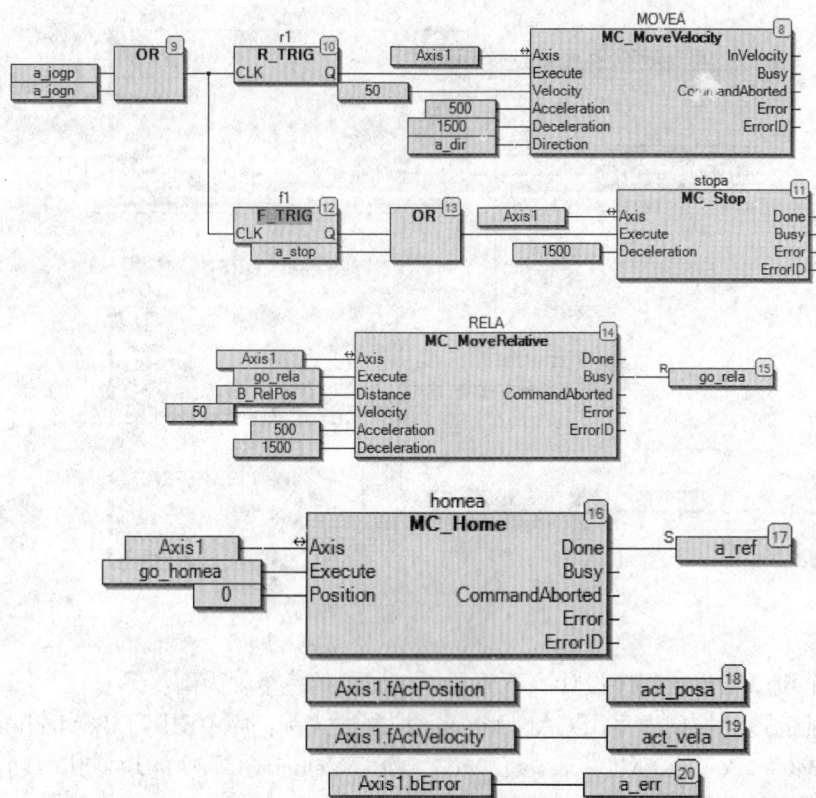

图 9-58　单轴运动程序（二）

5. 人机界面设计

本监控系统采用的是触摸屏（HMI）监控系统，在此监控系统的设计中使用 Vijeo-Designer 触摸屏开发软件设计监控界面，进而对整个控制系统进行远程实时监控和调试。本监控界面主要包括三个机械轴的使能按钮、停止按钮、手动正转、手动反转按钮以及机械轴的实时位置，同时包括读 G 代码文件启动按钮、插补运动启动按钮和归零按钮。触摸屏监控界面如图 9-59 所示。

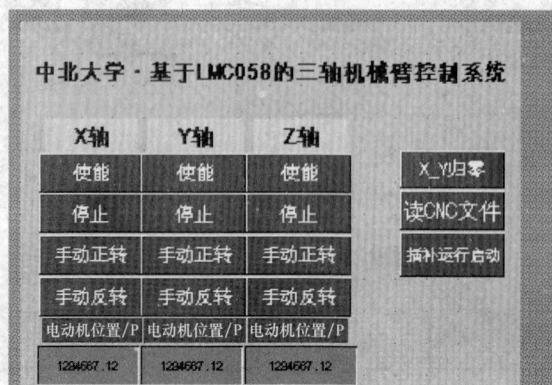

图 9-59　触摸屏监控界面

## 9.6　基于 Modbus 数据采集综合实验设计

1. 设计目标

在 SoMachine 软件中，通过 HMIGXO3501 触摸屏和力控组态软件用 Modbus 协议实现在 M218PLC 上远程控制 ATV312 变频器的故障初始化，启动/停止，正转/反转，频率给定，并采集变频器的实时数据；通过 Modbus 协议远程控制智能电机启动器的启动/停止，并采集电机的平均电流。

2. 总体设计

M218PLC 控制 ATV312 变频器及状态显示，在系统启动后，输入电机的旋转频率，按下正转按钮，变频器控制电动机正转，正转指示灯亮起；按下反转按钮，变频器控制电动机按照输入的频率反转，正转指示灯熄灭，反转指示灯亮起；触摸屏及力控界面实时显示电动机的旋转频率、电动机电流及线电压；电动机启动器旋转 90°，通过力控组态按下启动键，电动机启动，界面实时显示电动机的平均电流，按下停止键，电动机停止。

（1）I/O 点分配设计。M218 控制器内集成了 2 个 RS485 串口，1 个端口（SL1）为 RJ45 口，另一个端口（SL2）为端子排接口，SL1 可用来与 HMI 通信，SL2 可用来与变频器等通信。系统 I/O 分配如表 9-8 所示。

表 9-8　　　　　　　　　　　　　　　　关于 I/O 分配

| I/O 分配点 | 代码 | 名称 |
|---|---|---|
| 输入信号 | | |
| I0.0 | SB1 | 正转开关 |
| I0.1 | SB2 | 反转开关 |
| 输出信号 | | |
| Q0.6 | HL1 | 正转指示灯 |
| Q0.7 | HL2 | 反转指示灯 |
| Q1.0 | HL3 | 停止指示灯 |
| 通信方式 | | |
| SL1 | RS485Modbus | 触摸屏 HMIGXO3501 |
| SL2 | RS485Modbus | 变频器/智能启动器 |

（2）外部接线图。

1）PLC 外部接线图如图 9-60 所示。

2）硬件连接。M218PLC 通过 Modbus 协议控制 ATV312 变频器时，只需要将 SL2 的螺钉端子与双绞线的裸露端连接，双绞线的 RJ45 端接到 ATV312 变频器，系统的硬件构架和连接如图 9-61 所示。

M218PLC 通过 Modbus 协议控制智能电动机启动器时，需要将 SL2 的螺钉端子与双绞线的裸露端连接，双绞线的 RJ45 端接到智能电动机启动器的 LULC033 通信模块，同时将面板上的 L/R（Local/Remote）开关拨到 R 位置（上），COM 端口与 A2 短接，连接如图 9-62 所示。

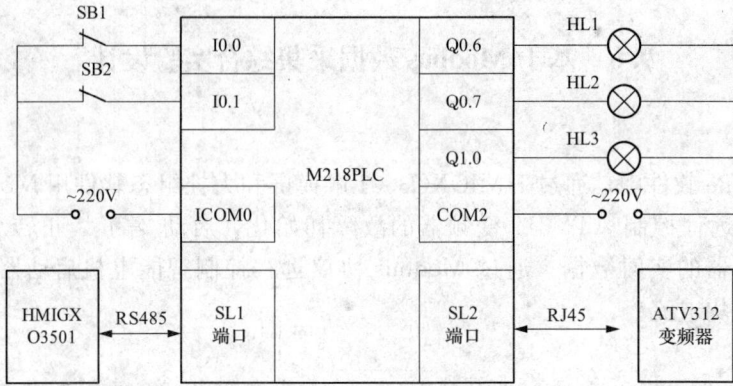

图 9-60　外部接线图

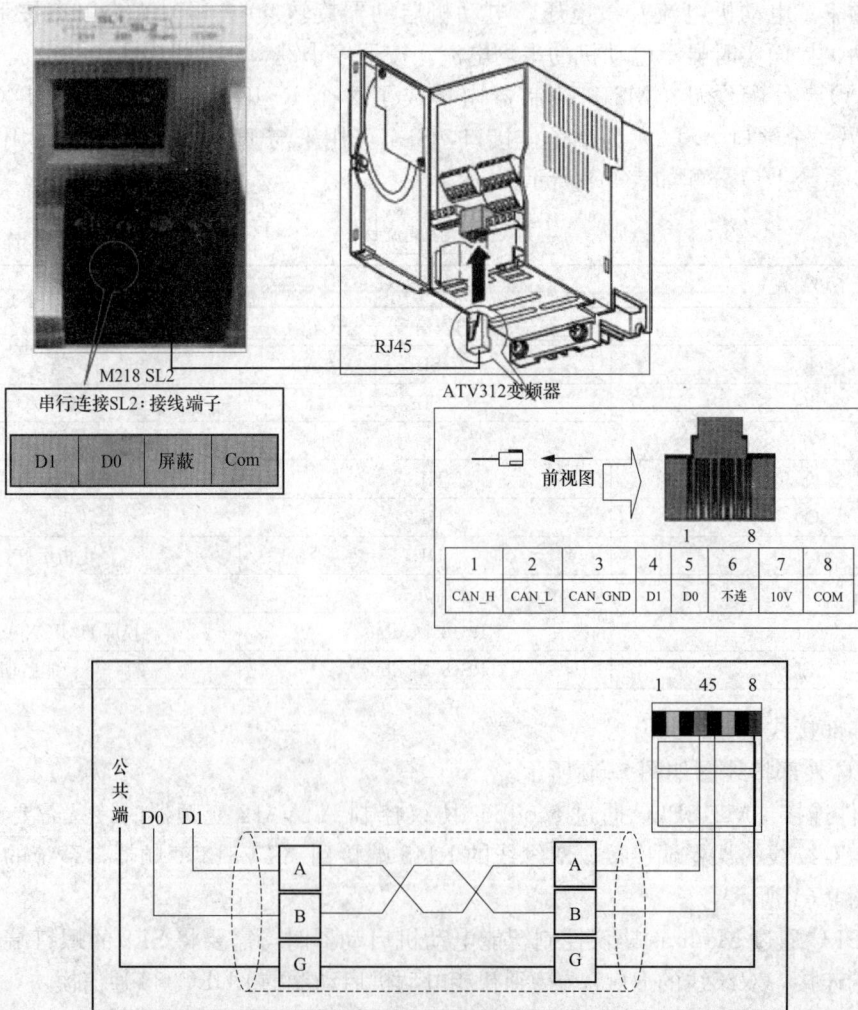

| 1 | 2 | 3 | 4 | 5 | 6 | 7 | 8 |
|---|---|---|---|---|---|---|---|
| CAN_H | CAN_L | CAN_GND | D1 | D0 | 不连 | 10V | COM |

图 9-61　PLC 与变频器连接图

(3）流程图。

1）智能电动机启动器软件配置流程，如图 9-63 所示。

2）ATV312 变频器使用流程，如图 9-64 所示。

图 9-62 PLC 与智能电动机启动器连接图

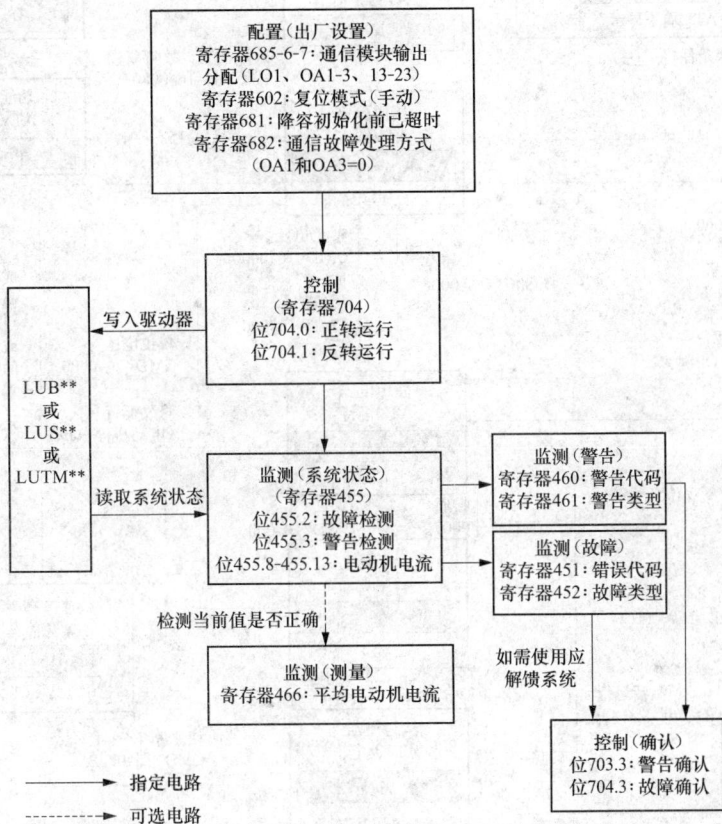

图 9-63 智能电动机启动器软件配置流程图

3. 程序及设计过程

PLC、触摸屏控制变频器的程序及设计过程。

（1）PLC 使用 SoMachine 编程，采用 CFC 连续功能图，程序如图 9-65 所示。

（2）功能块 DriveCom_ATV312 程序见附录 A。

（3）符号配置，如图 9-66 所示。

（4）触摸屏变量导入，如图 9-67 所示。

（5）触摸屏 I/O 配置，如图 9-68 所示。

（6）触摸屏界面设计，如图 9-69 所示。

4. PLC、力控组态控制变频器

（1）PLC 使用 SoMachine 编程，采用 CFC 连续功能图，程序如图 9-70 所示。

功能块 DriveCom_ATV312 程序见附录 A。

（2）力控组态 I/O 设备设置。

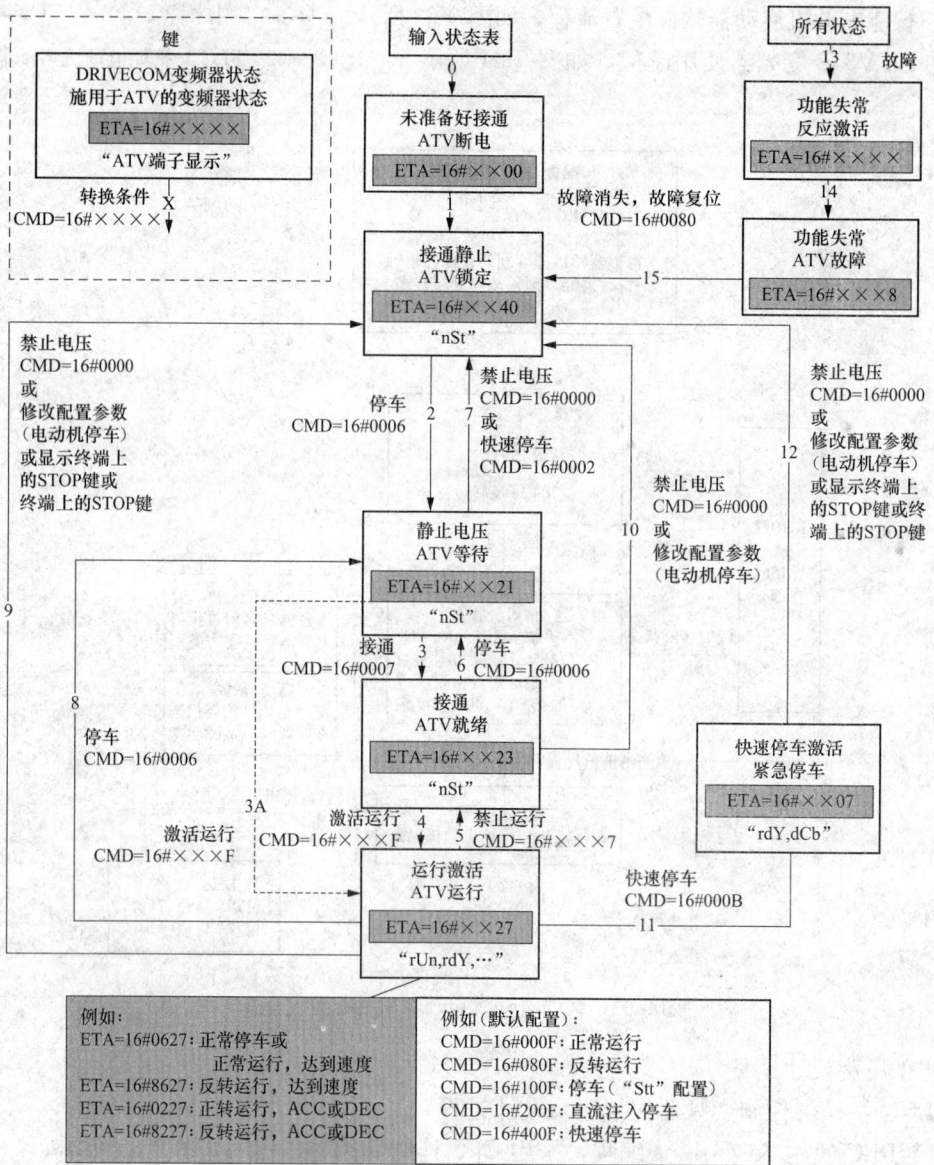

图 9-64　ATV312 变频器使用流程图

第一步：配置设备地址，如图 9-71 所示。

第二步：串口设置，如图 9-72 所示。

（3）数据库连接，如图 9-73 所示。

（4）力控组态界面设计，如图 9-74 所示。

（5）编写脚本程序，如图 9-75 所示。

（6）控制部分设计。以正转按钮为例，设计如图 9-76 所示。

```
1    PROGRAM pou
2    VAR
3        first_scan,Start: BOOL;
4        Read_Data AT %MW4: ARRAY[0..7] OF INT;
5        Write_Data: ARRAY[1..3] OF INT;
6        VSD_Address: ADDRESS;
7        MB_ADDM: ADDM;
8        VSD_R: READ_VAR;
9        VSD_W: WRITE_VAR;
10       DriveCom_VSD_1: DriveCom_ATV312;
11       VSD_Reset AT %MX0.0: BOOL; (*变频器强制复位*)
12       VSD_For AT %MX0.1: BOOL; (*变频器正转*)
13       VSD_Rev AT %MX0.2: BOOL; (*变频器反转*)
14       VSD_Hz  AT %MD22: REAL; (*变频器给定频率0.1Hz*)
15   END_VAR
```

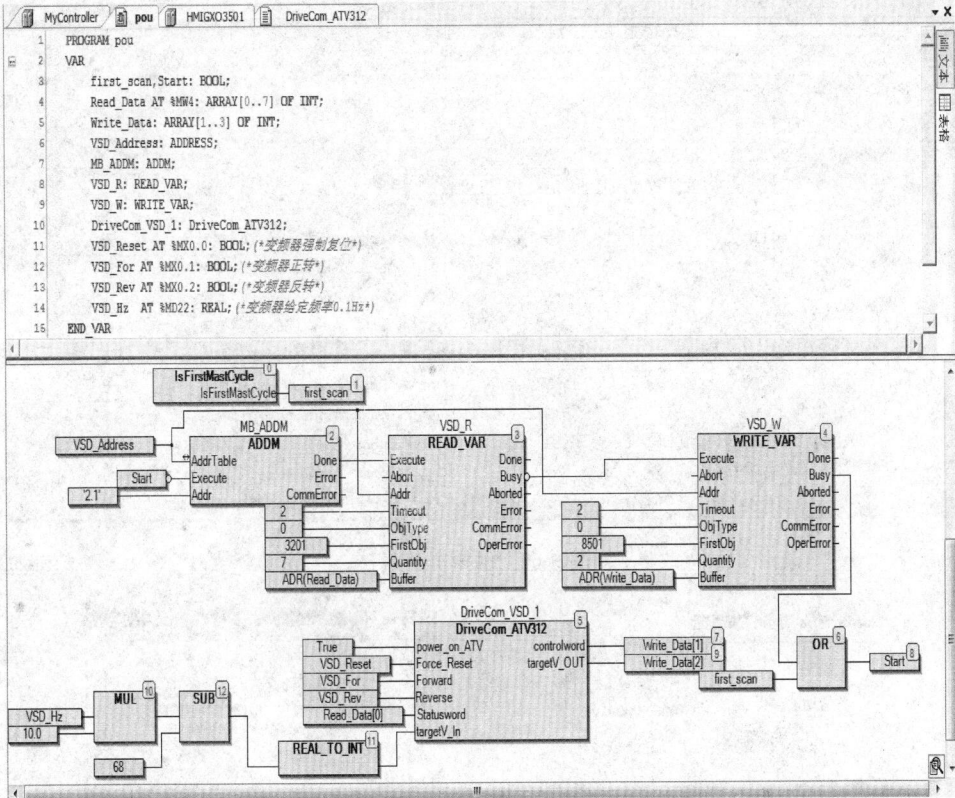

图 9-65　CFC 连续功能图

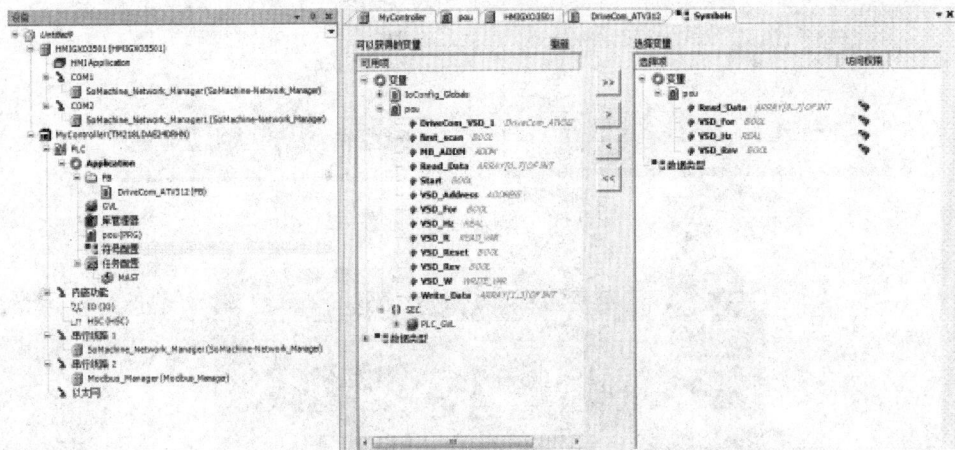

图 9-66　PLC 符号配置

| | 名称 | 数据类型 | 数据源 | 扫描组 | 设备地址 | 报警组 | 记录组 |
|---|---|---|---|---|---|---|---|
| 1 | _SoM | | | | | | |
| | MyController | | | | | | |
| | Application | | | | | | |
| | POU | | | | | | |
| | Read_Data | Array [8] : INT | 外部 | SOM_MyCont... | | | |
| | [0] | INT | 外部 | SOM_MyCont... | Application.POU | 禁用 | 无 |
| | [1] | INT | 外部 | SOM_MyCont... | Application.POU | 禁用 | 无 |
| | [2] | INT | 外部 | SOM_MyCont... | Application.POU | 禁用 | 无 |
| | [3] | INT | 外部 | SOM_MyCont... | Application.POU | 禁用 | 无 |
| | [4] | INT | 外部 | SOM_MyCont... | Application.POU | 禁用 | 无 |
| | [5] | INT | 外部 | SOM_MyCont... | Application.POU | 禁用 | 无 |
| | [6] | INT | 外部 | SOM_MyCont... | Application.POU | 禁用 | 无 |
| | [7] | INT | 外部 | SOM_MyCont... | Application.POU | 禁用 | 无 |
| | VSD_For | BOOL | 外部 | SOM_MyCont... | Application.POU | 禁用 | 无 |
| | VSD_Hz | REAL | 外部 | SOM_MyCont... | Application.POU | 禁用 | 无 |
| | VSD_Rev | BOOL | 外部 | SOM_MyCont... | Application.POU | 禁用 | 无 |

图 9-67　触摸屏变量

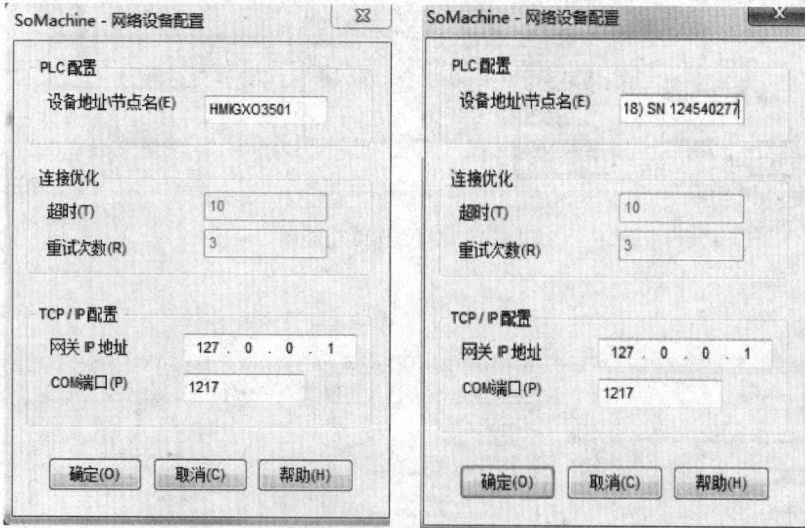

图 9-68　触摸屏 I/O 配置

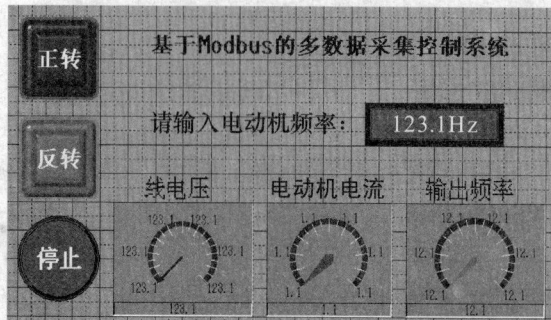

图 9-69　触摸屏界面设计

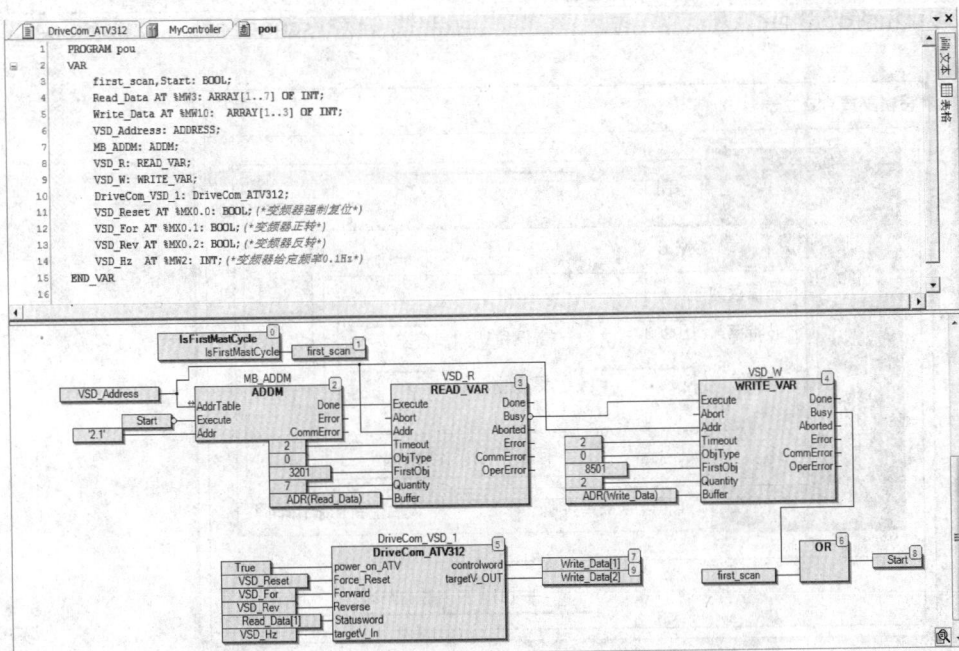

图 9-70　CFC 连续功能图

| 名称 | 描述 | 设备冗余 | 类型 | 厂家 | 型号 |
|---|---|---|---|---|---|
| ➡ M218PLC | PLC | 否 | PLC | SCHNEIDER(... | M218(MODB... |

图 9-71　配置设备地址

| 名称 | 描述 | 设备冗余 | 类型 | 厂家 | 型号 |
|------|------|----------|------|------|------|
| ➡ M218PLC | PLC | 否 | PLC | SCHNEIDER(... | M218(MODB... |

设备配置 - 第二步

串口： COM6  设置

串口设置 COM:6

通信参数

波特率： 19200　　奇偶校验： 偶校验

数据位： 8　　停止位： 1

保存　　取消

连续采集失败　3　次后重新初始化串口

< 上一步(B)　下一步(N) >　取消

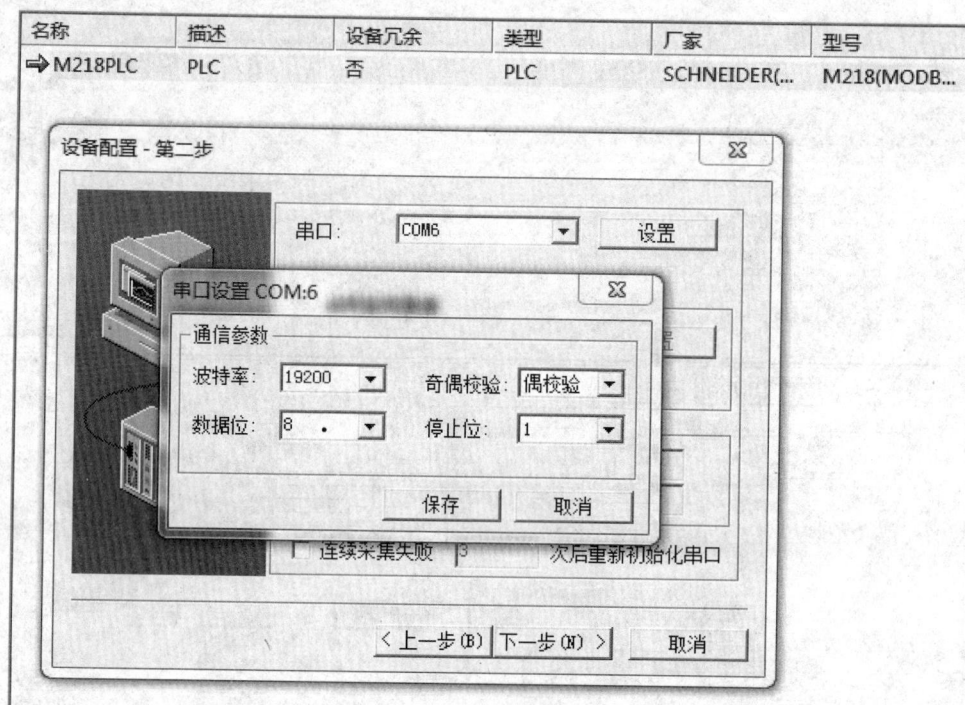

图 9-72　串口设置

| | NAME<br>[点名] | DESC<br>[说明] | %IOLINK<br>[I/O连接] | %HIS<br>[历史参数] | %LABEL<br>[标签] |
|---|------|------|---------|------|--------|
| 1 | VSD_Hz | | PV=M218PLC:%MW2 \| INT | | 报警未打开 |
| 2 | cmd | | PV=M218PLC:%MW8 \| WORD | | 报警未打开 |
| 3 | fre_out | | PV=M218PLC:%MW4 \| INT | | 报警未打开 |
| 4 | mmm | | | | 报警未打开 |
| 5 | VSD_For | | PV=M218PLC:%MX0.1 \| BOOL | | 报警未打开 |
| 6 | VSD_Rev | | PV=M218PLC:%MX0.2 \| BOOL | | 报警未打开 |
| 7 | V_OUT | | PV=M218PLC:%MW9 \| INT | | 报警未打开 |
| 8 | I_OUT | | PV=M218PLC:%MW6 \| INT | | 报警未打开 |

图 9-73　数据库连接

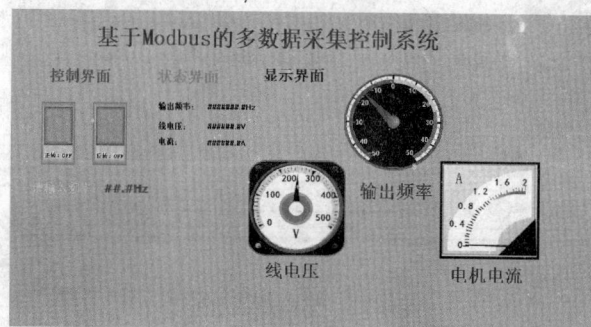

图 9-74　力控组态界面设计

```
进入程序  √ 程序运行周期执行 退出程序
VSD_Hz.PV = mmm.PV *10 - 68;
```

图 9-75 脚本程序

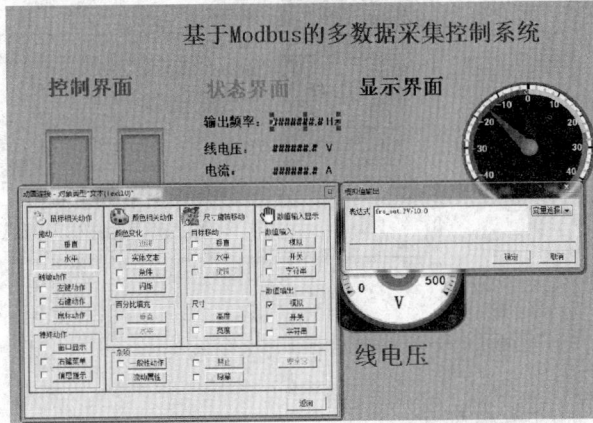

图 9-76 变量关联动画设计

（7）显示部分设计。以频率测量仪表为例，如图 9-77 所示。

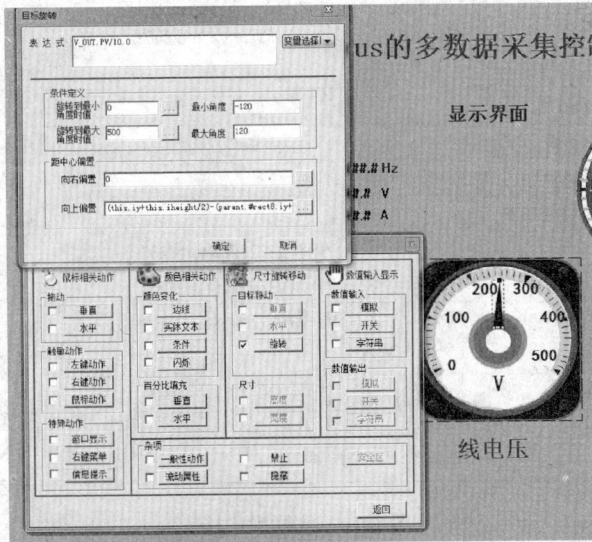

图 9-77 频率测量仪表动画设计

5. 力控直接控制变频器

（1）力控组态 I/O 设备设置。配置设备地址，如图 9-78 所示。

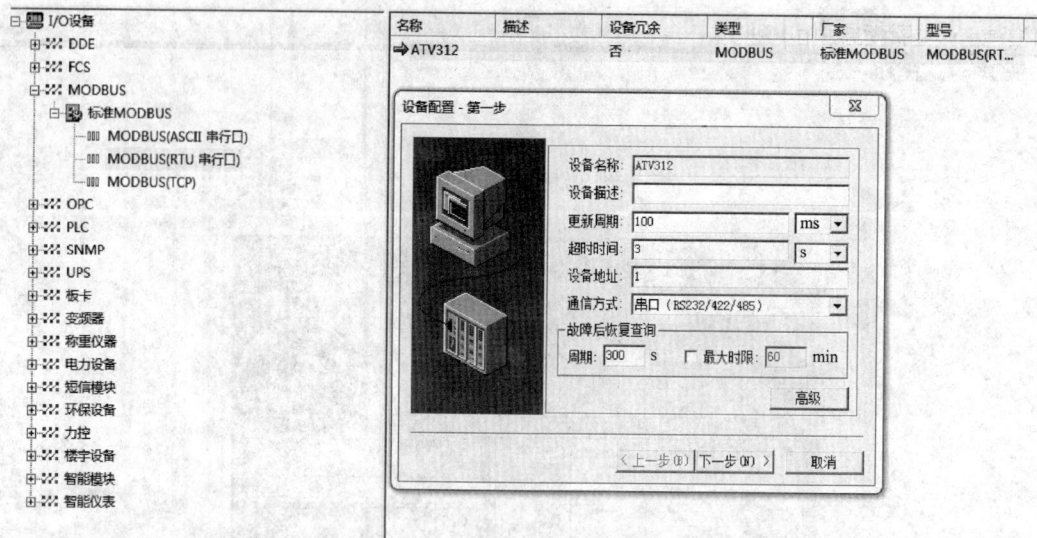

图 9-78　配置设备地址

（2）数据库连接，如图 9-79 所示。

| | NAME<br>[点名] | DESC<br>[说明] | %IOLINK<br>[I/O连接] | %HIS<br>[历史参数] | %LABEL<br>[标签] |
|---|---|---|---|---|---|
| 1 | ETA_16 | | PV=ATV312:HR Byte/H:3202 | | 报警未打开 |
| 2 | CMD | konzhizi | PV=ATV312:HR Word:8502 | | 报警未打开 |
| 3 | CMD_8502 | fre_in | PV=ATV312:HR Word:8503 | | 报警未打开 |
| 4 | Start | | | | 报警未打开 |
| 5 | Statusword | | | | 报警未打开 |
| 6 | controlword | | | | 报警未打开 |
| 7 | targetV_OUT | | | | 报警未打开 |
| 8 | Force_Reset_RTRIG | | | | 报警未打开 |
| 9 | RFR | | PV=ATV312:HR Short:3203 | | 报警未打开 |
| 10 | OUT_V | | PV=ATV312:HR Short:3208 | | 报警未打开 |
| 11 | I_out | | PV=ATV312:HR Short:3205 | | 报警未打开 |
| 12 | power_on_ATV | | | | 报警未打开 |
| 13 | FORWARD | | | | 报警未打开 |
| 14 | Reverse | | | | 报警未打开 |

图 9-79　数据库连接

在力控组态软件中，由于数据库寄存器偏移量从 1 开始，因此与手册中对应的寄存器要加 1。

（3）力控组态界面设计，如图 9-80 所示。

（4）编写脚本程序，如图 9-81 所示。

（5）程序运行，如图 9-82 所示。

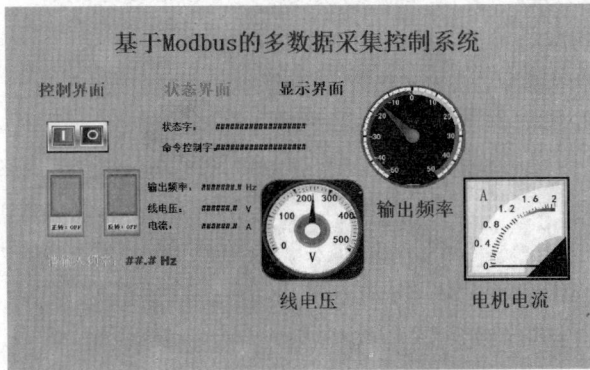

图 9-80 力控组态界面设计

```
IF power_on_ATV.PV ==1 THEN
    IF ETA_16.PV == 64 THEN
          CMD.PV = 6;
    ELSE
          IF ETA_16.PV == 33 THEN // Check fo ready to switch on
             CMD.PV = 7;
          ELSE
             IF ETA_16.PV == 35 THEN
                CMD.PV = 4111;
             ELSE
                IF ETA_16.PV == 39 THEN
                   IF FORWARD.PV ==1 && Reverse.PV==0 THEN
                      CMD.PV=15;
                   ELSE
                      IF Reverse.PV ==1 && FORWARD.PV ==0 THEN
                         CMD.PV=2063;
                      ELSE
                         CMD.PV=4111;
                      ENDIF
                   ENDIF
                ELSE
                   IF ETA_16.PV == 8 || ETA_16.PV == 40 THEN
                      CMD.PV=128;
                   ENDIF
                ENDIF
             ENDIF
          ENDIF
    ENDIF
CMD_8502.PV = targetV_OUT.PV * 10 - 68;
ELSE
CMD.PV = 0;
CMD_8502.PV = 0;
ENDIF
```

图 9-81 脚本程序

6. 控制智能电动机启动器

通过 Modbus 协议控制智能电动机启动器与 ATV312 变频器过程相同，只在硬件连接、软件配置流程中有少许差异，以下只以力控组态软件直接控制智能电机启动器为例，叙述设计过程。

（1）力控组态 I/O 设备设置。

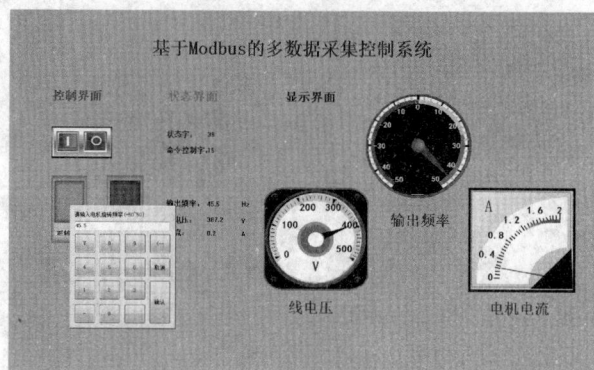

图 9-82　运行界面

第一步：配置设备地址。

第二步：串口设置。

（2）数据库连接，如图 9-83 所示。数据库连接，主要参考《Modbus LULC033 通信模块用户手册 2006》第 47 页。

| | NAME<br>[点名] | DESC<br>[说明] | %IOLINK<br>[I/O连接] | %HIS<br>[历史参数] | %LABEL<br>[标签] |
|---|---|---|---|---|---|
| 1 | jinggaoqe... | | PV=TeSys_U:HR Word:704.3 | | 报警未打开 |
| 2 | OA1_1 | | PV=TeSys_U:HR Byte/H:687 | | 报警未打开 |
| 3 | OA1_2 | | PV=TeSys_U:HR Byte/L:687 | | 报警未打开 |
| 4 | fanzhuan | | PV=TeSys_U:HR Word:685.0 | | 报警未打开 |
| 5 | cmd_mod | | PV=TeSys_U:HR Word:684 | | 报警未打开 |
| 6 | err_deal | | PV=TeSys_U:HR Word:683 | | 报警未打开 |
| 7 | ID | | PV=TeSys_U:HR Word:681 | | 报警未打开 |
| 8 | cmd_unit | | PV=TeSys_U:HR Word:603 | | 报警未打开 |
| 9 | zhengzhuan | | PV=TeSys_U:HR Word:705.0 | | 报警未打开 |
| 10 | fanzhaun7... | | PV=TeSys_U:HR Word:705.1 | | 报警未打开 |
| 11 | I_AV | | PV=TeSys_U:HR Word:467 | | 报警未打开 |

图 9-83　数据库连接

软件配置的主要流程如下：

1）控制单元配置。

2）控制单元 ID。

3）超时时长。

4）故障处理模式。

5）应用 LUTM 控制器时的控制模式。

6）输出状态的反逻辑。

7）指派 LO1、OA1、OA3、13 和 23 的输出。

8）断电后的恢复。

9）控制单元识别。

（3）力控组态界面设计，如图 9-84 所示。

图 9-84　力控组态界面设计

（4）程序运行，如图 9-85 所示。

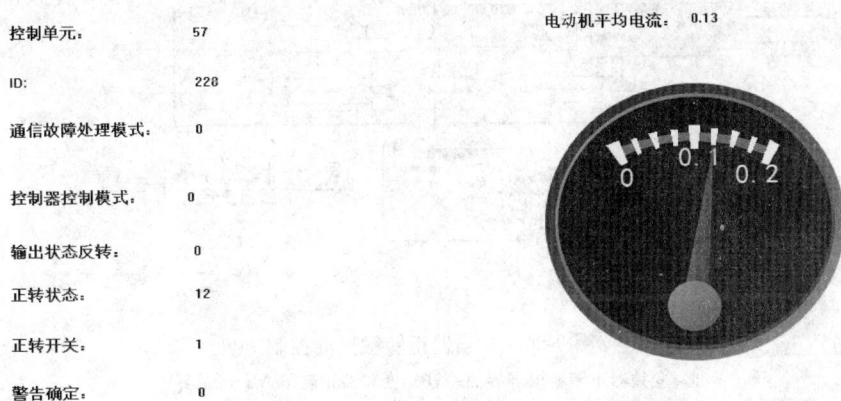

图 9-85　运行界面

参数解释主要参考《Modbus LULC033 通信模块用户手册 2006》第 54 页。

主要操作：

1）通信故障处理模式。强制停止（出厂值），此位置 0 可以消除开电后红色 "ERR"。

2）发光二极管闪烁的通信问题。

3）控制器控制模式。通过总线远程控制模式（0）。

4）输出状态反转/正转开关。由于实验台智能电机启动器控制底座只能使电动机正转，此位可通过置 1 启动电动机，置 0 停止电动机。

5）警告确认。当发生警告问题时，可通过此位置 1，确认警告。

7. 触摸屏控制

变频器正转，触摸屏界面如图 9-86（a）所示，SoMachine 界面如图 9-86（b）所示。

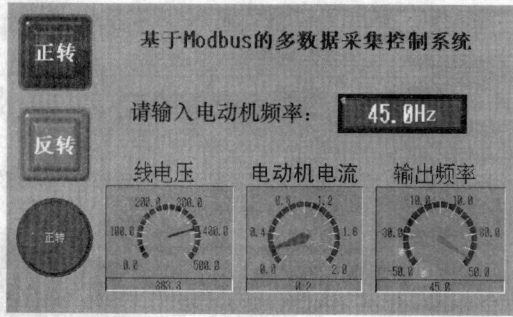

（a）

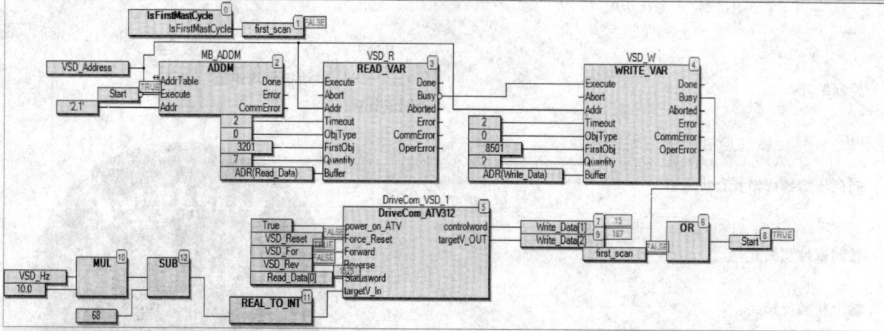

（b）

图 9-86　变频器正转触摸屏控制

（a）变频器正转触摸屏界面；（b）变频器正转 SoMachine 界面

8. 力控组态控制

变频器正转，力控组态界面如图 9-87（a）所示，SoMachine 界面如图 9-87（b）所示。

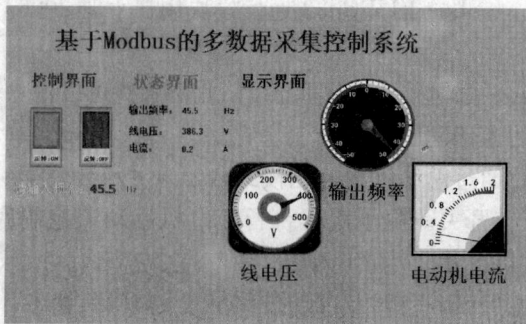

（a）

图 9-87　变频器正转力控组态控制（一）

（a）变频器正转组态界面

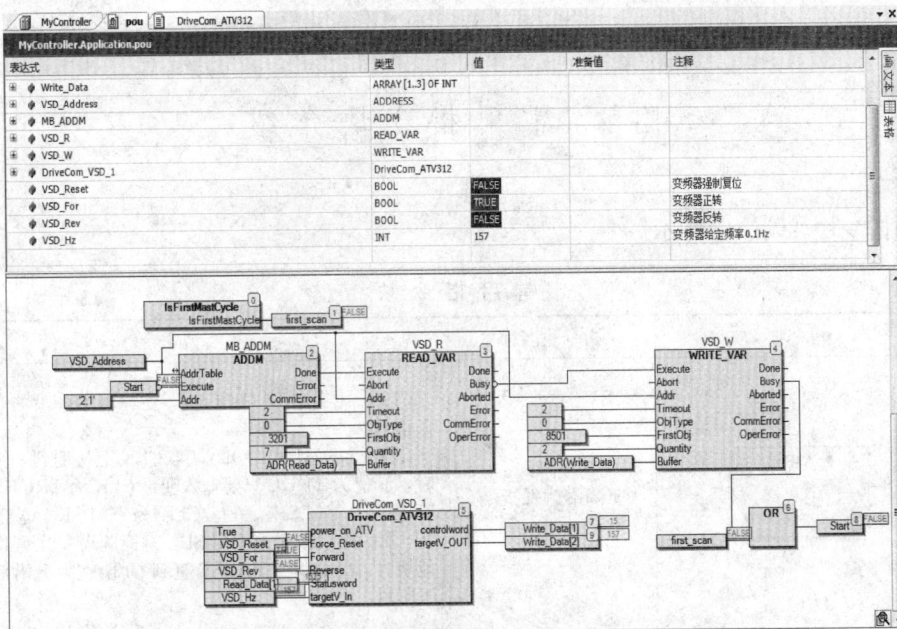

（b）

图 9-87　变频器正转力控组态控制（二）

（b）变频器正转 SoMachine 界面

9. 控制智能电机启动器

将通信故障处理模式置 0，控制器控制模式置 0，正转开关置 1，电机启动，测得电动机平均电流为 0.13A。

# 附录　常用指令块介绍

常用指令块如附表1所示。

**附表1** 　　　　　　　　　　　　**常用指令块**

| 序号 | 指令块 | 指令块名称 | 功能 |
|---|---|---|---|
| 1 | F_TRIG<br>CLK　Q | 下降沿触发指令 | CLK——布尔型（BOOL），被检测下降沿的布尔型输入信号。<br>Q——布尔型（BOOL），当 CLK 上检测到一个下降沿时，其值为 TRUE 只要输入变量 CLK 为 TRUE，输出 Q 都保持为 FALSE。一旦 CLK 为 FALSE，Q 会先返回 TRUE，然后被置为 FALSE。这意味着每次调用这个功能块时，Q 会返回 FALSE 直到 CLK 在上升沿后有一个下降沿 |
| 2 | R_TRIG<br>CLK　Q | 上升沿触发指令 | CLK——布尔型（BOOL），被检测上升沿的布尔型输入信号。<br>Q——布尔型（BOOL），当 CLK 上检测到一个上升沿时，其值为 TRUE 只要输入变量 CLK 为 FALSE，输出 Q 保持为 FALSE。一旦 CLK 为 TRUE，Q 会先返回 TRUE，然后被置为 FALSE。这意味着每次调用这个功能块时，Q 会返回 FALSE 直到 CLK 在下降沿后有一个上升沿 |
| 3 | TRUNC<br>EN　ENO<br>Var1　　Var2 | 截尾取整指令 | EN——功能块使能（BOOL），当其为高电平时，TRUNC 功能块被激活。<br>Var1——实数。<br>ENO——辅助输出（BOOL），一旦 EN 为高电平时，其值为高电平。<br>Var2——输出双整数（DINT） |
| 4 | MOD<br>EN　ENO<br>Var1　　Var3<br>Var2 | 取余指令 | EN——功能块使能（BOOL），当其为高电平时，MOD 功能块被激活。<br>Var1——被除数。<br>Var2——除数。<br>ENO——辅助输出（BOOL），一旦 EN 为高电平时，其值为高电平。<br>Var3——余数 |
| 5 | SIN<br>EN　ENO<br>Var1　　Var2 | 正弦函数 | EN——功能块使能（BOOL），当其为高电平时，SIN 功能块被激活。<br>Var1——操作数（基本数据类型）。<br>ENO——布尔型（BOOL），一旦 EN 为 TRUE 时，其值为 TRUE。<br>Var2——正弦值（REAL、LREAL） |

续表

| 序号 | 指令块 | 指令块名称 | 功能 |
|---|---|---|---|
| 6 | COS<br>EN　ENO<br>Var1　Var2 | 余弦函数 | EN——功能块使能（BOOL），当其为高电平时，COS功能块被激活。<br>Var1——操作数（基本数据类型）。<br>ENO——布尔型（BOOL），一旦 EN 为 TRUE 时，其值为 TRUE。<br>Var2——值（REAL、LREAL） |
| 7 | TAN<br>EN　ENO<br>Var1　Var2 | 正切函数 | EN——功能块使能（BOOL），当其为高电平时，TAN功能块被激活。<br>Var1——操作数（基本数据类型）。<br>ENO——布尔型（BOOL），一旦 EN 为 TRUE 时，其值为 TRUE。<br>Var2——值（REAL、LREAL） |
| 8 | ASIN<br>EN　ENO<br>Var1　Var2 | 反正弦函数 | EN——功能块使能（BOOL），当其为高电平时，ASIN功能块被激活。<br>Var1——操作数（基本数据类型）。<br>ENO——布尔型（BOOL），一旦 EN 为 TRUE 时，其值为 TRUE。<br>Var2——值（REAL、LREAL） |
| 9 | ACOS<br>EN　ENO<br>Var1　Var2 | 反余弦函数 | EN——功能块使能（BOOL），当其为高电平时，ACOS功能块被激活。<br>Var1——操作数（基本数据类型）。<br>ENO——布尔型（BOOL），一旦 EN 为 TRUE 时，其值为 TRUE<br>Var2——值（REAL、LREAL） |
| 10 | ATAN<br>EN　ENO<br>Var1　Var2 | 反正切函数 | EN——功能块使能（BOOL），当其为高电平时，ATAN功能块被激活。<br>Var1——操作数（基本数据类型）。<br>ENO——布尔型（BOOL），一旦 EN 为 TRUE 时，其值为 TRUE。<br>Var2——值（REAL、LREAL） |
| 11 | ABS<br>EN　ENO<br>Var1　Var2 | 取绝对值函数 | EN——功能块使能（BOOL），当其为高电平时，ABS功能块被激活。<br>Var1——操作数（基本数据类型）。<br>ENO——布尔型（BOOL），一旦 EN 为 TRUE 时，其值为 TRUE。<br>Var2——值（基本数据类型） |
| 12 | EXP<br>EN　ENO<br>Var1　Var2 | 指数函数 | EN——功能块使能（BOOL），当其为高电平时，EXP功能块被激活。<br>Var1——操作数（基本数据类型）。<br>ENO——布尔型（BOOL），一旦 EN 为 TRUE 时，其值为 TRUE。<br>Var2——值（REAL、LREAL） |

| 序号 | 指令块 | 指令块名称 | 功能 |
|---|---|---|---|
| 13 | EXPT<br>EN ENO<br>Var1 Var3<br>Var2 | 幂函数 | EN——功能块使能（BOOL），当其为高电平时，EX-PT 功能块被激活。<br>Var1——操作数（基本数据类型）。<br>Var2——操作数（基本数据类型）。<br>ENO——布尔型（BOOL），一旦 EN 为 TRUE 时，其值为 TRUE。<br>Var3——值（REAL、LREAL） |
| 14 | LOG<br>EN ENO<br>Var1 Var2 | 对数函数 | EN——功能块使能（BOOL），当其为高电平时，LOG 功能块被激活。<br>Var1——操作数（基本数据类型）。<br>ENO——布尔型（BOOL），一旦 EN 为 TRUE 时，其值为 TRUE。<br>Var2——值（REAL、LREAL） |
| 15 | LN<br>EN ENO<br>Var1 Var2 | 自然对数函数 | EN——功能块使能（BOOL），当其为高电平时，LN 功能块被激活。<br>Var1——操作数（基本数据类型）。<br>ENO——布尔型（BOOL），一旦 EN 为 TRUE 时，其值为 TRUE。<br>Var2——值（REAL、LREAL） |
| 16 | ADR<br>EN ENO<br>Var1 Var2 | 取地址指令 | EN——功能块使能（BOOL），当其为高电平时，ADR 功能块被激活。<br>Var1——操作数（基本数据类型）。<br>ENO——布尔型（BOOL），一旦 EN 为 TRUE 时，其值为 TRUE。<br>Var2——指针地址 |
| 17 | SIZEOF<br>EN ENO<br>Var1 Var2 | 字节长度指令 | EN——功能块使能（BOOL），当其为高电平时，SI-ZEOF 功能块被激活。<br>Var1——操作数（基本数据类型）。<br>ENO——布尔型（BOOL），一旦 EN 为 TRUE 时，其值为 TRUE。<br>Var2——变量 2，存储操作数 1 的数据类型所需字节数的数据 |
| 18 | SEL<br>EN ENO<br>g_e G Var3<br>Var1 IN0<br>Var2 IN1 | 二选一指令 | EN——功能块使能（BOOL），当其为高电平时，SEL 功能块被激活。<br>g_e——布尔型（BOOL），输入 FALSE 时，Var3：＝Var1，输入 TRUE 时，Var3：＝Var2。<br>Var1、Var2——操作数（任意类型）。<br>ENO——布尔型（BOOL），一旦 EN 为 TRUE 时，其值为 TRUE。<br>Var3——值（任意类型），二选一所得的值 |
| 19 | MUX<br>EN ENO<br>k_e K Var5<br>Var1<br>Var2<br>Var3<br>Var4 | 多选一指令 | EN——功能块使能（BOOL），当其为高电平时，MUX 功能块被激活。<br>k_e——布尔型（BOOL），k 的值会决定选中第几个输入引脚作为输出。<br>Var1、Var2、Var3、Var4——操作数（任意类型）。<br>ENO——布尔型（BOOL），一旦 EN 为 TRUE 时，其值为 TRUE。<br>Var5——值（任意类型），多选一所得的值 |

| 序号 | 指令块 | 指令块名称 | 功能 |
|---|---|---|---|
| 20 | LIMIT<br>EN　ENO<br>Var1—MN<br>Var2—IN　—Var4<br>Var3—MX | 取极限指令 | EN——功能块使能（BOOL），当其为高电平时，LIMIT 功能块被激活。<br>Var1——操作数（任意类型）。<br>Var2——操作数（任意类型）。<br>Var3——操作数（任意类型）。<br>ENO——布尔型（BOOL），一旦 EN 为 TRUE 时，其值为 TRUE。<br>Var4——值（任意类型），取极限所得的值 |
| 21 | MAX<br>EN　ENO<br>Var1—<br>Var2—　—Var3 | 取最大值指令 | EN——功能块使能（BOOL），当其为高电平时，MAX 功能块被激活。<br>Var1——操作数（任意类型）。<br>Var2——操作数（任意类型）。<br>ENO——布尔型（BOOL），一旦 EN 为 TRUE 时，其值为 TRUE。<br>Var3——值（任意类型），取最大所得的值 |
| 22 | MIN<br>EN　ENO<br>Var1—<br>Var2—　—Var3 | 取最小值指令 | EN——功能块使能（BOOL），当其为高电平时，MIN 功能块被激活。<br>Var1——操作数（任意类型）。<br>Var2——操作数（任意类型）。<br>ENO——布尔型（BOOL），一旦 EN 为 TRUE 时，其值为 TRUE。<br>Var3——值（任意类型），取最小所得的值 |
| 23<br>(1) | BOOL_TO_BYTE<br>EN　ENO<br>Var1—　—Var2 | 数据类型＞（布尔类型转换指令 | EN——功能块使能（BOOL），当其为高电平时，BOOL_TO_BYTE 功能块被激活。<br>Var1——操作数（BOOL）。<br>ENO——布尔型（BOOL），一旦 EN 为 TRUE 时，其值为 TRUE。<br>Var2——值（BYTE），转换的值 |
| 23<br>(2) | BOOL_TO_STRING<br>EN　ENO<br>Var1—　—Var2 | BOOL_TO_STRING | EN——功能块使能（BOOL），当其为高电平时，BOOL_TO_STRING 功能块被激活。<br>Var1——操作数（BOOL）。<br>ENO——布尔型（BOOL），一旦 EN 为 TRUE 时，其值为 TRUE。<br>Var2——值（STRING），转换的值 |
| 24 | BYTE_TO_WORD<br>EN　ENO<br>Var1—　—Var2 | 字节类型转换指令 | EN——功能块使能（BOOL），当其为高电平时，BYTE_TO_WORD 功能块被激活。<br>Var1——操作数（BYTE）。<br>ENO——布尔型（BOOL），一旦 EN 为 TRUE 时，其值为 TRUE。<br>Var2——值（WORD），转换的值 |
| 25<br>(1) | DATE_TO_WORD<br>EN　ENO<br>Var1—　—Var2 | 日期转换指令 | EN——功能块使能（BOOL），当其为高电平时，DATE_TO_WORD 功能块被激活。<br>Var1——操作数（DATE）。<br>ENO——布尔型（BOOL），一旦 EN 为 TRUE 时，其值为 TRUE。<br>Var2——值（WORD），转换的值 |

| 序号 | 指令块 | 指令块名称 | 功能 |
|---|---|---|---|
| 25 (2) | DATE_TO_STRING | DATE_TO_STRING | EN——功能块使能（BOOL），当其为高电平时，DATE_TO_STRING 功能块被激活。<br>Var1——操作数（DATE）。<br>ENO——布尔型（BOOL），一旦 EN 为 TRUE 时，其值为 TRUE。<br>Var2——值（STRING），转换的值 |
| 26 (1) | INT_TO_BOOL | 整数转换指令 INT_TO_BOOL | EN——功能块使能（BOOL），当其为高电平时，INT_TO_BOOL 功能块被激活。<br>Var1——操作数（INT）。<br>ENO——布尔型（BOOL），一旦 EN 为 TRUE 时，其值为 TRUE。<br>Var2——值（BOOL），转换的值 |
| 26 (2) | INT_TO_STRING | 整数转换指令 INT_TO_STRING | EN——功能块使能（BOOL），当其为高电平时，INT_TO_STRING 功能块被激活。<br>Var1——操作数（INT）。<br>ENO——布尔型（BOOL），一旦 EN 为 TRUE 时，其值为 TRUE。<br>Var2——值（STRING），转换的值 |
| 27 | REAL_TO_LINT | 实数/长实数类型转换 | EN——功能块使能（BOOL），当其为高电平时，REAL_TO_DINT 功能块被激活。<br>Var1——操作数（REAL）。<br>ENO——布尔型（BOOL），一旦 EN 为 TRUE 时，其值为 TRUE。<br>Var2——值（LINT），转换的值 |
| 28 | STRING_TO_DINT | 字符串类型转换命令 | EN——功能块使能（BOOL），当其为高电平时，STRING_TO_DINT 功能块被激活。<br>Var1——操作数（STRING）。<br>ENO——布尔型（BOOL），一旦 EN 为 TRUE 时，其值为 TRUE。<br>Var2——值（DINT），转换的值。 |

1. F_TRIG（下降沿触发指令）分析及仿真

（1）分析。如附图 1 所示，当 start 输入一个由 TRUE 变为 FALSE 的下降沿，则 F_TRIG 的输出 Q 也输出一个由 FALSE 变为 TRUE 的上升沿，然后再变为 FALSE。

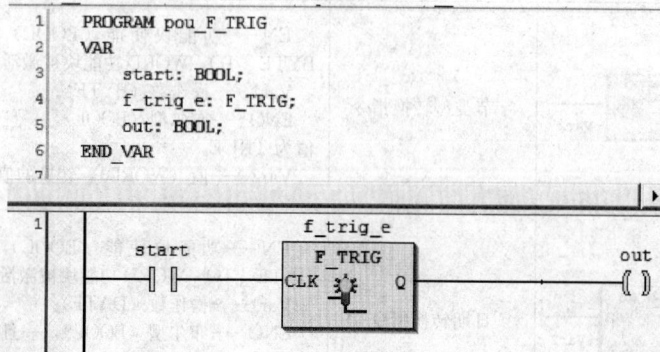

附图 1  F_TRIG（下降沿触发指令）示例程序

（2）仿真。附图 2 所示为 F_TRIG（下降沿触发指令）程序仿真。

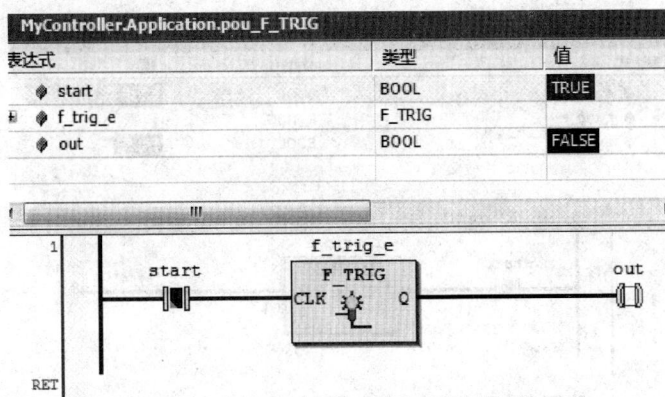

附图 2　F_TRIG（下降沿触发指令）示例程序仿真

（3）波形。附图 3 所示为 F_TRIG（下降沿触发指令）程序输出波形的仿真。

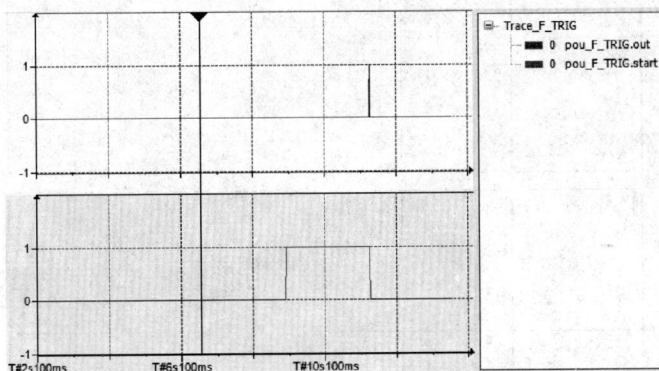

附图 3　F_TRIG（下降沿触发指令）示例程序仿真波形

2. R_TRIG（上升沿触发指令）分析及仿真

（1）分析。如附图 4 所示，当 start 输入一个由 FALSE 变为 TRUE 的上升沿，则 R_TRIG 的输出 Q 也输出一个由 FALSE 变为 TRUE 的上升沿，然后再变为 FALSE。

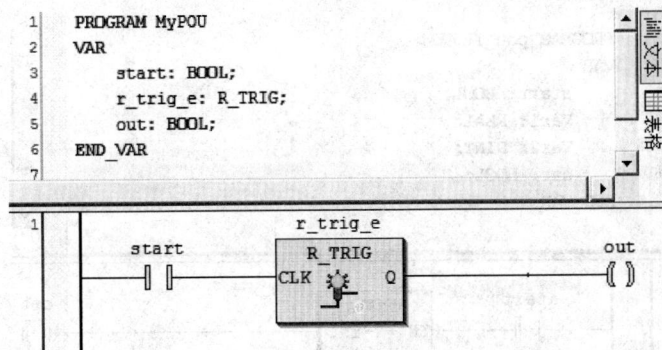

附图 4　R_TRIG（上升沿触发指令）示例程序

（2）仿真。附图5所示为 R＿TRIG（上升沿触发指令）程序仿真。

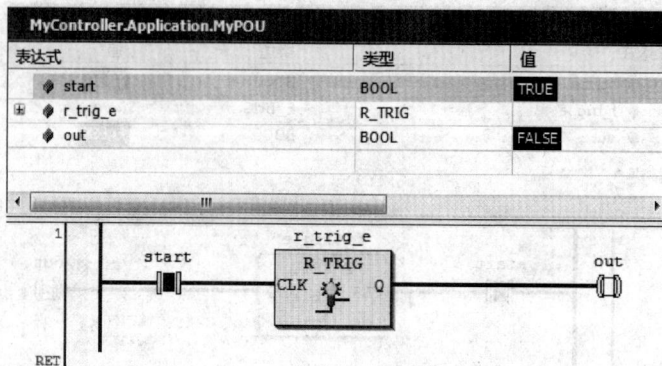

附图5　R＿TRIG（上升沿触发指令）程序仿真

（3）波形。附图6所示为 R＿TRIG（上升沿触发指令）程序输出波形的仿真。

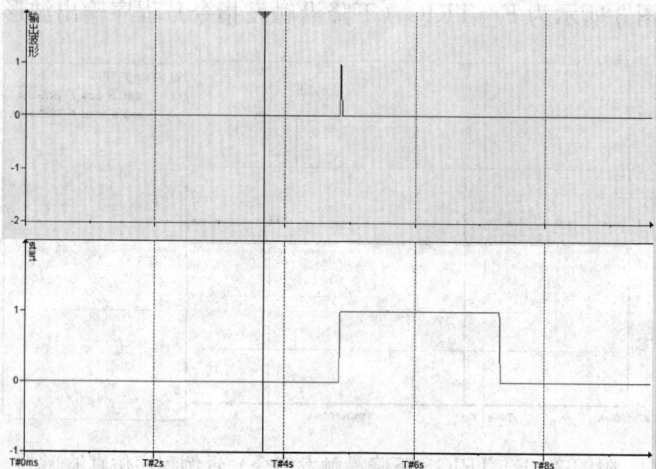

附图6　R＿TRIG（上升沿触发指令）示例程序仿真波形

3. TRUNC（截尾取整指令）分析及仿真

（1）分析。如附图7所示，当 start 为 TRUE 时，TRUNC 执行把操作数 Var1 截尾取整的运算，即当 Var1＝8.88 时，取其整数部分，并把结果输出到 Var2，即 Var2＝8。

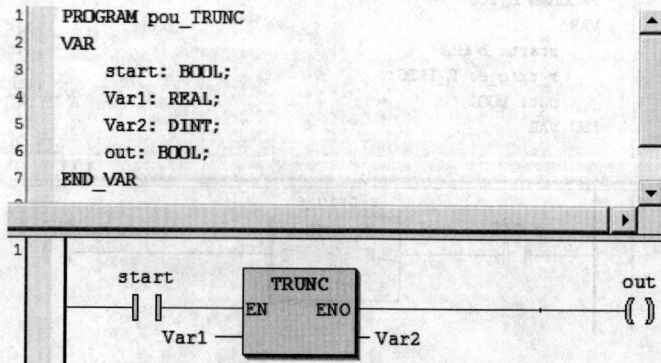

附图7　TRUNC（截尾取整指令）示例程序

（2）仿真。附图 8 所示为 TRUNC（截尾取整指令）程序仿真。

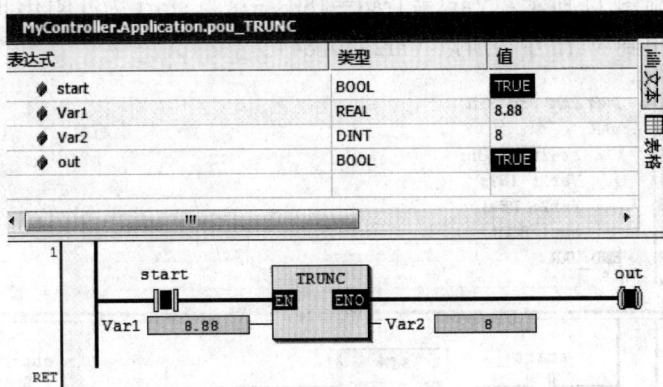

附图 8　TRUNC（截尾取整指令）程序仿真

4. MOD（取余指令）分析及仿真

（1）分析。如附图 9 所示，当 start 为 TRUE 时，MOD 指令执行 Var1 除以 Var2，并把余数输出到 Var3 中；当 Var1＝21，Var2＝5 时，余数 Var3＝1。

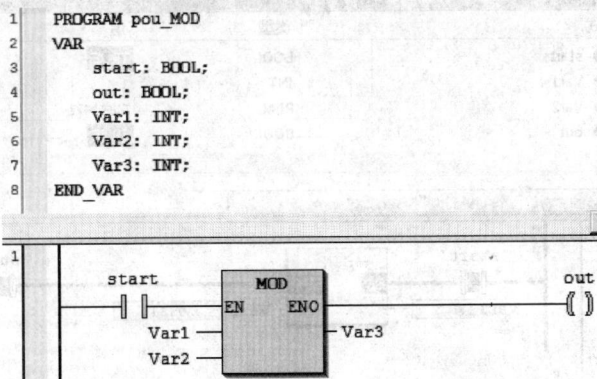

附图 9　MOD（取余指令）示例程序

（2）仿真。附图 10 所示为 MOD（取余指令）程序仿真。

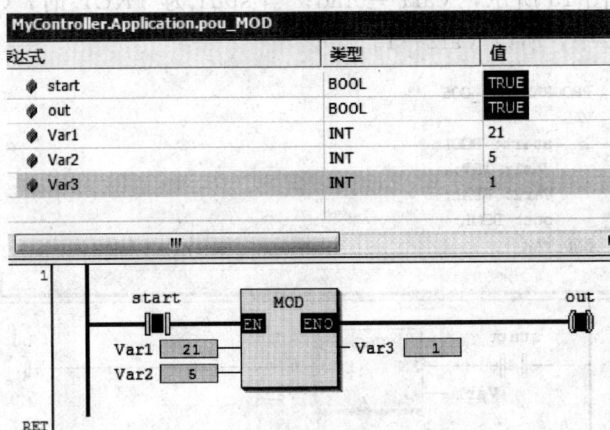

附图 10　MOD（取余指令）程序仿真

5. SIN（正弦函数）分析及仿真

（1）分析。如附图 11 所示，$Var1=1rad=180°/\pi$；当 start 为 TRUE 时，SIN 执行正弦计算，将正弦值输出到 Var2 中，所以 $Var2=0.841$。

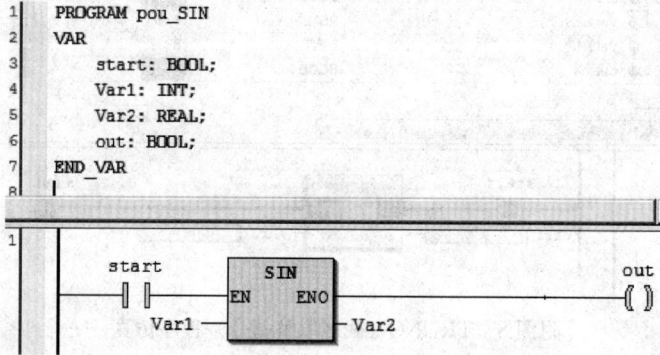

附图 11　SIN（正弦函数）示例程序

（2）仿真。附图 12 所示为 SIN（正弦函数）程序仿真。

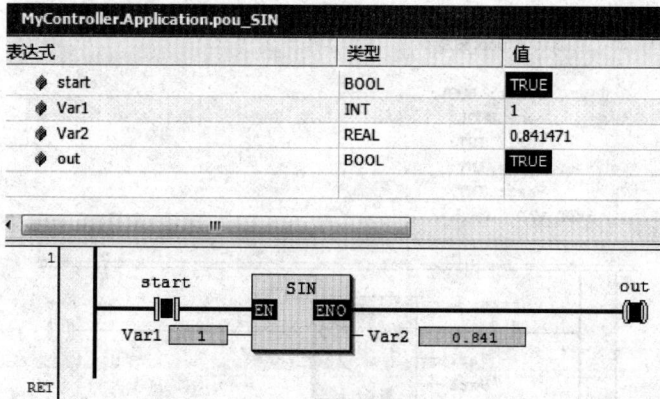

附图 12　SIN（正弦函数）程序仿真

6. COS（余弦函数）分析及仿真

（1）分析。如附图 13 所示，$Var1=0rad$；当 start 为 TRUE 时，COS 执行余弦运算，将余弦值输出到 Var2 中，所以 $Var2=1$。

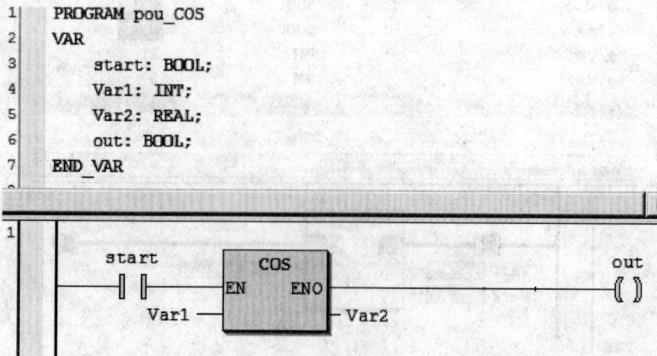

附图 13　COS（余弦函数）示例程序

（2）仿真。附图 14 所示为 COS（余弦函数）程序仿真。

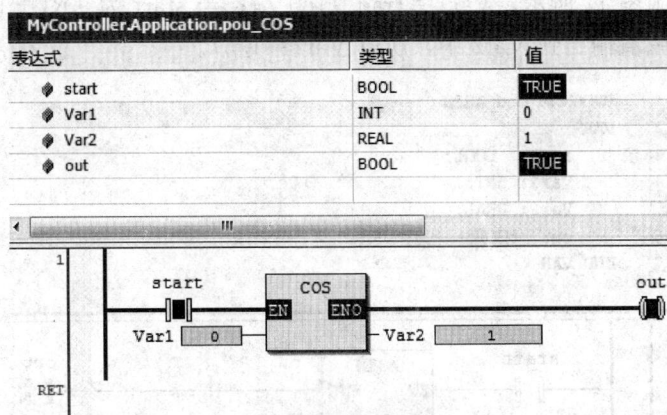

附图 14 COS（余弦函数）程序仿真

7. TAN（正切函数）分析及仿真

（1）分析。如附图 15 所示，Var1＝1rad；当 start 为 TRUE 时，TAN 执行正切运算，将正切值输出到 Var2 中，所以 Var2＝1.56。

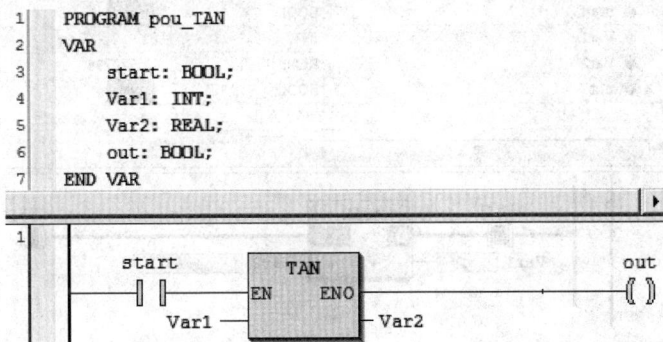

附图 15 TAN（正切函数）示例程序

（2）仿真。附图 16 所示为 TAN（正切函数）程序仿真。

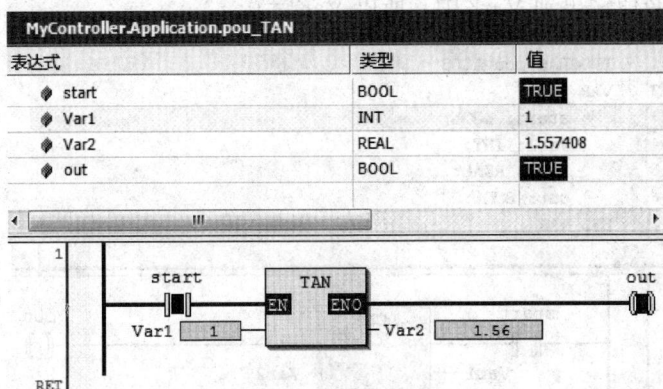

附图 16 TAN（正切函数）程序仿真

8. ASIN（反正弦函数）分析及仿真

（1）分析。如附图 17 所示，Var1＝1rad＝180°/π；当 start 为 TRUE 时，ASIN 执行反正弦运算，将反正弦值输出到 Var2 中，所以 Var2＝1.57。

```
1    PROGRAM pou_ASIN
2    VAR
3        start: BOOL;
4        Var1: INT;
5        Var2: REAL;
6        out: BOOL;
7    END_VAR
```

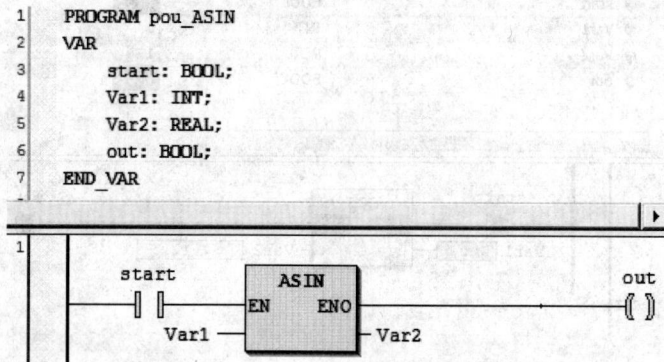

附图 17　ASIN（反正弦函数）示例程序

（2）仿真。附图 18 所示为 ASIN（反正弦函数）程序仿真。

| MyController.Application.pou_ASIN | | |
|---|---|---|
| 表达式 | 类型 | 值 |
| ◆ start | BOOL | TRUE |
| ◆ Var1 | INT | 1 |
| ◆ Var2 | REAL | 1.570796 |
| ◆ out | BOOL | TRUE |

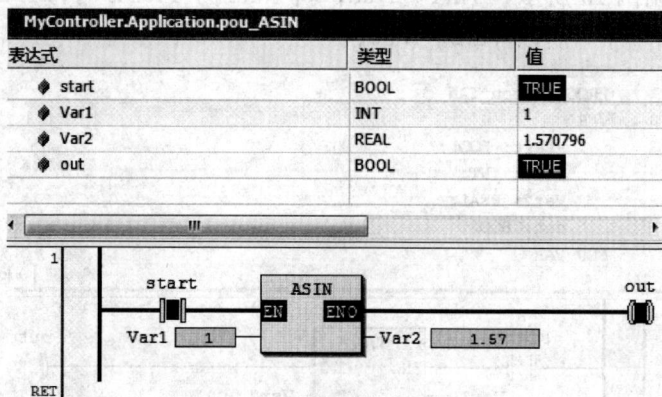

附图 18　ASIN（反正弦函数）程序仿真

9. ACOS（反余弦函数）分析及仿真

（1）分析。如附图 19 所示，Var1＝1rad＝180°/π；当 start 为 TRUE 时，ACOS 执行反余弦运算，将反余弦值输出到 Var2 中，所以 Var2＝0。

```
1    PROGRAM pou_ACOS
2    VAR
3        start: BOOL;
4        Var1: INT;
5        Var2: REAL;
6        out: BOOL;
7    END_VAR
```

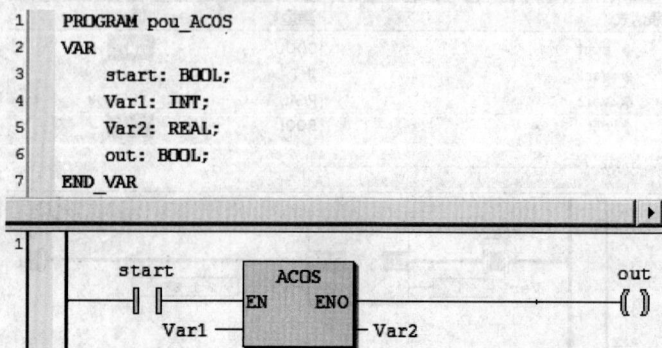

附图 19　ACOS（反余弦函数）示例程序

（2）仿真。附图 20 所示为 ACOS（反余弦函数）程序仿真。

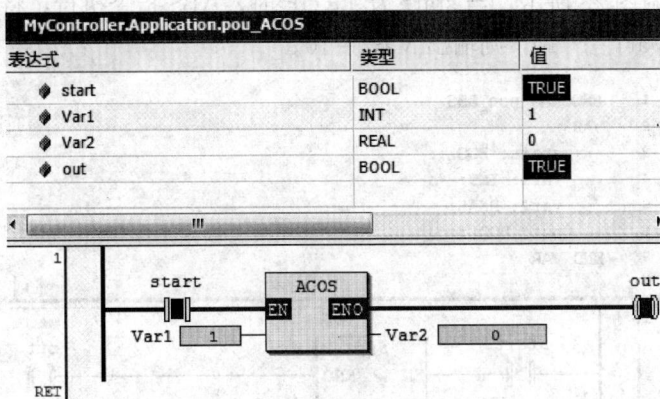

附图 20　ACOS（反余弦函数）程序仿真

10. ATAN（反正切函数）分析及仿真

（1）分析。如附图 21 所示，$Var1 = 1rad = 180°/\pi$；当 start 为 TRUE 时，ATAN 执行反正切运算，将反余弦值输出到 Var2 中，所以 $Var2 = 0.785$。

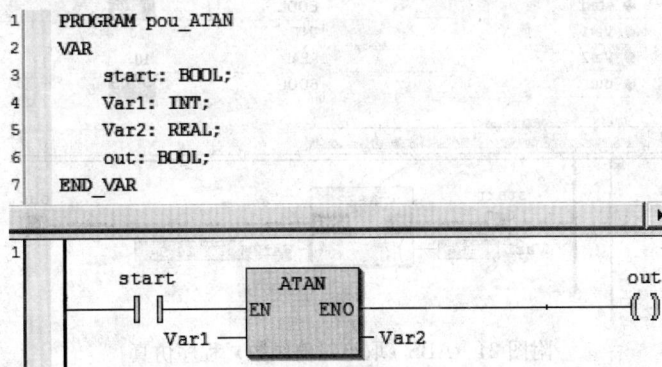

附图 21　ATAN（反正切函数）示例程序

（2）仿真。附图 22 所示为 ATAN（反正切函数）程序仿真。

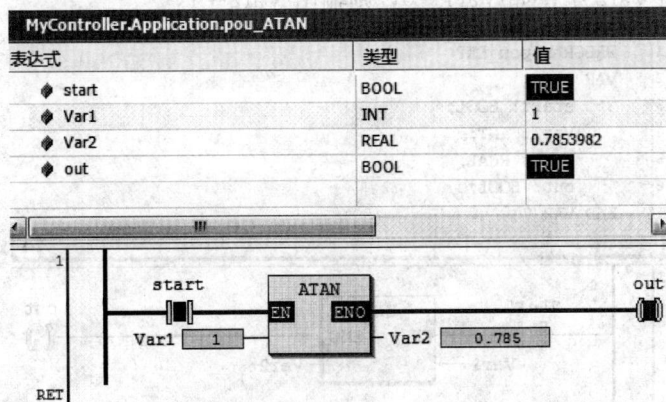

附图 22　ATAN（反正切函数）程序仿真

11. ABS（取绝对值函数）分析及仿真

（1）分析。如附图 23 所示，当 start 为 TRUE 时，ABS 指令执行，将 Var1 的绝对值输出到 Var2 中；如 Var1＝－10，则输出 Var2＝10。

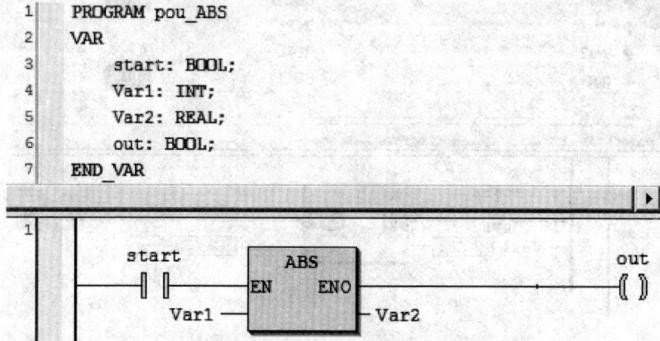

```
1    PROGRAM pou_ABS
2    VAR
3        start: BOOL;
4        Var1: INT;
5        Var2: REAL;
6        out: BOOL;
7    END_VAR
```

附图 23　ABS（取绝对值函数）示例程序

（2）仿真。附图 24 所示为 ABS（取绝对值函数）程序仿真。

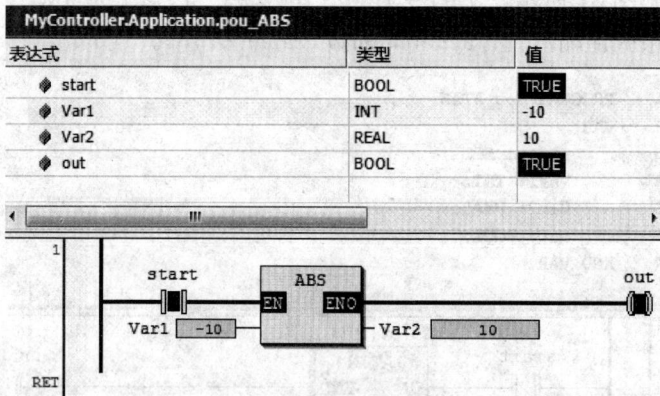

| MyController.Application.pou_ABS | | |
| --- | --- | --- |
| 表达式 | 类型 | 值 |
| start | BOOL | TRUE |
| Var1 | INT | -10 |
| Var2 | REAL | 10 |
| out | BOOL | TRUE |

附图 24　ABS（取绝对值函数）程序仿真

12. EXP（指数函数）分析及仿真

（1）分析。如附图 25 所示，当 start 为 TRUE 时，EXP 指令执行，$Var2 = e^{Var1}$。将 Var1 的指数输出到 Var2 中；如 Var1＝0，则输出 Var2＝1。

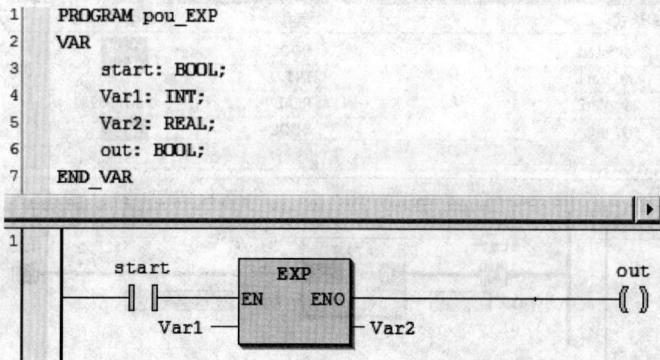

```
1    PROGRAM pou_EXP
2    VAR
3        start: BOOL;
4        Var1: INT;
5        Var2: REAL;
6        out: BOOL;
7    END_VAR
```

附图 25　EXP（指数函数）示例程序

（2）仿真。附图 26 所示为 EXP（指数函数）程序仿真。

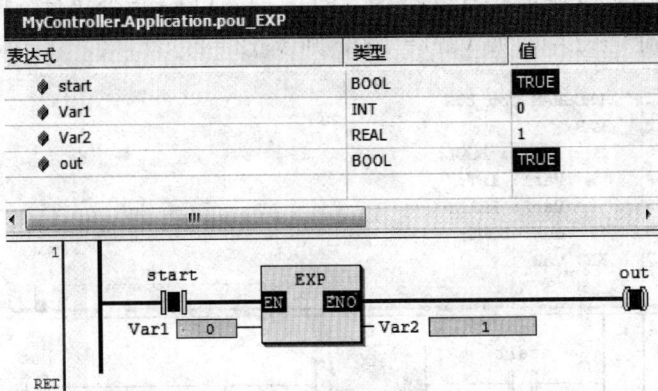

附图 26　EXP（指数函数）程序仿真

13. EXPT（幂函数）分析及仿真

（1）分析。如附图 27 所示，当 start 为 TRUE 时，EXPT 指令执行，$Var3 = Var1^{Var2}$。如 $Var1 = 5$，$Var2 = 2$ 则输出 $Var3 = 25$。

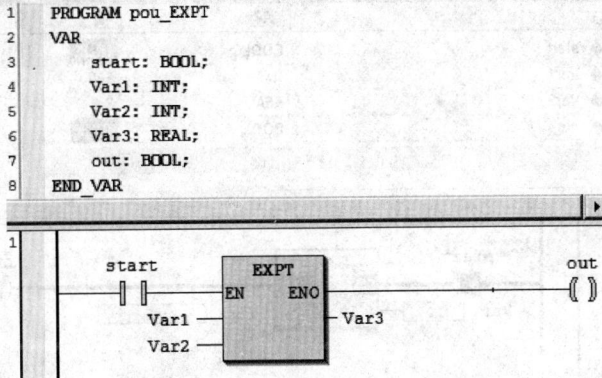

附图 27　EXPT（幂函数）示例程序

（2）仿真。附图 28 所示为 EXPT（幂函数）程序仿真。

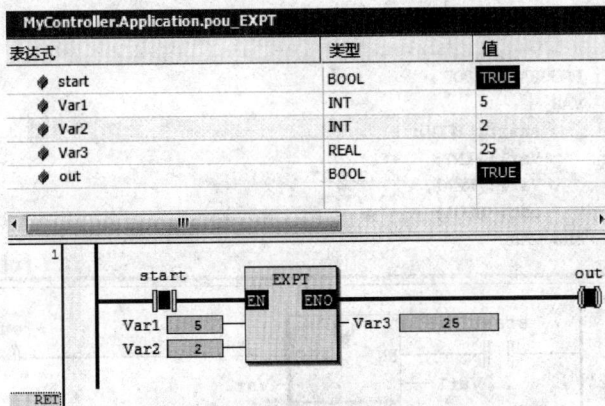

附图 28　EXPT（幂函数）程序仿真

14. LOG（对数函数）分析及仿真

（1）分析。如附图 29 所示，当 start 为 TRUE 时，LOG 指令执行，将 Var1 的以 10 为底的对数结果输出到 Var2 中；如 Var1＝100，则 Var2＝2。

```
1  PROGRAM pou_LOG
2  VAR
3      start: BOOL;
4      Var1: INT;
5      Var2: REAL;
6      out: BOOL;
7  END_VAR
```

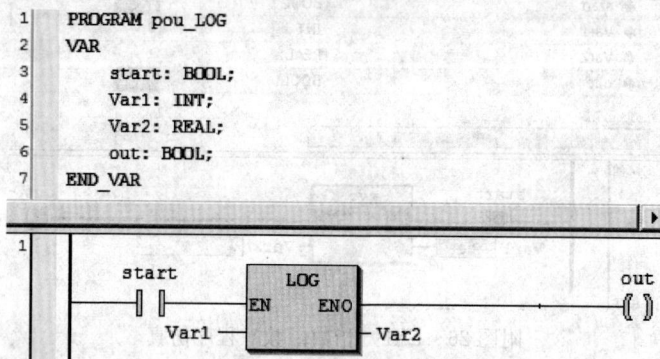

附图 29　LOG（对数函数）示例程序

（2）仿真。附图 30 所示为 LOG（对数函数）程序仿真。

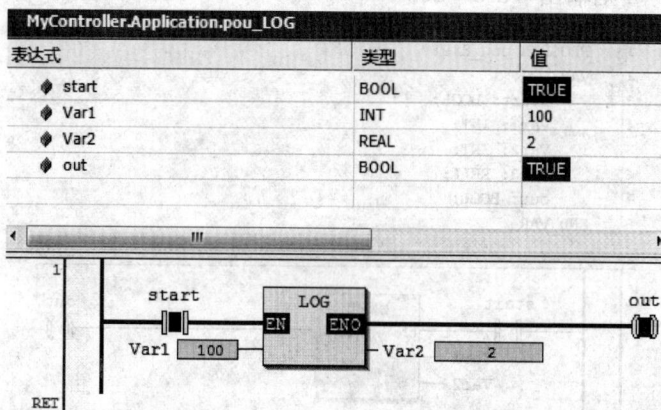

附图 30　LOG（对数函数）程序仿真

15. LN（自然对数函数）分析及仿真

（1）分析。如附图 31 所示，当 start 为 TRUE 时，LN 指令执行，把 Var1 的自然对数（以常数 e 为底）结果输出到 Var2 中；如 Var1＝10，则 Var2＝2.3。

```
1  PROGRAM MyPOU
2  VAR
3      start: BOOL;
4      Var1: INT;
5      Var2: REAL;
6      out: BOOL;
7  END_VAR
```

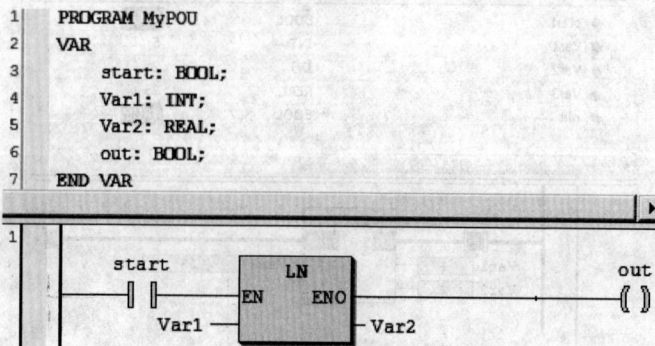

附图 31　LN（自然对数函数）示例程序

（2）仿真。附图 32 所示为 LN（自然对数函数）程序仿真。

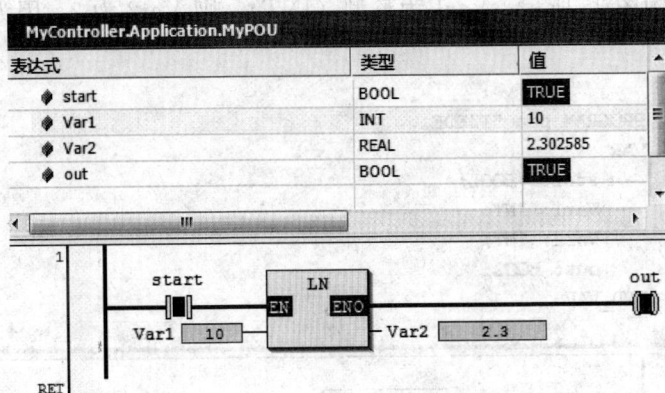

附图 32　LN（自然对数函数）程序仿真

16. ADR（取地址指令）分析及仿真

（1）分析。如附图 33 所示，当 start 为 TRUE 时，ADR 指令执行，将 Var1 的地址赋予指针变量 Var2 上，即 Var2 指向了 start；如 Var1 = 88，则指针变量 Var2 的值 16 # 373D1326 即是 start 的地址，同时指针指向的变量值 Var2 是 88。

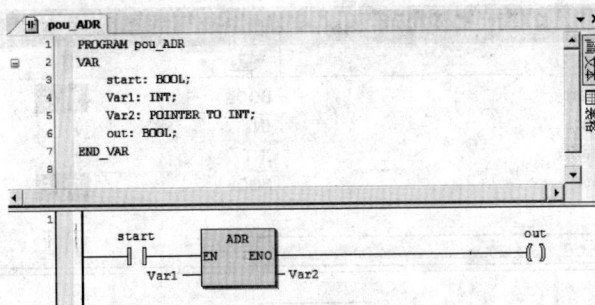

附图 33　ADR（取地址指令）示例程序

（2）仿真。附图 34 所示为 ADR（取地址指令）程序仿真。

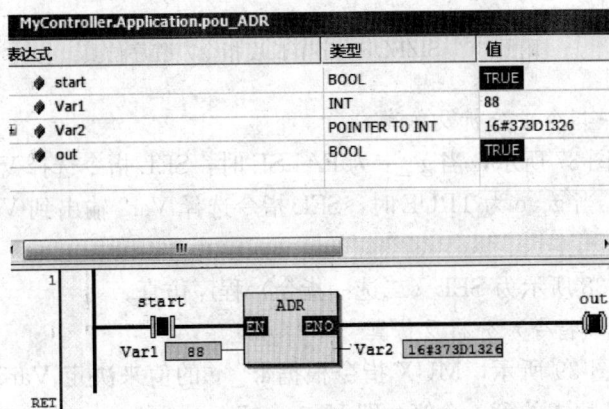

附图 34　ADR（取地址指令）程序仿真

17. SIZEOF（字节长度指令）分析及仿真

（1）分析。如附图 35 所示，Var1 为整型（INT），则 Var2 为 2，因为一个整型数据类型需要 2 个字节。

```
1   PROGRAM pou_SIZEOF
2   VAR
3       start: BOOL;
4       Var1: INT;
5       Var2: INT;
6       out: BOOL;
7   END_VAR
```

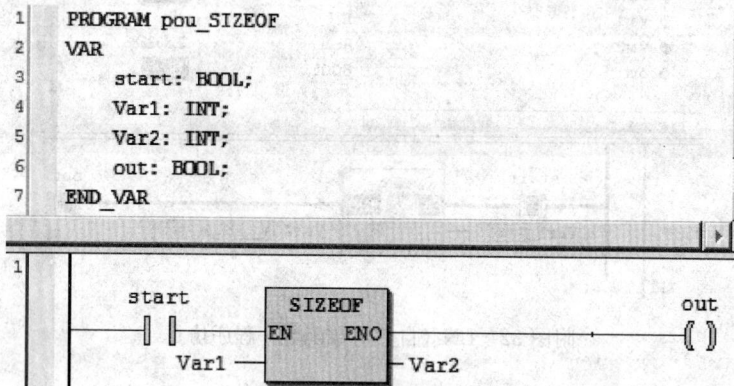

附图 35　SIZEOF（字节长度指令）示例程序

（2）仿真。附图 36 所示为 SIZEOF（字节长度指令）程序仿真。

| 表达式 | 类型 | 值 |
|---|---|---|
| start | BOOL | TRUE |
| Var1 | INT | 0 |
| Var2 | INT | 2 |
| out | BOOL | TRUE |

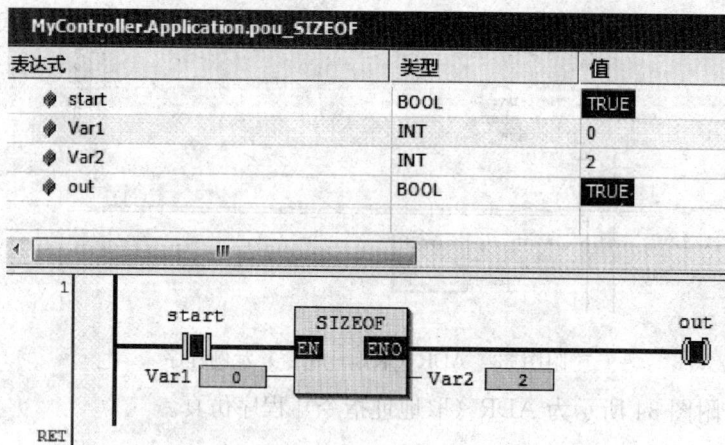

附图 36　SIZEOF（字节长度指令）程序仿真

18. SEL（二选一指令）分析及仿真

（1）分析。如附图 37 所示，当 g＿e 为 FALSE 时，SEL 指令选择 Var1 输出到 Var2 中，所以 Var3＝Var1＝6；当 g＿e 为 TRUE 时，SEL 指令选择 Var2 输出到 Var3 中，所以 Var3＝Var2＝8。

（2）仿真。附图 38 所示为 SEL（二选一指令）程序仿真。

19. MUX（多选一指令）分析及仿真

（1）分析。如附图 39 所示，MUX 指令根据 k＿e 的值来决定 Var5 的输出值。当 k＿e＝3 时，MUX 取功能块中的第 4 个值，即 Var5＝Var4＝4。

（2）仿真。附图 40 所示为 MUX（多选一指令）程序仿真。

```
1   PROGRAM pou_SEL
2   VAR
3       start: BOOL;
4       g_e: BOOL;
5       Var1: INT;
6       Var2: INT;
7       Var3: INT;
8       out: BOOL;
9   END_VAR
```

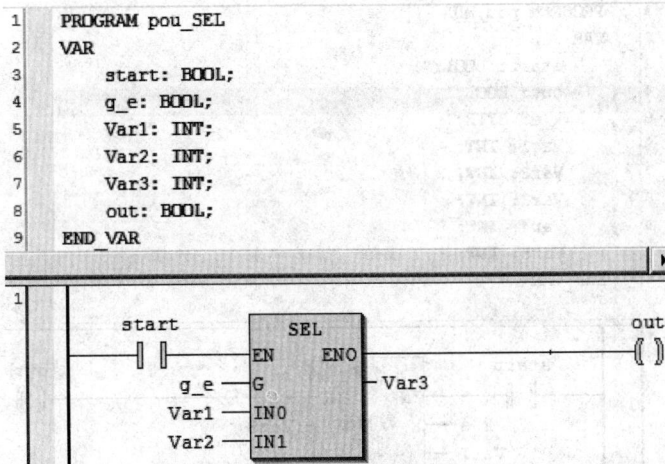

附图 37　SEL（二选一指令）示例程序

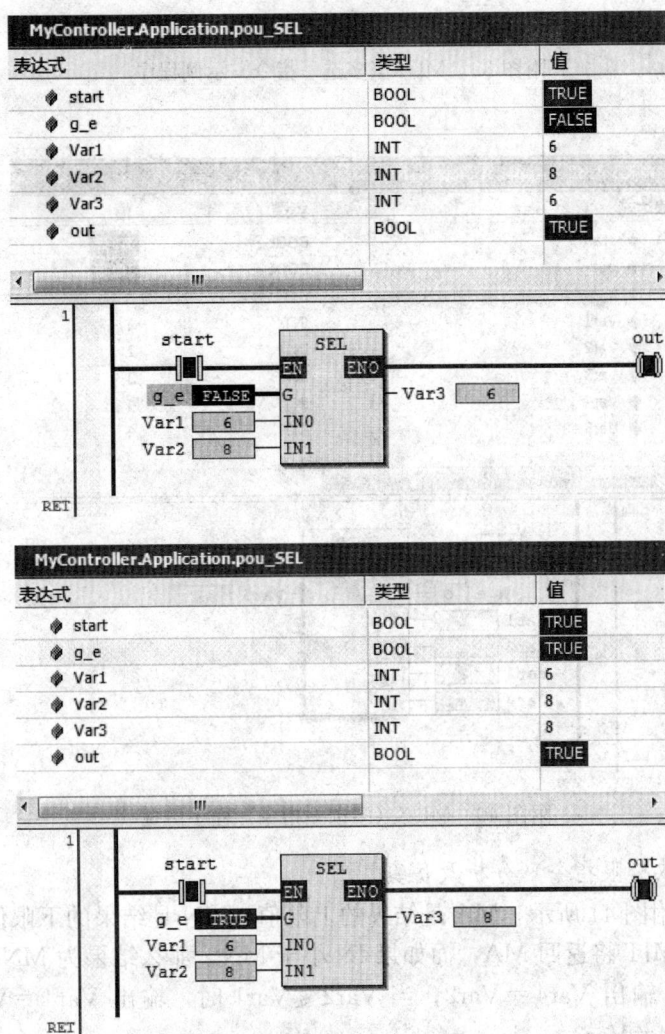

附图 38　SEL（二选一指令）程序仿真

```
1    PROGRAM pou_MUX
2    VAR
3        start: BOOL;
4        out: BOOL;
5        k_e: BYTE;
6        Var1: INT;
7        Var2: INT;
8        Var3: INT;
9        Var4: INT;
10       Var5: INT;
11   END_VAR
```

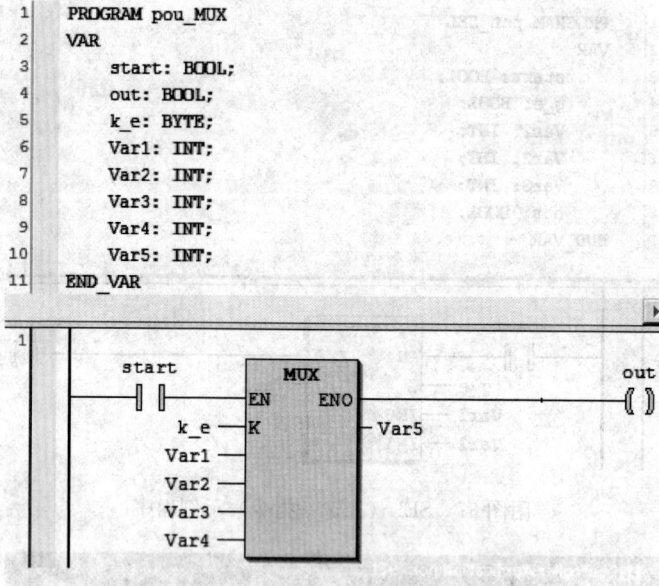

附图 39　MUX（多选一指令）示例程序

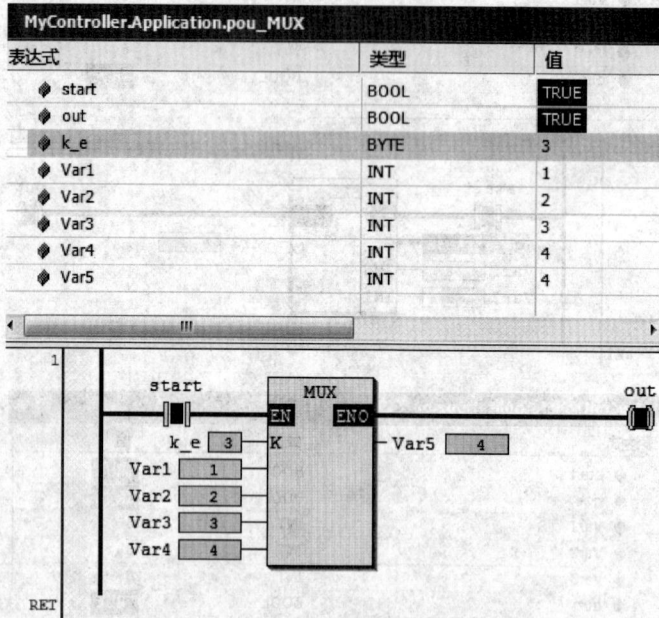

附图 40　MUX（多选一指令）程序仿真

20. LIMIT（取极限指令）分析及仿真

（1）分析。如附图 41 所示，MA 是结果的上限值，MN 是结果的下限值。如果 IN 值大于上限值 MA，LIMIT 将返回 MA，而如果 IN 小于 MN，那么结果为 MN。例中，当 Var1 ＜Var2＜Var3 时，输出 Var4＝Var2；当 Var2≤Var1 时，输出 Var4＝Var1；当 Var2≥Var3 时，输出 Var4＝Var3。

```
1   PROGRAM pou_LIMIT
2   VAR
3       start: BOOL;
4       out: BOOL;
5       Var1: INT;
6       Var2: INT;
7       Var3: INT;
8       Var4: INT;
9   END_VAR
```

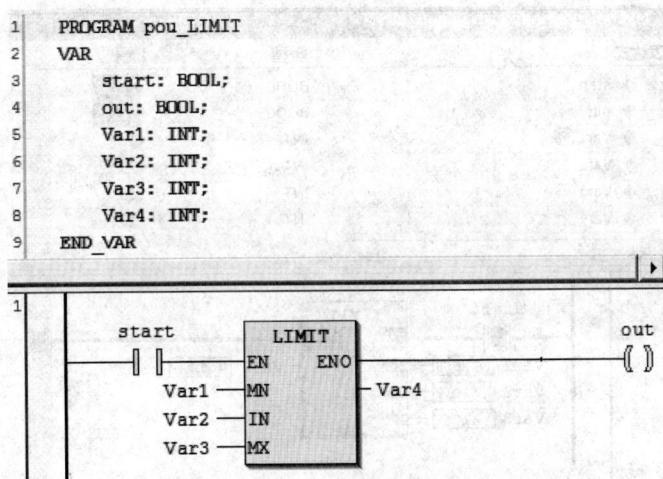

附图 41　LIMIT（取极限指令）示例程序

（2）仿真。附图 42 所示为 LIMIT（取极限指令）程序仿真。

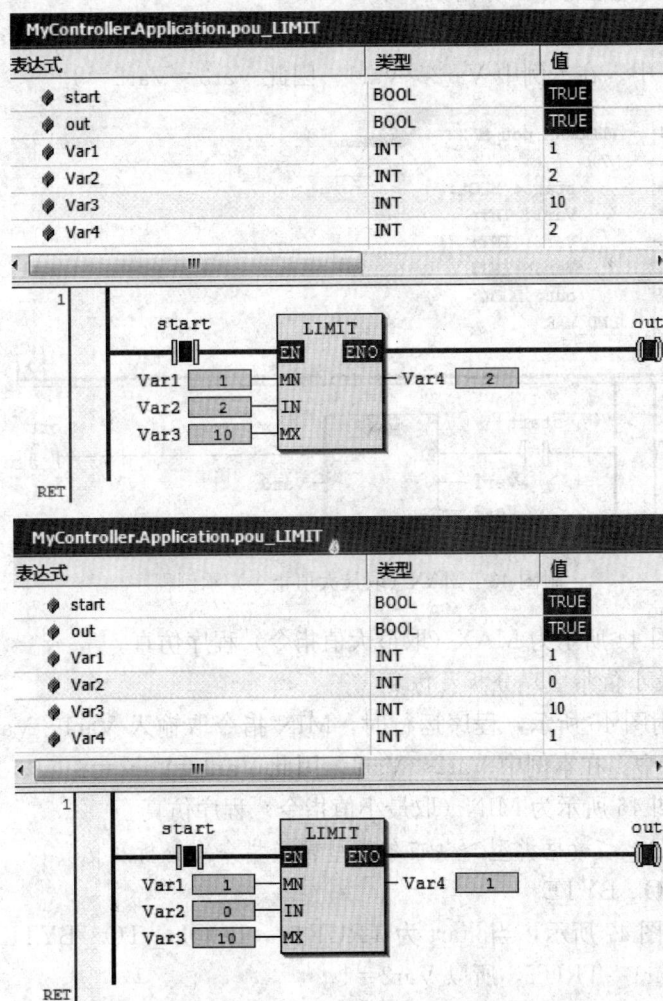

附图 42　LIMIT（取极限指令）程序仿真（一）

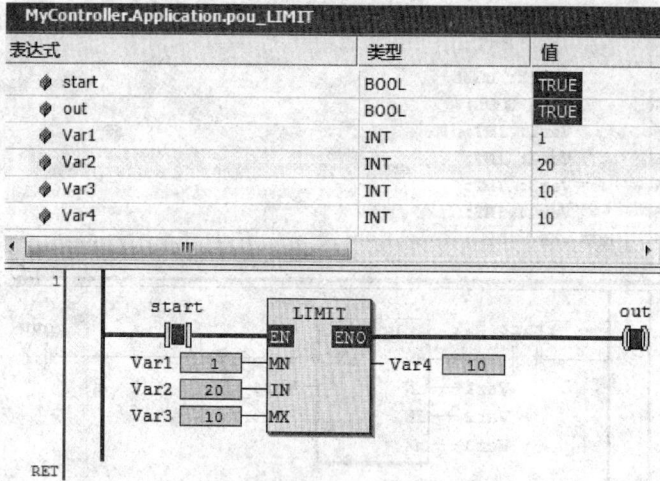

附图 42　LIMIT（取极限指令）程序仿真（二）

21. MAX（取最大值指令）分析及仿真。

（1）分析。如附图 43 所示，程序运行时，MAX 指令取输入 Var1、Var2 中最大值，并将结果输出到 Var3 中。在本例中 Var2＞Var1，因此 Var3＝Var2＝8。

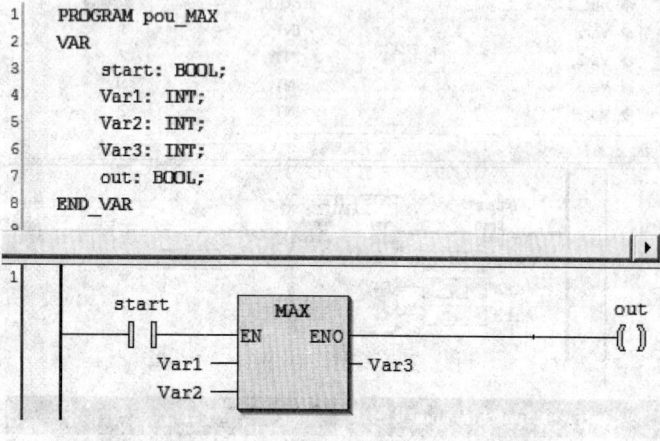

附图 43　MAX（取最大值指令）示例程序

（2）仿真。附图 44 所示为 MAX（取最大值指令）程序仿真。

22. MIN（取最小值指令）分析及仿真

（1）分析。如附图 45 所示，程序运行时，MIN 指令取输入 Var1、Var2 中最小值，并将结果输出到 Var3 中。在本例中 Var2＜Var1，因此 Var3＝Var2＝8。

（2）仿真。附图 46 所示为 MIN（取最小值指令）程序仿真。

23. BOOL_TO_＜数据类型＞（布尔类型转换指令）分析及仿真

（1）BOOL_TO_BYTE。

1）分析。如附图 47 所示，当 start 为 TRUE 时，BOOL_TO_BYTE 指令执行，输出结果 Var1；由于 Var1＝TRUE，所以 Var2＝1。

2）仿真。附图 48 所示为 BOOL_TO_BYTE 程序仿真。

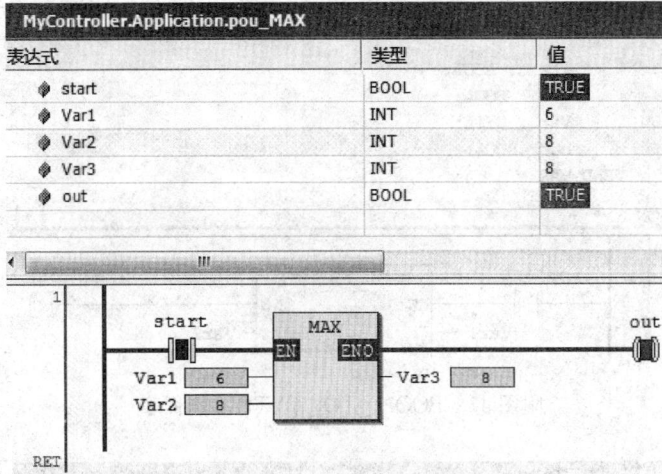

附图 44　MAX（取最大值指令）程序仿真

```
1  PROGRAM pou_MIN
2  VAR
3      start: BOOL;
4      Var1: INT;
5      Var2: INT;
6      Var3: INT;
7      out: BOOL;
8  END_VAR
```

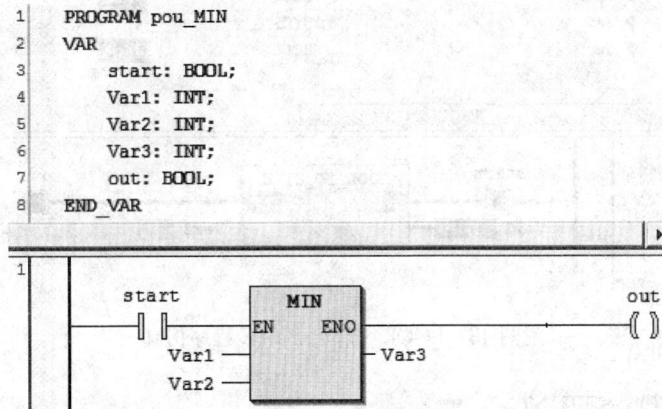

附图 45　MIN（取最小值指令）示例程序

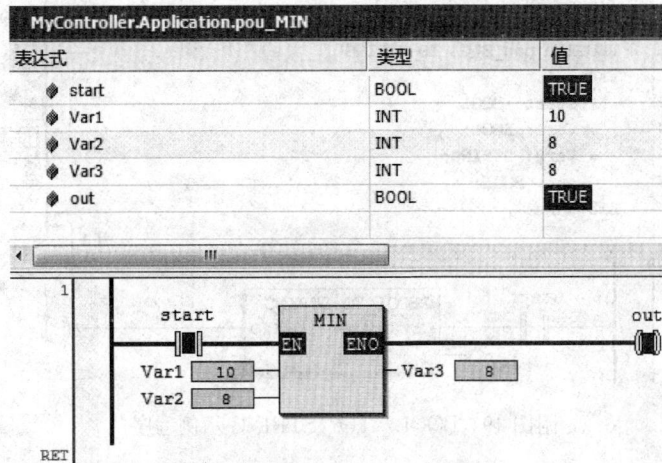

附图 46　MIN（取最小值指令）程序仿真

```
1  PROGRAM pou_BOOL_TO_BYTE
2  VAR
3      start: BOOL;
4      Var1: BOOL;
5      Var2: BYTE;
6      out: BOOL;
7  END_VAR
```

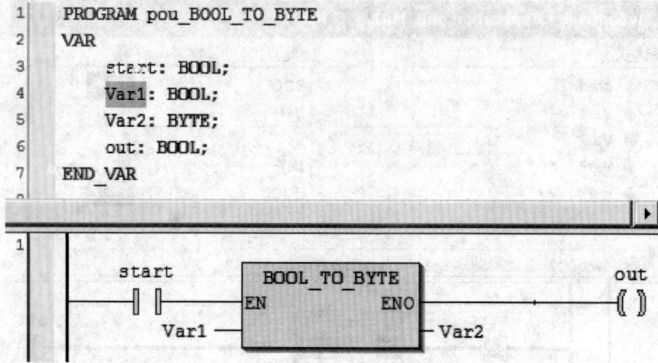

附图 47　BOOL_TO_BYTE 示例程序

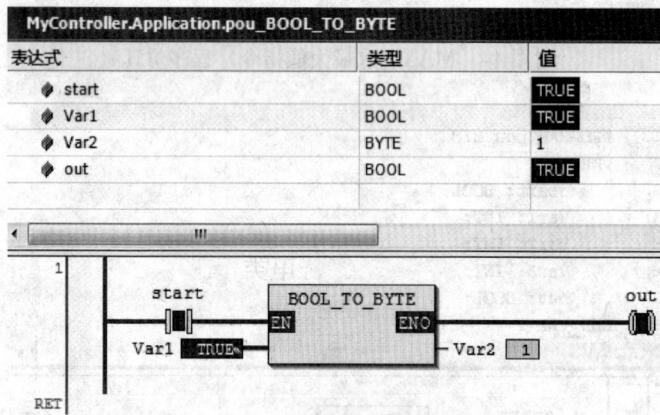

附图 48　BOOL_TO_BYTE 程序仿真

（2）BOOL_TO_STRING。

1）分析。如附图 49 所示，当 start 为 TRUE 时，BOOL_TO_STRING 指令执行，输出结果 Var2；由于 Var1＝TRUE，所以 Var2＝TRUE。

```
1  PROGRAM pou_BOOL_TO_STRING
2  VAR
3      start: BOOL;
4      Var1: BOOL;
5      Var2: STRING;
6      out: BOOL;
7  END_VAR
```

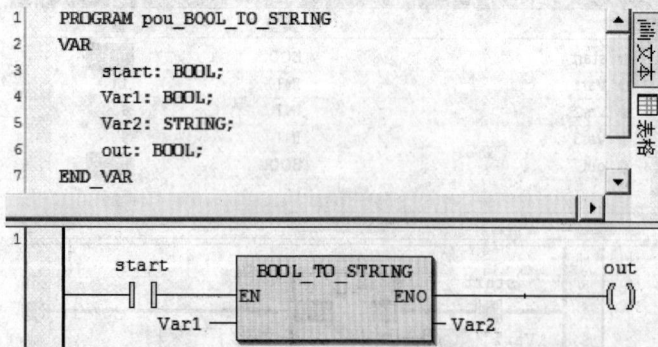

附图 49　BOOL_TO_STRING 示例程序

2）仿真。附图 50 所示为 BOOL_TO_STRING 程序仿真。

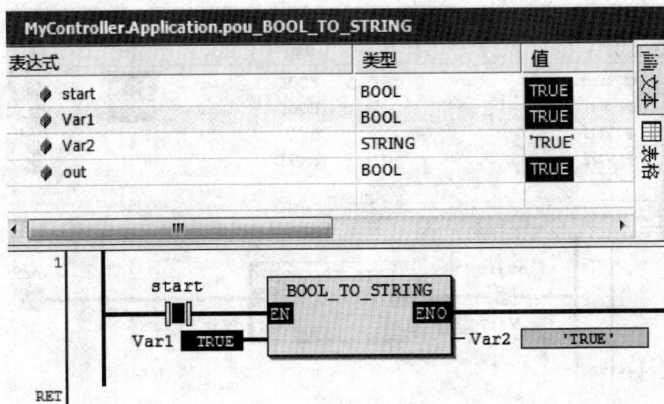

附图 50　BOOL_TO_STRING 程序仿真

24. BYTE_TO_＜数据类型＞（字节类型转换指令）分析及仿真

（1）BYTE_TO_＜数据类型＞转换为数字类型时，若操作数为 TRUE，则结果为 1；若操作数为 FALSE，则结果为 0。

（2）BYTE_TO_＜数据类型＞转换为布尔类型时，若操作数为 TRUE，则结果为 TRUE；若操作数为 FALSE，则结果为 FALSE。

（3）BYTE_TO_＜数据类型＞转换为字符串类型时，若操作数为 TRUE，则结果为 TRUE，若操作数为 FALSE，则结果为 FALSE。

（4）BYTE_TO_WORD 示例。

1）分析。如附图 51 所示，当 start 为 TRUE 时，BYTE_TO_WORD 指令执行，输出结果 Var2；由于 Var1＝6，所以 Var2＝6。

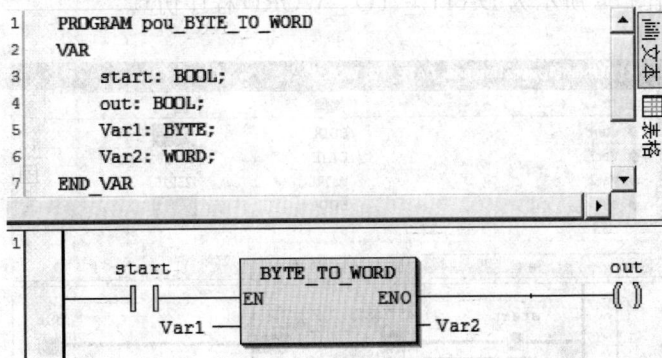

附图 51　BYTE_TO_WORD 示例程序

2）仿真。附图 52 所示为 BYTE_TO_WORD 程序仿真。

25. DATE_TO_＜数据类型＞（日期转换指令）分析及仿真

（1）DATE_TO_WORD。

1）分析。如附图 53 所示，当 start 为 TRUE 时，DATE_TO_WORD 指令执行，输出结果 Var2；由于输入日期是 2015-11-20，所以 Var2＝25216。

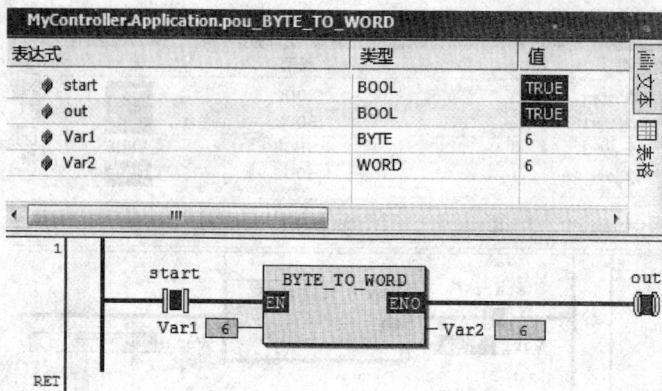

附图 52　BYTE_TO_WORD程序仿真

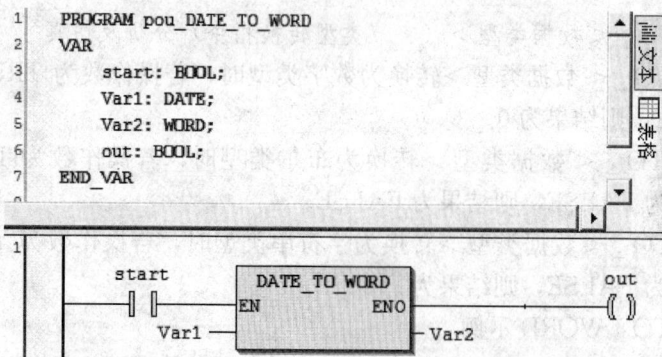

附图 53　DATE_TO_WORD示例程序

2）仿真。如附图 54 所示为 DATE_TO_WORD 程序仿真。

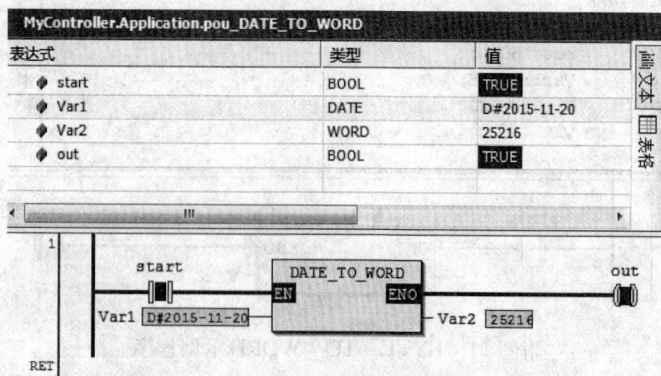

附图 54　DATE_TO_WORD程序仿真

（2）DATE_TO_STRING。

1）分析。如附图 55 所示，当 start 为 TRUE 时，DATE_TO_STRING 指令执行，输出结果 Var2；由于输入日期是 D#2015-11-20，所以 Var2＝D#2015-11-20。

2）仿真。附图 56 所示为 DATE_TO_STRING 程序仿真。

```
1  PROGRAM pou_DATE_TO_STRING
2  VAR
3      start: BOOL;
4      Var1: DATE;
5      Var2: STRING;
6      out: BOOL;
7  END_VAR
8
```

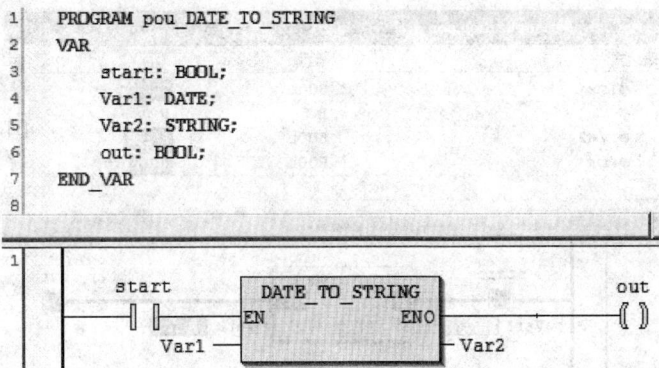

附图 55  DATE_TO_STRING 示例程序

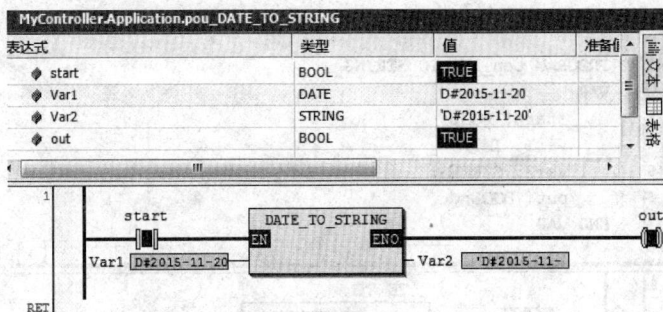

附图 56  DATE_TO_STRING 程序仿真

26. INT_TO_<数据类型>（整数转换指令）分析及仿真

（1）INT_TO_BOOL。

1）分析。如附图 57 所示，当 start 为 TRUE 时，INT_TO_BOOL 指令执行，输出结果 Var2；由于输入 Var1=0，所以 Var2=FALSE。

```
1  PROGRAM pou_INT_TO_BOOL
2  VAR
3      start: BOOL;
4      Var1: INT;
5      Vat2: BOOL;
6      out: BOOL;
7  END_VAR
```

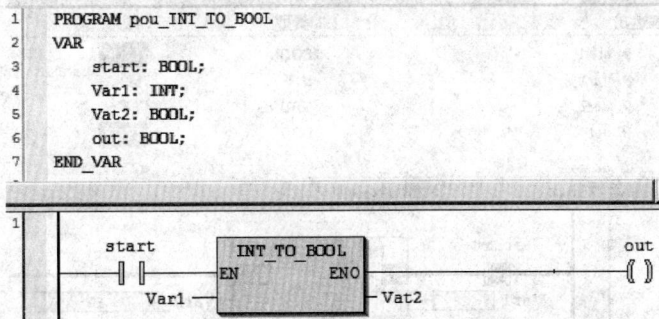

附图 57  INT_TO_BOOL 示例程序

2）仿真。附图 58 所示为 INT_TO_BOOL 程序仿真。

（2）INT_TO_STRING。

1）分析。如附图 59 所示，当 start 为 TRUE 时，INT_TO_STRING 指令执行，输出结果 Var2；由于输入 Var1=68，所以 Var2=68。

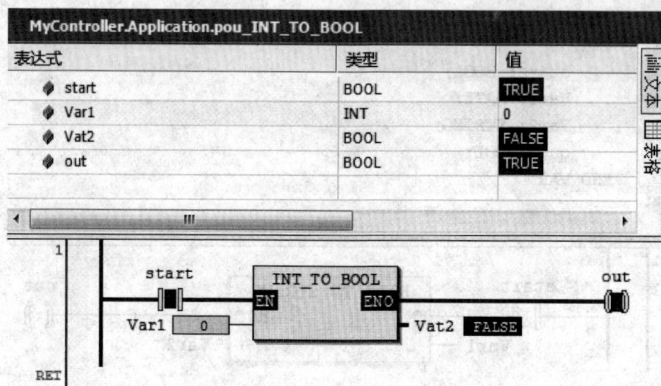

附图 58　INT＿TO＿BOOL 程序仿真

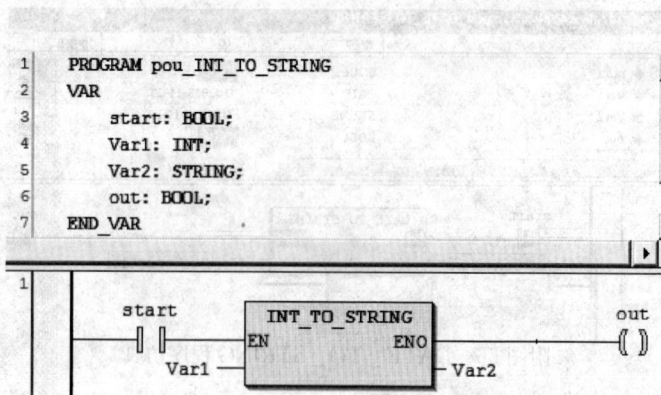

附图 59　INT＿TO＿STRING 示例程序

2）仿真。附图 60 所示为 INT＿TO＿STRING 程序仿真。

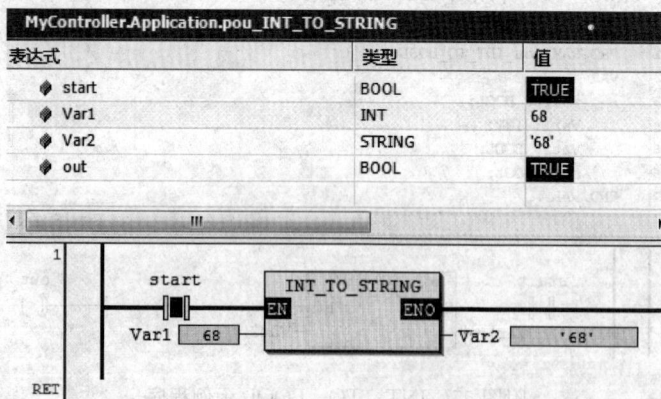

附图 60　INT＿TO＿STRING 程序仿真

27. REAL＿TO＿DINT（实数/长实数类型转换）分析及仿真

（1）分析。如附图 61 所示，当 start 为 TRUE 时，REAL＿TO＿LINT 指令执行，输出结果 Var2；由于输入 Var1＝6.8，数值将被四舍五入，所以 Var2＝7。

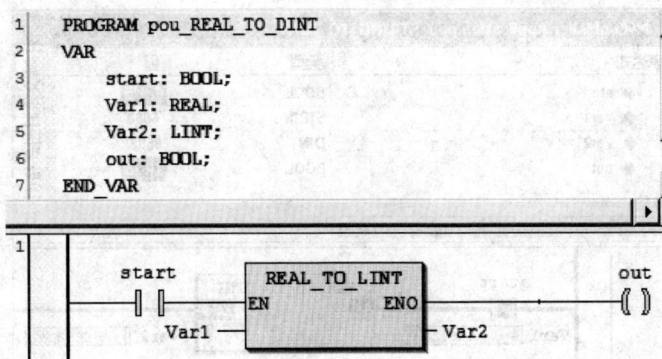

附图 61　REAL _ TO _ DINT 示例程序

（2）仿真。附图 62 所示为 REAL _ TO _ DINT 程序仿真。

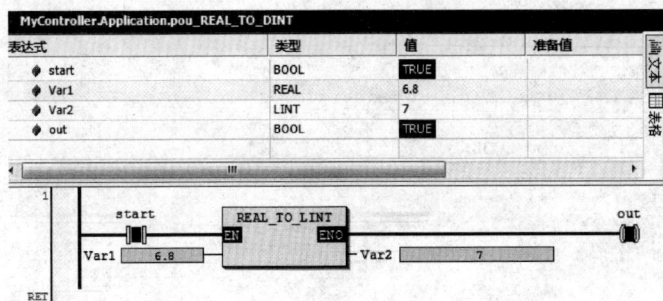

附图 62　REAL _ TO _ DINT 程序仿真

28. STRING _ TO _ DINT（字符串类型转换命令）分析及仿真

（1）分析。如附图 63 所示，当 start 为 TRUE 时，STRING _ TO _ DINT 指令执行，输出结果是 Var2，Var1＝6888，所以 Var2＝6688。

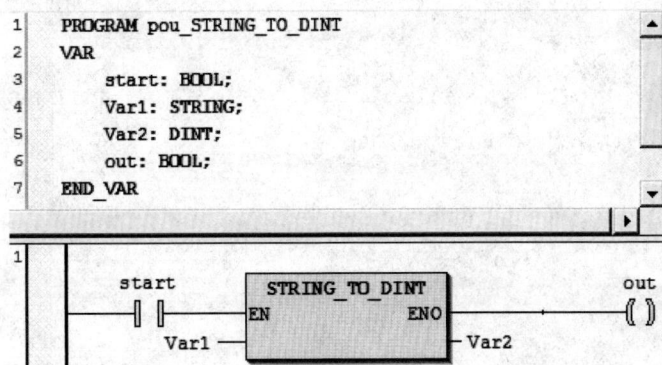

附图 63　STRING _ TO _ DINT 示例程序

（2）仿真。如附图 64 所示为 STRING _ TO _ DINT 程序仿真。

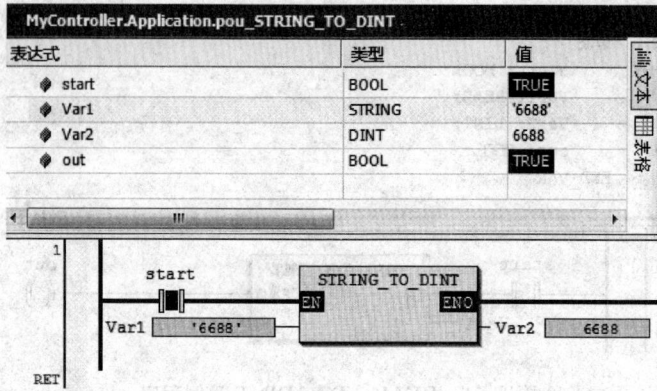

附图 64　STRING＿TO＿DINT 程序仿真

# 参 考 文 献

［1］ 刘新宇. 电气控制技术基础及应用［M］. 北京：中国电力出版社，2014.

［2］ 张鸣鹤. 可编程控制器原理及应用教程［M］. 北京：北京大学出版社，2011.

［3］ 任振辉，等. 现代电气控制技术［M］. 北京：机械工业出版社，2012.

［4］ 王振臣，齐占庆. 机床电气控制技术. 5 版［M］. 北京：机械工业出版社，2013.

［5］ 董海棠，周志文. 电气控制及 PLC 应用技术［M］. 北京：人民邮电出版社，2013.

［6］ 高万林. 电气可编程控制技术［M］. 北京：中国电力出版社，2013.

［7］ 王兆宇. 彻底学会施耐德 PLC、变频器触摸屏综合应用［M］. 北京：中国电力出版社，2012.

［8］ 王兆宇. 施耐德 PLC 电气设计与编程自学宝典［M］. 北京：中国电力出版社，2015.

［9］ 王华忠. 监控与数据采集（SCADA）系统及其应用［M］. 北京：电子工业出版社，2012.

［10］ 王兆宇. 一步一步学 PLC 编程［M］. 北京：中国电力出版社，2013.

［11］ 李幼涵. 施耐德 SoMachine 控制器应用及编程指南［M］. 北京：机械工业出版社，2014.